R

30262

HISTOIRE
CRITIQUE ET PHILOSOPHIQUE
DU SUICIDE.

IMPRIMERIE ET FONDERIE DE E.-J. BAILLY,
Place Sorbonne, 2.

HISTOIRE
CRITIQUE ET PHILOSOPHIQUE
DU
SUICIDE,

PAR LE P. APPIANO BUONAFÈDE ;

Traduite de l'italien

PAR M. G. ARMELLINO,
Professeur de littérature et de langue italienne;

ET M. L.-F. GUÉRIN,
Auteur de divers ouvrages religieux.

PARIS.
DEBÉCOURT, LIBRAIRE-ÉDITEUR,
RUE DES SAINTS-PÈRES, 69.
—
1841.

INTRODUCTION.

Les sociétés sont ébranlées jusque dans leurs fondemens. Pendant long-temps on avait semé au milieu d'elles des principes subversifs, et voilà qu'aujourd'hui elles en subissent les funestes conséquences : *Quia ventum seminabunt, et turbinem metent* (1)!

On ne voit partout, en effet, que dissensions, troubles, passions déchaînées, guerres intestines, désordres de tous genres. Un malaise général tourmente les esprits. Les peuples souffrent, et ils souffrent sans savoir pourquoi. Ni leurs affaires ne vont assez vite, ni leurs chemins ne sont assez rapides. Une vague inquiétude les travaille le jour et la nuit, et les pousse dans tous les sens. Ils courent, ils désirent, ils s'élancent vers l'avenir, et le présent leur échappe!... Jetez un regard autour de vous; considérez de plus près, et voyez où nous en sommes.

---

(1) *Osée*, ch. VIII, v. 7.

Quelle confusion dans les idées, et dans la nature des choses! Quel désordre dans les mœurs! Quelle anarchie au sein même des familles, sous le toit de l'humble artisan, comme sous les lambris dorés du riche banquier! Quelle ambition! quelle soif de l'or dévore les hommes de notre époque! quelle irréligion surtout; quelle coupable indifférence dans le plus grand nombre!...

Où allons-nous donc? Comment résister aux calamités qui nous accablent? Vraiment on serait tenté de croire que les institutions les plus solides sont sur le point de s'écrouler, et que bientôt on ne trouvera plus que des ruines!... On serait porté à le craindre..., si d'un autre côté on ne voyait les retours les plus consolans, les conversions les plus sincères; si surtout on n'avait la ferme confiance que le grand Dieu qui tient dans ses mains les destinées du monde ne nous abandonne pas, et qu'il nous protége toujours!

Mais, prenons-y garde cependant : ne nous abandonnons pas à une tranquillité coupable. Parmi les lamentables désordres que l'époque actuelle nous laisse à déplorer, il est une maladie qui torture les sociétés et qui les ronge au cœur : maladie terrible! qui doit attirer l'attention des moralistes, enflammer leur zèle, et faire, en quelque sorte, l'unique objet des nobles efforts qu'ils tentent, chaque jour, pour le bien de leurs semblables.

Depuis près d'un siècle, cette maladie a fait de

grands progrès. Elle s'est étendue dans les villes aussi bien que dans les campagnes; dans les cités aussi bien que dans les hameaux. Elle a gagné tous les rangs, toutes les classes, toutes les conditions. Elle n'a pas plus épargné le riche que le pauvre, le savant que l'ignorant, le sexe le plus fort, que le plus faible et le plus timide... Que disons-nous? l'enfance elle-même n'a pas été épargnée!...

Cette maladie a porté l'effroi en tous lieux. On l'a vue plonger des familles entières dans la douleur; navrer le cœur d'une mère; troubler le bonheur d'un frère, d'une sœur; jeter dans le désespoir une épouse tendre et fidèle; remplir d'amertume la vie d'un vieux père; consterner, effrayer les âmes; glacer, affliger les cœurs; imprimer enfin le cachet de la honte et de l'infamie sur une foule d'infortunés!

Voyez-la, cette furieuse épidémie! Combien de catastrophes, combien de sanglantes tragédies elle nous offre! Comme elle se reproduit et se varie chaque jour sous les formes les plus hideuses! Comme elle semble se jouer de ses victimes! Comme elle les traite cruellement! Ici elle les précipite dans la rivière; là elle leur donne le poison; en cet endroit elle leur présente le fer et le feu; plus loin elle leur offre les exhalaisons délétères d'une asphyxiante vapeur : on dirait, en un mot, qu'elle veut mettre tout en œuvre pour couvrir de deuil toute la terre!...

Ce sont là de tristes choses à révéler, et pourtant ce n'est pas ce qu'il y a de plus triste...Ce qu'il y a de plus effrayant, c'est que ces scènes déplorables, bien loin de réveiller l'horreur publique, fixent maintenant à peine l'attention de certains hommes, et qu'elles glissent tellement sur leurs cœurs, que bientôt ils dédaigneront de les compter même parmi les nouvelles les plus ordinaires !

L'affreux suicide, qu'on y songe bien, est cependant cette maladie qui mine sourdement les sociétés modernes. C'est sa présence qui nous atteste le désordre des mœurs et l'abandon des principes conservateurs. C'est lui qui doit nous faire trembler pour l'avenir.

Aujourd'hui le suicide est devenu à la mode, puisqu'il faut le dire. Il a choisi notre belle France pour son principal théâtre, et pour y exercer, à son aise, ses noires fureurs. Il règne, parmi nous, en souverain, et on le retrouve dans toutes les positions. C'est sous la mansarde, où gisent des malheureux ; c'est dans le palais, où vivent les favoris de la fortune, que l'on rencontre le meurtrier de lui-même ; c'est au milieu des afflictions, c'est au sein des amusemens, c'est au sortir des spectacles, c'est sur les routes brillantes d'*Idalie* et de *Tivoli*, que s'exécutent ces résolutions désespérées...; et ce n'est pas, sans doute, un des traits les moins frappans de notre dépravation actuelle, que ce mélange affreux de meurtres et de bals, de fêtes et de scènes tragiques, où les crimes semblent se reproduire par les plaisirs, et les plaisirs par les crimes !

Mais voyez encore le cruel pouvoir du suicide. Il est devenu le seul remède aux maladies du cœur et aux chagrins de l'âme. Est-on las de vivre? on se tue. Est-on affligé, éprouve-t-on une perte, un revers de fortune? on se tue. Est-on sous l'empire d'une grande passion ou d'une grande douleur? on se tue. Est-on honteux d'une faute? au lieu de la pleurer, ou de la réparer, on se tue!... O hommes infortunés et aveugles! vous fuyez une religion qui vous apprendrait la science sublime de supporter les peines... et vous aimez mieux être les esclaves d'une doctrine qui n'a pas autre chose à vous enseigner que de quitter la vie!

On ne saurait donc se le dissimuler, le suicide s'est étendu partout; et il suit chaque jour une marche ascendante dont il est difficile de prévoir le terme. Si on voulait nier cette vérité, il nous suffirait de produire quelques chiffres, pour l'établir d'une manière incontestable; mais tel n'est pas notre but.

Une autre pensée, pensée plus grave, doit nous occuper. Quelles sont les causes du suicide? Quelle est cette calamité nouvelle ajoutée à tant d'autres? Quelle tempête a donc transporté parmi nous un fruit aussi amer, et jusqu'ici presque étranger à notre sol? Voilà ce que nous allons examiner sérieusement, quoiqu'en peu de mots cependant.

Plusieurs économistes ont traité, avec plus ou moins d'étendue, cette importante question; et peu, selon nous, ont mis la main sur la véritable plaie.

Il en est qui attribuent le mal que nous déplorons au progrès toujours croissant des lumières, à la soif de l'or, qui domine toutes les actions des hommes ; à cette ambition effrénée qui fait que beaucoup de gens ne se contentent plus de leur état, et veulent s'élever aux dépens de leurs semblables. D'autres, se livrant à des considérations plus élevées, voient le principe du mal dans les révolutions qui, disent-ils, en changeant subitement les institutions, les usages des peuples, ont dû naturellement renverser les *vieux préjugés*, et introduire des innovations dans les mœurs... C'est là le résumé de beaucoup de systèmes.

Sans doute il y a quelque chose de vrai dans ces phrases ; mais pourquoi s'obstiner à vouloir prendre l'effet pour la cause ? Pourquoi s'égarer dans de vaines conjectures ? Pourquoi, enfin, chercher ailleurs que dans le renversement des principes religieux, ce changement étrange opéré dans nos mœurs ? Qui pourrait méconnaître ici le funeste pouvoir de cette effervescence d'impiété, de cette doctrine abjecte de matérialisme, qui nous ravale au rang des brutes, et nous apprend que l'homme n'étant plus qu'une plante ou une machine, sa vie n'est plus qu'un jeu, dont il peut disposer au gré de ses caprices ? Qui ne verrait l'influence cruelle de cette philosophie meurtrière, qui se vante d'affranchir l'homme, parce qu'elle brise tout ce qui le retient, et qui, ne pouvant plus le rendre heureux après l'avoir égaré, ne sait plus que le pousser au désespoir, et lui dire, en lui mettant le poignard à la main : Tue-toi (1)?

Ah! si ce cri funèbre se faisait quelquefois entendre dans un temps où le furieux qui méditait sa mort pouvait être encore retenu, et par l'opinion publique qui flétrissait jusqu'à son nom, et par la loi divine qui l'atteignait jusqu'aux abîmes de l'éternité, que doit-ce donc être dans un temps où l'on regarde cette opinion comme un préjugé, la loi contre le suicide comme une absurdité, et la religion comme une affaire de peu d'importance? Faut-il être surpris après cela des épouvantables progrès de ce fléau national, quand chacun, maître de sa morale comme de sa destinée, ne se croit plus comptable de rien, ni à Dieu, ni aux hommes, ni au présent, ni à l'éternité?

Oui, n'en doutons pas : l'irréligion et l'indifférence engendrées par la philosophie du dix-huitième siècle, sont les causes principales du suicide. Si nos aïeux ne connurent pas ce monstre, c'est qu'ils possédaient une foi salutaire, et que, vivement pénétrés des maximes de l'Évangile, ils savaient doucement se résigner aux chagrins, et rester calmes au sein de l'infortune.

Cette triste philosophie, dont nous subissons toujours les funestes conséquences, passa sur notre patrie comme une tempête furieuse qui ravage tout sur

---

(1) M. de Boulogne, *Mélanges*, t. III, p. 37.

son passage. Elle ébranla le monde, sapa toutes les vérités, déclara une guerre acharnée à la religion. Orgueilleuse, mais impuissante, elle ne put rien créer; elle ne sut que détruire et bouleverser. Alors on vit les plus grandes calamités, et tout le monde put juger l'œuvre par ses résultats. On a tremblé, et on s'est vu sur le point de périr!

Cependant, Celui de qui relèvent les empires voulut nous épargner. Les autels brisés se rétablirent; les ruines disparurent; et les saintes âmes purent continuer leur mission de paix et de salut.

Mais la philosophie, en infusant partout des doctrines de mort, le scepticisme, le matérialisme et l'athéisme, avait fait une trop grande révolution dans les esprits pour que cet état fût de longue durée; et si l'ordre social parut calme et rétabli pour un instant, le monde intellectuel n'en fut pas moins fortement ébranlé.

Ces funestes doctrines amenèrent les plus grands désordres dans l'intelligence de l'homme; elles étouffèrent ses croyances, desséchèrent son cœur, lui enlevèrent le repos et le calme que la vérité seule peut procurer, et enfantèrent, en dernier lieu, l'indifférence, plaie horrible que Bossuet appelle le plus grand de tous les maux. C'était une conséquence qu'il fallait subir.

On avait commencé par nier Dieu; alors les passions vinrent et ne trouvèrent aucune résistance. On foula aux pieds les devoirs les plus sacrés. La vertu, les conseils les plus touchans, l'honneur, les belles et grandes actions, ne firent plus vibrer ce cœur, naguère le siége des plus nobles sentimens. L'espérance qui console dans les peines de la vie, qui soutient dans les positions les plus désespérées; l'espérance, en un mot, dont le Christianisme a fait une vertu, fut regardée comme une chimère. On méprisa tout; on fut son Dieu à soi-même; on voulut être son principe, sa fin...; on disposa de sa vie!... Le suicide, en effet, est le dernier acte du culte que l'homme rend à soi-même.

« L'homme n'a pas compris l'excellence de sa nature, dit le prophète-roi; il s'est dégradé jusqu'à l'état des brutes, et voilà qu'il leur est devenu semblable!... C'est sa conduite qui est la cause de sa perte (1). » Et comment aurait-il pu en être autrement? Comment supporter les peines, les revers, les contrariétés, les ennuis, les déceptions, les injustices, les dégoûts sans la croyance d'un Dieu, sans la foi? Comment être doux, résigné, bienfaisant, patient, indulgent, sans l'espérance d'une vie meilleure? Hélas! que devenir, quand on s'est exagéré le mal sans entrevoir la possibilité d'appliquer le remède? Où puiser des consolations, lorsque, en abdiquant la foi de ses pères, on se trouve face à face avec le doute, avec le néant, sans croyance qui vous fortifie, sans culte qui vous relève? Est-il donc étonnant, après

(1) *Ps.* XLVIII, v. 12 et 13.

cela, que, dans un accès de noire misanthropie, on termine une existence qui désormais n'offre plus aucun espoir de plaisir et de bonheur?

Non, non, cela ne nous étonne point! Il faut une base pour soutenir l'homme faible et chancelant en ce monde. Cette base, ce soutien, c'est la religion. Détruisez-la, arrachez-la sans pitié des cœurs... Qu'aurez-vous fait? vous aurez plongé l'homme dans mille maux; vous aurez obscurci son intelligence par les plus épaisses ténèbres. Voyez-le! pauvre infortuné, séparé de son principe divin, il chancelle; tout le conduit vers sa ruine, il tombe...; parce que l'âme ayant perdu son point d'appui, finit par tuer le corps!!

C'est bien ce que nous voyons aujourd'hui : nous connaissons maintenant la philosophie par ses fruits. En retraçant ses désordres, nous avons fait en deux mots l'histoire de ces malheureux qui se donnent tous les jours la mort. Qu'on examine sérieusement, et on trouvera que ces infortunés se sont tués au nom de la philosophie. On se convaincra qu'ils n'ont été portés à cette criminelle action, que parce qu'ils ont abandonné le divin flambeau de la foi, seul guide certain dans cette vallée de larmes!

Hélas! que ne se sont-ils laissé guider par cette divine clarté! Qu'ils eussent été grands au milieu des vicissitudes de la vie! L'homme qui souffre avec patience est seul véritablement grand. Il fait l'admiration de ceux qui l'entourent, et il est un puissant motif d'encouragement pour ses frères. Job n'est-il pas sublime, lorsqu'au milieu des maux qui l'accablent, et en présence de sa femme qui lui dit : « Maudissez Dieu, et puis mourez, » il lui répond : « Vous parlez comme les insensés. Si nous avons reçu les biens de la main du Seigneur, pourquoi n'en recevrions-nous pas les maux (1) ? » Oh ! oui, si ces infortunés n'avaient point abandonné la religion, nous les eussions vus, même dès ici-bas, possesseurs de la véritable paix. Jamais ils n'auraient manqué de ressource pour supporter les afflictions inséparables de notre existence. Les malheurs auraient même augmenté leurs espérances, et la loi de leur Dieu eût été pour eux un principe assuré de consolation et de vie !... Mais non, la philosophie leur a dit de préférer le néant..., ils l'ont écoutée..., et le néant a été leur partage !...

Une coupable indifférence en matière de religion, telle est donc la principale cause du suicide. La racine du mal est dans cet oubli de Dieu et des devoirs les plus sacrés, qui caractérise notre siècle. Il est impossible d'en douter. A la vérité, vous avez dit, économistes fameux, que le désordre des idées, l'ambition, le désir effréné des richesses et des honneurs, les rivalités, le luxe, les révolutions, conduisaient à ce crime que nous déplorons tous. Nous en convenons comme vous : mais encore faut-il ici que nous vous ramenions à la religion. Qui a produit les désordres

---

(1) *Job*, ch. II, v. 9 et 10.

que vous signalez? N'est-ce pas le défaut de croyance religieuse? Comment voulez-vous que sans la foi on ne soit pas corrompu, ambitieux, livré aux passions, envieux du bien d'autrui? Des hommes qui ne craignent plus Dieu, peuvent-ils craindre leurs semblables, peuvent-ils respecter l'autorité, peuvent-ils enfin être autre chose que des artisans de révolutions, des meurtriers d'eux-mêmes? Vous serez sans doute forcé de l'avouer, et vous reconnaîtrez que nous n'avons rien avancé de trop, lorsque nous avons dit que vous preniez l'effet pour la cause... Mais n'allez pas croire que nous soyons exclusifs : non. Nous reconnaissons aussi d'autres *causes* du suicide.

Au temps où nous vivons, le crime a obtenu une publicité scandaleuse. On le voit partout, on l'offre à tous les regards, on l'ébruite, on en fait le sujet d'une nourriture quotidienne! Allez le voir à la Morgue; entendez-le publier dans les rues, dans les carrefours; voyez-le affiché aux fenêtres de quelques libraires, qui foulent aux pieds les devoirs de la conscience et le respect dû aux mœurs ; lisez-le dans les journaux; voyez-le représenté, choyé sur les théâtres... Or, nous sommes convaincus que cette publicité du crime ; que le théâtre, les journaux, les mauvais livres, sont autant de causes *secondaires* du suicide.

La Morgue, puisqu'il faut prononcer ce sinistre nom, la Morgue est ouverte à tous venans : on y court avec un empressement vraiment inconcevable.

Des mères insensées y conduisent leurs enfans ; des jeunes gens y passent des heures entières, et s'y disputent l'honneur des premières places... Croyez-vous donc que ces spectacles hideux, dont on va se repaître, ne sont pas d'une terrible influence ? Si, certainement. On s'habitue à regarder le crime en face ; on s'endurcit ; et, que savons-nous ce que l'on fera au sortir de ce lieu ?

Ce n'est pas assez de cette exposition immorale, horrible, il faut qu'on vous y convie en vendant dans les rues des relations dégoûtantes, où l'homicide, l'adultère, le suicide, l'infanticide, le parricide sont offerts dans leur affreuse et révoltante nudité. Dira-t-on donc que ce ne sont pas là de funestes leçons répandues, propagées parmi le peuple ? Et, quand on songe que ces relations sont lues par des enfans, relues, commentées par leurs parens, n'y a-t-il pas de quoi trembler de voir ainsi ces ignobles *annales du crime* s'insinuant dans toutes les familles moyennant l'obole du pauvre ?

Et puis, qu'on ose nier que les gravures, les statuettes licencieuses, les portraits et les mémoires des grands criminels du jour, que l'on voit étalés dans certaines boutiques, ne sont aussi de cruels exemples offerts à la cupidité des passans, et d'une foule de jeunes hommes désœuvrés et avides, dont l'imagination déjà salie et toujours prête à s'enflammer, ne sait que trop saisir le mal et le mettre en pratique !

Les spectacles viennent à leur tour, et certes leur

part de corruption n'est pas la moindre. Mais, ici, nous laisserons parler un homme qu'on ne soupçonnera pas de rigorisme. « Voyez les théâtres, s'écrie M. Dupin (1), tenant école de corruption et de scélératesse..., foulant aux pieds les vertus les plus saintes, avec l'intention patente de faire aimer, admirer le duel, le suicide, l'assassinat, le parricide, l'empoisonnement, le viol, l'adultère et l'inceste; en préconisant ces forfaits comme la fatalité glorieuse des esprits supérieurs, comme un progrès des grandes âmes qui s'élèvent au-dessus de la vertu des idiots, de la religion des simples et de l'humanité du commun du peuple !!! Cette littérature empoisonnée nous ramène par la corruption à la barbarie. »

Les mauvais livres que l'on répand toujours avec un acharnement satanique, contribuent aussi, plus qu'on ne pense, au progrès du suicide. Ils corrompent les mœurs, étouffent le peu de foi que l'on pourrait encore avoir, bouleversent les idées, allument le feu des passions, attisent les haines, les rivalités, plongent dans l'indifférence, puis dans le découragement, et on sait que du découragement au meurtre de soi-même il n'y a qu'un pas !

Mais c'est surtout la presse quotidienne qui est bien coupable. Elle donne, maintenant plus que jamais, un scandale qui est bien digne d'exciter l'indignation

---

(1) *Discours sur les rapports de la morale, de l'enseignement et de l'industrie.*

des honnêtes gens, et d'augmenter les justes alarmes des moralistes.

Avec quelle avidité les journaux saisissent le crime offert chaque matin à leurs colonnes! Comme ils le parent! comme ils l'embellissent! comme ils le présentent avec intérêt à la curiosité de leurs lecteurs! Qu'un simple artisan tombe et soit écrasé sous les roues de quelque brillant équipage, trois lignes suffisent pour en donner la nouvelle. Mais qu'un joueur éhonté, qu'un adolescent fou d'amour, qu'un soldat sans force et sans cœur se retranchent volontairement la vie, les journaux élèvent la voix pour plaindre et justifier la victime. On fouille dans les poches du cadavre; on retourne son portefeuille; on cherche dans tous ses tiroirs; et, si quelque triste fragment de mauvais vers, quelque plate pensée matérielle se trouvent au milieu de ses guenilles, on leur ouvre la publicité, on les commente, on les annote. Le suicidé est un martyr qui occupe les loisirs du critique. Sa nécrologie obtient une place d'honneur. Il a de l'immortalité pour un jour!... Loin de nous la pensée que les journalistes le font avec le coupable dessein de corrompre les masses! Mais, s'ils ne savent ce qu'ils font, avouons, au moins, que leur inconcevable insouciance nous est bien funeste! Car, qui pourrait nous dire le nombre des crimes dont la première pensée a surgi dans des têtes exaltées à la simple lecture de ces faits si adroitement racontés? Et qui oserait affirmer que ces faits divulgués avec tant de soin n'aient été la cause inconnue de tant de morts chez des malheureux qui ne voulaient que faire retentir leur nom à tout prix ?

Et n'allez pas croire que nous jugeons trop sévèrement la triste mission que semble s'être donnée la presse quotidienne. Un journal qui ne se pique pas de trop de sévérité en fait de principes, s'élève non moins hautement contre un abus et un scandale aussi déplorables.

« On ne peut trop, dit-il (1), s'élever contre ce travers universel dont la presse, il faut le dire, s'est trop souvent rendue complice. Qu'on y songe bien. Quand cette folie ne serait que ridicule, le mal serait encore assez grave ; car il accuse l'inconstance et la frivolité de nos mœurs que pourtant nous croyons sérieuses. Mais cette folie n'est pas seulement puérile, elle est dangereuse, car elle exerce des effets désastreux sur les imaginations faibles et ardentes. L'expérience atteste que l'influence de l'exemple et de la préoccupation peut exalter certains esprits jusqu'au vertige et à la manie du crime. La société, sur la pente où elle est placée, ne saurait veiller trop attentivement à se préserver de cette contagion monstrueuse. »

Tout ceci n'est que trop vrai. Chaque jour, à chaque instant, nous sommes témoins de ces scandales. Il est triste, il est affligeant d'avoir à gémir sur de

---

(1) *Journal des Débats* du 24 juillet 1840.

semblables excès. Malheur à ceux qui en sont coupables ! ils auront un compte terrible à rendre à Dieu et aux infortunés dont ils auront causé la perte.

Nous avons montré la véritable plaie de notre siècle. On le voit : elle est grande ; elle est hideuse. Serait-elle donc désespérée : *Plaga desperata?*...

Tous les fléaux ne sont que passagers ; ils s'usent par leur propre violence. La guerre n'a qu'un temps ; elle finit par lassitude. La peste n'a que des crises, et on connaît les moyens de s'en préserver. Le fanatisme n'a que des accès, et il trouve en lui-même son propre contre-poids. Mais, cette fièvre lente et continue de l'impiété, qui dévore à petit bruit les générations, qui nous en délivrera? Mais, cette guerre sourde et intestine, qui va toujours rongeant le corps social, sans convulsions et sans secousses, qui la terminera? Mais, ce monstre du suicide, toujours systématique et toujours calculant, qui l'arrêtera? Mais, cette peste morale, qui porte jusqu'au cœur de l'Etat les principes de la mort, qui la guérira? Et, maintenant, grands physiologistes et diététiques savans, évertuez-vous ; cherchez dans vos creusets et vos fourneaux quelque poudre ou quelques topiques pour calmer ce délire. N'ajournez point plus longtemps votre gloire, et montrez-nous enfin tout ce que peut un bon régime sur la morale et l'analyse sur les passions (1).

Mais non, non, ce ne sera pas vous qui nous sau-

(1) M. de Boulogne, *Mélanges*, t. III, p. 38.

verez ; ce ne sera pas vous qui arrêterez le mal. Vos systèmes pompeux et vos vains raisonnemens ne feraient que l'aggraver... Ce qui nous retiendra *sur la pente où nous sommes placés*, ce qui nous sauvera, ce sera la religion, ce sera la morale, ce sera une autorité sage et basée sur les vrais principes, ce seront les bons exemples et les bons livres.

Le mal que nous avons signalé est assez grand pour exciter, comme nous l'avons déjà dit, le zèle des moralistes et des écrivains religieux. Nous aimons à le répéter, c'est à eux qu'il appartient désormais d'arrêter les progrès du mal. Tandis que le ministre du Seigneur annonce les grandes vérités du salut, tandis qu'il forme les générations qui commencent et qu'il rend les hommes bons et vertueux, l'écrivain religieux a aussi un apostolat à exercer. Sa mission à lui, homme du monde, c'est de seconder les efforts généreux de l'homme de paix. Il doit redire au dehors ce qu'il a entendu dans le temple saint, et se rendre l'interprète fidèle des paroles du ministre de la vérité. Ses veilles doivent être consacrées au bien de ses frères. Il doit travailler à les éclairer par de bons écrits, leur indiquer la route du vrai bonheur, leur annoncer la doctrine de vie et d'espérance dans tous les lieux ; la publier dans les livres, dans les journaux, à la tribune, dans les conversations, dans les écoles : *Quod in aure auditis, prædicate super tecta* (1) !

---

(1) S. Matth., chap. x, v. 27.

XIX

Certes, c'est là une belle et noble mission! Si elle est remplie avec un cœur pur et droit, avec le désir sincère de faire le bien, soyons-en persuadés, elle ne sera pas sans consolations immenses pour ceux qui s'y consacreront, et sans fruits abondans et précieux!

Cependant, il faut bien le dire, il s'est trouvé des hommes qui n'ont pas craint de nier cette influence de la propagation des bons principes. On a dit : « A quoi bon se donner tant de peines? Que fera un livre de plus ou de moins contre les doctrines du suicide? Cela empêcherait-il le malheureux qui veut se tuer de le faire? » Qu'avait-on à répondre à une semblable objection? Rien; pas plus qu'à celui qui dirait sérieusement qu'on ne doit pas chercher à éteindre les flammes dévorantes d'un furieux incendie; ou bien encore qu'il est inutile de prodiguer des remèdes salutaires à un malade!

Mais ce qu'il y a de plus inconcevable, c'est que cette ridicule objection se retrouve, présentée différemment à la vérité, dans certains livres. C'est que des écrivains, qui occupent d'ailleurs un rang distingué dans la république des lettres, s'appuyant sur l'opinion de Beccaria (1), prétendent « que celui qui renonce tranquillement à la douceur de vivre, qui hait assez son existence ici-bas pour braver l'idée d'une éternité malheureuse, ne sera pas arrêté par des con-

---

(1) Dans son *Traité des Délits et des Peines*, traduit par l'abbé Morellet, p. 141 et suiv., édition d'Amsterdam de 1771, ouvrage où se trouvent de hautes vérités mêlées à de graves erreurs.

sidérations beaucoup moins fortes et beaucoup plus éloignées; » de là, concluent-ils, la complète nullité de tous les ouvrages qu'on a publiés jusqu'ici contre le suicide.

Assurément, si cette assertion était isolée, si elle n'était plus spécieuse que la première, elle ne mériterait pas non plus qu'on s'y arrêtât. Mais il n'en est pas ainsi : elle est imprimée, et on ne s'est pas fait scrupule de la reproduire de nos jours. Nous devons donc essayer de la réfuter.

La véritable pensée de Beccaria est, suivant nous, qu'un homme qui serait poursuivi par la sombre idée de se détruire ne peut être arrêté, dans son coupable dessein, par la pensée d'une éternité malheureuse, qui sera le châtiment de son crime, ni par les considérations qu'on pourrait lui offrir dans un ouvrage. Or, cette pensée n'est pas seulement dangereuse, mais elle est encore très fausse : un simple raisonnement la détruira.

Dans l'ordre moral comme dans l'ordre physique, ce sont les plus petites causes qui préparent, par leur concours, l'effet des plus grandes. Celles-ci, ou n'existeraient point, ou seraient inefficaces, sans celles-là qui les composent ou qui en déterminent l'action. De même les hommes n'auraient point l'idée des peines d'une autre vie, s'ils n'en connaissaient aucune dans la vie présente : rien n'est plus clair.

D'après ce principe incontestable, comment donc Beccaria et ses copistes voudraient-ils que les peines de la vie présente, que les hommes voient attachées à certaines actions, leur rappelassent les peines *éloignées* de la vie future dont la religion nous menace, sans qu'ils n'en fussent efficacement effrayés? Comment voudraient-ils que ces mêmes peines temporelles leur fissent concevoir la possibilité et la grandeur des peines à venir; qu'elles les leur montrassent dans un point de vue rapproché et presque sensible, sans les disposer à y réfléchir sérieusement, à les craindre, à détester et à fuir les crimes qui les exposeraient également au terrible danger de les subir les unes et les autres? Convenons-en, l'effet est trop naturel pour être contesté. La pensée d'une éternité malheureuse peut donc avoir une salutaire influence; les considérations *faibles et éloignées* peuvent agir sur les hommes, leur devenir utiles et nécessaires.

On a dit ensuite que les *traités* destinés à combattre la désolante doctrine du meurtre volontaire, ne pouvaient atteindre leur but, et qu'ils ne détourneraient jamais celui qui a pris la résolution de se tuer. Ceci nous paraît bien exclusif et bien tranchant.

Nous ne nions pas, sans doute, qu'il ne puisse être très difficile d'éclairer et de ramener au bien un homme qui a perdu le sentiment de sa dignité, et qui est blasé jusqu'au point de vouloir attenter à ses jours. Mais, qu'on soit juste, tombe-t-on tout-à-coup dans cette extrémité? Foule-t-on tout-à-coup à ses pieds les devoirs les plus sacrés? S'oublie-t-on soi-même en un instant, et parvient-on à surmonter, sans aucun effort, l'horreur naturelle que cause l'idée de sa propre destruction? Non certainement. On renonce d'abord à ses principes ; on secoue tout joug, et quand on a oublié Dieu, on s'abandonne bientôt à tous les déréglemens. Alors la vie devient pénible et lourde ; on voudrait s'en débarrasser... Néanmoins, avant d'en venir à ce dernier degré de la plus lamentable démence, l'âme a un rude combat à soutenir. Qui pourrait peindre ses perplexités, ses angoisses, ses tortures? Tantôt ce sont les passions les plus effrénées, tantôt c'est le sinistre désespoir qui se déchirent cette âme. Tantôt c'est le charme de la vertu, tantôt ce sont les remords de la conscience qui la troublent saintement. Il semble qu'elle va se relever et renaître à la vie..... Mais elle est si faible, elle est si peu affermie dans le bien ; elle est si corrompue surtout !... L'orage recommence ; les passions, les sombres idées renaissent, et elles renaissent plus fortes que jamais. Résistera-t-elle long-temps cette fois? Hélas! cela est impossible... Elle a travaillé chaque jour, en donnant libre cours aux inclinations les plus mauvaises, à détruire en elle les vertus dont la religion et peut-être l'éducation l'avaient enrichie ; elle en est venue jusqu'à ne plus craindre son Créateur... Il faudra donc qu'elle succombe... Arrive, en effet, la dernière pensée de l'enfer contre cette âme infortunée. L'affreux suicide se présente à elle et ne lui laisse plus entrevoir que le néant... Cependant elle recule épouvantée ; mais elle sent comme une main invincible qui la pousse. Elle veut lutter encore, et elle ne sait plus combattre ; elle se trouble, elle succombe ; c'en est fait d'elle !

Et maintenant osez dire qu'on n'aurait pu prévenir ce malheur ! Si une voix amie s'était fait entendre à cet homme au milieu de ses perplexités, si un bon livre lui avait été offert, si on l'avait nourri d'autre chose que de pain, croyez-vous donc qu'il en serait venu à cette extrémité ? Non !... A la vérité il était déjà mort, même lorsque nous le voyions lutter il n'y a qu'un instant ; car il n'avait plus la foi ; il doutait, et le doute est le suicide de l'intelligence (1) ! Mais si, avant que sa foi fût ébranlée, il avait trouvé ce livre précieux ; si cet ami fidèle était venu l'instruire en secret, il était temps encore ! Oh ! oui, n'en doutons pas, il aurait dissipé les ténèbres épaisses qui l'obsédaient ; il l'aurait guidé et consolé, et il lui aurait rendu avec la vie le calme et le bonheur !

Mais vous qui prétendez que les livres destinés à combattre le suicide ne peuvent servir aux malheureux qui sont poursuivis par l'idée de se détruire, nierez-vous que ces ouvrages ne puissent au moins prévenir de loin les plus tristes catastrophes, et détourner, dans beaucoup d'esprits, ces pensées sinistres, qui ne viennent que par degré, comme nous venons de le voir ? Nierez-vous qu'ils ne soient propres à semer quelques bons principes qui porteront leur fruit dans l'occasion ? Nierez-vous encore qu'ils

---

(1) Voyez la note F, à la fin du volume.

ne puissent exercer une salutaire influence sur les mœurs, détruire bien des erreurs, calmer bien des passions, inspirer enfin des sentimens plus nobles et plus conformes à la dignité de l'homme ?

Quoi ! on a propagé les mauvais livres pendant cinquante ans dans notre France ; ils ont produit les effets les plus funestes, et la propagation des bons ouvrages ne pourrait rien ? Les mauvais livres ont corrompu les esprits et les cœurs, et les bons livres ne pourraient faire refleurir la religion et les mœurs ; ils seraient impuissans pour nous rendre la paix et les biens précieux que nous avons perdus ? Quoi ! cet homme a eu le malheur de manger des plantes vénéneuses, et il ne sera pas possible de lui donner le contre-poison ? On laisse colporter les mauvais livres, propager des doctrines subversives, et il serait inutile d'opposer à ce débordement des écrits solides et des doctrines régénératrices ? Faut-il donc que nous nous laissions envahir par l'ennemi qui nous enveloppe de toutes parts, et que nous ne fassions rien pour nous défendre ?... Mais il n'en sera pas ainsi : les écrivains religieux savent qu'un incrédule célèbre a dit : LES LIVRES ONT TOUT FAIT (hélas ! il n'avait que trop raison !) ; ils lui prendront sa maxime, et ils la tourneront contre l'erreur !

C'est ce qu'ont déjà compris d'ailleurs plusieurs moralistes... Si nous avons été peinés de rencontrer des hommes qui ont nié l'influence de la propagation des bons livres, nous avons été dédommagés en en trouvant qui *ont écrit contre le suicide*. Nous croyons qu'il est de notre devoir de les mentionner ici; mais, comme ils sont en assez grand nombre, on nous permettra de faire un choix parmi eux.

Le premier de ces écrivains que nous ayons à citer est le célèbre académicien Formey, qui naquit à Berlin en 1711. Il publia, en 1754, des *Mélanges philosophiques*, en 2 volumes in-12, dans lesquels on trouve, tome 1er, page 105, une courte mais solide *Dissertation sur le meurtre volontaire de soi-même*. Formey définit d'abord le suicide, et il établit, avec beaucoup de précision et de méthode, les raisons qui le condamnent. Ensuite il rassemble les argumens dont se servent ceux qui osent adjuger à l'homme l'empire sur sa propre vie. Il les réduit à *sept*, et, avec les principes qu'il a posés, il les détruit un à un. Il termine son *discours* par la réfutation de la LXXIVe *Lettre persane*, qui est une apologie complète du suicide. Buonafède a plus d'une fois cité Formey.

Un autre académicien non moins distingué a aussi écrit contre le meurtre volontaire. Nous voulons parler de Mérian, qui naquit le 28 septembre 1723, à Lichstall, dans le canton de Bâle. On a de lui un grand nombre d'ouvrages estimés, et entre autres un *Discours sur la crainte de la Mort, sur le Mépris de la Mort et sur le Suicide*. Ce Discours est inséré dans les *Mémoires de l'Académie de Berlin*, année 1763, tome XIXe, p. 255. Mérian n'a point écrit un livre de morale ; il n'a enseigné ni à craindre la mort, ni à la mépriser. Il s'est borné à contempler, dans l'esprit et dans le cœur humain, l'origine de cette crainte, les motifs qui en font triompher, et ceux qui portent l'homme jusqu'à attenter à ses jours ; trois sujets intimement liés, dit-il, et qu'on ne saurait traiter à fond en les séparant. Nous avons dû néanmoins ne nous occuper que de la troisième partie de son travail, c'est-à-dire de ce qui concerne le suicide. Là Mérian expose, sans les affaiblir, tous les argumens que l'on a pu amasser pour préconiser le meurtre de soi-même, et il les réfute au fur et à mesure avec une puissance de logique et une lucidité peu commune. Le suicide, suivant lui, est l'effet des passions ; c'est un acte lâche et honteux. Il y aurait plus de véritable courage et de grandeur d'âme à savoir résister aux peines de la vie, à les supporter avec patience, et à se reposer entièrement sur la bonté infinie de celui qui peut nous dédommager au centuple, après la mort, de toutes nos afflictions et de nos misères.

Jean Dumas, ministre de la religion prétendue réformée, comme Formey et Mérian, nous a laissé un ouvrage plus volumineux que ses devanciers, sur le suicide, qu'il a publié en 1773, à Amsterdam, sous ce titre : *Traité du Suicide, ou du Meurtre volontaire de soi-même,* in-8°. Cet écrivain traite la question avec beaucoup d'étendue. Après avoir distingué et défini le suicide, il montre que c'est un crime de disposer de sa vie sans en avoir reçu le droit de Dieu, à qui seul elle appartient; mais que Dieu ne donne jamais ce droit si opposé au bonheur de ses créatures. Il s'attache ensuite à faire voir, dans son deuxième chapitre, que l'on ne pouvait alléguer en faveur du suicide les maux de la vie, parce qu'ils sont utiles et nécessaires pour conduire l'homme à sa grande fin. Ceci le conduit à démontrer, dans le chapitre suivant, que les instincts de la nature et les jugemens de la raison, qui sont les premiers moyens par lesquels Dieu nous fait connaître sa volonté, nous prouvent clairement que le Créateur nous appelle toujours à nous conserver, et jamais à nous détruire. Dumas étudie ensuite les causes qui ont fait pratiquer et regarder le suicide comme légitime et louable par les sectes philosophiques et par quelques peuples, et il conclut ce quatrième chapitre en prouvant que le meurtre volontaire exige bien moins de courage qu'il n'en faut pour supporter les disgrâces de la vie. Le cinquième chapitre de ce *Traité* est destiné à prouver que le suicide est contraire à la société pour laquelle l'homme a été fait, et au bien de laquelle Dieu s'intéresse. Enfin, dans son dernier chapitre, Dumas combat les philosophes qui ont fait les apologies les plus brillantes du meurtre de soi-même, tels que Montesquieu, J.-J. Rousseau et d'Holbach.

Les trois écrivains que nous venons de nommer ont parfaitement traité leur sujet. Les argumens qu'ils opposent aux partisans du suicide nous ont paru très solides, et nous avons trouvé leurs ouvrages très convenables sous le rapport des principes, ce qui est beaucoup dire. Cependant, pour être juste, nous devons déclarer que deux d'entre eux méritent quelques critiques. Dans sa *Dissertation*, Formey donne un mot d'éloge aux *Lettres Persanes*, et il est ensuite amené à faire la réfutation d'une de ces *lettres*. N'y a-t-il pas contradiction ? Il ne fallait pas louer des *lettres* qui sont si répréhensibles et si dangereuses. Après cela, il semble, dans un endroit, partager l'opinion de Montesquieu qui attribue le suicide anglais au *climat*, ce qui, selon nous, est une erreur très grave et condamnable (1)... Jean Dumas n'a pas commis de semblables fautes, mais il est d'une prolixité et d'une diffusion fatigantes. Il entre quelquefois dans des détails inutiles, et il y a plusieurs endroits dans son ouvrage où, à force de vouloir fortifier ses preuves, il les affaiblit au contraire. Le *Traité du Suicide* de Dumas serait un livre à refaire ; en y mettant beaucoup de concision, en y répandant plus de clarté, on en ferait certainement un ouvrage très utile et propre à être répandu.

M. l'abbé Dubois de Launay a donné, dans une excellente *Analyse de Bayle*, 2 vol. in-12, publiée en 1782, à Paris, une *Dissertation* assez étendue *sur le Suicide*. Il a cru devoir faire abstraction, dans

---

(1) Nous avons réfuté cette erreur dans la note Q, à la fin du volume.

son ouvrage, des preuves religieuses qui réprouvent le meurtre de soi-même, pour ne parler que le langage de la raison. Il montre en conséquence qu'au tribunal du *bon sens*, le suicide est jugé aussi rigidement qu'au tribunal de la *foi*; et que celle-ci ne le réprouve que parce qu'il est condamné par celui-là. Nous pouvons dire que M. l'abbé Dubois a bien rempli sa tâche, et que sa *Dissertation* est triomphante. Il s'est peut-être un peu trop avancé en soutenant que tous les philosophes anciens, excepté les stoïciens, ont condamné le suicide; le livre que nous publions est entièrement contre lui. On voit qu'il est persuadé que le suicide et la doctrine de ceux qui l'exécutent est le fruit de l'impiété et de l'irréligion, et il s'appuie sur ce passage du fameux Bayle, qu'il a si bien analysé, et qui dit en parlant de ceux qui périssent de leurs propres mains : « Les esprits forts sont plus sujets à ces coups-là que ceux qui croient à l'Evangile; et il ne faut pas s'en étonner, car il est plus naturel qu'un homme qui croit la mortalité de l'âme, attente à sa vie lorsqu'elle lui est à charge, qu'il n'est naturel qu'un homme se porte à cet attentat lorsqu'il est persuadé qu'immanquablement on va dans l'enfer par cette voie. »

Une femme dont les principes ne furent pas toujours irréprochables, et qui mourut en 1817, nous a aussi laissé un ouvrage contre le suicide. Madame de Staël l'avait d'abord préconisé dans son dangereux traité de l'*Influence des Passions*; elle avait débité sérieusement que le meurtre de soi-même est un acte héroïque plus grand que la nature, une ressource sublime des cœurs nobles et généreux, un acte de sagesse exécuté dans un calme méditatif, et autres choses semblables. Mais ensuite, mieux avisée et plus mûrie, elle se repentit de son erreur, et ce fut pour l'expier qu'elle publia un petit ouvrage intitulé : *Réflexions sur le Suicide*, qui se trouve dans ses *OEuvres complètes*, 1820, t. III, p. 500. « J'ai loué, dit-elle dans une note de la préface de cet opuscule, j'ai loué l'acte du suicide dans mon ouvrage sur l'*Influence des Passions*, et je me suis toujours repentie depuis de cette parole inconsidérée. J'étais alors dans tout l'orgueil et toute la vivacité de la première jeunesse; mais à quoi servirait-il de vivre si ce n'était dans l'espoir de s'améliorer ? » Madame de Staël a divisé ses *Réflexions* en trois sections. Elle examine d'abord quelle est l'*action de la souffrance sur l'âme humaine*; puis elle montre quelles sont les *lois que la religion chrétienne nous impose relativement au suicide*, et elle considère en dernier lieu en quoi consiste *la plus grande dignité morale de l'homme sur cette terre*. Un tel ouvrage sorti de la plume de cette femme célèbre devait attirer toute notre attention; aussi, il faut l'avouer, nous l'avons lu avec une sorte de défiance, et après notre examen, nous avons été heureux de voir que madame de Staël avait traité convenablement cette importante matière. La deuxième partie de son travail surtout est parfaite ; c'est la philosophie chrétienne dans toute sa douceur et dans toute sa pureté. Dans la troisième partie, l'auteur ne partage pas l'opinion qui attribue au climat et à des causes purement physiques les fréquens exemples de suicides en Angleterre, et elle combat cette ridicule assertion. On peut dire que madame de Staël a bien réparé sa faute.

M. l'abbé Jauffret, depuis évêque de Metz, a donné, vers 1801, un très bon traité intitulé : *Du Suicide*, 2 vol. in-18. M. de Boulogne a rendu compte dans ses *Annales philosophiques* de cet ouvrage lorsqu'il parut. Nous ne connaissons pas, dit-il, de meilleur traité en ce genre. En approfondissant son sujet, l'auteur a l'art de se mettre à la portée de tout le monde. Ce n'est point ici une froide dissertation, c'est un code touchant de morale où il parle le langage du cœur. Ce sont bien moins des argumens qu'il présente aux savans que des consolations qu'il donne aux malheureux. C'est eux surtout qu'il a en vue, et qu'il s'efforce de ramener par le sentiment encore plus que par la raison. Il est difficile de mieux montrer l'inanité de la sagesse humaine pour calmer le désespoir, et le magnifique pouvoir de la religion pour le prévenir. Personne n'a mieux peint combien le suicide est vil dans son principe et déplorable dans ses conséquences. Il nous le montre escorté des plus viles passions, et produit par les causes les plus ignominieuses. C'est la corruption du cœur, c'est le libertinage de l'esprit, c'est la débauche honteuse, c'est l'orgueil humilié, c'est l'ambition trompée, c'est la vengeance, c'est la jalousie furieuse, c'est la peur, c'est le bourrèlement de la conscience et le poids insupportable des remords qui chaque jour s'immolent de nombreuses victimes. M. Jauffret nous dépeint ensuite la fatale influence de cette brutale fureur sur la morale publique et sur l'ordre social. Il prouve, par les faits comme par les raisonnemens, que cette multitude journalière d'assassinats qui épouvantent nos tribunaux, et dont l'histoire ne connaît point d'exemple, est une suite nécessaire de ce mépris que l'irréligion inspire pour la vie.

Outre les ouvrages que nous avons cités jusqu'ici, il est bon de remarquer que plusieurs auteurs ont traité la question du suicide soit dans des recueils périodiques, soit dans des encyclopédies, soit dans des brochures, sans lui consacrer d'ouvrages spéciaux. Nous en connaissons beaucoup qui se sont contenté de combattre de cette manière le mal que nous déplorons; mais on sent bien qu'il nous serait impossible de les citer, et nous aimons mieux terminer notre revue par deux écrivains de notre époque.

M. l'abbé Guillon, évêque de Maroc, a publié en 1802 un ouvrage excellent et remarquable, ayant pour titre : *Entretiens sur le Suicide*, in-8°. On a donné dernièrement, en 1836, une nouvelle édition de cet ouvrage. M. Guillon voit l'origine du mal dans le refroidissement des croyances religieuses, dans les divagations d'une philosophie étroite et sans portée, dans le relâchement des liens sociaux, et enfin dans les œuvres imprudentes de quelques hommes de talent, qui n'ont vu dans le suicide qu'une source d'émotions fortes propres à réveiller le goût blasé d'une certaine classe de lecteurs. Quant au livre en lui-même, il est digne de tout éloge. Le cadre est simple, ingénieux et bien rempli; le dialogue vif et naturel; la morale douce et pure; les conclusions entraînantes et sans réplique. Nous voudrions voir ce livre se propager de plus en plus. Le prélat pense que le plus sûr moyen d'arrêter les effets du suicide serait de ranimer dans les cœurs la foi religieuse; de restreindre, sinon de proscrire tout-à-fait, la publicité de quelques écrits scandaleux où l'assassinat, le suicide et l'adultère sont préconisés avec une déplorable complaisance. On ne saurait trop désirer l'accomplissement de tels vœux. M. l'évêque de Maroc réfute tous les argumens en faveur du suicide avec beaucoup de force, et il prend ouvertement la défense des anciennes lois pénales contre le meurtre volontaire : « Un délit a été commis, dit-il; il faut le punir; il ne reste qu'un cadavre : que la société s'en empare et venge ses droits outragés (1). » Enfin nous sommes persuadés que cet ouvrage continuera à produire les meilleurs fruits.

Il a paru dernièrement un ouvrage intitulé : *Pensées d'un Croyant catholique, ou Considérations*

---

(1) Nous avons montré ailleurs la nécessité des *lois sur le suicide*. Voyez la note FF, à la fin du volume.

philosophiques, morales et religieuses sur le Matérialisme moderne, la Phrénologie, le Suicide, le Duel, etc., in-8°, par M. Debreyne, docteur en médecine, prêtre et religieux. M. Debreyne avait le droit de traiter ces questions importantes et malheureusement si agitées de nos jours. Il l'a fait avec talent, avec force, et partout le philosophe marche l'égal du théologien. La partie qui concerne le suicide est surtout très bien traitée. L'auteur prouve que le suicide est un crime contre Dieu, contre la société et contre soi-même. Puis il recherche quelles sont les causes du fléau, et il les trouve aussi dans l'absence des croyances religieuses, dans l'ignorance et dans l'éloignement des pratiques de la religion. Ce sont là, selon lui, les principales causes; mais il en voit encore d'autres qu'il appelle occasionnelles ou déterminantes, et qui sont les passions, la dépravation de la littérature, les romans, les théâtres. Nous avons aimé voir M. Debreyne réfuter d'une manière triomphante ces médecins matérialistes qui s'obstinent à ne trouver dans le suicide qu'une maladie du corps et du cerveau, qui a ses périodes de recrudescence comme la fièvre jaune ou le choléra, au lieu d'y voir une maladie de l'âme qui, desséchée et flétrie par l'impiété, cesse de se croire immortelle, et cherche à échapper aux angoisses de la vie en faisant un lâche appel au néant. M. Debreyne s'occupe, en dernier lieu, des moyens propres à arrêter les progrès du suicide; il en indique plusieurs. Les premiers et les plus efficaces seront toujours la propagation des bons principes et une solide éducation religieuse. « Voulez-vous sérieusement travailler à fermer cette grande plaie sociale, dit-il, emparez-vous de la génération naissante, infusez-lui avec le lait, par une bonne éducation chrétienne, le germe de toutes les vertus sociales, et par conséquent du plus grand bonheur qu'il soit donné à l'homme de goûter ici-bas. »

Nous aurions encore à mentionner quelques ouvrages sur le suicide, qui ont paru assez récemment. Mais, outre que nous craindrions de fatiguer nos lecteurs par une *Revue* trop sèche et trop longue, nous ne voudrions pas signaler à leur attention ces ouvrages, soit parce qu'ils sont entachés de systèmes erronés et bizarres, soit parce que, tout en ayant les meilleures intentions, leurs auteurs ont prétendu que le sentiment religieux ne devait point entrer comme remède pour guérir le mal dont nous nous occupons. Tel est, entre autres, l'ouvrage de M. Tissot, *De la manie du suicide, de l'esprit de révolte, de leurs causes et de leurs remèdes*, in-8°, 1840. On conçoit aisément que de semblables ouvrages ne peuvent entrer dans notre plan de propagation. Les livres que l'on destine à être répandus ne doivent point renfermer de ces systèmes souvent plus présomptueux qu'utiles; il faut, au contraire, qu'ils soient clairs, simples, et surtout très purs sous le rapport des principes.

Ce serait sans doute ici la place de parler de l'*His-*

toire critique et philosophique du Suicide, que nous publions aujourd'hui, si nous ne devions avant faire connaître son auteur. Nous allons donc donner une *Notice* sur la vie et les ouvrages du père Appiano Buonafède.

Toutes les *Biographies* font mention de ce célèbre publiciste; mais leurs articles, pour la plupart au moins, laissent beaucoup à désirer, et contiennent quelques erreurs graves. Or, pour remédier à ce double défaut, nous puiserons nos renseignemens dans une lettre de Cavalieri, et dans un article du grand et exact ouvrage du comte de Mazzucchelli, sur les hommes illustres d'Italie (1).

Appiano Buonafède naquit à Comacchio dans le Ferrarais, le 4 janvier 1716. Il reçut d'abord les noms de Tito Benvenetto; il ne remplaça ces derniers par celui d'Appiano, que lorsqu'il prit les ordres. Son père, Fausto Buonafède, appartenait à une famille consulaire et possédait une fortune considérable. Sa mère se nommait Niccola; elle était fille de Pietro Cinti, qui descendait aussi d'une famille ancienne et puissante.

La jeunesse d'Appiano Buonafède se fit remarquer par une grande aptitude et par une présence d'esprit bien au-dessus de son âge. On lui fit commencer de bonne heure ses études, et il eut pour maître, en

---

(1) *Gli scrittori d'Italia, cioè notizie storiche e critiche interno alle vite ed agli scritti dei letterati italiani*, 6 vol. in-fol.

rhétorique, le savant docteur Niccolo Guidi. Avec un tel maître, il avança rapidement, et les *Essais* qu'il fit paraître alors témoignent de ses progrès comme de son bon goût.

Buonafède était encore jeune lorsqu'il perdit son père. Heureusement qu'il trouva un appui dans les soins et dans l'affection du docteur Guidi.

Le temps de lui faire faire de plus graves études approchait. Déjà on songeait à le placer dans une université lorsque l'abbé Célestin dom Tomazi, nouvellement arrivé à Comacchio, fit changer ce projet. Frappé des belles dispositions du jeune Buonafède, il résolut de le faire entrer dans l'ordre des Célestins. Il consulta, pour l'exécution de son dessein, l'avocat Zappata, cousin d'Appiano, et Guidi son protecteur; et ayant obtenu leur assentiment, ainsi que celui du jeune homme, il l'emmena pour le noviciat.

On sait que l'ordre des Célestins fut fondé par Pierre de Mouron, qui naquit en 1215, et qui fut élevé sur le trône pontifical, sous le nom de Célestin V, en 1294, et canonisé par le pape Clément V, en 1313. Cet ordre fut approuvé par Grégoire X, au second concile général de Lyon. Il devint célèbre, produisit de grands hommes, et put, aux beaux jours de sa postérité, se glorifier de l'existence de cent cinquante monastères. Mais l'hérésie en détruisit beaucoup, surtout en Allemagne, et on les supprima en France en 1778.

Dès que Buonafède fut entré au noviciat des Célestins, il s'y fit remarquer par un grand amour du travail et surtout par sa piété et sa douceur ; il se livra à l'étude avec un zèle si extraordinaire, que bientôt ses maîtres devinrent ses disciples. Enfin, le moment de prendre l'habit arriva : Buonafède le reçut, plein de joie, en 1734, et non en 1745, comme le dit la *Biographie universelle*. Il conserva toute sa vie un précieux souvenir du jour où il entra dans son ordre ; il remerciait souvent la divine Providence de cette faveur, et il a laissé un témoignage de sa gratitude dans une pièce de vers dont nous citons un fragment (1).

Il avait, en effet, un penchant très prononcé pour la poésie, et malgré les sérieuses études auxquelles il se livrait, il aimait aussi cultiver les muses pour se délasser. Ce mélange d'utile et d'agréable a toujours flatté les grands esprits.

Appiano fut nommé, en 1740, professeur de théologie, à Naples, avec D. Joseph Orlandi, savant d'un mérite incontesté et incontestable. Alors il prêcha avec succès dans plusieurs grandes villes, pendant le temps du carême, et il prononça des discours, dans

---

(1) Perchè a ragion ringrazio il nume amico,
  Che tanto in me della sua grazia infuse,
  Onde pur vidi la fralezza mia,
  E le reti, e li scogli e gli ateri inganni
  Del mondo leggerissimo e fallace :
  E benedico il giorno avventurato,
  Quando il piè volsi a questa ferma rocca
  Di religione asilo, e di vertute,
  Contro cui il vento, e il nembo romba invano.

plusieurs occasions solennelles. Ainsi, Buonafède ne fut pas seulement un poète habile, un philosophe profond, mais encore un orateur fécond.

Quelques années plus tard, notre auteur se trouva à Naples, où on le pria de se charger de l'éducation d'un enfant de famille illustre. Pour exciter son élève à l'amour des lettres, le précepteur écrivit et publia l'*Éloge de plusieurs grands littérateurs*. Ce livre marqua le point de départ de la réputation de son auteur. Il obtint un succès jusqu'alors inconnu, et il devint si rare, et fut tant recherché, que Buonafède songea à le faire suivre d'autres volumes. Mais, nommé secrétaire général de la congrégation des Célestins, il ne put accomplir son projet.

Cependant, sa réputation ne fit que s'accroître de plus en plus, et ses mérites ne restèrent pas sans récompense. En 1752, il fut élu au monastère de Bergame; en 1755, on le nomma gouverneur de l'abbaye de Sainte-Stéphanie, à Bologne; quelque temps après, un arrêt de l'illustre Benoît XIV le nomma général des Célestins.

Arrivé dans la capitale du monde chrétien, notre auteur se livra entièrement à son goût pour les belles-lettres, et il entreprit des ouvrages plus considérables que ceux qu'il avait composés jusqu'alors. Ce qu'il y a de remarquable, c'est qu'il ne fit jamais paraître ses *œuvres* sous son véritable nom, mais avec des initiales, ou sous l'anagramme *Appio Anneo de Faba*, ou bien encore sous les noms d'*Agatopisto*

Cromaziano (1). Ce fut sous ces derniers noms que parut, pour le dire en passant, l'*Istoria critica e filosofica del suicidio*.

Les talens littéraires de Buonafède le firent rechercher. On le nomma membre de plusieurs sociétés savantes, entre autres, de l'académie appelée l'*Arcadie de Rome*.

Cette académie fut établie à Rome en 1690. Elle n'avait pour but que de faire refleurir ou de propager le goût de la poésie et de la littérature. Indépendamment des personnes lettrées, on y comptait des princes et des cardinaux. Tous les membres de cette société devaient, en y entrant, recevoir d'autres noms que les leurs. Ils prenaient ordinairement les noms d'un pasteur, ou celui d'une ville de la Grèce, et cela sans doute pour se donner plus de relief. Cependant, cette règle ne fut point observée à l'égard de Buonafède. On trouva qu'il avait tant illustré le nom qu'il s'était choisi, c'est-à-dire *Agatopisto Cromaziano*, qu'on décida qu'il le garderait toujours. L'Arcadie tenait ses séances dans un jardin ou dans un pré : c'était bien le lieu le plus convenable pour cultiver les muses, et s'occuper de l'art de bien dire.

---

(1) Ce voile de l'anonyme honore le caractère modeste de notre auteur. — *Agatopisto* est un dérivé de deux mots grecs : *Agathê pistis*, — *Buona-fede*, — *Bonne-foi*. Par *Cromaziano*, Buonafède voulait sans doute désigner sa patrie, puisque le savant historien de Ferrare, M. Sardi, nous apprend que le fondateur de Comacchio s'appelait Cromazio.

Le P. Buonafède vécut soixante-dix-huit ans, et mourut à Rome, à la suite d'une chute qu'il fit sur la place Navone, en décembre 1793. Il était d'une grande taille, d'une physionomie gaie, qui montrait la franchise de son caractère. Il était doux, s'énonçait toujours avec beaucoup d'aisance et d'affabilité.

Naturellement porté à l'étude de la philosophie, le P. Buonafède fut surtout engagé à s'y livrer pour la défendre contre les attaques d'une bande de niveleurs, qui commençaient alors à débiter leurs doctrines. Ces hommes n'avaient pas craint, pour en imposer, de se décorer du titre de philosophes qu'ils ne méritaient pas, puisque ce nom veut dire *amateur de la sagesse*, et que ces insensés n'aimaient que le mal et le désordre. Il était donc urgent de les démasquer et de montrer leur folie, en opposant à une philosophie *fausse* et usurpatrice, les enseignemens d'une philosophie *vraie*, d'une *philosophie dont le catholicisme est une image divine*, comme disait notre auteur. Il fallait aussi chercher à prévenir les maux qui devaient nécessairement résulter de la grande conjuration de ces nouveaux ouvriers d'iniquité; c'est-à-dire le bouleversement dans les croyances et dans les mœurs, l'anarchie et le mauvais goût dans la littérature. C'est ce que le P. Buonafède comprit, et c'est à quoi il travailla une grande partie de sa vie. On peut dire qu'il fut un des premiers adversaires des philosophes du dix-huitième siècle, et qu'il entra le premier dans cette lutte de l'intelligence, que les défenseurs de la vérité eurent à soutenir contre ces ennemis de la religion.

Il suffit d'ailleurs de jeter un coup d'œil sur ses principaux ouvrages pour s'en convaincre. Leurs titres seuls nous feront voir les nobles efforts qu'il tenta pour réfuter la nouvelle philosophie, réhabiliter le bon goût et défendre les mœurs.

I. *Histoire de la nature de chaque philosophie.* — *Restauration des systèmes philosophiques aux XVIe, XVIIe et XVIIIe siècles.* — *De la mauvaise foi dans l'Histoire, Discours contre Lecourayer.* — II. *Portraits poétiques, historiques et critiques de plusieurs littérateurs illustres.* — *L'apparition de quelques ombres, nouvelles critiques.* — *Lettres d'un solitaire.* — *Eloge de monseigneur Galiani, en latin.* — *Un volume de poésies, en vers libres.* — III. *Des conquêtes célèbres, examinées d'après le droit des gens.* — *Du droit de la nature et des gens.* — *Histoire critique et philosophique du suicide*, etc.

Il suffit aussi, comme le dit le comte de Mazzucchelli, de parcourir cette liste pour se faire une idée de la variété prodigieuse des connaissances de notre auteur dans les sciences, dans les lettres, dans l'histoire, dans la poésie et dans la critique.

Tous ces ouvrages ont été publiés de 1740 à 1790, à Lucques, à Bologne et à Venise, mais ils n'ont jamais été réunis en un seul corps. Cette circonstance et l'habitude qu'avait Buonafède de ne pas mettre son nom sur ses ouvrages, font qu'on les trouve difficilement.

Le P. Buonafède eut le bonheur de voir ses ouvrages couronnés de succès, et, ce qu'il y a de plus consolant, produire les meilleurs effets. L'originalité et la forme piquante de son style, sa concision, son savoir, et, par dessus tout, ses principes purs et orthodoxes, le placèrent au rang des plus illustres écrivains de l'Italie. Il est vrai que quelques critiques le blâmèrent et voulurent lui trouver des idées bizarres et systématiques. Il est vrai aussi que des *biographies* françaises, dans le désir de grossir un certain parti, osèrent lui prêter des sentimens qui ne furent jamais les siens, comme ses ouvrages le prouvent. Mais, quelle gloire sur la terre peut demeurer intacte? Qui peut être à l'abri de la censure, et qui pourrait se flatter de n'avoir point de rivaux? D'ailleurs, si Buonafède adopta quelques systèmes pour ses ouvrages, ce ne fut que dans la forme et non pour le fond; en sorte qu'ils ne nuisirent en rien aux vérités qu'il défendait avec tant de force et de courage.

Ce fut principalement son *Histoire critique et philosophique du Suicide* qui obtint un succès aussi brillant que mérité. On en donna successivement plusieurs éditions, et aujourd'hui elle est bien difficile à trouver, comme nous l'écrit un libraire de Florence.

Cet ouvrage occupa les critiques, et tous en firent l'éloge. La *Minerve* ou *Journal des gens de lettres d'Italie*, en rendit un compte favorable dans son *numéro du mois de juin* 1762, page 39 ; et M. le comte de Mazzucchelli, si juste appréciateur, appelle l'attention des savans sur cette *Histoire*, et il ajoute « que la *préface* de l'ouvrage mérite d'être lue, et que l'histoire elle-même est digne de la sanction de tous. » Il serait inutile, ce nous semble, d'accumuler ici les divers jugemens qui ont été portés sur l'ouvrage du P. Buonafède ; nous aimons mieux en faire bien connaître le but et l'esprit à nos lecteurs.

On se tromperait beaucoup si on croyait que notre livre est un *Traité* raisonné sur le suicide, semblable à ceux que nous avons mentionnés plus haut ; ou bien un ouvrage d'agrément que l'on prend par caprice et que l'on quitte de même ; ou bien encore un roman aux scènes dramatiques et aux descriptions vives et saisissantes. Non, c'est un ouvrage philosophique dans toute la force de l'expression ; c'est un livre d'études graves, et qui ne convient qu'aux esprits sérieux ; c'est une de ces dissertations savantes dont on aperçoit d'autant plus les beautés et la solidité qu'on la médite davantage. Tel est du moins l'effet qu'a produit sur nous l'*Histoire critique et philosophique du Suicide*. Plus nous l'avons étudiée, plus nous en avons reconnu l'excellence et la haute portée.

Deux pensées principales dominent cet ouvrage, pensées profondes et admirables dans leurs résultats.

Il fallait attaquer *le plus grand des phénomènes*

humains dans son principe même. Pour atteindre ce but, il était nécessaire de rechercher son origine, de tracer son histoire et de faire sentir la faiblesse de ses argumens. C'était là, nous le pensons, le meilleur moyen de combattre le mal. Or, c'est précisément ce qu'a tenté notre auteur.

En effet, Buonafède examine d'abord, un à un, les divers systèmes philosophiques de l'antiquité. Il montre qu'ils sont tous entachés d'erreurs grossières; il prouve qu'ils conduisent directement au suicide; et, de cette manière, il constate son origine. Ensuite, il cite de nombreux exemples à l'appui de ses raisonnemens; et, par là, il met à nu l'*Histoire du meurtre volontaire*. Enfin, il rassemble les argumens de ses apologistes; il leur oppose les réponses victorieuses des adversaires; il établit, par les faits mêmes, que la religion chrétienne défend le suicide, et qu'elle seule peut l'empêcher; et, ainsi, il montre la faiblesse des raisons par lesquelles on a prétendu jusqu'ici justifier ce crime.

Nous le demandons, n'est-ce pas là l'argumentation la plus habile, la plus forte que l'on ait pu faire contre le meurtre volontaire? Avoir montré sa source impure, divulgué ses fureurs, ses extravagances, n'est-ce pas en même temps avoir attiré le mépris et l'infamie sur lui? N'est-ce pas avoir répondu déjà aux sophismes qu'on a osé présenter en faveur de cette doctrine du néant? N'est-ce pas, enfin, lui avoir porté le coup mortel?

Oui, comme le dit notre auteur dans son intéressante *Préface*, le suicide ne pourra plus désormais se prévaloir de son ancienneté, de ses progrès, de la grandeur de ses exemples, de la force de ses argumens, ni même de l'autorité des savans qui n'ont pas craint de lui prêter l'appui de leurs talens. Le masque lui sera arraché; on le connaîtra, et il ne pourra plus tromper ni faire illusion à l'avenir.

L'autre pensée qui domine dans l'*Histoire critique et philosophique du Suicide* ne sera pas moins facile à découvrir. Le P. Buonafède a eu certainement pour but principal de combattre le suicide. Mais la manière dont il a traité son ouvrage, son plan vraiment remarquable, tout fait bien voir qu'il avait un double motif pour le publier, et qu'il tendait à la réfutation d'une autre erreur. Un mot fera comprendre ceci.

Comme nous l'avons déjà remarqué, au temps où notre auteur écrivait, les prétendus philosophes du dix-huitième siècle avaient commencé leur guerre contre la religion. Ils avaient déversé sur elle le blâme et le sarcasme; et afin de l'abaisser, autant qu'il était en eux, ils prônaient partout les philosophies de leurs devanciers, et ils les proclamaient les seules vraies, les seules dignes de l'admiration des sages! Buonafède, qui s'était imposé la noble tâche de combattre toutes les vérités attaquées, dut chercher à diminuer un peu ces déclamations ridicules et emphatiques. Or, en exposant les systèmes philosophiques qui avaient précédé le Christianisme, pour prouver qu'ils avaient tous enseigné le suicide, et que la religion seule le défend, il est clair qu'il fit, en même temps, tomber le brillant manteau dont les sophistes auraient voulu les envelopper; qu'il montra la vérité dans tout son jour, et que la philosophie chrétienne parut réellement ce qu'elle est, c'est-à-dire la plus belle, la plus sainte, la plus sublime des philosophies !...

Ainsi, combattre le suicide, venger la vraie philosophie, tel a été, on ne saurait en douter, le double but que s'est proposé notre publiciste, et on peut dire qu'il a réussi.

Un tel ouvrage méritait-il d'être traduit?... A une époque où le suicide fait des progrès si effrayans, comme nous l'avons montré; dans un temps où on voit mille aberrations qui voudraient surgir encore; où le panthéisme, le sensualisme, l'éclectisme, et tant d'autres rêveries, pillées des systèmes anciens, cherchent à s'établir, nous n'avons pas dû hésiter un seul instant.

Plusieurs écrivains distingués ont d'ailleurs souhaité de voir cet ouvrage traduit en notre langue. Ginguené, de l'Académie française, dont le jugement n'est pas suspect, dit, en parlant de Buonafède, « que c'est un publiciste célèbre, peu connu en France, et qui mériterait cependant de l'être, tant à cause de la forme piquante de son style, que par son impartialité (1). » M. le chevalier Artaud, auteur de la belle

---

(1) *Biographie universelle*, art. *Buonafède*.

Histoire de Pie VII, ajoute « que l'*Histoire critique et philosophique du Suicide,* du père Appiano Buonafède, est un ouvrage excellent, qu'il serait nécessaire de publier aujourd'hui (1). » Mais nous sommes surtout heureux de rapporter ici le témoignage si honorable et si flatteur que l'illustre prisonnier du Spielberg a daigné nous adresser. « Votre traduction de la *Storia critica e filosofica del Suicidio,* du P. Buonafède, aura, nous écrit Silvio Pellico (2), outre le mérite littéraire, celui d'être une bonne œuvre, ou au moins une expression de votre charité. J'applaudis de tout mon cœur à l'esprit qui vous anime. Dans ma jeunesse, les ouvrages du P. Buonafède m'ont servi quelquefois de secours pour raisonner, pour lutter contre les sophismes : c'est un penseur chrétien que j'aime. Quoique je n'aie pas connu l'auteur, son souvenir m'est aussi agréable, parce que j'ai souvent entendu parler de ses vertus. Vous voyez que je suis bien aise que vous le fassiez connaître à la France, surtout par l'ouvrage excellent que vous avez choisi, etc. » Ces paroles sont la meilleure réfutation que l'on puisse faire aux insinuations contre Buonafède, de certaines *Biographies* dont nous avons parlé. Voici un compatriote, bien digne de foi, qui déclare que notre auteur est *un penseur chrétien qu'il aime, et qui lui a servi pour raisonner et pour lutter contre les sophismes;* c'est faire son plus bel éloge.

(1) *Univers pittoresque*, art. *Italie*, p. 359.
(2) Lettre datée de Turin, 12 novembre 1839.

Appuyés sur de si puissantes autorités, nous nous mîmes donc à l'œuvre avec confiance, comptant peut-être plus, il faut le dire, sur notre bonne volonté que sur nos forces.

Nous parlerons peu de notre travail... Il y a longtemps que l'on cherche quel est le meilleur genre de traduction, et on ne paraît guère d'accord là-dessus. Sans entrer dans les raisons que les critiques donnent pour et contre, nous nous hâterons de dire que nous avons tâché de ne point nous écarter des meilleures règles, et des principes les plus justes et les plus certains sur la matière.

Nous n'avons point cherché à faire une traduction purement élégante. Nous n'avons visé, au contraire, qu'à la simplicité, à la clarté et à l'exactitude. Cependant notre désir d'être fidèles ne nous a pas fait tomber dans la servilité. Dans les endroits trop embarrassans, nous n'avons pas craint de nous attacher plutôt au sens qu'aux mots. En cela, nous ne nous sommes pas non plus écartés des bonnes règles, et nous n'avons fait que suivre l'avis des critiques les plus distingués, entre autres du célèbre abbé Césarotti, traducteur des *Poésies d'Ossian*, et de notre auteur lui-même.

Nous avons considéré ce travail comme une œuvre de conscience; aussi n'avons-nous pas craint de lui consacrer de longues veilles. Le sens était souvent difficile à comprendre; afin de l'éclaircir, il nous a fallu consulter les nombreux ouvrages cités par notre auteur. Nous osons le dire, la traduction était d'autant plus pénible, que le terrain est entièrement neuf : jamais Buonafède n'a été traduit en français, et c'est un écrivain original, très concis et plein d'érudition.

La traduction terminée, nous n'en sommes pas demeurés là. Il nous a semblé qu'il était nécessaire d'y ajouter des notes critiques, explicatives, morales, biographiques, bibliographiques, etc. Nous avons placé les plus courtes au bas des pages et les plus longues à la fin du volume. De plus, nous avons ajouté un *chapitre supplémentaire,* en forme de récapitulation et de conclusion, afin de mieux faire comprendre l'esprit de l'œuvre du père Buonafède à ceux qui ne pourraient pas lui consacrer une étude longue et sérieuse. Nous avons aussi, pour l'exactitude, vérifié et rectifié toutes les citations.

Notre travail a été long et difficile, nous ne l'avons pas dissimulé; mais nous devons le confesser, au milieu des difficultés de tous genres contre lesquelles il nous a fallu lutter, nous avons rencontré des âmes nobles et généreuses qui nous ont encouragés!... M. le Ministre de l'Instruction publique, et M. de Noailles, Duc de Poix, ont des droits à toute notre gratitude... C'est pour nous un bonheur autant qu'un devoir, de leur payer ici un hommage public de notre vive et profonde reconnaissance!...

Telle est donc la tâche que nous nous étions imposée. Avons-nous réussi? C'est aux lecteurs à le juger. Ils pourront blâmer la forme, le fond, le style, non l'intention. Dans tous les cas, nous réclamons leur indulgence.

Tout en désirant faire connaître à la France un auteur qui mérite tant de l'être, nous avons voulu contribuer un peu à cette régénération sociale que nous appelons de tous nos vœux. Persuadés que chaque homme a reçu sa mission suivant son état, son esprit, ses lumières, nous avons désiré répandre un bon livre de plus contre le crime que nous déplorons... Et nous avons l'espérance qu'il produira aussi ses fruits!

Si la lecture des ouvrages qui vantent le meurtre volontaire a été la cause de tant de malheurs; si le *Werther* de Goëthe a produit beaucoup de suicides en Allemagne, comme l'assure madame de Staël; si ce monstre est devenu plus fréquent en Angleterre, depuis l'apologie qu'en ont faite les Jean Donne, les Blount, les Gildon, etc.; s'il fit des progrès si rapides en France, à cause des écrits de cet Helvétius, qui n'a pas rougi de nous donner la mort de Caton *comme le comble des vertus humaines;* de ce sophistique Jean-Jacques, qui fut tour à tour, dans son *Héloïse,* adversaire et avocat du suicide, et qui mérita de mourir de ses propres mains; de Montesquieu lui-même, qui souilla d'une apologie du meurtre volontaire ses *Lettres Persanes,* et de tant d'autres *fameux* philosophes; qui oserait soutenir encore que les ouvrages qui sont destinés à les combattre ne produiront rien? Ne faudrait-il pas être insensé?...

Il est donc bien nécessaire que les amis de l'humanité réclament contre la publication des ouvrages qui inspirent le mépris de la vie, et qui vantent les prétendus avantages de la mort volontaire. Ils doivent signaler au gouvernement les dangers qui résultent de mettre sur la scène les infirmités auxquelles l'homme est exposé. Ils doivent demander hautement qu'on défende aux marchands d'étaler des gravures licencieuses, aux artisans de désordres de colporter leurs mauvais livres, et aux écrivains irréligieux de lancer leurs libelles. La liberté d'écrire ne saurait prévaloir contre les intérêts de la société...

Il est donc très important, d'un autre côté, que les hommes de bien, les amis des saines doctrines, cherchent à contrebalancer, sinon à détruire, les effets de la propagation des principes corrupteurs, en répandant les bons livres, et en les insinuant partout : nous leur recommandons *particulièrement* les excellens ouvrages de MM. Jauffret, Guillon et Debreyne, que nous avons indiqués ci-dessus.

Mais il se trouve un moyen encore plus puissant pour nous *délivrer du monstre*.... Nous avons prouvé que les causes premières et productrices du suicide étaient l'absence des croyances religieuses, ou l'indifférence : il s'ensuit nécessairement que les conditions opposées sont le vrai remède de ce mal moral.

Ranimez donc le sentiment religieux ; arrachez les hommes de cette profonde léthargie dans laquelle ils sont plongés ; relevez la dignité de leur nature ; dites-leur qu'ils ont une âme immortelle ; apprenez-leur ce qu'ils sont, d'où ils viennent, où ils vont ; enseignez-leur que les peines de la vie ne sont que passagères, et qu'il y a plus de grandeur et de force d'âme à les supporter qu'à vouloir s'en délivrer ; annoncez-leur enfin qu'il existe un Dieu prêt à les punir, et à les récompenser dans une éternité, et vous aurez détruit le mal !

Emparez-vous surtout de la génération qui commence ; veillez attentivement sur la jeunesse ; faites que son éducation soit chrétienne ; inspirez-lui les principes sacrés de l'honneur, du respect, de la soumission ; faites-lui goûter les douceurs de la famille ; donnez-lui des goûts simples, modérés ; éloignez d'elle les plaisirs dangereux et frivoles ; faites, en un mot, de tous les jeunes gens de nos écoles, de vrais et sincères chrétiens, et vous aurez détruit le mal !

Hommes vertueux de toutes les classes et de toutes les conditions, réunissez-vous ; formez comme une espèce d'association contre la cruelle *épidémie qui gagne de proche en proche* ; étudiez ses causes, employez les remèdes que vous donne la religion, et vous détruirez le mal !

Et maintenant, les hommes qui nous gouvernent ne feront-ils rien, eux aussi, pour nous délivrer du mal ?... Ne songeront-ils jamais à réprimer ce crime de lèse-société ? D'où vient donc l'indifférence de nos législateurs à cet égard ? N'y aurait-il aucune possibilité d'arrêter les progrès du meurtre de soi-même? Mais nous n'en manquons pas de moyens : il en existe d'efficaces, et le temps est venu, ou jamais, de les employer. Qu'on nous donne une loi pénale qui flétrisse le suicide, qui le déclare crime de lèse-nation ; que, par une disposition de cette loi, le corps du suicidé appartienne, sans réserve, aux amphithéâtres, et qu'il soit *enjoint* à la *presse* de ne plus flétrir ses feuilles des hideuses hécatombes des morts volontaires, et on détruira le mal!

Voilà quelques uns des remèdes que l'on peut opposer au suicide : mais la religion, qu'on le sache bien, doit être en première ligne. Rien ne peut la remplacer sur la terre. Il la faut à l'enfant, ou vous le condamnez à périr à vingt ans sous le faix d'une corruption précoce ; il la faut à l'ouvrier, ou vous le verrez ennemi farouche de l'ordre ; il la faut à l'homme élevé dans tous les raffinemens d'une civilisation avancée, ou vous lui ordonnez le suicide au premier revers, à la première infortune qui le visitera. Oui, il faut le Christianisme à la société tout entière, ou vous la plongez dans l'abîme!...

PRÉFACE DE L'AUTEUR.

⸭⸭⸭

Nous avouons qu'avant d'écrire l'*Histoire critique et philosophique* du plus grand de tous les phénomènes humains, appelé par les Grecs *Autocheirie*, par les Latins et les Italiens *Meurtre de soi-même*, et communément nommé aujourd'hui *Suicide*, plusieurs difficultés se présentèrent à notre esprit; si bien que nous fûmes long-temps dans l'indécision de savoir si nous devions entreprendre ou abandonner une œuvre que nous n'avions conçue que par délassement.

Cependant, comme nous portions quelque intérêt à cette œuvre, et que d'ailleurs on trouve toujours bon ce que l'on aime, nous voulûmes examiner de plus près, connaître les raisons pour et contre, et nous faire tout à la fois le censeur de nos propres opinions, et, ce qui étonnera peut-être, le juge de nous-même.

Nous fîmes donc ce raisonnement : S'il est vrai (ainsi que le nombre et le ton assuré de ceux qui l'affirment le ferait croire) que le suicide, loin d'être l'effet de la délibération et du courage, n'est que le résultat de la lâcheté, de la folie et du désespoir; s'il est vrai, qu'à l'exception de quelques frénétiques obscurs et ignorans atteints de cette fièvre, les hommes aiment assez la vie pour se passer de conseils à cet égard, il est probable que celui qui écrirait l'histoire de ce mal, si critique et si philosophique qu'elle fût, ne ferait que dérouler une longue série d'actions folles et extravagantes, qui ne serait utile ni aux hommes sages, ni aux maniaques ; car, si les uns ne se tuent pas, les autres ne cherchent point à s'instruire. Ne serait-il donc pas plus raisonnable de laisser dans l'oubli cette foule d'insensés, et de respecter la pudeur de l'histoire, ainsi qu'on la respecte sur la scène, où il est défendu de montrer et les crimes atroces et les extravagances outrées?

Les objections ainsi posées, nous voulûmes nous assurer si les raisons contraires étaient de nature à les détruire. Or nous fûmes pour l'affirmative.

En effet, appuyés sur l'histoire et aidés par une discussion sérieuse, nous reconnûmes, à n'en pouvoir douter, que, dans l'antiquité et sur presque tous les points de la terre, il avait existé des nations puissantes et éclairées, des écoles philosophiques illustres, des jurisconsultes profonds, des capitaines habiles, des femmes célèbres, qui, pensant aux vicissitudes de la vie, avaient préconisé le *suicide*, et qui, après avoir posé des principes, tiré des conséquences, avaient soutenu, par des théories et par des exemples, qu'il est permis de se donner tranquillement la mort quand le besoin le réclame ou quand on en éprouve le désir.

Et jetant ensuite un coup d'œil rapide sur l'époque actuelle, nous eûmes la preuve que ce n'était pas seulement au Ceylan, au Japon, en Chine et dans les Indes que des hommes calmes et réfléchis se tuaient, et quittaient la vie avec le même sang-froid que d'autres abandonnent leurs maisons pour aller à une partie de plaisir; mais que ces monstruosités se voyaient aussi au nord de l'Europe, dans une Ile fameuse, et dont les habitans se prétendent pourtant plus éclairés et plus habiles que les autres peuples.

Ainsi, dans les temps reculés comme dans les temps modernes, sous l'empire même des lumières actuelles de l'Europe, il s'est rencontré des hommes qui ont cultivé cette funeste philosophie. Ils ont osé enseigner, soit dans des écrits pompeux, soit dans des discours publics, des doctrines favorables au suicide! Et c'est à peine si les théorêmes d'une vérité démontrée et reconnue ont été soutenus avec autant d'assurance et d'opiniâtreté!

Mais ce n'est pas tout. Nous nous trouvions un jour avec des hommes qui se disaient philosophes, et la conversation étant tombée, comme cela arrive ordinairement, sur les calamités de la vie, nous entendîmes les uns dire avec fermeté : *Qui peut nous empêcher de sortir de la misère ?* Les autres ajoutaient : *Si nous ne sommes pas bien dans cette maison, ne pouvons-nous pas passer ailleurs ?* Puis ceux-ci exposaient tranquillement les argumens de Sénèque et de Marc-Aurèle, les centons de Montaigne et de Robeck ; et ceux-là indiquaient l'opium comme remède le plus efficace aux maux les moins guérissables !

En présence de tels faits, nous ne pûmes nous empêcher de reconnaître la faiblesse des objections qui s'étaient présentées tout d'abord à notre esprit. Nous comprîmes l'utilité d'une *Histoire* destinée non seulement à rechercher dans la religion, dans la philosophie et dans les mœurs et le génie des nations, les origines et les argumens en faveur du *suicide prémé-*

dité (car nous ne parlons pas du suicide furieux); mais encore à examiner ces origines et ces argumens, à en peser la valeur, à prouver qu'ils viennent de l'erreur et qu'ils sont contraires aux lois de la nature comme aux règles d'une saine intelligence.

Une telle publication ne permettra plus au *suicide* de se prévaloir de son ancienneté, de ses succès, de la grandeur des exemples, de la force des syllogismes, ni même de l'autorité des savans qui lui ont prêté l'appui de leur crédit et de leur talent. Le masque lui sera enlevé ; il ne pourra plus tromper par l'apparence de la réalité, et peut-être que des infortunés échapperont ainsi à sa fureur.

Notre ouvrage étant propre à produire des fruits si salutaires, personne, nous le pensons du moins, ne le regardera comme inutile. On ne lui reprochera point non plus de ne relater que des faits entachés de frénésie et d'irréligion. Car, si c'était là une faute, il n'est aujourd'hui aucune histoire, que nous sachions, qui ne méritât le même reproche ; elles sont toutes plus ou moins remplies de récits semblables. D'ailleurs, les faits servent à éclairer et sont d'un haut enseignement. Or, c'est ce qu'ils feront dans l'histoire qui nous occupe, et l'affreux des épisodes et l'uniformité des détails n'en atténueront point l'effet.

Telles sont les réflexions qui nous firent voir la légèreté de nos doutes et comprendre la dignité du sujet que nous voulions nous imposer.

Nous nous y attachâmes donc plus que jamais. Nous fîmes tout notre possible pour lui donner les formes d'une narration suivie, et pour en rendre la lecture aussi agréable qu'instructive.

Voici le plan que nous avons suivi. Et, d'abord, nous recherchons l'origine du suicide chez les Orientaux, et particulièrement chez les Japonais, les Chinois et les Indiens, qui en furent les plus grands partisans.

Nous trouvons la source de ce mal dans les

dogmes et la philosophie de Siaka, enseignés par Confucius et les Brachmanes, et consacrés par l'exemple et les mœurs de ce peuple.

Nous disons quelques mots sur les Chaldéens, les Perses, les Turcs et les Hébreux.

Nous quittons l'Asie, et nous poussons nos investigations en Afrique, surtout parmi les Egyptiens et les Carthaginois.

De là nous passons aux Européens. Nous nous entretenons des Celtes. Nous voyons le germe de leurs suicides dans les systèmes des Druides.

Arrivé aux Grecs et aux Romains, très enthousiastes de ces actes de fol héroïsme, nous en faisons remarquer la profusion, ainsi que l'indifférence avec laquelle on le regardait. C'est également dans les idées systématiques qui furent si chères à ces deux peuples que nous essayons de découvrir la cause d'un tel aveuglement. Nous examinons à cet égard les principes des pythagoriciens, des platoniciens, des académiciens, des stoïciens, des épicuriens et de plusieurs autres écoles qui furent vénérées par les Athéniens et par les Romains.

Outre ces principes du mal, il en est d'autres que nous tâchons aussi de combattre. Ces principes qui ont exercé un empire assez grand sur certains hommes pour les déterminer à y sacrifier leur vie, se rattachent au sentiment d'honneur, de gloire, de patrie, d'amour, etc.

Nous exposons ces idées particulières, et nous joignons à chacune d'elles le récit de plusieurs morts spontanées, anciennes et modernes. Nous ébauchons ainsi un essai, ou, si l'on veut, une histoire spéciale des suicides les plus célèbres.

Ensuite nous défendons la doctrine de quelques Pères de l'Eglise qu'on a accusés d'avoir inspiré cette erreur.

Nous rapportons les opinions favorables au suicide, émises par des casuistes, des rabbins, des critiques et par quelques écrivains modernes. Nous réunissons en un même article les argumens en faveur du meurtre de soi-même et les sophismes qui prétendent le justifier. Enfin nous mettons en présence les réponses les plus solides qui ont été faites pour réfuter tous ces sophismes, et nous concluons qu'en quelque temps et en quelque lieu que ce puisse être, la doctrine du suicide n'a jamais pu cacher, malgré ses artifices et ses efforts pour se défendre, ni son origine, ni la faiblesse de ses argumens.

Telles sont les principales parties de notre œuvre. Nous avons cru utile d'en informer le lecteur. Maintenant, nous abordons notre sujet avec plus de satisfaction.

HISTOIRE

CRITIQUE ET PHILOSOPHIQUE

DU SUICIDE.

CHAPITRE PREMIER.

Du Suicide chez les Orientaux, les Africains et les Celtes.

Avant d'examiner en particulier les opinions philosophiques qui firent naître et qui répandirent chez les Orientaux le suicide d'une manière si affligeante, nous considérons l'Orient, ou si l'on veut tout le genre humain, dans son ensemble, et nous remarquons que le meurtre de soi-même tire en général son origine de la conviction de ce principe *que l'homme qui se tue améliore sa condition.*

C'est en effet sur cet aphorisme que se sont appuyés et que s'appuient les systèmes de plusieurs hommes, de diverses écoles et de quelques nations. Et, chose étonnante ! on arrive encore à cette maxime en suivant des voies opposées... Les uns préconisent le suicide en soutenant que l'âme est mortelle, et disent qu'il faut en finir avec la vie plutôt que de supporter une existence misérable ; les autres regardent la mort volontaire comme une chose permise ou indifférente parce qu'ils croient l'âme immortelle et qu'ils pensent qu'il faut se débarrasser d'une vie malheureuse pour passer à une béatitude sans fin. Ceux-ci, pour détruire l'appréhension d'un châtiment, nient impunément l'existence de Dieu ; ceux-là veulent bien y croire, mais ils prétendent que Dieu veut qu'on retourne vers lui au plus tôt, ou bien ils disent qu'il ne s'occupe pas des actions des hommes.

Mais il est un autre système qui séduisit les Orientaux et qui les affermit davantage dans la doctrine du meurtre de soi-même. Le lecteur nous saura gré, nous l'espérons, de lui faire connaître avec quelque étendue ce système qui est le principe de toute l'audace du suicide oriental.

A une époque très reculée, il existait en Asie un vieux philosophe que les uns ont dit être venu d'Égypte, et que d'autres ont prétendu être né en Orient même. Il fut appelé Budha par les Indiens, Summonokodum par les Siamois, Somonakutama par les Paguans, Fotoque ou Kekia par les Chinois, et enfin Xaca par les Japonais. Plusieurs savans de ces contrées ont parlé de lui. Quelques uns de nos écrivains ont recueilli leurs traditions, et c'est dans ces derniers que nous puiserons ce que nous allons dire sur cet homme fameux (1).

Budha, homme adroit, ingénieux et philosophe autant qu'il le fallait pour charmer des gens simples et crédules, vivait probablement au temps de Cambyse ; bien que quelques uns

---

(1) Dom. Ferdinand Navarette, *Relig. Siam.*, p. 82. — Athanase Kircher, *China illustrata*, p. III, cap. IV. — Philippe Couplet, *Proœmio in scient. sinicam*. — Mathurin Croze, *Hist. du christ. des Indes*. — Engelbert Kaempfer, *Hist. nat. ecclés. et civile de l'Empire du Japon*, t. I et II. — Philippe Marini, *Relation du Tonquin*. — Bayle, *Dict.*, art. *Brachmanes, Japon, Spinosa*. — *Hist. des Voyages*, t. XL.

le fissent plus ancien de plusieurs milliers d'années. Il était intérieurement athée ou peu éloigné de cette impiété. Il menait une vie retirée et très austère. Il se tenait souvent dans une complète immobilité. Il feignait la méditation et l'extase ; il voulait se faire passer pour un Dieu et s'appelait Foé qui signifie *non homme*. Écouté avec enthousiasme, il fut idolâtré par la foule qui est toujours disposée à croire les extravagances qui sont cachées sous le voile du mystère, de la superstition et de l'hypocrisie. Différent des autres incrédules qui attendent ordinairement leur dernière heure pour rétracter leurs erreurs et croire en Dieu, Budha, prêt à rendre son dernier soupir, assembla ses disciples et leur révéla sa véritable doctrine. Il leur dit que jusqu'alors il la leur avait enseignée sous le voile de l'image et du symbole, et il leur fit l'exposé de sa philosophie en ces termes.

« C'est le vide et le néant, c'est-à-dire, une matière informe qui est le principe originaire d'où émanent et où retournent toutes choses. Les esprits, les âmes et tout ce qui existe ne forment qu'un objet, tout-à-fait identique et qui ne diffère en rien de leur principe... Ce dernier est universel, infini, inné et immortel; il n'a ni force, ni intelligence, ni aucun pouvoir; il n'entend rien, n'ambitionne rien, ne fait rien. Pour être heureux et jouir d'un bonheur sans nuages, on doit, en imitant ce principe, dompter et éteindre ses affections, ne s'inquiéter de rien et couler ses jours dans une contemplation continuelle. C'est par là seulement qu'on peut savourer cette tranquillité divine, hors de laquelle on ne saurait imaginer une plus haute béatitude. »

Budha mourut après avoir prononcé ces mots. On vit alors que la doctrine par laquelle il avait enseigné l'immortalité de l'âme, les peines et les récompenses de la vie future, et une certaine métempsycose, n'avait été qu'un déguisement et une tromperie.

Après l'exposé que nous avons fait de la philosophie de Budha, philosophie qui fut d'abord beaucoup répandue par lui, et qui fut ensuite commentée et propagée par ses disciples dont le nombre s'éleva bientôt, à ce qu'on prétend, à quarante mille, on ne doit pas s'étonner que les plus grandes nations de l'Orient aient professé des doctrines favorables au suicide.

En effet, dès qu'on eut posé que le principe

la base et la règle de l'univers ne résident que dans une essence ou une âme universelle, impuissante et sans désirs; que tout se fait par pur mécanisme et par des lois nécessaires, il fallut tirer la conséquence que cette âme universelle ne peut avoir aucun souci, ni tenir aucun compte des actions bonnes ou mauvaises des hommes, et qu'elle ne peut par conséquent distribuer des peines et des récompenses que quand les lois inévitables le lui permettent.

De plus, puisque les hommes ne sont qu'une émanation, ou une partie de l'essence de l'âme universelle, et que c'est en elle qu'ils retournent après cette vie, il s'ensuit que, dès qu'un Oriental peut, en se tuant, mettre un terme à ses souffrances, et jouir de la divine quiétude de son principe qui, par l'invariabilité de sa nature, ne peut que le reproduire dans une vie meilleure, ou bien l'admettre au partage de sa félicité, sans pouvoir lui infliger aucune peine, il s'ensuit que cet Oriental ne doit se faire aucun scrupule de se donner la mort.

Ces doctrines, enveloppées d'allégories et de mystères, donnèrent naissance à mille récits fabuleux. Le plus plaisant est celui que les prêtres orientaux ont débité. S'appuyant sur le témoignage des écrits mêmes de l'imposteur, ces prêtres racontent que Sommonokodum, c'est-à-dire le Budha des Siamois, était revenu au monde cinq cents fois sous différentes formes; que souvent il avait donné sa vie pour ses sujets, et qu'étant singe il avait délivré une ville d'un monstre horrible; que son désintéressement alla même jusqu'à donner sa femme à un pauvre qui lui demandait l'aumône, et qu'enfin, après s'être crevé les yeux, il s'était donné la mort afin que sa chair fût distribuée en temps de grande famine.

Quoique ces rêveries sentent la fable, elles montrent néanmoins que les peuples qui les croyaient devaient être convaincus que la mort volontaire était une action indifférente et même louable; et cela d'après le système de Budha leur idole, qui s'était tué, et dont on proposait la vie comme un modèle digne d'être imité (1).

Ce qu'il y a de certain, c'est que plusieurs hommes studieux, appuyés de ces principes et de ces fables, exaltèrent non seulement leur

---

(1) Tochard, *Voy. de Siam.* — Renaudot, dans les *Notes sur le Voyage de deux Arabes dans la Chine.* — D. Calmet, *Supplém. au Dictionn. de la Bible*, art. *Métempsycose.*

maître, mais marchèrent encore sur ses traces.

Imités, à leur tour, par d'autres fanatiques, leur nombre grossit d'une manière considérable, et comme auprès des masses le nombre fait toujours autorité, il en résulta une augmentation d'exemples qui produisit ce carnage inouï que l'histoire nous transmet.

On peut donc conclure de tout ceci qu'une religion impie, une philosophie capricieuse et des exemples aveuglément suivis furent les principales causes du suicide oriental, comme de beaucoup d'autres folies répandues dans tout l'univers (1).

Pour mieux connaître encore la vérité de ce que nous venons d'avancer, rapprochons-nous des principaux peuples de l'Asie, surtout des Chinois et des Japonais, parmi lesquels les suicides ont été si fréquens et si déterminés qu'ils tiennent du prodige.

Les systèmes de ces deux grands peuples s'accordent assez bien entre eux, parce qu'ils ont été enseignés par les mêmes maîtres, tels que Kekia, Fohi, Confucius, et autres appartenant

---

(1) Voyez la note A à la fin du volume.

à leurs écoles. Ils semblent de plus renfermer les mêmes principes d'impiété que Budha osa divulguer au moment de mourir.

A la vérité, nous le savons, ces systèmes et leurs maîtres ont été hautement admirés par quelques Européens. Vossius (1), Spizelius (2), Leibnitz (3), Wolff (4), Bulfinger (5) et Barbeyrac (6), non contens des éloges, ont placé la sagesse des Chinois au-dessus de toutes les philosophies de l'Europe, tandis que chacun d'eux, surtout Leibnitz et Wolff, valaient dix fois Confucius et toute la Chine. Mais nous n'ignorons pas non plus qu'on s'est élevé contre cette admiration outrée, et qu'on a été obligé de convenir que la philosophie de ces peuples était remplie d'erreurs, et qu'elle se rapprochait de beaucoup de l'athéisme de Zénon et de Spinosa (7).

(1) *Variarum observationum liber.* Londres, 1685, in 4°, chap. XIII.
(2) *De re Litteraria Sinensium.* Leyde, 1660, in-12.
(3) *Novissima Sinica.*
(4) *Orat. de Phil. sinar.*
(5) *Specimen doctrinæ Sinarum.*
(6) Préface de l'ouvrage *du droit de la nature et des gens*, de Puffendorf, § XIV.
(7) Louis Lecomte, *Mém. sur l'état présent de la Chine.* —

Et ce qui semble confirmer cette opinion, ce ne sont pas seulement les impiétés exposées par Kékia, ni celles qu'on attribue à Fohi, mais surtout celles qui résultent du système de Confucius, auquel on a beaucoup reproché un endroit fameux du *Chum-Yum* (1), où, parlant de l'esprit qui gouverne le ciel, et des autres esprits qui animent la terre, il enseigne *que tous ces esprits sont incorporés de telle sorte à la matière, qu'ils ne peuvent s'en détacher.* Ne devait-on pas conclure d'après ce passage que Confucius considérait l'âme du monde comme partie adhérente de la matière, et qu'il regardait l'émanation comme l'origine de toutes choses?

Nous ajouterons que ce qui affermit dans cette conclusion, ce furent les recherches de plusieurs savans de ce siècle, tels que Ricci (2), le célèbre Longobardi (3), et, après eux, Jean-

---

Gudling, *Hist. phil. mor.*, cap. v. — Jean-François Buddæus, *Hist. phil.*, cap. vi. — C. Tommasius Cogitat, *de Libris novis.* — C. A. Eumanns, *Acta phil.*, vol. ii. — Bayle, *Dict.*, art. Spinosa.

(1) *Scientia Sinica*, lib. ii.
(2) *De exped. Sienens.*, lib. i, cap. x.
(3) *Monumenta de relig. Sienens.*

Laurent Mosemius (1) et Jean Brucker (2). Ces savans graves et laborieux ont parcouru les rivages habités par les Chinois, et, après une longue étude, ils sont parvenus à comprendre et à lire les anciens livres de leurs sages. Ils en ont examiné avec soin les systèmes, et, après avoir mûrement pesé toutes les raisons, ils ont conclu que ces systèmes se réduisaient à enseigner *que la matière, l'émanation et la métempsycose sont le ressort et l'âme de l'univers.*

Mais ce qui est encore plus positif, c'est que la secte même des lettrés, qui, sans doute, compose la partie la plus distinguée de la Chine, interprétant les anciens maîtres et enseignant les principaux dogmes de religion et de morale, affirme *que le principe originaire de toutes les choses créées qu'ils appellent* Li, *c'est-à-dire la base et la raison de la nature, est infini, incorruptible, sans commencement et sans fin, sans vie, sans intelligence, sans pouvoir, pur, tranquille, subtil et éclairé. Les âmes et la matière ne forment qu'une même substance. L'Être su-*

---

(1) *Ethicæ christ.*, p. II, cap. I.
(2) *Hist. crit. phil.*, t. IV, p. II, de Phil. Sienens.

prême ne diffère en rien de tous les objets qui relèvent de lui (1).

Avec de tels principes, comment peut-on s'élever contre ceux qui taxent l'école chinoise de monstruosité ? Voltaire lui-même, qui, plutôt par déférence pour Leibnitz et Wolff que par amour pour la vérité, a voulu défendre cette école, n'a pu qu'affirmer avec audace sans rien prouver (2).

Ainsi ce que nous avons dit en général du *suicide* des Orientaux, nous pouvons le dire en particulier de la Chine. Nous avons trouvé chez ceux-là l'origine du mal dans une religion impie et dans une philosophie vague et capricieuse : il en est de même pour les Chinois. Leurs doctrines sur le suicide ont la même source.

C'est surtout parmi les sectateurs de Kékia ou de Foé que ces opinions se trouvent répandues. Leurs prêtres en font un point de re-

---

(1) Longobardi et Couplet, aux ouvrages déjà cités. — M. Croze, *Hist. du christ. des Indes.* — Charles Le Gobien, *Hist. de l'édit de l'Emper. de la Chine.* — Du Halda, *Hist. de la Chine.* — Brucker, à l'ouvrage cité.

(2) *Essai sur l'hist. générale*, t. I, cap. I. — Voyez la note B à la fin du volume.

ligion et de trafic dans tout l'empire (1). Aussi lorsqu'un Chinois est assailli par un revers de fortune, il invoque la religion et la philosophie auxquelles on a recours dans les grandes calamités. Il se persuade qu'il existe une âme universelle, paisible et heureuse, sans vie, sans autorité, sans intelligence, et par conséquent sans aucun souci des actions des hommes; il voit l'âme de chaque Chinois, en quittant sa dépouille, retourner à cette âme universelle pour y demeurer paisiblement jusqu'à ce qu'il s'opère un nouveau changement; et, plein de ces idées, cet aveugle conclut qu'il lui est avantageux de se donner la mort, surtout si la vie lui est devenue à charge.

Voilà le raisonnement que font les Chinois instruits qui tirent des conséquences des principes de leurs doctrines. Le vulgaire, il est vrai, ne va pas si loin; mais il se laisse éblouir par mille rêveries qu'il ne comprend pas, et il suit sans discernement l'exemple et l'autorité de ses docteurs.

« Cette doctrine, dit un écrivain de la

(1) Ricaut, *Etat présent de l'Empire ottoman*, p. 406. — L. Lecomte, *Mém.*, t. II. — Couplet, ouvrage cité. — *Histoire des Voyages*, t. XXIII, et ailleurs.

« Chine (1), ne tend qu'à déraciner de l'esprit
« des hommes le soin qu'on doit avoir de sa
« propre conservation. On voit fréquemment
« des sectaires de Foé se rendre en pélerinage
« dans des temples situés sur le sommet d'un
« roc escarpé, et, après avoir prononcé quel-
« ques prières, se précipiter dans l'abîme.
« D'autres prodiguent leur vie en se livrant à
« des excès. Deux amans qui trouvent des ob-
« stacles à leur passion prennent de concert le
« parti de se noyer, dans la conviction que,
« venant à renaître, ils s'uniront par un heu-
« reux hymen. On a vu des hommes tendre vo-
« lontairement leur cou au bourreau en di-
« sant : *Frappez, nous mourons contens, et
« prêts à entrer où Foé nous attend pour nous
« admettre au partage de sa félicité.* » Et c'est
une histoire bien célèbre parmi les Chinois que
celle de ces cinq cents philosophes de l'école de
Confucius, qui, dédaignant de survivre à la
perte de leurs livres brûlés par ordre du farouche empereur Chi-Koang-Ti, se précipitèrent
tous dans la mer (2).

(1) Eclaircissemens d'un auteur chinois dans l'*Hist. des Voyages*, t. vi.
(2) Brucker, *Hist. crit. phil.*, t. iv, p. ii, p. 670.

Certes, nous n'en finirions pas si nous voulions énumérer tous, ou même les plus célèbres suicides de la Chine. Il nous suffira de dire, pour donner une idée de leur multitude, que les Chinois regardent la mort volontaire comme une action tellement honorable et tellement douce, que le plus léger affront fait à leur personne est une raison suffisante pour renoncer aussitôt à la vie.

Maintenant venons aux Japonais. Nous savons par des relations certaines que ces peuples se coupent le ventre, se brûlent ou se détruisent en d'autres manières avec une incroyable indifférence. De tels actes ne sont pas seulement communs aux hommes, mais encore aux femmes délicates et aux tendres jeunes filles. Il est des esclaves qui se tuent pour l'amusement de leurs maîtres.

Il existe, en outre, dans ce pays une loi favorable au suicide (1). Cette loi est observée avec une telle exactitude, que les Japonais sont considérés comme plus fanatiques que les Chinois, leurs voisins, et, peut-être à cause de l'u-

---

(1) Bayle, *Dictionn.*, art. *Japon*. — *Histoire des Voyages*, t. XL.

niformité de leur caractère insulaire, autant que les Anglais. Nous croyons inutile de faire remarquer que cet horrible héroïsme prend son origine dans le système d'âme universelle et de métempsycose, qui forme aussi le fond de la philosophie du Japon (1).

« C'est dans ces principes, dit Charlevoix,
« écrivain émérite des mœurs du Japon (2),
« que prennent naissance les scènes tragiques
« que présentent une infinité de personnes qui
« se donnent la mort avec sang-froid et même
« avec joie. Rien n'est plus commun que de
« voir le long des côtes de la mer des barques
« remplies de ces fanatiques qui se précipitent
« dans l'eau chargés de pierres, ou qui percent
« leurs barques, et se laissent submerger peu
« à peu en chantant les louanges de leurs
« idoles. Un grand nombre de spectateurs les
« suivent des yeux, et exaltent jusqu'au ciel
« leur valeur, et leur demandent, avant qu'ils
« disparaissent, leur bénédiction. Les secta-

(1) Possevin, *Bibliotheca selecta*, t. i, lib. x, cap. ii. — Spizelius, *de Litteratura Sienen.*, p. 161; *Epistolæ Japonicæ*, lib. iii. — Kaempfer, *Hist. du Japon.* — Bayle, *Dictionn.*, art. Japon.

(2) *Hist. du Japon*, t. ii, p. 69 et 70.

« teurs d'Amida (1) se font enfermer et murer
« dans des cavernes où ils ont à peine assez
« d'espace pour y demeurer assis, et où ils ne
« peuvent respirer que par un soupirail. Là, ils
« se laissent tranquillement mourir de faim.
« D'autres montent au sommet de rochers ex-
« cessivement élevés, au-dessous desquels il y
« a des mines de soufre d'où il sort de temps
« en temps des flammes. Ils ne cessent d'invo-
« quer leurs dieux ; ils les prient d'accepter le
« sacrifice de leur vie, et ils demandent qu'il
« s'élève quelques unes de ces flammes. Dès
« qu'il en paraît une, ils la regardent comme
« un indice du consentement des dieux, et ils
« se jettent les yeux fermés et la tête la pre-
« mière au fond de ces abîmes. D'autres, ou
« veulent absolument se faire écraser sous les
« roues des chariots sur lesquels on porte leurs
« idoles en procession, ou se laissent fouler
« aux pieds et étouffer par la presse de ceux
« qui se rendent aux temples. La mémoire de
« ces prétendus martyrs est en grande vénéra-
« tion ; on leur érige même quelquefois des

---

(1) Amida est une idole des Japonais qui suivent la doctrine de Budha ou Xaca. *(Note des Traducteurs.)*

« basiliques et des chapelles. Ces honneurs ne
« font qu'aiguillonner encore plus ceux qui
« les admirent. Dès qu'un Japonais a pris la
« résolution de quitter la vie pour l'échanger
« contre une meilleure, il passe plusieurs nuits
« sans dormir, et ceux de ses amis à qui il a
« fait part de son dessein ne l'abandonnent
« plus. Le futur martyr ne les entretient que
« du mépris du monde ; et il fait même quel-
« quefois des discours publics sur le grand su-
« jet qui l'occupe. Toutes les personnes qui le
« rencontrent l'honorent et lui font des pré-
« sens. Enfin, le jour destiné pour le sacrifice
« étant arrivé, il assemble ses parens, ses amis,
« et ceux qu'il a engagés à suivre son exemple
« (c'est toujours le plus grand nombre), et les
« exhorte à la persévérance. Un festin d'adieu
« termine ces préparatifs, et on ne quitte la
« table que pour s'acheminer à la mort. »

On peut voir dans tout ce que nous venons de rapporter que ce sont des principes tirés des systèmes religieux, de la philosophie, de l'autorité et des mœurs, qui ont conduit ces gens égarés à se tuer avec tant d'admiration et de constance.

Les Indiens ne sont pas éloignés de la Chine.

Égaux sous le rapport de la grandeur de leur gouvernement, ces deux peuples le sont encore sous celui de la célébrité de leur philosophie. Pythagore, Démocrite et Pyrrhon firent de grands efforts pour visiter ces contrées et entendre les docteurs indiens. Alexandre-le-Grand, lui-même, lors de son inquiétant séjour aux Indes, honora beaucoup leurs écoles; et ce qui est plus étonnant, c'est que des Grecs, qui appelaient *barbares* tout le reste de la terre, aient trouvé dans les Indes des hommes dignes de leur vénération. Quoi qu'il en soit, tout le monde sait que les philosophes indiens étaient désignés par le mot grec *gymnosophistes*, parce que, vivant, à ce qu'ils prétendaient, selon la nature, ils méprisaient toute superfluité. Ils se passaient de vêtemens, et ils n'avaient pas honte de se montrer tout nus. Ils passaient leurs jours dans l'austérité et l'indigence, et ils mettaient un tel orgueil à ce genre de vie, qu'on les regardait comme les cyniques de l'Orient.

Pour nous, nous ne comprenons pas trop, d'après ceci, comment ils imitaient la nature. Mais nous nous arrêterons aux doctrines qui regardent notre sujet. Elles peuvent se résumer ainsi :

C'est une divinité, ou une lumière intellectuelle qui vivifie l'univers, qui informe toute la nature, et qui alimente et régit toutes choses. Les âmes sont liées, par des rapports étroits, à l'âme universelle, qui les enfante et les partage entre les corps comme autant de parcelles. En se séparant, par la mort, de leurs enveloppes, les âmes retournent à leur principe, et cela en vertu de cette perpétuelle métempsycose, qui plut tant aux anciens Indiens, et qui plaît encore beaucoup aux Indiens modernes (1).

On le voit, il existe une grande analogie entre ces doctrines et celles que Budha et ses disciples répandirent dans l'Orient. Il est possible que cet imposteur, qui fut beaucoup vénéré parmi les gymnosophistes, les ait reçues d'eux, ou bien qu'il les leur ait enseignées lui-même.

Or, dans le premier cas, il est évident que, si ces doctrines furent la principale cause du meurtre de soi-même, là où elles furent enseignées, elles durent l'être encore plus pour le lieu où elles prirent naissance.

Il y a, au reste, des savans qui adoptent cette

---

(1) Strabon, liv. xv.—Pallade, *de Gentibus Indiæ*.—Wolff,

opinion, que les gymnosophistes peuvent bien avoir enseigné ces doctrines à Budha. Ils affirment que les brachmanes, qui forment la partie la plus puissante des gymnosophistes, « méprisaient à la fois la vie et la mort, la régénération étant pour eux un fait positif; que le dogme de la transmigration des âmes leur inspirait une extrême indifférence pour la vie et la mort, et que, semblables aux Gètes, qui croyaient que la mort n'était autre chose qu'un changement de demeure, ils s'y préparaient avec autant de facilité que s'ils eussent dû faire un voyage d'agrément (1). »

Ainsi, quand Pline raconte que des Indiens, instruits et religieux, mirent fin à leur carrière en se laissant volontairement consumer par le feu (2); quand Curtius (3) et Lucien (4) écrivent que les gymnosophistes disposent et mettent eux-mêmes le feu aux bûchers dans les-

---

ad Orig. phil. — Vossius, de Philosophor. sectis, lib. I, cap. I. — Bayle, Dictionn., art. Brachmanes et Gymnosophistes. — Brucker, Hist. critic. phil., t. I, p. 205, et t. IV, §. II, p. 834.
(1) Voyez Bayle, art. Gymnosophistes.
(2) Hist. nat., lib. VI, c. XIX.
(3) Lib. VIII, cap. IX.
(4) De morte Peregrini.

quels ils se font brûler avec gravité et orgueil, comme nous le prouvent Calanu et Zarmar, qui, pour faire preuve de courage et d'ostentation, se laissent lentement brûler, l'un en présence d'Alexandre, l'autre en présence de César (1); quand Cicéron et Valère-Maxime rapportent que les femmes indiennes se jettent énergiquement dans les bûchers qui ont consumé les restes de leurs maris (2), et que nos voyageurs nous assurent que, même aujourd'hui, les veuves, les disciples et les serfs se suicident après la mort de leurs maris, de leurs maîtres et de leurs patrons; quand nous voyons que les rasbuts, secte fameuse de l'Indostan, se brûlent tranquillement, que grand nombre d'Indiens se précipitent sous les roues du char qui traîne l'idole Jagannat, pour se faire broyer les os (3); quand, disons-nous, nous lisons le récit de tous ces carnages, les systèmes d'âme

---

(1) Plutarque, *Vie d'Alexandre.* — Arrien, lib. VII. — *Diodore de Sicile*, lib. XVII. — Strabon, lib. XVI.

(2) Cicéron, *Tuscul.*, dis. V, 27. — Valère Maxime, lib. II, cap. VI.

(3) Tavernier, *Recueil de Voyages*, t. II. — Bernier, t. III, art. *de la Relig. des gent.* — *Cérém. et cout. religieuses des peuples idolât.*, t. IV. — *Hist. des Voyages*, t. XXXVIII.

universelle et de métempsycose que les gymnosophistes enseignaient, se présentent de suite à notre esprit.

Ces philosophes aimaient tellement leurs doctrines, que, pour les soutenir et les mettre en honneur, ils s'affranchissaient eux-mêmes des souffrances de la vie, et se donnaient tranquillement la mort pour jouir du principe commun. Les exemples tragiques donnés par de telles autorités ne pouvaient manquer de provoquer d'autres exemples. Ce qui fut la cause qu'il s'établit à cet égard une mode, non pas passagère comme elles le sont de nos jours, mais qui résista à l'action des siècles. Telle est, ce nous semble, l'histoire du suicide indien.

Nous pensons en avoir dit assez sur ces principaux peuples d'Asie, qui transmirent leurs doctrines en dominateurs et maîtres, à tout le reste de cette partie du globe.

Cependant, comme on pourrait nous reprocher qu'en parlant de l'Orient, nous n'avons pas fait mention des Chaldéens, des Persans ni des Hébreux; et, comme on pourrait induire de notre silence que ces peuples professèrent les mêmes doctrines que les précédens, nous essaierons de dire brièvement quelques mots sur chacun d'eux.

Les Chaldéens sont regardés comme les plus anciens docteurs. Ils étaient portés, par la pureté de leur ciel et les plaines de Babylone, à cultiver plutôt l'astronomie qu'à étudier les systèmes de religion et de métaphysique. Néanmoins, il en est quelques uns qui s'en occupèrent; mais, malgré les allégories orientales et le voile du mystère dont ils les enveloppaient, ils ne purent empêcher que des savans y reconnussent les principes d'âme universelle et de métempsycose (1).

On pourrait donc croire que l'amour des Chaldéens pour le suicide, découle de la même source que celui des autres peuples. Ceux qui voudraient donner quelque solidité à cette présomption, pourraient s'appuyer sur les récits des prêtres du dieu Bel ; récits qui assurent que ce dieu se trancha lui-même la tête, et que ce fut de la terre trempée du sang du dieu acéphale, que naquirent les hommes et les animaux. Ils pourraient encore citer le suicide du

---

(1) Buddæus, *Traité de l'Athéisme et de la superstition,* p. 1, *et de Spinozismo ante Spinozam.*

premier mari de Sémiramis, de celui de Sardanapale, d'Abradate de Panthée, et d'autres Assyriens illustres. Mais, ces faits n'ayant pas toute l'authenticité nécessaire, et étant en trop petit nombre pour une nation aussi importante et aussi antique, nous ne voulons pas attribuer à la philosophie et au génie de tous, ce qui n'a pu être que l'égarement de quelques uns.

Pour ce qui concerne les Persans et les Turcs, il ne paraît pas que le meurtre volontaire ait fait de grands ravages parmi eux, ni dans les temps anciens, ni à l'époque actuelle. Nous pensons que cela tient à deux causes principales. Avant le Coran, ces peuples n'eurent pas de systèmes, ou, pour mieux dire, leurs systèmes, assez paradoxals d'ailleurs, s'éloignaient de beaucoup des doctrines de Budha. Après le Coran, ils furent obligés de professer une religion et une philosophie qui n'étaient pas favorables au suicide. De plus, on pourrait encore en trouver la cause dans l'apathie et l'insouciance naturelles à ces peuples (1). Personne n'osa, parmi eux, aborder la question si déli-

---

(1) Cette cause est peut-être, au reste, la plus péremptoire. Voyez la note C à la fin du volume.

cate du suicide ; personne, non plus, ne trouva dans sa pusillanimité le triste courage de se donner la mort. En sorte donc que les doctrines et les exemples, qui furent ailleurs la source du mal, n'existant point chez eux, le mal lui-même n'a pas pu s'y répandre.

Quant aux Hébreux, nous n'en dirons que quelques mots. Le peuple de Dieu ne fut ni si ignorant, ni si stupide, que M. de Voltaire voulut bien le dire avec sa bonne foi ordinaire (1). Si les Hébreux ne cultivèrent point la métaphysique de Locke, ni l'optique de Newton, ils possédaient néanmoins, et mieux que tous les maîtres, la vraie cosmogonie, et la morale la plus pure, qui fait la science la plus noble de l'homme.

Ensuite, nous ajouterons que cette nation ne fut philosophe que pour elle-même, et non pour les autres peuples. Par conséquent, les préceptes d'âme universelle et de métempsycose ne purent trouver accès dans ses écoles. Si quelques Hébreux ont depuis fait exception à l'esprit général, cela n'a eu lieu qu'à la dernière époque de la décadence de ce peuple. En défini-

(1) Voyez à la fin du volume la note D.

tive, le suicide n'eut pas un grand succès parmi eux. C'est au point qu'après les plus minutieuses investigations dans l'histoire de la Judée, nous n'en trouverions que huit ou dix, et cela dans l'espace de quatre mille ans!...

Nous pouvons citer au nombre de ces suicides, Abimélech, fils naturel de Gédéon, qui voulut être tué pour ne pas subir la honte de tomber de la main d'une femme; le célèbre Samson, le roi Saül, Achitophel, conseiller d'Absalon; Zambri, qui mit le feu au palais de son roi, et s'y laissa lui-même brûler; Ptolémée Macron, l'intrépide Razias, dont la mort remplit d'horreur quiconque en lit le récit; Hircan, Éléazar et quelques autres (1).

(1) Et encore nous ne savons pas jusqu'à quel point on peut considérer tous ces personnages de l'Ancien-Testament comme des *suicides*. Ceux au moins que l'on voudrait regarder comme tels ont été blâmés dans l'Ecriture. Il est dit d'Abimélech que Dieu lui rendit le mal qu'il avait fait à sa famille en égorgeant ses frères au nombre de soixante-dix. (*Judic.*, IX, 56.) — Saül est représenté comme un roi réprouvé de Dieu, que la vengeance divine poursuivait, et à qui l'ombre de Samuel avait prédit une mort prochaine. (II *Reg.*, I, 15.) — Achitophel est peint comme un traître, infidèle à David, son roi, appliqué à confirmer Absalon dans sa révolte, et à lui suggérer des crimes. (II *Reg.*, XVI et XVII.) — Zambri était un usurpateur de la royauté; l'écrivain sacré

Il demeure donc constant que, parmi les peuples d'Asie, ceux qui restèrent impassibles à l'enthousiasme pour la philosophie de l'Orient, qui eurent des principes plus purs et qui pratiquèrent une religion plus vraie, comptèrent un nombre de suicides tellement limité, qu'il serait presque vrai de dire qu'il n'y en eut aucun.

Nous pouvons à présent quitter l'Asie et visiter l'Afrique. Toutefois, nous passerons rapidement ; car, quoique d'une grande étendue et d'une certaine importance, ces régions furent en général ignorées des anciens ; et, même aujourd'hui, après tant de voyages et d'établissemens, on ne les connaît qu'imparfaitement.

L'Afrique eut, comme les Indes, ses gymnosophistes. On les regarde comme les descendans et les disciples de la philosophie indienne, et par conséquent comme les apôtres d'une vie austère et difficile, et du meurtre de soi-même. Laërce rapporte qu'au nombre de leurs pré-

---

dit qu'il mourut dans son péché. (IV *Reg.*, XVI, 18 et 19.) Quant à Samson, à Eléazar et à Razias, nous en parlerons plus au long dans une note où nous ferons voir que ces personnages ne peuvent être non plus considérés comme des meurtriers d'eux-mêmes. (*Note des Traducteurs.*)

ceptes moraux, il en est qui prescrivaient qu'on doit exercer son courage, et ne faire aucun cas de la mort(1). D'un autre côté, les prêtres d'Egypte, qui étaient les docteurs et les philosophes de la nation, laissèrent entrevoir, au milieu des énigmes et des hiéroglyphes dont leur théologie était enveloppée, que les systèmes d'âme du monde et de métempsycose y entraient pour beaucoup(2).

Nous pensons que c'est à ces deux genres de maîtres, qui furent beaucoup vénérés en Afrique, qu'il faut attribuer le penchant, nous dirons même l'amour pour le suicide, que nous voyons dans les annales de ce peuple.

Nous ne parlerons pas ici de la mort volontaire de Sésostris, le plus grand des rois d'Egypte, qui, ayant dans sa vieillesse perdu la vue, se tua avec calme et réflexion. Nous passerons aussi sous silence les suicides de tant d'illustres Carthaginois, qui ont même étonné les histo-

---

(1) *De vit. philosophor.*, liv. I.
(2) Reimanno, *Hist. atheismi.* — Bayle, *Réponse aux quest. d'un provincial*, t. II, chap. CVII, et *Continuation des pensées sur les comètes*, t. I et II. — Buddæus, *Traité de l'Athéisme et de la Superstition*, chap. II, § 2.

riens romains, leurs implacables ennemis. Nous parlerons ailleurs de ces suicides.

Nous rappellerons seulement ici que, dans la partie la plus remarquable de l'Afrique, c'est-à-dire en Égypte, le suicide jouit au temps de Marc-Antoine d'une telle faveur, qu'on forma une Académie appelée Synapothanumènes. Les membres de cette Académie ne s'occupaient que des moyens de s'entre-tuer les uns les autres, et d'en finir gaiement avec la vie. Pour montrer leurs progrès dans ce genre d'étude, il suffit de dire qu'ils se tuèrent avec la même facilité que l'Arcadie (1) de Rome a écrit des sonnets. Nous aurons d'ailleurs occasion de rapporter ce fait d'une manière plus circonstanciée dans l'article suivant (2). Nous nous réservons également de faire connaître plus loin les sectes d'hérétiques africains, qui, vers le quatrième siècle de notre ère, se tuèrent avec une audace inouie (3).

En ce qui concerne l'état actuel de l'Afrique, on ne trouve rien qui soit digne d'être rapporté.

---

(1) Voyez l'Introduction, où il est parlé de cette Académie.
(2) Voyez chap. ii.
(3) Voyez chap. vi.

Ces régions sont peuplées maintenant, en partie, par des chrétiens, des Hébreux et des Turcs, et par des sauvages ou des barbares. Les uns ne se tuent pas. Les autres sont privés de religion et de philosophie. En sorte que, s'ils se suicident, ce qui arrive pourtant quelquefois, ils n'agissent par aucun faux système, mais sans principe et sans discernement; c'est pourquoi nous pensons qu'il est inutile de nous en occuper.

Nous savons que Maupertuis (1), qui est souvent singulier dans ses idées, a comparé le suicide des esclaves de la Guinée à la mort raisonnée et stoïque de Caton. Mais il n'a sans doute fait cette comparaison que pour égayer ses lecteurs.

Approchons-nous enfin de notre Europe. Là, peut-être, nous verrons mieux qu'ailleurs le suicide accueilli et soutenu par d'éblouissans systèmes de religion et de philosophie, et par d'innombrables exemples fournis par des hommes célèbres. Néanmoins, nous ne nous occuperons pour le moment que des Celtes; car pour les Grecs et les Romains, ils réclament

---

(1) *Essais de Morale*, chap. v.

plusieurs articles, soit par l'étendue, soit par la variété des études qu'ils firent dans cette triste philosophie.

Les Celtes formaient anciennement la nation la plus nombreuse de tout l'univers. Quoique les Grecs n'entendissent par cette désignation que les Bretons, les Gaulois et les Germains, il est évident que la nation celte occupa plusieurs États, qu'elle envoya des sages et qu'elle forma des colonies au nord, à l'occident et au midi de l'Europe. Ainsi, le mot Celte ne désignait pas seulement les Français, les Anglais et les Allemands, mais encore les Espagnols, les Thraces, les Gètes, les Daces, les Illyriens, plusieurs nations scythes, presque tout le nord et une partie des peuples de l'ancienne Italie (1).

Les opinions de cette nation, pour avoir été dans la suite partagées, ne furent pas moins uniformes dans les temps primitifs. Les Celtes suivaient les mêmes règles de vie, de philosophie et de religion. Ils avaient des docteurs et des prêtres qu'on appelait communément

---

(1) Olaüs Rudbeck, *in Atlantide*, p. 62. — Ménage, *ad Laertium*, lib. I, p. 3. — Brucker, *Hist. phil.*, t. I, lib. II, ch. IX; et tous les autres écrivains qui ont parlé de la philosophie des Celtes.

druides. La morale de ces docteurs acquit une telle célébrité qu'on les regardait comme supérieurs aux Grecs et aux Romains ; tandis que, par l'antiquité, on les jugeait égaux aux Chaldéens, aux gymnosophistes et aux magiciens. On prétend même que ce fut à eux que Pythagore, l'un des plus anciens philosophes, emprunta les idées de métempsycose et d'autres fables (1).

Ces druides enseignaient que c'est une divinité qui anime l'univers, que des parties considérables de cette divinité habitent les endroits les plus vastes du monde, et qu'on doit en conséquence adorer les étoiles, les forêts, les grands rochers et les mers ; que les âmes des hommes sont immortelles, d'une origine divine et soumises à la métempsycose.

C'est ainsi que Diodore de Sicile, César et Pomponius Mela, Lucain et plusieurs anciens auteurs celtes résument leurs doctrines (2).

Ces témoignages n'ont pourtant pas empêché

---

(1) Laerce, lib. I, p. 2. — Origène, *contra Celsum*, lib. I. — Clément d'Alexandrie, *Strom.*, lib. I. — Thomas Burnet, *Archæologia philosophica, seu doctrina antiqua de rerum originibus*, in-4°, de 1692, p. 341. — Georges Frikius, *de Druidis*.

(2) Georges Keislero, *Antiquit. Celtic.*, p. 18. — Jean Moller,

Philippe Cluerius (1), Puffendorf (2) et quelques autres, de soutenir que les Celtes ne professaient pas de telles erreurs. Mais on a dit de ces écrivains qu'ils honoraient plutôt le nord qu'ils n'aimaient la vérité.

Le système des Celtes étant tel que nous venons de le voir, il est aisé de reconnaître qu'il a une grande affinité avec la doctrine orientale, et qu'il est en conséquence de nature à produire les mêmes dispositions au suicide, surtout chez une nation barbare.

Ces dispositions se développèrent, en effet, chez les Celtes d'une manière extraordinaire. Aucun peuple, quelque audacieux et quelque fier qu'il soit, ne brava autant la mort et ne prodigua autant la vie. Nous lisons qu'ils célébraient les jours de naissance par des pleurs, et les funérailles par des chants (3). Donner sa vie n'était pas pour eux un sacrifice. Sans cesse dis-

---

Isagoge ad historiam Chersonesi Cimbricæ. Hambourg, 1671, in-8°. — Magnus Beronius de Eddis. — Brucker, *Hist. critic. phil.*, tom. I.

(1) German., *antiq.*, p. 219.
(2) Des Druides.
(3) Valère Maxime, lib. II, cap. XII. — Suidas, *Vie de Zamolx.*

posés à hâter leur mort et à mépriser la vieillesse, ils croyaient avoir, dans leurs mains et dans leurs épées, de quoi y mettre un terme (1). Nous lisons encore qu'ils assignaient un séjour de délices à ceux qui se donnaient la mort; et un souterrain affreux et plein d'animaux venimeux à ceux qui mourraient de maladie ou de décrépitude (2). Pline l'Ancien dit, à propos des Hyperboréens, que la salubrité de leur ciel était telle qu'ils auraient pu atteindre une extrême vieillesse, s'ils n'eussent eu l'habitude de se précipiter, après de joyeux festins, du haut de certains rochers destinés à cet horrible

---

(1) Silius Italicus dit ce qui suit des Celtes espagnols, dans le second livre de la guerre punique :

Prodiga gens animæ et properare facillima mortem ;
Namque ubi transcendit florentes viribus annos,
Impatiens ævi spernit novisse senectam,
Et fati modus in dextra est....

Et Lucain, dans son premier livre de la Pharsale, en parlant des Celtes français, ajoute :

Felices errore suo, quos ille timorum
Maximus haud urget leti metus : inde ruendi
In ferrum mens prona viris, animæque capaces
Martis : et ignavum redituræ parcere vitæ.

(2) Solinus, chap. XVI. — Pomponius-Mela, *de situ orbis*, lib. II, cap. XII. — Voyez aussi Beronius et Brucker dans les ouvrages cités.

usage. Il existe encore en Suède, dit le chevalier Temple (1), un monument de cette ancienne coutume. C'est une grande baie, sur les côtes de la mer, environnée de rochers escarpés. Les Celtes du nord, ne voulant pas, comme ils disaient, mourir honteusement dans leurs lits, se faisaient conduire le plus près qu'ils pouvaient de la pointe de ces rochers, et ils se précipitaient ensuite eux-mêmes dans la mer.

(1) OEuvres mêlées, part. II, § 4.

CHAPITRE DEUXIÈME.

Du Suicide chez les Grecs et les Romains.

On croira peut-être, d'après les faits que nous venons d'exposer, que le suicide est parvenu au dernier degré de sa puissance, et que désormais il ne rencontrera plus autant de sympathie parmi les autres nations : il n'en est pas ainsi. Nous allons prouver que cette erreur fut la même chez les Grecs et chez les Romains, si toutefois elle n'y fut pas plus grande encore.

Pour atteindre ce but, il est nécessaire que nous fassions connaître non seulement le grand nombre de ces actes frénétiques et l'indifférence prodigieuse avec laquelle ces deux peuples les regardaient, mais encore les enseignemens et les exemples qu'en donnèrent leurs savans, et les efforts unanimes que firent leurs principales écoles pour les protéger et les insinuer dans les esprits.

Nous traiterons ces différens points séparément, et nous commencerons par démontrer la quantité excessive des suicides, et l'espèce de laisser-aller, ou, si l'on veut, de faveur avec laquelle ils furent accueillis.

Cette tâche nous serait sans doute facile si nous voulions nous prévaloir des argumens favorables que nous fournissent les nombreux éloges publics (éloges qui n'ont jamais été contestés, ni repoussés), dont les poètes, les orateurs, les historiens et plusieurs autres écrivains de ces nations se sont servis pour préconiser le suicide, au point de placer au rang des dieux ceux qui s'étaient volontairement donné la mort. Nous pourrions également dire que les lois grecques ne prohibèrent le meurtre volontaire qu'autant qu'il était le résultat de la faiblesse ou de la lâcheté, et non pas de la raison (1); et que si, au temps de la république, les Romains, tout en admettant le suicide, gardèrent le silence à cet égard, ils furent

---

(1) Platon, *de Legibus*, lib. ix.

moins discrets sous les empereurs, en ne le défendant que lorsqu'il était suggéré par le remords de quelque crime (1). Mais nous laisserons de côté ces faits, qui sont connus de la plupart de nos lecteurs, et nous nous bornerons à citer divers lieux où il se passa des catastrophes qui serviront énergiquement notre sujet, et dont le récit ne sera pas sans quelque intérêt.

Le premier de ces lieux est l'île de Leucade (2), appelée de nos jours Sainte-Maure. Sur un rocher de cette île, se trouvait le temple d'Apollon, dont le sommet s'élevait, selon Virgile, jusqu'aux nues, et inspirait de la crainte aux marins (3). Différentes classes de personnes se précipitaient de ce rocher haut et dangereux : la première classe se composait de condamnés à mort par jugement public ; mais ceux-ci n'ont aucun rapport à notre argument ; l'autre classe comprenait ceux qui ne faisaient

---

(1) B. Gomez, *de Potestate in seipsum*, lib. i; cap. iii. — Montesquieu, *de l'Esprit des Lois*, liv. xxix, chap. ix.

(2) Les anciens appelaient cette île *Leucade*, à cause de la blancheur de ses rochers. (*Note des Traducteurs.*)

(3) Virgile dit dans son *Énéide*, liv. iii :

.... Leucatæ nimbosa cacumina montis
Et formidatus nautis aperitur Apollo.

ce saut terrible que parce qu'ils aimaient éperdûment, ce qui valut à ce lieu la dénomination de *Saut des Amans* (1). On prétend aussi qu'il y avait chaque année des personnes qui, semblables à ceux qui entreprenaient, pour une certaine somme, de s'entre-tuer dans l'amphithéâtre, s'engageaient pour de l'argent à s'élancer de ces sommités, afin de récréer la foule qui accourait à ces sortes de spectacle (2). D'autres enfin faisaient le saut de Leucade par vœu. Nous en avons un témoignage non équivoque dans ces mots d'un Spartiate qui, bien qu'il ait promis de subir ce genre de mort, recula néanmoins à l'aspect du précipice, et dit à ceux qui lui reprochaient cette faiblesse : « Je ne savais pas que mon vœu aurait besoin d'un autre vœu plus grand encore (3). »

Il est certain que ceux qui appartenaient à ces deux dernières catégories étaient de vérita-

(1) Strabon, lib. x. — Scaliger, *Comment. sur Ausonne*, com. sur l'Idylle : *Cupido cruci affixus.*

(2) Servius, Commentaires sur Virgile, *Enéide*, lib. III., vers 279.—Vinet, dans ses notes pleines d'érudition sur Ausone. — Juste-Lipse, *Traité des Saturnales*, liv. II, chap. v.

(3) C'est-à-dire celui d'avoir un courage supérieur à la crainte de la mort. — Plutarque, *in Apophthegm.*

(*Note des Traducteurs.*)

bles meurtriers d'eux-mêmes, agissant avec préméditation. Quant aux amoureux, il pourrait y avoir quelques difficultés à les considérer de la sorte; car il serait possible qu'on objectât que ce n'était point pour mettre fin à leurs jours qu'ils avaient recours à ce moyen extrême, mais bien au contraire pour se guérir des tourmens d'amour, et mener ensuite une vie plus heureuse. En effet, la tradition rapporte que Vénus brûlant pour Adonis, Deucalion pour Pyrrha, Céphale pour une certaine nymphe, Sapho la poète pour le dédaigneux Phaon, et plusieurs autres, ne durent leur repos qu'au saut de Leucade. Mais toutes ces fables s'évanouissent dès qu'on songe à la hauteur démesurée de ce gouffre et à l'évidence du danger; d'ailleurs, ces traditions ne sont pas unanimes, car il y en a quelques unes qui rapportent que plusieurs ont péri dans ces abîmes.

A part Calyse, la reine Artémise (1), et ceux dont les noms ont été recueillis par Photius (2), nous savons que, quand l'infortunée Sapho se rendit à Leucade, elle était convaincue du sort

---

(1) Athénée, lib. xiv. — Bayle, art. *Artémise, Leucade*.
(2) Dans sa *Bibliothèque raisonnée*, n° 191, ouvrage immense et précieux. Voyez Feller sur Photius. (*Citation des Traduct.*)

qui l'y attendait, et qu'en effet elle y périt, comme en font foi et Ovide (1), qui nous en a décrit le désespoir, et les vers d'Ausone, où la mort de Sapho est placée au nombre des suicides amoureux (2). Ainsi on peut être assuré que tous les amoureux, ou sans contredit le plus grand nombre, ne se précipitaient de Leucade que dans la certitude d'y trouver la mort.

Nous dirons à présent que Leucade n'était pas un recoin obscur et désert, mais une île remarquable et célèbre, une île hautement vénérée et incessamment fréquentée, à cause de son temple d'Apollon et de ses funestes cérémonies (3). Ces faits ne pouvaient donc pas se passer sans que la Grèce les connût; et pourtant, loin de mettre un frein à ces crimes, elle y accourut de toute part comme à des jeux amusans ou à des épreuves de courage; et les historiens et les poètes de leur consacrer les plus belles pages de leurs annales et de leurs vers !

On peut donc dire avec justesse que les sui-

---

(1) Ovide, *Epître* xv *sur Sapho*.
(2) Epigramme xcii.
(3) Pline, *Hist. nat.*, lib. iv, cap. i. — Strabon, Plutarque, et les auteurs ci dessus cités.

cides se reproduisaient si souvent parmi ces peuples, qu'on ne les considérait plus que comme des actes vulgaires et des spectacles tout aussi amusans que des représentations scéniques.

C'est encore une île grecque qui nous en fournit une autre preuve.

Cette île, l'une des Cyclades, fut nommée d'abord Ceos ou Cea, et ensuite Zia ou Zéa; elle eut plus de retentissement que l'île de Leucade; elle fut le berceau de plusieurs hommes illustres, tels que les poètes Simonide et Bachilide, le sophiste Prodicus, le médecin Érasistrate, etc. Ce fut aussi dans cette île qu'on découvrit, dit-on, l'art de fabriquer la soie et le miel. Mais rien ne la rendit si célèbre que la coutume de ses habitans, qui, parvenus à un certain âge, s'empoisonnaient tranquillement.

Cependant, comme cette histoire a été différemment rapportée par quelques auteurs, nous croyons nécessaire de reproduire leurs opinions.

Strabon affirme, sur l'autorité de Méandre (1),

---

(1) Voyez Strabon, lib. x, où, sur le témoignage de Méandre, il dit :
Optimum Ciorum institutum est, Phania,
Qui non potest vivere bene, non vivat male.

qu'il y avait à Ceos une loi qui obligeait les hommes qui avaient dépassé l'âge de soixante ans à s'empoisonner, afin qu'il restât assez de vivres pour les autres. Héraclide raconte que la salubrité de l'air de Ceos était telle, que les hommes, et surtout les femmes, auraient pu y vivre long-temps, mais qu'ils ne jouissaient pas de cette faveur de la nature (1). « Les habitans de cette île, ajoute le même auteur, à peine parvenus à un âge mur, n'attendent pas la fin que le destin leur réserve ; mais ils la préviennent avant que la vieillesse n'ait affaibli ou paralysé quelques unes de leurs facultés, en s'arrachant la vie, les uns avec du pavot, les autres avec de la ciguë.» Elien donne à ces faits une autre version (2); il dit «qu'à Ceos, aussitôt qu'on avait atteint l'extrême vieillesse, on s'invitait réciproquement, comme à un festin ou à un sacrifice solennel, et que là, une couronne sur la tête, on buvait la ciguë, parce qu'on prétendait que, quand l'esprit commence à faiblir par l'âge, on ne peut plus être utile à la patrie.» Valère Maxime (3), de son côté, donne à

(1) Héraclide, *de Rebus publicis.*
(2) *Historiæ variæ*, lib. III, cap. XXXVII.
(3) Lib. II, cap. VI, n° 8.

penser que les lois et les magistrats n'intervenaient dans ces suicides que parce que ceux qui voulaient y recourir devaient prouver, par de bons argumens, qu'ils avaient des raisons de se tuer. Pour justifier cette opinion, il cite l'exemple d'une matrone de cette île. Cette femme, ayant gravement rendu compte à ses concitoyens des motifs qu'elle avait de quitter la vie, avala le poison avec calme et courage, et rendit des actions de grâces à Sextus Pompée pour avoir voulu, par sa présence, singulièrement honorer sa mort ; elle exhorta ensuite les siens à demeurer toujours unis, et leur distribua ses biens. A mesure que le poison s'emparait des diverses parties de son corps, elle en avertissait tranquillement ; elle invita enfin ses filles à lui rendre le dernier devoir, celui de lui fermer les yeux, et elle mourut sans donner signe de la plus légère émotion.

Un profond critique (1) ayant voulu examiner à son tour ces différens témoignages, fut amené à déclarer que ce n'était ni en vertu d'une loi publique, ni par coutume nationale, que les habitans de Ceos s'empoisonnaient, mais bien

(1) Bayle, *Dict.*, art. *Zia*.

par suite d'une délibération spontanée. Dans tous les cas, que les suicides de Ceos aient été l'effet d'une loi ou d'une habitude indépendante, toujours est-il qu'ils n'inspiraient aucune crainte à ces insulaires; qu'au contraire ils les prônaient, et que leur enthousiasme fut partagé non seulement par les savans, qui en faisaient l'objet de leurs discours et de leurs écrits, mais encore par toute la Grèce. Eh! comment aurait-elle pu réprouver ces meurtres, puisqu'il y avait à Athènes, qui était en quelque sorte l'âme de toute la Grèce, une loi qui ne défendait pas le suicide lorsque les raisons que l'on donnait étaient trouvées bonnes par l'aréopage (1)?.... Ainsi le pavot, la ciguë de Ceos, et l'aréopage même, peuvent figurer à juste titre comme un monument de l'ancienne indifférence et de la profusion du meurtre de soi-même.

L'arbre de Timon nous présente une autre preuve bizarre et curieuse tout à la fois.

Ce Timon était Athénien, et vivait au temps de Socrate. Avec un peu de philosophie et beaucoup d'extravagance dans ses manières, il se rendit tour à tour fameux et ridicule dans toute

---

(1) Le Gendre, *Traité de l'Opinion*, t. II, chap. dernier.

la Grèce. Platon, Cicéron, Plutarque, Laërce et Lucien ont beaucoup parlé de lui (1). Cet homme, ayant été trompé et offensé par des amis ingrats, avait pris tout le genre humain en horreur et lui avait voué le plus grand mal, de telle sorte qu'il n'aimait et ne flattait que ceux dont il en espérait quelque calamité pour la société : ainsi nous le voyons tour à tour rechercher avec soin le jeune Alcibiade, dont l'esprit turbulent et audacieux lui sembla propre à recevoir des pensées subversives, et flatter Apennates, qui, comme lui, nourrissait le plus profond mépris pour les hommes. Au reste, il vivait séparé de tous, et il n'employait ses jours qu'à cultiver de ses mains un petit champ. Cette animosité qui le portait à éviter et même à repousser toute société, cette profession publique de haïr les hommes au plus haut degré, le firent nommer Timon le Misanthrope. Or, cet homme, d'un caractère si atrabilaire et si mélancolique, et connu comme tel d'Athènes et de toute la Grèce, quitta un jour sa retraite, et monta, en présence d'une foule innombrable, dans une

---

(1) Cicéron, *Tusc.*, lib. IV, cap. II, et *de Amicitia.* — Plutarque, *Vies d'Antoine et d'Alcibiade.* — Laërce, lib. IX, f. 112. — Lucain, *dialogue* intitulé *Timon*.

chaire, d'où il prononça, à l'étonnement de tous les spectateurs, qui attendaient de lui quelque chose de remarquable, le discours suivant :

« Athéniens, je possède dans un petit champ
« un figuier, où plusieurs de vos concitoyens se
« sont déjà pendus. Comme je veux bâtir sur
« ce terrain, j'ai voulu vous en prévenir publi-
« quement, afin que si quelqu'un de vous a
« envie d'en faire autant, qu'il se hâte avant
« que le figuier soit abattu (1). »

Certes, ce n'est là que le verbiage brutal d'un misanthrope, et il ne mériterait pas qu'on s'y arrêtât. Il faut néanmoins remarquer ce qu'a d'inhumain l'invitation de Timon, et combien il fallait que l'indifférence des Athéniens fût grande, puisqu'ils toléraient cet arbre funeste. Il est donc permis de tirer cette conséquence, que les idées que nous attachons au suicide, et qui nous font frémir, n'étaient pour les Grecs que des idées triviales, légères et récréatives.

Ce Timon nous porte à dire un mot d'un Romain qui crut apporter quelque soulagement à

---

(1) Plutarque, *Vie d'Antoine*.

ses infortunes en menant le même genre de vie que le misanthrope d'Athènes; nous voulons parler du triumvir Marc-Antoine, que sa valeur et sa faiblesse ont rendu célèbre dans les annales de Rome.

Après la bataille d'Actium, Cléopâtre prit la fuite. Marc-Antoine la suivit, ne tenant aucun compte de son armée, qui lui restait pourtant tout entière. Cependant, abandonné à son tour par ses amis et son propre courage, il quitta inconsidérément l'Afrique, et voulut, dans son adversité, mettre fin à ses jours; mais, en ayant été empêché par les siens, il se détermina à suivre l'exemple de Timon : il fit construire une jetée dans la mer, et là, séparé de tous, il établit une retraite maritime, qu'il nomma la Maison de Timon. Mais l'ennui vint bientôt l'y surprendre; il retourna alors à la cour de Cléopâtre. Il remplit la ville de banquets et de festins, et institua la société des Synapothanumènes, où se réunissaient un grand nombre de personnes déterminées à mourir ensemble. Animés de la sorte, ces insensés fréquentaient les fêtes et les bacchanales, et passaient joyeusement leurs jours dans la mollesse, les plaisirs et le luxe. Cléopâtre était l'âme et le guide de cette infâme société ; elle réunit tous les genres de poisons, et, pour en connaître le plus ou moins de force, elle les expérimenta sur des condamnés. Toutefois, elle ne se borna pas à ces premiers essais : ayant remarqué que les substances vénéneuses, dont l'effet est prompt, causent des douleurs cruelles, et que celles qui sont légères ne donnent la mort que lentement, elle s'adonna à explorer des reptiles, et plusieurs infortunés durent être successivement exposés à ses épreuves.

Par ces études renouvelées chaque jour, l'académie parvint à reconnaître que la morsure de l'aspic était la seule qui produisait un assoupissement grave, et presque une léthargie ou pesanteur dans les sens, et qu'elle conduisait à une mort si douce, que ceux qui en étaient piqués, semblables à des personnes profondément endormies, étaient fâchés qu'on les réveillât et qu'on les fît lever (1).

Tels étaient les exercices et les études de l'académie des Synapothanumènes. Elle mettait sans doute plus de courage dans ses essais que les académies de Londres et de Paris : aussi

---

(1) Plutarque, *Vie d'Antoine.*

Marc-Antoine, Cléopâtre et les membres de la société ne manquèrent pas d'apprendre à se détruire; et tous, en effet, se donnèrent la mort *académiquement*.

Et nous, nous apprenons par ces études funestes combien le suicide fut familier et indifférent à ces hommes. Ne s'en occupaient-ils pas, en effet, avec la même impassibilité qu'un chimiste et un anatomiste peuvent mettre dans leurs expériences?

Enfin, nous citerons une dernière preuve que nous trouvons dans l'histoire de Marseille.

Cette ville appartint d'abord à la Grèce; mais s'étant ensuite alliée avec Rome, elle réunit à ses coutumes anciennes les usages romains. Il ne faut donc pas s'étonner si les institutions de ce peuple, que l'histoire nous a conservées, respirent le génie de l'une et de l'autre nation; mais ce qui mérite surtout d'être remarqué, c'est que, par arrêt suprême, « on gardait dans
« un dépôt public de cette ville un breuvage
« destiné à ceux qui justifiaient, devant le con-
« seil des Six Cents (tel était le nombre et le
« nom de ce sénat), avoir de bonnes raisons
« pour se donner la mort. C'est ainsi que l'hu-

« manité, dit Valère Maxime (1), s'unissait à
« l'examen pour empêcher qu'on sortît auda-
« cieusement de la vie, et pour fournir un
« moyen expéditif à celui qui désirait mourir
« légalement ; c'est ainsi que, par une mort
« approuvée, on pouvait mettre un terme, soit
« à une calamité excessive, soit à un extrême
« bonheur ; car l'un et l'autre peuvent offrir de
« grands motifs pour rechercher la mort. Nous
« pouvons craindre, en effet, que l'un ne nous
« abandonne pas et que l'autre ne soit pas du-
« rable. »

En citant ici les mots de Valère Maxime, nous avons voulu reproduire sa narration dans toute son étendue, parce que, nonobstant les commentaires qui l'accompagnent, et qui en sont d'ailleurs la partie la plus blâmable, elle nous permet de reconnaître que les doctrines de cet historien s'accordent, sur ce point, avec celles de tous les autres Romains. Elle nous fait voir ensuite que, dans une ville comme Marseille, éclairée, versée dans les lettres grecques et latines, et dont les écoles étaient fréquentées par la jeunesse française, et par la majeure

---

(1) Lib. II, cap. VI.

partie de la jeunesse romaine, il y avait un sénat composé de six cents hommes graves, qu'on devait croire l'élite de la nation, que ce sénat s'occupait sérieusement des raisons qui peuvent déterminer au suicide; qu'optant en sa faveur, il offrait de ses mains le poison à celui qui en justifiait le besoin!

Une telle coutume suppose incontestablement qu'il existait alors cette conviction générale qu'on peut souvent avoir de fort bonnes raisons pour se tuer, et que ceux qui se détruisent raisonnablement commettent une action louable et digne de la sanction des magistrats!

Ce serait ici la place de parler des anneaux empoisonnés décrits par Pline (1) et dont les Grecs, les Romains, les Africains et d'autres nations se servaient. Nous pourrions aussi ajouter la description d'autres coutumes meurtrières; mais l'aperçu que nous venons de tracer nous semble en dire assez pour démontrer le nombre incalculable de ceux qui se donnèrent la mort, et la vénération profonde que

---

(1) Sub gemmis venena claudunt anulosque mortis gratia habent. Lib. XXXIII, cap. I.

les Grecs et les Romains vouèrent au suicide. Au reste la suite nous en offrira de nouvelles preuves.

CHAPITRE TROISIÈME.

Du Suicide d'après les Pythagoriciens, les Platoniciens et les Académiciens.

Pour peu qu'on ait parcouru l'histoire de la philosophie grecque, on a dû remarquer que les hommes qui répandirent les premiers traits de lumière dans la Grèce appartenaient à l'Égypte, au Nord, à l'Orient, ou du moins qu'ils avaient visité ces régions et cultivé les doctrines qu'on y professait. Ainsi on sait que Prométhée, Danaé, Phoronée et Cécrops, auxquels la Grèce, alors barbare et sauvage, dut ses premiers rits et une philosophie destinée à la civiliser, étaient Égyptiens; que Cadmus, Phénicien, et Orphée de Thrace y introduisirent les dogmes de leur pays, et qu'enfin les sciences enseignées par Amphion et Mélampe avaient été empruntées par eux aux Égyptiens et aux Phéniciens (1). C'est ce qui a fait croire à plusieurs hommes émérites que la philosophie fabuleuse de la Grèce renfermait ces trois systèmes d'âme universelle, de migration des corps et de métempsycose qui forment les trois pivots de la philosophie des peuples de l'Égypte, de l'Orient et du Nord (2). On sait encore que les premiers politiques, physiciens et moralistes grecs avaient parcouru l'Égypte et l'Orient, et qu'ils affectionnèrent les dogmes enseignés dans ces contrées. Personne n'ignore non plus les voyages de Solon, de Cléobule, de Thalès, de Lycurgue, de Pythagore et de Platon, et on connaît la haute prédilection qu'ils avaient pour la philosophie étrangère ; ce qui fit que plus tard le principe d'âme du monde et toutes ses

---

(1) Hérodote, lib. II.—Pausanias, *in Arcadicis et in Eliacis poster.* — Clément d'Alexandrie, *Disc. aux Gentils.* — Arnobe, *Livres contre les Gentils*, lib. VI. — Eusèbe, *Chronique.* — Buddæus, *Hist. eccl.* — Brucker, *Hist. crit. phil.; de Phil. Græc. fabulari.*

(2) Samuel Bochart, *Géographie sacrée.* — Cleric, dans ses notes sur *Hésiode.*

conséquences furent acceptés avec enthousiasme et firent les délices de tous les philosophes de la Grèce (1).

La philosophie grecque ayant une telle origine, et ses progrès s'en étant toujours ressentis, nous pensons que l'on peut affirmer qu'il existe une grande analogie entre les causes qui introduisirent le suicide d'abord chez les Grecs et puis chez les Romains, et celles qui répandirent cette erreur parmi les Orientaux, les Africains et les Celtes.

Afin de connaître la vérité de cette assertion, il importe que nous examinions un instant la théologie des Grecs et les idées que leurs principales écoles attachèrent au meurtre de soi-même. Quelque étendu que soit cet examen, il sera néanmoins lu avec intérêt. Le savant y trouvera de ces investigations instructives qu'il aime, et le vulgaire y puisera la connaissance de quelques faits qui lui étaient inconnus.

Nous pourrions commencer par examiner le système ionique dont les dogmes semblent se rapprocher de beaucoup de ceux d'âme du

---

(1) Buddæus, *Traité de l'Athéisme et de la Superstition*, ch. i, et Brucker, ouvrage cité.

monde et d'émanation universelle. Nous n'aurions à considérer pour cela que le peu de prix que Thalès attacha à la vie, et la détermination que prit Anaxagore de se laisser mourir de faim, au point que, quand Périclès vint l'en détourner, il s'était déjà couvert le visage (1); mais les doctrines de cette école sont enveloppées de si grandes ténèbres que nous ne parviendrions, même après une longue étude, qu'à obtenir des inductions qui ne nous éclaireraient pas. Nous aimons donc mieux aborder tout de suite les écoles de Pythagore et de Platon dont les principes ne sont pas si obscurs.

Et d'abord arrêtons-nous aux Pythagoriciens. Il est constant que personne au monde ne vit autant de villes et autant de coutumes différentes; aucun n'écouta tant de philosophes, tant de prêtres, et ne suivit plus d'absurdités que leur maître qui visita surtout l'Orient et l'Égypte et qui fut initié aux sciences du mystère de l'enthousiasme, de l'âme du monde, de l'émanation et de la métempsycose (2). Nous

(1) Diogène Laërce, *de Vita phil.*, lib. I. — Plutarque, *Vie de Périclès*.

(2) Hérodote, lib. II. — Diodore de Sicile, lib. I. — Brucker, *de Vita Pythagoræ, Hist. crit. phil.*, t. I.

n'essaierons pas de développer toutes ces doctrines, ce qui serait au reste aussi difficile que hors de propos. Mais nous croyons utile de dire quelques mots des trois derniers qui se rattachent d'une manière plus directe à notre sujet.

Quoique les enseignemens de Pythagore soient remplis d'allégories, et que par conséquent ils aient donné lieu aux interprétations les plus divergentes, il semble que le sens le plus vraisemblable de la Monade, de la Dyade et des autres énigmes algébriques et cabalistiques de ce philosophe se réduit à ceci :
« Chaque objet est une monade, c'est-à-dire,
« une unité dans laquelle se trouve une parcelle
« de cette vertu, de cette essence, de ce feu
« intellectuel qui animent l'univers, et qui en
« imprimant à la matière brute et sans action
« des formes et du mouvement enfante les hié-
« rarchies des dieux inférieurs, des génies,
« des âmes des hommes. A la mort de tous ces
« êtres, leur principe préexistant retourne,
« après certaines transfigurations, à sa source
« primitive qu'il ne quitte plus tard que pour
« aller animer d'autres corps, selon qu'un
« ordre inconnu le guide et le dirige. » De là

cette fameuse métempsycose dont Pythagore s'enorgueillisait et qui lui faisait dire avec un imperturbable sang-froid qu'il se souvenait très bien avoir été tour à tour Éthalide, fils putatif de Mercure, Euphorbus, blessé par Ménélas au siége de Troie, Hermotine, un pêcheur de Délos, et enfin Pythagore (1). Et de là sans doute cette exaltation de ses admirateurs qui, ravis de ce système fantasmagorique, ajoutèrent qu'après la mort de leur maître, son âme était passée d'abord dans le corps de Pyrrandrum, puis dans celui de Callicléas, et en dernier lieu dans celui d'une courtisane appelée Alcée (2). Pour railler ces philosophes, Lucien fait passer à son tour l'âme de Pythagore dans le corps d'un coq, et nous révèle par cette fable satirique que les assertions des Pythagoriciens ne méritent pas plus de confiance que la sienne (3).

S'il est vrai, ce qui a été d'ailleurs prouvé par Brucker (4) de la manière la plus solide, que tels étaient les préceptes de Pythagore et

---

(1) Diogène Laërce, lib. VIII. — Ovide, *Métam.*, lib. xv.
(2) Aulu-Gelle, *Nuits Attiques*, lib. IV, cap. II. — Bayle, *Dict.*, art. *Pythagore* et *Périclès*.
(3) Dans le dialogue intitulé *Micillus*.
(4) *De Vita Pythagor., Hist. crit. phil.*, tom. I.

de son école, personne ne nous contestera qu'il ne faisait qu'enseigner, sous des formes différentes, les doctrines des Égyptiens, des Orientaux et des Celtes. Or, comme d'après ces doctrines le suicide était regardé non seulement comme une action indifférente, mais encore utile, et même une conséquence légitime de certaines positions, il s'ensuit que les Pythagoriciens devaient avoir, à cet égard, les mêmes idées.

Pour ce qui regarde Platon, nous en dirons presque autant. On le sait, il écouta beaucoup les Égyptiens et les Pythagoriciens ; il acheta à grands frais les livres qui traitaient de leurs doctrines, et il en remplit ses ouvrages au point d'être accusé de plagiat. Néanmoins, intimidé peut-être par la fin tragique de Socrate, il enveloppa ses dialogues d'un voile presque impénétrable ; il divulgua quelques pensées et en passa sous silence plusieurs autres. Mais, si on ajoute foi à tous les auteurs qui ont parlé de Platon, et si on s'en rapporte à ce philosophe qui, en plusieurs endroits de ses écrits, laisse entrevoir la nature de ses principes, on verra qu'il affectionna la méthode du *mystère* et qu'il admet les dogmes d'âme universelle et de métempsycose (1). On ne nous taxera donc pas de témérité si nous concluons de ces faits, qu'à l'exemple de ses maîtres, Platon ne dut pas être un grand adversaire du suicide. Nous n'en voudrions d'autre preuve que cet aphorisme qui se trouve dans son neuvième livre des lois : *On ne doit blâmer celui qui se donne la mort que lorsqu'il commet cette action soit sans l'autorisation de ses magistrats, soit sans y avoir été déterminé par une position pénible et intolérable, ou par la crainte d'un avenir rempli de malheurs* (2). Toutefois, nous savons que, malgré ces témoignages, certains critiques ne voudront pas souscrire à notre opinion ; et cela pour avoir lu quelque part cette maxime enseignée par les Pythagoriciens et les Platoniciens, *qu'il est défendu à l'homme de se donner la mort sans la permission de l'Être suprême, comme il n'est pas permis à un soldat de quitter son poste sans le consentement de son chef* (3).

---

(1) Platon, dans son Phédon, dans Phèdre, dans le Timée et la République, liv. x. — Pierre Gassendi, **Phys.**, sect. III; **Métaph.**, lib. XIV, cap. I. — Brucker, *Vie de Platon*.

(2) Voyez la note E à la fin du volume.

(3) Platon, *Apologie de Socrate*. — Cicéron, *Tuscul.* et d'

Mais, si nous ne nous abusons pas, cette opposition est bien faible : il nous serait aisé de la combattre nous-même. Cependant nous préférons citer un passage de Formey ; son opinion aura plus de poids que la nôtre. Ce savant, après avoir fait observer que, dans la philosophie de Pythagore et de Platon, les âmes sont considérées comme des parcelles de l'essence divine, et que pour cela ils appelaient Dieu ou démon, ajoute : « Pythagore et Platon, en di-
« sant que l'âme ne doit quitter le corps qu'avec
« *la permission de Dieu*, ont simplement pré-
« tendu que l'on doit avoir de bonnes raisons
« pour préférer la mort à la vie, et qu'elle ne
« doit point abandonner son poste sans nécessité
« et sans réflexion, encore moins si elle est utile
« à la société et en état de vaquer à des devoirs
« importans. Mais, au contraire, si des dou-
« leurs insupportables, si une caducité sans re-
« tour, si l'attente de supplices infaillibles an-
« noncent à l'âme qu'elle n'est plus bonne à rien
« au monde, alors ce petit démon ou dieu,
« fraction de la divinité qui forme l'univers,

Senectute. — Voyez Magnus Daniel Omeis, *Ethica Pythagorica*, p. 30.

« peut briser ses liens et quitter la vie (1). »
C'est ainsi que l'académicien prussien s'exprime, et son discours peut se résumer en deux mots : l'âme, qui, selon les doctrines de Pythagore et de Platon, n'est que Dieu même, peut renoncer à la vie lorsqu'elle le reconnaît juste. Au surplus, l'honneur de cette définition semble appartenir à des écrivains d'une date plus ancienne, car il est probable que Cicéron ne disait pas autre chose quand il avançait que « le
« Dieu qui a sur nous un pouvoir souverain ne
« veut pas que nous quittions la vie sans sa per-
« mission ; mais que lorsqu'il nous en fait
« naître un juste désir, alors le vrai sage doit
« passer avec plaisir de ces ténèbres aux lu-
« mières célestes (2). »

Ainsi, quand on prétend que Pythagore aima plutôt mourir que de traverser un champ de fèves, c'est que ce philosophe crut que la persécution de ses ennemis, qui le forçaient à fouler les légumes sacrés, était un avis ou une permission que la divine monade lui donnait

---

(1) *Mélanges philosophiques*, chapitre *du Meurtre de soi-même*.
(2) *Tuscul.*, lib. 1.

pour quitter la vie. On objectera peut-être que telle ne fut pas la cause de la mort de Pythagore, mais qu'il est plus vraisemblable qu'ennuyé de la vie, il se l'arracha volontairement en s'abstenant de prendre aucune nourriture (1). Eh bien ! dans ce cas, nous trouverons encore que le philosophe avait pour doctrine que le dégoût de la vie était un motif suffisant pour l'abandonner.

Il en fut de même des autres pythagoriciens qui suivirent l'exemple de leur maître. Zaleucus et Charondas, anciens législateurs, tous les deux imbus, au dire de plusieurs écrivains, des principes de Pythagore, avaient défendu sous peine de mort de se présenter armé dans les assemblées publiques. Ils enfreignirent eux-mêmes cette loi. Alors ils crurent que la monade universelle les avertissait de renoncer à la vie, et ils lui obéirent aussitôt (2).

On rapporte encore qu'Empédocle, célèbre pythagoricien, brûlant du désir de se faire pas-

---

(1) Diogène Laërce, lib. viii.
(2) Diodore de Sicile, lib. xii. — Sénèque, *Epist.* 90. — Porphyre, *Vita Pythagoræ*, n° 21. — Jamblique, *Vita Pythagoræ*, cap. vii. — Eustathe, évêque de Thessalonique dans le douzième siècle, *Commentaires sur Homère*, Iliade, p. 62.

ser pour un Dieu après sa mort, se précipita dans les fournaises de l'Etna. Mais, disons-le en passant, ce beau projet n'eut pas le résultat espéré. Le volcan vomit dehors une des sandales d'Empédocle, et il fut facile de reconnaître que, loin de s'élever au ciel, le philosophe avait été consumé par les flammes (1).

Nous ajouterons à ces trois suicides ceux de deux amis pythagoriciens, Damon et Phintas, célèbres par leur mépris de la vie, et par leur mort presque simultanée (2).

Revenons aux Platoniciens. L'histoire nous apprend que Speusippe, successeur de Platon, se voyant raillé par Diogène le cynique, qui lui reprochait de ne pas avoir honte de traîner la vie dans un état de paralysie, ne crut mieux faire, pour échapper à ce blâme, que de se donner spontanément la mort (3).

Démosthène (4), le plus grand orateur de la Grèce, admirateur zélé de Platon, et Cléom-

---

(1) *Historiæ variæ*, lib. ii et ailleurs. — Tertullien, *de Anima*, c. xxxi. — Horace, *Art poét.* — Ovide, *in ibid.*

(2) Cicéron, *de Off.*, lib. iii. — Valère Maxime, lib. iv, cap. vii.

(3) Diogène Laërce, lib. iv. — Stobée, *Sermo* cclxxiii.

(4) Plutarque dans la vie de Démosthène.

brote (1), dont l'amour pour les doctrines de ce philosophe n'avait pas de bornes, suivirent les préceptes de leur maître en tournant contre eux des armes homicides !

S'il est vrai qu'Aristote, le disciple par excellence de Platon, s'empoisonna ou se précipita dans l'Euripe (2), on aura également d'excellentes raisons pour soupçonner que sa mort ne fut qu'une conséquence des doctrines du maître, rendues encore plus mauvaises par l'élève qui ajouta plusieurs pensées impies soit sur la nature du Créateur et sur celle de l'âme, soit sur les règles de religion et de morale.

Nous savons, en outre, que quand on réunit les systèmes de ces deux écoles, et que sur ce mélange monstrueux on fonda la philosophie alexandrine, si orgueilleusement appelée *Ecclectique*, des hommes appartenant à cette doctrine, tels que Plotin, Proclus, Porphyre, Maxime d'Éphèse, soutinrent énergiquement le meurtre volontaire. Les deux premiers voulurent même en finir avec la vie, et les deux autres en auraient fait autant, si des causes in-

---

(1) Plutarque dans la vie de Pélopidas.
(2) Diogène Laërce, lib. v. — Hésychius, *in Vita Aristotelis*. — Bayle, *Dict.*, art. *Aristote*.

dépendantes n'étaient venues les en détourner (1).

Donc, les doctrines de Pythagore et de Platon furent de nature à relâcher tous les liens qui nous attachent à la vie. Donc, puisqu'elles ont été en grande vénération parmi les Grecs et les Romains, elles doivent aussi être placées au nombre de celles qui introduisirent le suicide chez ces peuples.

Après Platon et Speusippe, qui fondèrent la première Académie, on vit apparaître dans la Grèce les *Instituteurs* de la seconde et de la troisième. Là, *un doute absolu* fut érigé en précepte, ce qui dut ajouter, ce nous semble, aux progrès de la doctrine du suicide.

Si on voulait s'en rapporter aux assertions de

(1) Voyez Brucker, *de Philosophia eclectica*. — On appelle philosophes *éclectiques* une secte qui parut peu après la naissance du Christianisme. Ils furent ainsi nommés, parce qu'ils choisissaient dans les différentes sectes les opinions qui leur semblaient les plus vraies : ainsi l'*éclectisme* ressemble à ce qu'on appelle *hérésie* en théologie ; c'est la méthode de l'examen particulier, du *choix*. Les novateurs du seizième siècle ont renouvelé cette méthode en rejetant l'autorité de la tradition ; ils ont dit à chacun : *Examinez*. Voilà l'*éclectisme*. On peut consulter, sur la philosophie *éclectique*, le *Traité de la vraie Religion* de Bergier, 3e partie, c. vi, art. 1.

(*Note des traducteurs.*)

Daniel Uetius (1), pour qui les plus faibles indices suffisent pour étendre, avec une extrême confiance, l'empire du doute, et l'attribuer à tous les siècles et à presque toutes les sectes philosophiques, on verrait que le scepticisme remonte aux temps les plus reculés de l'antiquité, qu'il compta beaucoup d'adeptes, et qu'il exerça une influence incontestable, soit dans le renversement de la morale, soit dans les progrès du suicide. Mais l'examen de cette opinion présente des difficultés presque insurmontables. De plus, il faudrait, à l'exemple d'Uetius, l'entreprendre sans aucune donnée positive. C'est pourquoi nous pensons qu'il sera plus sage de borner nos recherches à connaître comment cette erreur a pris naissance chez les Grecs et chez les Romains, quelles difficultés elle eut à surmonter, et enfin comment elle parvint à s'y développer.

Or, nous en voyons les premiers germes dans la faiblesse et les contradictions des systèmes primitifs des Grecs, dans les doutes manifestés par Xénophane et par l'école Éléatique qui confondait sans cesse la vérité avec l'opinion, dans

---

(1) *De la Faiblesse de l'Esprit humain*, liv. I, ch. XIV.

la perplexité de Démocrite et de ses disciples, dont l'audace alla jusqu'à leur faire dire que la vérité se trouvait enfouie dans un puits, enfin dans la polémique versatile de Socrate, de Platon, de Xénocrate, de Polémon, et d'autres philosophes de la première Académie, qui, à force de discuter de part et d'autre, finirent par couvrir d'un même voile le vrai et le faux.

En ouvrant ainsi la voie au soupçon et à l'erreur, ces hommes marquèrent le point de départ de la seconde et de la troisième Académie et des écoles pyrrhoniennes et sceptiques.

Toutefois, lorsqu'Arcésilas, enhardi par le nombre et l'élévation de ses élèves, et par les succès qu'il obtint dans ses disputes avec les stoïciens, institua la *seconde Académie*, il ne lui suffit pas de préconiser les doctrines de la première, il voulut encore en agrandir le cercle. Les anciens philosophes n'avaient posé le doute que sur un certain nombre de questions; il voulut l'étendre sur toutes. Plus tard, Carnéade, fondateur de la *troisième Académie*, suivit les traces d'Arcésilas. A la vérité, il adoucit un peu les formes outrées de son maître, mais il n'en garda pas moins le fond de sa doctrine. Il jouit aussi d'une grande célébrité.

Ses disciples furent nombreux et illustres (1).

A la suite de plusieurs événemens, et après avoir subi divers changemens, cette étrange philosophie, si chère aux Grecs, fut implantée à Rome, où des hommes graves l'accueillirent avec transport.

Cicéron, dont les œuvres constatent d'ailleurs la vérité de ce que nous avançons, Cicéron lui-même la reçut assez bien pour douter parfois des principes les plus solennels du droit et de la morale : « Prions, dit-il, l'Académie d'Ar-
« césilas et de Carnéade, qui met le trouble
« partout, de garder le silence ; car si elle pé-
« nétrait dans cette matière, elle y ferait trop
« de ravages. Je désirerais fort l'apaiser, n'o-
« sant pas la repousser (2). » Mais, disons-le, ceux qui contribuèrent le plus à donner de la vogue à cette doctrine furent les jurisconsultes, les avocats et les orateurs. Ils y avaient sans cesse recours ; ils la trouvaient on ne peut plus

---

(1) Cicéron, *Quæst. acad.*, lib. i, cap. xii, et lib. ii, cap. v. — Eusèbe, *de Præp. evang.*, lib. xiv, cap. vi. — Diogène Laërce, lib. ix. — Plutarque, *Adv. Colotem.* — Galenus, *de Opt. gen. dicendi.* — Bayle, *Dict.*, art. *Arcésilas* et *Carnéade.* — Brucker, *de Ac. media et nova.*

(2) Cicéron, *de Legibus*, lib. i, cap. xiii.

propice pour plaider le pour et le contre. Nous en avons une preuve dans Carnéade. Lors de son ambassade à Rome, il soutint une fois le juste et une autre fois l'injuste, et toujours aux mêmes acclamations enthousiastes de ses auditeurs, et au grand déplaisir de Caton d'Utique, ennemi sincère des subtilités dialectiques, surtout de celles de ce genre. Malheureusement ce subterfuge trouve encore de nos jours des adeptes, et personne ne se soucie d'imiter les Caton d'Utique (1) !

D'après ceci, il est facile de reconnaître que cette ancienne philosophie si vénérée, et en même temps si sauvage, ne tendait à rien moins qu'à renverser toute religion et toute morale, en confondant les vrais dogmes avec les coutumes, les opinions et l'ignorance. C'est là une vérité que d'autres écrivains ont trop bien démontrée pour que nous jugions nécessaire de nous y arrêter davantage (2). Cependant si nous voulions encore ajouter quelque chose, nous

---

(1) Cicéron, *de Legibus*, lib. i. — Plutarque, *Vie de Caton l'ancien*. — Lactance, *Inst.*, lib. v, cap. xiv.

(2) Bayle, *Dict.*, art. *Carnéade* et *Pyrrhon*. — Barbeyrac, *préface* de l'ouvrage de Puffendorf. — Buddæus, *Traité de l'Athéisme et de la Superstition*, ch. i. — Voyez la note F à la fin du volume.

dirions que les académiciens, pour se défendre des accusations graves qui leur imputaient des idées subversives, se retranchèrent derrière le pitoyable rempart de la vraisemblance et de la probabilité. De là, sans doute, cette désignation de *Probabilistes de l'antiquité.* Il est à regretter que Daniel Concina (1) ait ignoré ce fait ; il n'aurait pas manqué d'en faire son profit.

Dans tous les cas, nous sommes convaincus que, pour ces philosophes, le suicide n'était qu'une question de *doute*, ou, pour leur faire la plus large concession, une question de *probabilité*, qui, présentant deux aspects différens, pouvaient, selon l'habitude de ces hommes, faire opter pour le parti qui convenait le mieux. Ainsi nous supposons que lorsqu'un partisan de ces principes se trouvait dans une

---

(1) Fameux théologien de l'ordre de Saint-Dominique, naquit, vers l'année 1686, dans le Frioul. Benoît XIV, qui connaissait tout son mérite, forma très souvent ses décisions sur les avis de ce savant religieux. On lui doit un très grand nombre d'ouvrages fort remarquables, entre autres une *Histoire du Probabilisme*, où il expose les subtilités des probabilistes modernes, et les combat en leur opposant les principes fondamentaux de la théologie chrétienne. Il mourut à Venise en 1756.   (*Note des traducteurs.*)

calamité évidente, il ne devait pas hésiter à se donner la mort, dont l'issue était pour lui un objet de *doute*, et passer de cette manière d'une souffrance certaine dans un avenir douteux.

Ce doute conduisit donc à l'indifférence de la vie. Ainsi nous voyons Démocrite plaisantant froidement avec la mort, et, quoique jouissant d'une bonne santé, se laissant mourir de faim(1). Arcésilas, pour mourir dans le délire, but une grande quantité de vin (2). Mais rien, à notre sens, n'est plus bizarre que ce qu'on rapporte de la mort de Carnéade. Ce philosophe ayant ouï qu'Antipater le stoïcien venait de s'empoisonner, s'écria sur-le-champ : *Qu'on m'en donne aussi. — Eh! quoi?* lui dit-on. *— Du vin miellé.* Diogène Laërce, tout en exaltant la gloire de la mort volontaire, se moque de cette fanfaronnade (3). Nous, nous rions de tous les deux. Nous voyons Carnéade sous l'empire de cette ridicule indifférence pour la vie et pour la mort, qui ne manque pas de conduire au suicide

---

(1) Diogène Laërce, lib. III, p. 18. — Voy. Bayle, art. *Démocrite.*

(2) Diogène Laërce, lib. IV, p. 45.

(3) Rollin, *Hist. ancienne*, t. XI, édit. de 1820.

(*Citation des traducteurs.*)

lorsqu'on n'est plus retenu par aucune crainte. Après Carnéade, Clitomachus succéda à la chaire où se débitaient tant d'extravagances. Cet homme fut plus résolu que son maître, car étant tombé en léthargie, il dit simplement après avoir repris connaissance : *Ne nous laissons pas abuser par l'amour de la vie*, et il se tua sur-le-champ (1).

Enfin, nous voici arrivés à Pyrrhon (2). Ce philosophe porta le doute universel à un degré qu'on n'aurait jamais cru qu'il dût atteindre. Il professa une indifférence incroyable pour toutes choses. Il n'aimait rien, ne haïssait rien, ne s'inquiétait de rien. Quand il parlait, il se mettait peu en peine de savoir si on l'écoutait; et encore que ses auditeurs s'en allassent, il ne laissait pas de continuer. C'est avec la même insouciance qu'il remplissait dans son pays les fonctions sacerdotales. Il allait vendre du lait et des poulets au marché, et balayait la maison comme s'il eût été la servante du logis. Un jour il vit tomber dans un fossé Anaxagore, son

(1) Stobée, *Sermo* XLVIII.
(2) On sait que Pyrrhon est l'auteur de la secte qu'on appelle les *pyrrhoniens* ou *sceptiques*.
(*Note des traducteurs*.)

maître, et il passa outre sans lui porter aucun secours (1). Persuadé qu'une chose ne doit jamais être préférée à une autre, pas même la vie à la mort, il dédaignait de faire un pas pour éviter soit un chariot, soit un précipice. Il aurait certainement payé de sa vie cette indifférence, si ses amis n'étaient souvent accourus à son secours. Nous rapportons ces faits d'après le témoignage d'Antigone Cariste, qui fut contemporain de Pyrrhon (2). Ses assertions nous paraissent moins suspectes que celles d'Enæsidémus, ami trop dévoué du pyrrhonisme, et d'autres écrivains qui brillèrent dans les siècles suivans, quoi qu'en disent François La Mothe-le-Vayer (3), Daniel Uetius (4) et Pierre Bayle (5),

---

(1) Diogène Laërce, lib. ix.

(2) *Idem, ibidem.*

(3) *De la Vertu des païens.* — Ce La Mothe-le-Vayer a mené une vie assez étrange. On trouve, dans les *Mélanges d'histoire et de littérature* de Vigneul-Marville, continués par l'abbé Banier, des détails qui ne lui sont pas trop avantageux (t. II, p. 328). Il paraît qu'il tomba dans le pyrrhonisme; mais, nous devons le dire, nous pensons qu'il a borné son scepticisme aux sciences humaines; car nous lui voyons respecter

(4) *De la Faiblesse de l'Esprit humain*, liv. I, ch. xiv.

(5) *Dict.*, art. *Pyrrhon.*

dont l'admiration pour le pyrrhonisme ne souffre pas qu'on le flétrisse de l'épithète *extravagant*. Ajoutons que Pyrrhon enseignait que *l'honneur et l'infamie, la justice et l'injustice ne sont que des lois humaines et des opinions*. Ce dogme abominable découle naturellement de ce principe pyrrhonien, dit un apologiste de cette secte, *que la nature absolue et intérieure des objets nous est cachée* (1).

Concluons enfin. La seconde et la troisième Académie, ainsi que le pyrrhonisme et le scepticisme, conduisaient droit au *meurtre de soi-même*, surtout dans les cas où le malheur était si évident qu'il l'emportait sur le doute. La manière de philosopher de ces écoles, et spéciale-

---

sincèrement la religion. « Comme, humainement parlant,
« dit-il, tout est problématique dans les sciences, et dans la
« physique principalement, tout doit y être exposé au doute
« de la philosophie sceptique, n'y ayant que la véritable
« science du ciel, qui nous est venue par la révélation di-
« vine, qui puisse donner à nos esprits un solide contente-
« ment avec une satisfaction entière. » C'est une singulière
idée d'avoir fait un *Traité sur la vertu des païens;* il fallait du
courage pour exhumer tous ces prétendus sages et trouver
leurs vertus. Au reste, ce *Traité* a été réfuté par le docteur
Arnauld, dans son ouvrage *de la Nécessité de la Foi en Jésus-Christ.*   (*Note des traducteurs.*)

(1) Bayle, *Dict.*, art. *Pyrrhon.*

ment de celle de l'Académie, ayant une grande part dans les études des Grecs et des Romains, elle dut nécessairement aussi avoir une grande influence dans leurs suicides...

CHAPITRE QUATRIÈME.

Du Suicide d'après les Cyniques et les Stoïciens.

Avant de nous entretenir des stoïciens, propagateurs ardens du suicide, nous croyons qu'il est nécessaire de dire un mot des cyniques, qui furent d'abord les créateurs et ensuite les continuateurs de l'école stoïcienne.

Les cyniques étaient d'une négligence et d'une malpropreté peu communes. Ils professaient le plus profond dédain pour les rois et les magistrats; pour les coutumes établies et les opinions reçues. La noblesse et les richesses, la gloire, les sciences et les arts, n'étaient pour eux que des mots sans portée; ils prétendaient que les réjouissances et les plaisirs, qu'ils appelaient d'ailleurs les plus grands fléaux de l'humanité, n'étaient que de funestes folies. Imbus d'idées aussi singulières et de plusieurs autres bizarreries semblables, ils fondèrent une philosophie triste et brutale, où l'homme étant envisagé tout autrement qu'il n'est, ne pouvait le corriger, et le poussait au contraire à sa perte. Comment, en effet, une nature si mal définie n'aurait-elle pas recueilli des conséquences mauvaises ? Comment des mœurs si dures et si sauvages, et une doctrine si bizarre, à laquelle on ajouta plus tard d'autres extravagances plus dangereuses encore, telles que le scepticisme moral (1), comment, disons-nous, cette doctrine n'aurait-elle pas produit des hommes capables d'enseigner et même de commettre le suicide?

---

(1) Monime le cynique enseigna que toutes les choses n'étaient qu'un effet de l'opinion ou des comédies. On le regarde comme le précurseur des *sceptiques*. — Voyez *Antonin*, lib. II, § 15. — Sextus Empiricus, *Adv. Matth.*, lib. VII, 87; — et, parmi les modernes, Gataker, dans ses *Notes sur Antonin*. — Ménage, *sur Diogène Laërce*. — Fabricius, *Notes sur Sextus Empiricus*.

Voyez Diogène, *le plus grand chien de ce troupeau* (1). Il ne se borne pas à reprocher à Speusippe son manque de courage, à offrir une épée à Antisthène, afin qu'il se délivre de la vie et des maux qui le rongent ; mais lui-même, attaqué d'une fièvre violente, se donna volontairement la mort. Selon les diverses versions sur sa vie, les unes disent qu'il se précipita d'un pont ; les autres, qu'il se coupa la gorge, ou qu'il s'étouffa en retenant son haleine (2).

Stilpon de Mégare, disciple de Diogène, enchérit sur son maître. Ce philosophe ajoute non seulement des paradoxes à ceux de Diogène, mais encore des impiétés. Il persévère dans ses erreurs jusqu'à sa vieillesse ; puis il tranche ses jours en buvant une grande quantité de vin (3).

Stilpon, à son tour, a pour disciples Menedème et Zénon. Il leur lègue des doctrines qui les poussent à se donner l'un et l'autre la mort. Nous parlerons avec étendue, dans les pages sui-

---

(1) Les cyniques étaient comparés au chien, parce qu'ils en avaient la lubricité et qu'ils aboyaient après tout le monde.
(*Note des traducteurs.*)
(2) Diogène Laërce, lib. vii. — Elien, lib. viii. — Bayle, *Dict.*, art. *Diogène*.
(3) Diogène Laërce, lib. ii, p. 120.

vantes, de Zénon, qui fut le fondateur de l'école stoïcienne.

Onésicrite, Métroclès et Ménippe appartiennent aussi à l'école cynique. Le premier, si Lucien ne plaisante pas (1), se brûle avec Calanus le gymnosophiste, dont nous avons parlé plus haut (2); le second, parvenu à un âge fort avancé, s'étouffe lui-même; le troisième, connu par ses railleries acrimonieuses et satiriques, appelées *ménippées,* ayant perdu tous ses biens, se recommande à la corde, et dit adieu à la vie (3).

Parmi les cyniques moins anciens, nous citerons les suicides de Démonax et de Pérégrin. Le premier fut un philosophe qui, par la modération avec laquelle il enseignait, se concilia la vénération, même de ceux dont il réprimait les vices. Il fut l'ami de tous. Lucien, qui répudiait l'amitié des philosophes, surtout de ceux qui appartenaient à cette secte, l'aimait et le chérissait. Et, contre son habitude, il lui consacra un livre, où il écrivit d'un ton sérieux sa vie et ses vertus. Cependant, malgré la modé-

(1) *In Peregrino.*
(2) Voy. ch. I.
(3) Diogène Laërce, lib. IV. — Brucker, *de Secta cynica.*

ration dont Démonax fit parade, malgré la vieillesse à laquelle il parvint, et la santé dont il jouit, jusqu'à près de cent ans, sans avoir été malade, il lui prit un jour fantaisie de se donner la mort. Voyant qu'il ne pouvait plus se suffire à lui-même, et s'apercevant que ses concitoyens n'écoutaient plus ses conseils, il s'éloigna de tous ses amis et se laissa mourir de faim (1); l'autre cynique, appelé Pérégrin ou Protée, résumait en sa personne toute la vanité et toute l'impudence de sa secte. On a beaucoup écrit sur lui, mais rien ne mérite autant d'attention que sa mort. Pendant la célébration des jeux olympiques, il dit publiquement qu'il se ferait brûler vif, et fixa lui-même une nuit pour l'accomplissement de cet étrange dessein. Ses paroles s'étant répandues, une foule considérable accourut à ce spectacle. Pérégrin parut: il avait une torche à la main, et il était suivi par une troupe de cyniques. On mit aussitôt le feu au bûcher. Pérégrin mit bas son manteau, sa besace et son bâton; puis il invoqua ses dieux propices, et s'élança dans les flammes, qui, l'ayant enveloppé de toutes parts,

---

(1) Lucien, *in Demonacte*.

le dérobèrent à la vue (1). Telle fut la fin de ce fanatique. Il fut poussé à cette action pour satisfaire sa vanité, pour rehausser la célébrité et l'audace de sa secte, et afin d'imiter Hercule leur grand modèle.

Les cyniques ouvrirent la voie à la secte stoïcienne; car Zénon de Cittie, fondateur de cette secte, fut instruit pendant long-temps par Cratès le cynique, et augmenta son système de la plupart des préceptes de son maître. C'est ce qui a fait dire que la philosophie cynique et la philosophie stoïcienne ne différaient entre elles que par l'écorce.

On le voit, cette nouvelle école emprunta à sa devancière les premières idées du suicide. Néanmoins, Zénon et ses disciples les revêtirent de formes si brillantes et si captieuses, qu'on peut dire avec justesse que ce fut la secte stoïcienne qui érigea la première le suicide en dogme, et qui excita le plus les Grecs et les Romains pour cette erreur. Il est donc de la dernière importance d'examiner, avec étendue,

---

(1) Lucien, *de Morte Peregrini*. — Philostrate, *Vies des Sophistes*, liv. II, ch. I. — Eusèbe, *in chronico ad Olymp.* ccxxxvi. — Fleury rapporte plus de détails sur ce cynique; *Hist. ecclés.*, liv. III, § 47.   (*Citation des traducteurs.*)

celles des opinions de cette école qui ont trait à notre sujet.

Zénon fut d'abord un commerçant cyprien. Il se rendit à Athènes pour vendre des marchandises. Mais, épris tout-à-coup de la philosophie grecque, il écouta d'abord Cratès, comme nous venons de le dire, puis l'athée Stilpon, Xénocrate et Polémon, de la première académie. Il lut en outre les livres de l'école de Pythagore et d'Éraclide, et, avec les différens systèmes qui étaient alors en vogue dans la Grèce, il fonda le sien (1). Mais, selon Cicéron (2), son invention consista plutôt dans les mots que dans les choses.

Ce système n'en jouit pas moins d'une grande célébrité. Accompagné de quelques pensées sages et d'une morale austère, exposé avec un luxe de dialectique jusqu'alors inconnu, il fut regardé comme un perfectionnement de tous les systèmes précédens, et obtint de cette manière l'appui de plusieurs écoles, la sympathie

---

(1) Diogène Laërce, lib. VII, f. 2. — Sénèque, *de Tranquillitate animi*, cap. XIV. — Plutarque, *de capienda ex Hist. utilitate*.

(2) *De Finib.*, lib. III. — *Tuscul., disp.*, lib. V. — *Acad. quæst.*, lib. IV.

de plusieurs nations, et même celle de plusieurs rois...

Aux beaux jours de la république et de l'empire, les Romains accueillirent le système de Zénon avec empressement. Il y eut une certaine époque où des chrétiens partagèrent cet enthousiasme; mais, hâtons-nous de le dire, ils ne s'arrêtèrent qu'à la surface de cette doctrine, et non au fond (1).

Voici à quoi se réduisait ce beau système : Zénon ne reconnaissait d'autre substance que la matière (2). Il prétendait que Dieu lui-même n'était qu'un feu qui renfermait en lui une vertu génératrice. Il croyait, avec les pythagoriciens et Éraclide, qu'il ne résidait que dans la partie la plus élevée de l'éther (3). Il disait que la cause efficiente, c'est-à-dire l'intelligence céleste, était répandue dans l'ensemble et dans chacune des parties de l'univers, et il appelait

---

(1) Voyez à la fin du volume, note G.
(2) Diogène Laërce, lib. VII, p. 55. — Plutarque, *de Stoicis repugnantiis*. — Juste Lipse, *Physiologiæ stoicæ*, lib. II, dist. IV.
(3) Diogène Laërce, *ibidem*. — Sénèque, *epist*. 89. — Plutarque, *de Placitis Phil.*, lib. I, cap. VII.

cette intelligence céleste *âme universelle* (1). Il remplissait ainsi toute la nature de divinités, de génies et de substances intellectuelles (2) qui toutes, comme le disait Antonin, *viennent de Jupiter et retournent à Jupiter* (3).

Certes, ces idées n'étaient pas neuves. Zénon ne fit que les prendre çà et là dans les systèmes des pythagoriciens, des éléatiques et des ioniques (4), qui eux-mêmes les avaient empruntées aux écoles d'Afrique et d'Orient.

On s'est pourtant fort enthousiasmé de la providence que Zénon opposa à l'oisiveté divine d'Épicure. Mais qu'était-ce, en définitive, que cette providence ? Examinons le système de Zénon, et nous verrons qu'elle n'était autre chose que cet *enchaînement qui lie les causes aux effets, cette loi immuable, cet ordre invincible, cette nécessité que nous appelons* destin,

---

(1) Pline, *Hist. nat.*, lib. II, cap. VII. — Antonin, lib. IV et suiv.

(2) Cicéron, *de Natura Deorum*, lib. II. — Plutarque, *de Stoicis repugnantiis*. — R. Cudworth, *Système intellectuel*, cap. IV, § 25.

(3) Antonin, lib. IV, § 23.

(4) J. Thomasius, *Dissertatio ad hist. Phil. stoicæ*, dissert. II. — Brucker, *de Secta stoica*.

et auquel, selon l'opinion stoïcienne, *l'âme universelle, la nature et toutes les actions humaines et divines doivent obéir!* Cette providence était donc nulle, puisque les stoïciens l'assujétissaient, ainsi que les hommes, au destin (1).

Quoi qu'il en soit de ces idées générales, ils déduisaient que les âmes sont des particules du feu qui anime l'univers. Qu'elles survivent à la dissolution des organes corporels; mais qu'elles ne sont pas immortelles, dans le sens propre, puisque aucune d'elles ne survit individuellement et distinctement. Qu'elles vont, en suivant le cercle inévitable que la nature leur a tracé, animer d'autres corps. Qu'enfin, après la conflagration générale, les âmes doivent, selon la métempsycose stoïque, retourner à leurs corps primitifs (2).

(1) Antonin, lib. IV, § 10, 24, 54; lib. VII, § 9, 31, et lib. VIII, § 41. — Sénèque, *de Providentia*, et *epist.* 107. — Arrien, dissert. XXVI, lib. III. — Vossius, *Theol. gentil.*, lib. II. — J. Thomasius, *ibidem.* — Buddæus, *Ann. hist. Phil.*, p. 147, et *Suppl. hist. theol.*, p. 37. — Bayle, *Dict.*, art. *Chrysippe.* — Brucker, obs. V *de Providentia stoica;* obs. IX *de Stoicis subdolis Christianorum imitatoribus;* et *Hist. phil. de secta stoica.*

(2) Sénèque, *ad Helvium*, cap. VI. — Pline, lib. II, cap.

Ce fut sur ces principes physiologiques et naturels que les stoïciens établirent leur morale. On a vu quels étaient ces principes, et qu'elle science il en pouvait surgir!...

Celle qui en sortit fut pourtant bien admirée... A la vérité, en l'examinant séparée de tout le système, elle ne manque pas d'attrait, ni d'un certain éclat; mais, quand on la considère d'une manière complexe, elle est tout autre. La base de cette morale *est que la dernière fin de l'homme consiste à vivre selon la nature*. Or, comme par ce mot la physiologie stoïque désigne la loi et la raison par laquelle le monde est réglé (c'est-à-dire l'ordre, l'enchaînement, le mouvement nécessaire, la force aveugle de la matière et du feu céleste et divin qui anime tout ce qui est), il en résulte que *vivre d'une manière conforme à la nature*, c'est suivre l'ordre et la loi indispensable de la *destinée*, de cette masse que les stoïciens appelaient un *grand animal* (1), et que nous nommons *univers*. Ce

---

26. — Diogène Laërce, lib. VII, p. 157. — Antonin, lib. IV, § 4. — Arrien, lib. I, diss. XIV, et lib. III, diss. XXIV. — Plutarque, *de Placitis Phil.*, lib. IV, cap. II; — et, parmi les modernes, Juste-Lipse, Gataker et les autres auteurs cités.

(1) Cicéron, *de Natura Deorum*, lib. II, cap. XII et suiv.— Diogène Laërce, lib. VII.

sont là les préceptes enseignés par la doctrine stoïque, et qui ont été recueillis par des savans (1).

Vivre selon la nature, disait Sénèque, c'est vivre selon la vertu, car la vertu ne consiste qu'à obéir à la nature. Le bonheur ne réside que dans cette obéissance, car le vrai bonheur est tout dans la pratique de la vertu. Les choses extérieures ne peuvent ni accroître, ni diminuer notre félicité, parce qu'elles ne peuvent altérer en rien ce qui est bon; et il n'y a de bon que ce qui est honnête, et de mauvais que ce qui est malhonnête (1). Puis, discutant sur le mot *bon*, les stoïciens le faisaient consister dans l'action de celui qui ne cherche à être heureux qu'en se conformant d'une manière absolue aux lois invariables de la nature. C'est pourquoi Épictète disait à son sage : « Ne demande point « que les choses arrivent comme tu le désires; « mais qu'elles arrivent comme elles arrivent,

---

(1) Juste-Lipse, *Introd. Phil. mor.*, diss. XIV. — Thomas Stanley, *Hist. Phil.*, part. VII, 3 vol. in-fol. — Ménage, lib. VII. — Diogène Laërce, lib. VII, p. 86. — Gataker, *Notes sur Antonin*, liv. II, § 11. — Buddæus, *Analecta Hist. Phil.*, p. 145. — Brucker, ouvrage cité.

(2) Sénèque, *epist.* 74 et 76. — Epictète, *Enchi.*, cap. I,

« et tu prospéreras toujours (1). » On le voit, par ce principe et par leur système tout entier, les stoïciens ôtaient aux hommes le libre arbitre.

Qu'on les considère, en effet, comme une partie de tout le monde créé, et assujétis aux lois de la destinée, on comprendra qu'ils ne peuvent agir que selon les exigences de cet ensemble qui lie toute chose, et qui forme la série nécessaire des causes et des effets. Donc cette liberté, si emphatiquement vantée par les stoïciens, se résume, en dernière analyse, à faire ce que l'on fait, même quand il arriverait que ce fût malgré soi.

Ce qui justifie d'ailleurs cette opinion, ce n'est pas seulement le fameux vers de Cléanthe :

Ducunt volentem fata, nolentem trahunt (2);

mais encore ces quelques lignes que nous lisons

---

§ 2. — Arrien, lib. I, diss. I. — Paschius, *Introd. in Phil. moral. veterum*, cap. VI.

(1) *Enchirid.*, cap. XIV. — Sénèque, *epist.* 120. — Antonin, lib. II, § 3.

(2) Les destins conduisent librement; ils entraînent celui qui ne veut pas. — Ce vers est tiré dans Epictète, *Enchirid.*, cap. LII, et Sénèque, *epist.* 107. (*Citation des traducteurs.*)

dans Sénèque : « C'est une loi de la nature qu'il
« faut nous régler, suivons-la; obéissons-lui.
« Pensons que tout cela devait arriver, et ne
« querellons pas la nature. Le mieux est de
« souffrir, quand le remède est impossible, et
« d'entrer sans murmure dans les intentions
« du divin auteur de tout événement. Celui-ci
« est mauvais soldat qui suit son général à con-
« tre-cœur. Recevons avec dévouement et avec
« joie les ordres qu'il nous intime; ne trou-
« blons pas la marche de cette belle création,
« où tout ce que nous souffrons est partie né-
« cessaire. Une âme grande est celle qui s'a-
« bandonne à Dieu (1). »

Mais les stoïciens ne se bornèrent pas à définir *le bon et le mauvais*; ils s'occupèrent également des choses que l'on doit regarder comme *indifférentes*; et ils rangèrent au nombre de ces choses *la vie et la mort*.

---

(1) Sénèque, *epist.* 107. — Voyez Antonin, lib. vii, § 31; lib. viii, § 41; lib. ix, § 32, et ailleurs, où il démontre que Sénèque et Epictète, avec leur enthousiasme pour le libre arbitre, ne cachaient pas moins au fond de leur pensée la prédilection qu'ils avaient pour le système du destin de l'école stoïcienne. — Puffendorf, *des Droits de la Nature et des Gens,* liv. ii, ch. iv, § 4. — Voyez aussi, à la fin du volume, la note H.

C'était un principe reconnu et professé parmi eux que le sage peut légitimement et raisonnablement se donner la mort aussi bien dans les momens extrêmes, que quand sa fortune commence à péricliter. Il importe peu, ajoutaient-ils, de se donner la mort, ou de la recevoir (1).

Il est facile de reconnaître que ces tristes principes étaient la suite nécessaire de tout leur système.

En effet, enseigner l'émanation et le retour des âmes dans le feu universel, admettre la destinée de tout ce que nous voyons, nier enfin l'immortalité proprement dite; c'était enseigner qu'on ne peut ici-bas ni mériter, ni démériter; qu'au-delà de la terre il n'y a pas de juge et par conséquent pas de récompense à espérer, pas de peine à craindre; et qu'ainsi être ou ne pas être était une chose tout-à-fait indifférente.

Ils en auraient probablement dit autant des autres parties de la morale, puisqu'ils les sou-

---

(1) Cicéron, *de Finib.*, lib. III, cap. XVIII. — Sénèque, *epist.* 20 et 80. — Antonin, lib. III, § 1. — Gataker, *Notes sur Antonin*.

mettaient toutes aux caprices de la destinée. Mais ils n'osèrent pas le faire ; sans doute pour soutenir quelque peu la réputation de cette austérité morale dont ils voulaient être regardés comme les plus grands apôtres (1).

D'un autre côté les stoïciens, en disant que l'homme doit, comme partie de la nature, obéir à la loi et à l'ordre de sa destinée, faisaient entendre que lorsque les souffrances et les misères s'opposaient à son bien-être et qu'elles formaient ainsi un empêchement à cette loi ou à cet ordre, l'homme ne doit point reculer devant le sacrifice de sa vie. La mort en ce cas, disaient-ils, est une vertu et nous conduit au vrai bonheur, car nous n'avons fait que nous conformer et obéir à la raison éternelle de la nature (2).

Cicéron qui possédait à fond ces doctrines, les résume ainsi : « Comme c'est la nature qui
« nous prescrit tous nos devoirs, on a raison de
« dire que toutes nos pensées, celles surtout

---

(1) Bayle, *Dict.*, art. *Brutus*. — Barbeyrac, *Préface des Droits de la Nature et des Gens* de Puffendorf.

(2) Sénèque, *epist.* 17, 58, 70. — Antonin. — Stobée, *Eclog.*, lib. II.

« qui roulent sur le choix de la vie et de la
« mort, doivent s'y rapporter. Pour l'homme
« qui, dans sa position sociale, voit plus d'élé-
« mens conformes à la nature, c'est un devoir
« de vivre; pour celui qui en réunit plus de
« contraires, c'en est un de mourir (1). » Épictète, Plutarque, Stobée, et après eux quelques
savans modernes, ont ajouté à ces préceptes
grand nombre de doctrines semblables (2).

Or tel est, selon nous, l'esprit du système physique et moral des stoïciens, et la cause véritable de leur affection pour le suicide. Si cette assertion semble hasardée à quelque critique, nous l'invitons à examiner tous les ressorts du système qui nous occupe, et à ne pas se fier aveuglément aux déclamations décousues des stoïciens d'une date moins ancienne. Car, il faut le dire, ces hommes ayant rougi de l'impiété de leurs doctrines, cherchèrent plus tard à leur donner un autre aspect. Peu discrets ce-

---

(1) *De Finibus*, lib. III, 18.
(2) Arrien, lib. I, diss. XXV. — Plutarque, *de repugn. Stoicorum*. — Stobée, *Eclog.*, lib. II. — Juste-Lipse, *Introd. in Phil. stoicam*, lib. III, diss. XXII. — Gataker, *Notes sur Antonin*. — Buddæus, *Annal. Phil.*, et *Introd. in Phil. moral. stoic.*, sect. VI, § 12.

pendant dans leurs paradoxes, ils furent souvent convaincus d'hypocrisie, de mensonge et de contradiction ; ce qui leur valut l'épithète de *Pharisiens du paganisme* (1).

C'est sans doute sur la foi des captieux sophismes avancés par ces derniers, que Barbieri (2) osa affirmer, « que, si on enlevait au « Christianisme ses vertus théologales, on ver- « rait que son système est presque semblable à « celui des stoïciens ; et que si au contraire on

---

(1) Brucker, *de Stoicis subdolis Christianorum imitatoribus.*

(2) *Dissertazione intorno alla filosofia degli stoici.* — Le comte Ludovic Barbieri naquit à Vicence le 24 juin 1719. Il cultiva les lettres dans un collége à Padoue, et il apprit la philosophie sous la direction des professeurs Colza et Graziani. Il employa ensuite six années à l'étude de la poésie et des langues grecque et française. Pour se rendre au vœu d'un oncle qui voulait le destiner au barreau, il entreprit d'étudier le droit légal ; mais la mort de ce parent, et d'autres contrariétés, l'obligèrent bientôt à y renoncer, et à revenir aux sciences qu'il possédait déjà. Il mourut vers la fin du dernier siècle. On a de lui un grand nombre d'ouvrages très savans, mais pas tous irréprochables ; nous citons ici les principaux : *Essai philosophique sur la nature du plaisir et de la douleur ;* — *Traité de Psychologie ;* — *Essai philosophique sur l'éternité ;* — *Dissertation sur la morale des stoïciens* (c'est surtout dans ce traité, comme on le voit d'après Buonafède, qu'il a avancé des choses blâmables) ; — *Lettre sur les Alimens ;* — *De l'Ori-*

« ajoutait ces vertus au stoïcisme, on le con-
« vertirait, en quelque sorte, au Christia-
« nisme. » Mais que ce docte et naïf écrivain
lise attentivement ce que nous venons d'écrire
sur la morale des stoïciens, et il reconnaîtra,
nous n'en doutons pas, que ses affirmations,
quoique accompagnées des expressions crain-
tives *presque*, *en quelque sorte*, ne laissent pas
d'être bien téméraires, et qu'elles sont de nature à lui attirer l'anathème de la religion
chrétienne, *qui n'a jamais reconnu de prétendue
loi de la destinée, ou de la nécessité.*

Zanotti (1) ne fut-il pas accusé d'inexactitude
lorsque, sans s'arrêter à la philologie des stoïciens, il voulut examiner leur morale? Et qu'a-
vait pourtant dit cet écrivain? Il avait avancé
« qu'outre les vertus théologales, le stoïcisme

---

gine *des Fleuves*; — *Lettre sur la nature du Tonnerre*; — *Variétés philosophiques*; — *Sur l'Ame des Bêtes*; — *Dissertatio de
conjunctione animæ et corporis*; — *De principiis corporum*; —
De immaculata deiparæ conceptione. — Nous sommes étonnés
qu'aucune biographie française n'ait parlé de ce savant.
(*Note des traducteurs.*)

(1) François Zanotti était un célèbre mathématicien, orateur et poète, qui naquit à Bologne en 1692, et qui mourut
en 1777. On a de lui un grand nombre d'ouvrages de philosophie, de mathématiques, de métaphysique, de poésie et sur
aux-arts. (*Note des traducteurs.*)

« différait entièrement du Christianisme ; et
« que, s'il existait quelque analogie entre ces
« deux doctrines, elle ne se faisait remarquer
« que dans un très petit nombre de leurs
« dogmes (1). »

Assurément ceux qui lui ont adressé ce reproche ne comprirent pas tout-à-fait sa pensée; car son assertion peut être vraie en ce sens que les stoïciens ont beaucoup emprunté à la morale chrétienne (2). Que Barbieri prenne donc garde, lui plus digne de blâme que Zanotti, de mériter les accusations adressées à celui-ci...

Après cette courte digression, nous revenons maintenant à notre étude.

Quoique les stoïciens ne mirent pas en pratique les maximes de leur morale, comme ils l'auraient pu, ils obéirent néanmoins assez souvent à celles qui conduisaient au suicide : elles étaient pourtant les plus cruelles et les plus déraisonnables! Pour son compte, Zénon voulut en être l'apôtre et la victime tout à la fois. On rapporte qu'un jour étant tombé et s'étant

---

(1) *Dissertation* sur l'*Essai de Philosophie morale* de Maupertuis. Cette dissertation donna lieu à une polémique très vive. Voyez la fin du chap. VIII.

(2) Brucker, *De Stoicis subdolis Christianorum imitatoribus.*

cassé un doigt, il frappa la terre de sa main et s'écria : *Me demandes-tu? je suis tout prêt*. Et sans tarder davantage, il se donna la mort, soit par la strangulation, soit par le poison (1).

Cléanthe, l'un des hommes les plus illustres du Portique, *voulut également s'immoler à ses principes*. Cet homme tombe malade. Son médecin lui prescrit une diète complète pendant deux jours. Il s'en trouve mieux, et il dit : *Voici que j'ai parcouru la moitié de ma carrière, il est temps d'en parcourir l'autre moitié*. Il jeûne encore deux jours, et meurt sans que son médecin puisse lui apporter quelque secours (2).

Nous avons déjà dit qu'un certain Antipater (le Tyrien ou le Tharse) se donna la mort.

Denys d'Héraclée, quoique transfuge de l'école stoïcienne, voulut en finir avec la vie à la façon de cette école. Il mourut à force de se passer de toute nourriture (3).

Mais venons aux Romains qui accueillirent avec une faveur étonnante la philosophie de

(1) *En adsum quid me urges precor?* Diogène Laërce, lib. VII, p. 28.
(2) Diogène Laërce, lib. VIII.
(3) *Idem*, lib. VIII.

Zénon, et chez qui le suicide devint une action à la mode.

On sait que ce peuple, constamment occupé de la guerre, ne songea pas d'abord à l'art social et qu'il ne cultiva en aucun point la philosophie. On sait encore que vers le sixième siècle de la fondation de Rome, Diogène le stoïcien, Carnéade l'académicien et Critolaüs, péripatéticien, ayant été envoyés en ambassade dans cette ville, ils firent naître parmi la jeunesse romaine un désir ardent pour les études philosophiques. On n'ignore pas non plus que ces études auraient, par l'affection et l'esprit innovateur de Scipion, de Lélius et de Furius, fait des progrès rapides, si Caton n'était parvenu à les proscrire (1). Mais s'il parvint, par sa sévérité, à exiler de Rome la philosophie des Grecs, il ne put pas empêcher la sympathie qu'elle y avait fait naître. Qu'en arriva-t-il? Dès que ces jeunes gens eurent atteint un certain âge et qu'ils jouirent de quelque autorité dans la république, ils s'empressèrent de rappeler à Rome les philoso-

---

(1) Gellius, *Nuits Attiques*, lib. VII, cap. XIV, et lib. XV, cap. II. — Plutarque, *Vie de Caton*. — Macrobe, *Saturnal.*, lib. I, cap. V.

phes grecs, spécialement ceux de l'école stoïcienne. Alors Scipion, qui s'était immortalisé par ses victoires en Afrique, n'était plus entouré dans son palais et à l'armée que de savans, entre autres du célèbre stoïcien Panétius, qui, à vrai dire, était digne de sa familiarité. Lélius fut également instruit par Panétius et Diogène le stoïcien. Furius suivit leur exemple, qui fut plus tard imité par Q. Tubéron et N. Scévola qui devinrent l'un et l'autre aussi grands stoïciens que jurisconsultes fameux (1).

Au demeurant, à quelques exceptions près, tous les législateurs romains embrassèrent bientôt la morale stoïcienne. Est-ce parce qu'elle leur parut plus en harmonie avec le caractère du peuple et des formes de la république; ou parce que les devoirs de l'homme y étaient tracés avec plus d'intelligence et de gravité; ou enfin pour toute autre cause (2)? Quoi qu'il en

(1) Cicéron, *de Finibus*, lib. II et IV; *de Oratore*, lib. II, et *Oration. pro Murena*. — Tacite, *Ann.*, lib. XVI. — Gellius, *Nuits Attiques*, lib. XV. — Velleius-Paterculus, *Hist.*, lib. I, cap. XIII.

(2) Jean Schilter, *Manu. Phil. moral. ad jurispr.*, cap. V, § 44. — Gravina, *de Ortu et Progressu Jur. civ.*, cap. LXI. — E. Otto, *de Stoica jurisconsult. philosophia*.

soit, ils la reçurent avec un tel enthousiasme qu'ils écrivirent le fameux décret : *Mori licet cui vivere non placet* (1).

Les autres Romains qui remplissaient les hautes dignités dans les provinces, dans les cités et à l'armée, prêtèrent aussi une oreille attentive aux enseignemens des philosophes stoïciens : ainsi G. Pompée honora de sa protection Posidonius et s'aida de ses conseils; Cassius discuta avec les stoïciens, les académiciens et les péripatéticiens; Balbus affectionna beaucoup les doctrines stoïciennes. C'est ce qui fait que Cicéron, qui l'a introduit dans ses dialogues, lui laisse la défense de cette école (2). Caton d'Utique, dont l'austérité et le célèbre suicide sont connus de tous, est regardé comme le plus grand des stoïciens (3). Si M. J. Brutus, qu'on appela le dernier des Romains (4), tant à cause de son amour pour la liberté que pour sa fin tragique longuement

(1) Il est permis de mourir si la vie ne plaît pas. — Voyez Cujas, *Obs.* xxv, 40. — Binchserbroek, *Obs.*, lib. iv, cap. iv.
(2) Cicéron, *Dial. sur la nature des dieux.*
(3) Idem, *Præfat. ad paradox.*
(4) On sait que ce fut Crémentius Corda qui donna cette dénomination à Brutus et à Cassius. Voyez ch. vi.

(*Note des traducteurs.*)

méditée, ne fut pas un séide des stoïciens, comme plusieurs l'ont prétendu (1), il ne détesta certainement pas leurs doctrines; car, dans un de ses livres sur les devoirs, il les accueille favorablement et les préconise (2). Les femmes, qui sont à la fois les maîtresses et les esclaves de la mode, aimèrent aussi à Rome le stoïcisme, comme s'il ne se fût agi que d'une nuance ou d'une parure; elles avaient constamment sous leurs coussins de soie des traités stoïques; et cela, dit Horace en raillant, *pour l'instruction de leurs amans* (3).

Après la chute de la république, et lorsque la monarchie fut établie, les poètes qui eurent de la vogue ornèrent leurs vers de pensées stoïciennes : tels Virgile, Horace, Ovide. Après eux et à leur imitation, Manilius, Lucain et Persius. Grand nombre d'illustres littérateurs applaudirent également aux doctrines stoïciennes ; nous

---

(1) Bayle, *Dict.*, art. *Brutus.*
(2) Brucker, *de Phil. Rom.*
(3) A quoi bon étales-tu les livres des stoïciens sur des coussins de soie? Les amans illettrés sont-ils donc moins robustes?

Quid quod libelli stoici inter sericos
Jacere pulvillos amant?
HORAT., *Ode* VIII.

citerons entre autres Tacite, Strabon, Petus, Priscus, Cornutus, Musonius, Euphrate et Épictète. Mais ce qui contribua le plus au succès de l'école stoïcienne, ce fut d'abord la haute vénération d'Auguste pour Tarse le stoïcien; puis la position et le savoir de Sénèque, l'un des plus beaux fleurons de cette école; et, en dernier lieu, la dignité et le bon cœur de Marc-Aurèle (1), qui ne dédaigna pas, au faîte même de l'empire, d'écouter les stoïciens, d'en revêtir le costume, et de s'en déclarer le protecteur et le maître.

Avec une si heureuse destinée, comment douter que la philosophie de Zénon ne soit parvenue à inculquer dans l'esprit des Romains, déjà éblouis par tant de progrès, la plupart de ses paradoxes, entre autres celui qui conseille la pratique du suicide, et qui le déclare une action honnête? Nous le disons avec conviction,

---

(1) Nous ne ferons aucune réflexion sur Epictète et Marc-Aurèle, dont on a beaucoup exalté la morale. Ce que nous avons dit de Platon (note E) et de Sénèque (note H) leur est assez applicable. La fatale mobilité de ces prétendus sages prouve assez ce que peut l'homme abandonné aux seules lumières de sa raison, et donne la juste valeur de leurs pompeux préceptes. *(Note des traducteurs.)*

et d'autres l'ont dit avant nous (1) : La faveur dont jouit cette philosophie, la mort déterminée et tant préconisée de plusieurs de ses adeptes, telle est la véritable origine du suicide romain.

Nous nous bornerons à rapporter ici quelques unes de ces morts; nous commencerons par celle de Caton, qui eut un tel retentissement, qu'un stoïcien alla jusqu'à s'écrier : *Jupiter ne pouvait voir rien de plus beau sur la terre que le suicide de Caton* (2).

Caton se voyant donc cerné par l'armée de César, et désespérant du salut de la liberté publique, voulut avoir recours à la philosophie stoïque dont il était imbu. Après avoir pris un bain, il soupa; à la fin du repas, on se mit à boire, et on entama une conversation philosophique, où l'on discuta sur plusieurs paradoxes de l'école stoïque, entre autres sur celui-ci : *Le sage est seul libre* (3). Démétrius le péripatéticien ne manqua pas de blâmer cette doctrine.

---

(1) Montesquieu, *Grandeur et décadence des Romains*, chap. XII.

(2) Sénèque, *de Providentia*.

(3) Cette sentence, loin d'être un paradoxe, est une vérité incontestable. Si nous lui avons conservé ce nom, c'est

Caton l'ayant entendu, s'éleva contre lui avec beaucoup de force, et, d'un ton de voix plus dur que de coutume, il poussa si loin la dispute, que personne ne put douter qu'il n'eût résolu de se donner la mort pour se délivrer de la position pénible dans laquelle il se trouvait. Il le comprit, et tâcha d'éloigner d'eux ce soupçon. Lorsqu'il eut congédié ses convives, il se retira dans sa chambre, embrassa son fils et chacun de ses amis. En leur donnant ainsi des témoignages plus marqués qu'à l'ordinaire, il renouvela leurs soupçons. Resté seul, il prit le *Phédon* de Platon, et il en parcourut quelques passages; il demanda ensuite son épée à ses esclaves, et comme ceux-ci ne lui répondaient pas, il éleva la voix, et en frappa un avec une telle violence, que sa main en fut ensanglantée. Il jeta sur son fils un regard sévère, et lui reprocha de lui avoir enlevé son arme. « *Quand et en quel lieu, lui dit-il, m'a-t-on vu donner des preuves de folie? Et pourquoi alors, au lieu de m'éclairer, emploies-tu la force? Que ne fais-tu pas aussi attacher ton père; que ne lui fais-tu*

uniquement parce qu'elle fait partie des *maximes* stoïciennes, que les anciens désignaient du mot générique de *paradoxes*.
(*Note des traducteurs.*)

lier les mains jusqu'à ce que César arrive et le trouve hors d'état de se défendre? Mais, crois-moi, tu n'y parviendras pas. Je n'ai pas besoin d'une épée pour en finir avec la vie. » Se tournant ensuite vers ceux des philosophes qui étaient restés avec lui, et qui le regardaient avec surprise : « *Et vous, leur dit-il, croyez-vous aussi pouvoir retenir un homme de mon âge? Par quel raisonnement me prouverez-vous qu'ayant perdu tout espoir de salut, il n'est point déshonorant pour Caton de tenir sa vie de son propre ennemi? Que ne cherchez-vous à me dégoûter* D'UNE PHILOSOPHIE DANS LAQUELLE J'AI VÉCU JUSQU'A PRÉSENT. *Ma résolution une fois prise, je dois être le maître de l'exécuter. J'en délibérerai, au reste, avec vous-mêmes, puisque je consulterai les raisons que vous donnez sur cette matière dans vos livres. Allez-vous-en donc sans rien craindre, et dites à mon fils de ne pas prétendre forcer son père quand il ne peut le persuader.* » On lui rendit alors son épée. Il la prit, l'examina, et dit : « *Maintenant, je suis mon maître.* » Il reprit le *Phédon*, le relut deux fois et s'endormit. Vers minuit, il voulut avoir des nouvelles de son armée, et s'assurer si tout le monde était embarqué. Il se fit mettre un bandage à la main qu'il s'était blessée, et se rendormit encore pour quelques instants. Aussitôt après, il tira son épée, et l'enfonça avec une telle force sous sa poitrine, qu'une partie de ses entrailles lui sortit du corps. On vola à son secours, mais il refusa toute assistance, déchira ses entrailles, élargit sa blessure et expira!..... On introduisit alors tous les hauts dignitaires d'Utique. Ils louèrent cette catastrophe, et déclarèrent Caton *un homme libre et invincible*... On connaît ces mots de César : *O Caton! je t'envie cette mort!* Et tous les Romains de se fanatiser de cette fin tragique, et d'en dire toutes les extravagances possibles (1)! Fontenelle trouve la mort de Caton un sujet digne de raillerie (2). Pour nous, nous la trouvons tout au plus digne de pitié (3).

(1) Plutarque, *Vie de Caton.*
(2) *Dialogues des morts.*
(3) « On a toujours admiré la mort de Caton, dit un écrivain; on l'a célébrée comme le dernier effort de la plus héroïque vertu, de la fermeté la plus inébranlable..... Mais Caton ne pouvait-il pas prendre un autre parti plus généreux que celui de se donner la mort, que de se déchirer les entrailles, ou de tomber aux pieds de César? Malgré les succès suivis de ce tyran de sa patrie, la conquête de toute l'Italie, la victoire remportée à Pharsale, la mort de Pompée,

Quoi qu'il en soit, toute la famille de Caton fut élevée dans les mêmes idées. Ainsi, bien que son fils fût d'un caractère efféminé et cra-

la bataille signalée qu'il venait de gagner, tout n'était pas perdu..... Caton ne veut pas fuir devant César, et il se donne la mort : n'est-ce pas fuir plus lâchement encore? C'était peut-être le moment où il fallait triompher; César ne pouvait plus cacher ses ambitieux desseins ; ce n'était plus contre Pompée qu'il faisait la guerre, c'était contre la république. Les Romains allaient ouvrir les yeux; ils allaient peut-être se réunir contre le tyran qui voulait les asservir; et Caton leur donne à tous le funeste exemple du découragement; il leur annonce, par sa mort, qu'il n'y a plus de liberté à attendre, et que César est leur maître. (M. Turpin de Crissé, *Notes* sur les *Commentaires de César*, en trois volumes in-8°, 1787.) » Il est certain que Caton devait se conserver à sa patrie, et que cette bravade du suicide était une faiblesse réelle, et de plus un crime contre la société et contre l'auteur de la vie. « Quelle différence, s'écrie ici un moraliste, entre Caton et un chrétien ! Celui-ci sait que Dieu est le seul maître de sa vie; que l'ayant reçue de lui, la quitter c'est commettre un crime semblable à celui d'un soldat qui quitte son poste sans l'ordre de son commandant. Que les sentimens de Caton sont différens de ceux de saint Paul ! Celui-ci désire bien de mourir pour s'unir à Dieu ; mais il ne refuse point de vivre, ni d'affronter courageusement les persécutions et les souffrances, quand elles peuvent tourner à la gloire de Dieu et à l'avantage du prochain ! » Voilà donc le célèbre Caton, dont on nous a tant vanté les vertus ! Il n'a pas le courage de supporter une disgrâce, et l'orgueil le tue! O pauvre sagesse humaine ! *(Note des traducteurs.)*

puleux, il ne voulut ni se cacher, ni échapper par la fuite aux armées d'Octavien et d'Antoine, et provoqua ses ennemis à lui donner la mort, ce qui ne lui fut point refusé (1). Quant à Porcie, sa sœur, et à Brutus, qui professèrent les mêmes principes, nous aurons occasion d'en parler plus loin.

Disons ici un mot de Sénèque, l'un des plus fameux stoïciens et grand admirateur de Caton. Regrettant, sans doute, de ne pas avoir toujours suivi les préceptes des stoïciens, Sénèque voulut expier sa faute par une mort toute stoïque. Il écouta sans se troubler l'arrêt de mort qui lui fut lu par un tribun. Il rassura ses amis, et, en les rappelant à la fermeté, il leur dit : *Où sont les préceptes de sagesse, où est cette raison qui, depuis tant d'années, se prépare contre les adversités?* Ensuite il embrassa sa femme et la supplia de tempérer sa douleur. Elle, au contraire, l'assurait qu'elle était déterminée à mourir avec lui. *Je ne t'envierai pas un tel exemple,* lui dit-elle; *la fermeté d'un trépas si courageux appartient à l'un et à l'autre, mais plus d'admiration sera due à ta fin.* Après

---

(1) Plutarque, *Vie de Caton.*

quoi Sénèque se fit ouvrir les veines. Accablé par la vieillesse, son corps amaigri ne laissait échapper le sang qu'avec lenteur. Toutefois, son esprit ne s'affaiblissait point. Il sut trouver, même au milieu des souffrances, des paroles éloquentes, qui furent depuis divulguées. Cependant, comme l'effet des saignées n'était pas prompt, il demanda le poison dont il s'était déjà pourvu, et l'avala. Ce fut en vain. Enfin, il se fit placer dans un bain chaud. Il prit de l'eau qu'il versa sur ses esclaves les plus proches, et dit ces mots : *Faisons une libation à Jupiter libérateur !* Puis il mourut étouffé par la vapeur (1).

Un autre suicide qui mérite d'être rapporté, est celui d'Euphrate. Ce suicide fut exécuté avec une certaine impassibilité qui le rend, en quelque sorte, plus stoïque que tous les autres. Euphrate jouissait de l'amitié d'Adrien, qui aimait beaucoup l'entendre. Parvenu à un âge avancé, et se voyant attaqué d'une maladie grave, il résolut de se donner la mort. Cependant il ne voulut accomplir cet acte désespéré sans la permission de l'empereur. Adrien

---

(1) Tacite, *Ann.*, xv.

ayant trouvé sa demande fondée, la lui accorda. Notre philosophe, muni de la permission impériale, avala tranquillement la ciguë, et alla s'assurer, dans l'autre monde, de la validité de ce nouveau passe-port (1).

C'est ainsi que les stoïciens enseignaient le suicide ; c'est ainsi qu'ils en donnaient l'exemple. L'autorité de leur nom et l'éclat de leur doctrine leur attira un très grand nombre de disciples.

(1) Dion., lib. LXIX.

CHAPITRE CINQUIÈME.

Du Suicide d'après les Cyréniens et les Épicuriens.

Apaisons les cyréniens et surtout les épicuriens, qui pourraient nous en vouloir de ce qu'ayant tant parlé de leurs ennemis, nous n'ayons pas mentionné leurs sectes, tandis qu'elles aussi ont bien mérité du suicide.

Pour les premiers, on sait qu'ils furent les antagonistes des cyniques et des stoïciens, et les précurseurs des épicuriens. Aristippe de Cyrène, qui fut leur fondateur, était un philosophe aux dehors maniérés. Il avait du goût pour les vêtemens riches et recherchés, et un grand penchant pour la débauche et les plaisirs outrés;

il s'attira le blâme de Socrate, son maître, et la colère de l'école de ce philosophe. Mais, peu accoutumé à céder à la crainte, il s'adonna, comme un jeune insensé, à faire pire encore; il fréquenta les cours corrompues, et les sociétés les plus déréglées et les plus bruyantes ; enfin, il ouvrit une école digne de sa vie.

Là, d'après Diogène Laërce (1), et plusieurs autres, il enseigna cette doctrine : « Le souve-
« rain bien est dans la volupté, de quelque part
« qu'elle vienne, sans excepter celle qui naît
« des actions infâmes. On doit concentrer ses
« plaisirs dans la jouissance du présent, et n'en
« rattacher aucun soit au passé, soit à l'avenir.
« C'est le plaisir qui enfante toutes les félicités,
« et la vertu ne mérite nos hommages que
« parce qu'elle fait plaisir. Rien par sa nature
« n'est ni juste ni injuste, ni honnête ni dés-
« honnête, mais tout cela dépend de la cou-
« tume et des lois. Le sage doit choisir ce qu'il
« aime le mieux entre la vie et la mort, et re-
« garder l'une et l'autre avec une égale in-
« différence. »

Nous savons qu'on a contesté que la doctrine

---

(1) Lib. II, p. 92. — Brucker, *de Secta Cyrenaïca*.

d'Aristippe se bornait aux principes que nous venons d'exposer, et nous convenons qu'il en professa un plus grand nombre. Mais quels que fussent les autres ; ils étaient tous de nature à être mal interprétés, puisque ses disciples en tirèrent de fort mauvaises conséquences.

Si, pour ne pas s'attirer la flétrissure d'hommes dépravés, les cyréniens ne furent point athées dans la pratique de leurs mœurs, ils firent néanmoins un grand pas vers l'athéisme théorique ; et chacun connaît l'histoire de Théodore, surnommé l'*Athée*, et celle de Bion de Borysthène, disciples célèbres d'Aristippe(1). Nous pensons donc que de ces principes qui conduisaient à l'athéisme, au pyrrhonisme moral, au système de volupté corporelle, si difficile à atteindre d'une manière complète, et si facile à perdre, il fut aisé aux cyréniens d'en conclure non seulement de l'indifférence pour la vie et pour la mort, mais encore la préférence de celle-ci à celle-là, lorsque la volupté rencontre des obstacles.

---

(1) Samuel Parker, *de Deo et Provident.*, diss. I, sect. VIII. — Buddœus, *de Atheism. et Superstit.*, cap. I, § 17. — Barbeyrac, Préface *des Droits de la nature et des gens* de Puffendorf.

C'était là du moins la conséquence qu'en tirait Hégésippe, qui occupe un rang distingué parmi les cyréniens. Ce philosophe, commentant les doctrines de cette école, fit des descriptions si éloquentes des misères de la vie et du plaisir que procure la mort volontaire, que ses auditeurs, convaincus par lui, attentèrent à leurs jours. Il faut que leur nombre ait été prodigieux, puisque le roi Ptolémée, voulant mettre un terme à un tel carnage, défendit à ce maître funeste de toucher ces matières (1).

Il est heureux que les principes de cette école, qui eurent une grande part dans les mœurs des Grecs et des Romains, ne se soient pas glissés dans les théories spéculatives de ces deux peuples, car ils avaient plus que les autres des dispositions à faire pire.

Epicure eut plus de bonheur; et les doctrines de ses disciples, quoique plus mauvaises que les siennes, jouirent d'une faveur encore plus marquée.

En examinant les principaux dogmes de la théologie et de l'éthique des épicuriens, on a

---

(1) Cicéron, *Tuscul.*, lib. I, 34. — Valère Maxime, lib. VII, cap. 9.

cru reconnaître un certain précepte, qui porte *que le suicide est une action sans importance, et qu'on mérite même des éloges lorsqu'on sait le commettre à temps.* Epicure enseigna en effet : Que toutes les choses se composent de la matière et du vide ; que le monde a été formé par la combinaison fortuite des atomes, et que c'est une combinaison semblable qui enfante les âmes ; que la dissolution de celles-ci suit celle de nos corps ; qu'il existe bien des dieux, mais qu'ils ne se composent que de matière, ou d'une presque matière transparente et légère ; que, plongés dans une tranquille oisiveté, ils habitent les régions intermédiaires qui séparent les mondes, afin d'y être en sûreté ; que pour ne point troubler leur bonheur, ils ne prenaient aucun souci des choses humaines ; et, qu'enfin, les hommes n'ayant, dans le court espace de leur vie, rien à espérer et rien à craindre, ne doivent placer leur dernier bonheur que dans la volupté (1). Avec de semblables doctrines,

---

(1) Cicéron, *de Natura Deorum*, lib. I. — Lucrèce, *de Rer. natura*, lib. v. — Sénèque, *de Benef.*, cap. IV et IX, lib. IV. — Diogène Laërce, lib. x. — Bayle, *Dict.*, art. Epicure. — Fabricius, *Sylloge script.*, cap. IV. — Jacques Rondel, *Vie d'Epicure*. — T. Stollius, *Diss.* — *Epicurus providentiam Dei nega-*

Epicure ouvrit une large voie à l'athéisme ; et probablement que ceux qui le croyaient intérieurement athée, ne se trompaient pas (1).

Bien que l'appréhension des lois portât Epicure, comme on l'a vu, à rêver et à adorer des dieux corporels et oisifs, qui n'avaient de divin que la félicité, si toutefois c'en est une que de rester dans une inaction incessante, on aurait cru qu'il fût impossible d'asseoir un système de morale sur des principes aussi impies. Cependant Epicure en fit le fondement de sa morale, et il prit pour base que le souverain bien, ou bonheur, *consiste dans la volupté.* Il est vrai que par ce mot il n'entendit pas uniquement le plaisir corporel et la satisfaction que procure la vertu, mais encore le contentement de l'esprit ; ce qui donnerait à penser que sa morale présente quelque analogie avec les enseignemens de certains hommes qui plaçaient le bon-

---

verit. Dans cette *dissertation*, l'auteur a prétendu soutenir qu'Epicure ne niait pas la Providence ; mais cette opinion ne fut pas reçue. P. Gassendi, l'un des admirateurs d'Epicure, avoue qu'il la rejetait. Voy. *Syntagma phil. Epicuri*, p. III, cap. XX, et ses *Notes* sur Diogène Laërce, lib. X.

(1) Buddæus, *de Atheismo et Superstitione*, cap. I. — Brucker, *de Secta Epicurea.*

heur dans le plaisir de l'âme. Mais ce dogme, enveloppé des erreurs que nous avons signalées plus haut, n'a plus la même portée ; car les uns n'entendaient parler que de cette douce tranquillité de l'esprit, produite par la pensée de la félicité parfaite dont on espère jouir au-delà du tombeau, et dont on ne saurait rien imaginer de plus divin; tandis qu'Epicure, bornant cette jouissance à la vie présente, renversait la morale, et donnait lieu, par ses vains préceptes, à de funestes conséquences.

Plusieurs savans ont partagé cette opinion : « Si les hommes, dit Jean Locke, n'avaient
« d'espérance et ne pouvaient goûter de plai-
« sir que dans cette vie, ce ne serait point une
« chose étrange ni déraisonnable qu'ils fissent
« consister toute leur félicité à éviter ce qui
« leur cause ici-bas quelque incommodité et à
« rechercher tout ce qui leur donne du plaisir,
« et l'on ne devrait point être surpris de voir
« sur tout cela une grande variété d'inclina-
« tions. S'il n'y a rien à espérer au-delà du
« tombeau, la conséquence sera sans doute fort
« juste : *Mangeons et buvons*, répétera-t-on,
« *et jouissons de tout ce qui nous fait plaisir*,

« *car demain nous mourrons* (1). » — « La mo-
« rale d'Epicure, ajoute Jean Clerc, se propo-
« sant de nous conduire à une vie douce et
« tranquille, ne peut nous engager à suivre ses
« maximes que par la vue de l'utilité présente.
« Il ne faut pas, par exemple, être avare,
« parce que l'avarice ne peut pas nous rendre
« heureux, et ainsi des autres vices. Mais, si
« on se rencontrait dans un État où le vice fût
« récompensé et la vertu punie, que faudrait-
« il faire? Devrait-on opter pour la vertu, ac-
« compagnée de la douleur ? Non, assurément;
« car, selon Epicure, la vertu n'est estimable
« que par l'utilité qu'on en retire, en d'autres
« termes, que parce qu'elle fait partie de ces
« voluptés qui constituent la dernière fin de
« l'homme (2). »

Nous avons encore aujourd'hui cette maxime d'Epicure : *Que l'injustice n'est point mauvaise par elle-même, et que si on doit s'abstenir de faire du tort à autrui, c'est uniquement par la crainte d'être découvert et de s'exposer à la*

---

(1) Locke, *Essai sur l'Entendement humain*, liv. II, chap. XXI, § 55.

(2) *Biblioth. univ.*, t. X, p. 288 et suiv.

peine ; car, quand on aurait mille fois échappé, on ne peut jamais être assuré, si, avant de mourir, ce que l'on a commis dans le secret, ne viendra pas à la connaissance des ministres des lois. Il disait également qu'il faut examiner avec soin les plaisirs et les souffrances ; qu'on ne doit rechercher que les plaisirs qui font plus de mal que de bien, et qu'il ne faut pas faire grand cas de la vertu qui attire trop de chagrin (1).

Enfin, pour en revenir à notre sujet, il déduisait de tout ceci qu'*on doit éviter que la vie ne devienne onéreuse, et qu'on ne doit songer à l'abandonner que lorsque la nature ou une circonstance intolérable l'exigent. C'est alors qu'il importe d'examiner s'il est utile de prévenir ou d'attendre la mort. Sans doute les souffrances sont une nécessité, mais il n'y a point de nécessité qui nous oblige à demeurer dans les souffrances. Il est évident que si la nature nous a donné une issue pour venir dans ce monde, elle nous en offre plusieurs pour en sortir. Cepen-*

---

(1) Cicéron, *de Finibus*, lib. I, cap. XVI ; *de Off.*, lib. III, cap. XXXIII. — Diogène Laërce, lib. X. — Ménage, *Notes sur Laërce*. — Le Clerc, *Biblioth. univ.*, t. X. — Barbeyrac, *Préface* de l'ouvrage de Puffendorf.

dant, quoiqu'il y ait plusieurs cas qui pourraient nous faire renoncer à la vie, et nous engager à ne pas attendre qu'un cas fortuit vienne nous en enlever la liberté, nous ne devons rien entreprendre à ce sujet sans méditation, sans calme et surtout sans opportunité. Mais lorsque le moment tant désiré sera arrivé, oh! alors, plus d'hésitation! Celui qui veut faire ce grand pas ne doit point douter de trouver son salut, au milieu même des positions les plus difficiles, pourvu toujours qu'il ne se hâte pas trop et qu'il sache s'y prendre à temps.

Voilà les enseignemens d'Épicure tels que nous les fait connaître Pierre Gassendi qui les a compulsés avec discernement dans les livres anciens (1).

A vrai dire, par connexion de système, Épicure ne pouvait guère enseigner autre chose. Si les Dieux ne sont point providentiels, si notre âme n'est pas immortelle, si nous n'avons rien à craindre dans la vie future, si, dans ce monde, il n'est pour nous d'autre bien que le plaisir des sens, il est clair que, dès que l'espoir de jouir de ce bien est perdu, il ne

---

(1) *Syntagma philosophiæ Epicuri*, p. III, cap. XXI.

nous reste plus rien à espérer, et alors pourquoi voudrait-on conserver ses jours? Et puis, si on ne juge de la bonté des actions que d'après leur utilité, pourquoi le suicide ne serait-il pas une action excellente, puisqu'il nous délivre d'une existence agitée, remplie d'afflictions, sans but, sans espoir; et cela, pour nous mettre en possession de cette éternelle insouciance qui, selon Épicure, est préférable aux douleurs, aux chagrins et à toutes les émotions de toutes les calamités humaines?

C'est en vain qu'à de tels corollaires Gassendi (1) s'efforce d'opposer des remarques, et que, s'étayant sur quelques assertions de Sénèque, il prétend que plus tard Épicure changea d'opinions, et qu'accablé de souffrances inouies, il laissa faire la nature, et ne se donna point la mort. Nous pouvons lui répondre que les assertions de Sénèque n'établissent pas d'une manière précise sur quel point Épicure se ravisa; qu'il ne suffisait pas que ce philosophe modifiât ses idées, mais qu'il aurait dû, avant tout, changer le système auquel se rattachaient ses premières opinions;

---

(1) *Ethicæ*, lib. I, cap. I.

que ce système subsistant toujours, on avait lieu de croire qu'il avait persisté dans ses idées ; qu'en admettant même qu'il y apporta plus tard quelques légères modifications, ce ne fut qu'à cause de sa vieillesse et de ses craintes ; qu'enfin, s'il ne se donna pas la mort, c'est peut-être parce qu'il crut que le moment n'était pas favorable pour le faire avec *discernement et opportunité*.

Mais si ce philosophe laissa faire à la nature, d'autres épicuriens en agirent différemment, et se donnèrent la mort d'une manière à étonner même les stoïciens.

Lucrèce, l'un des admirateurs de tous les préceptes impies d'Épicure, surtout de celui qui porte *que la mort n'est rien, et que ses terreurs ne doivent pas nous atteindre puisque l'âme périt avec nous* (1), voulut s'appliquer cette doctrine, et se détruisit de ses propres mains, à peine âgé de quarante-huit ans (2). Diodore, philosophe épicurien, le même que Sénèque appelle *le philosophe heureux et plein du sen-*

---

(1) Lib. III, *de Rerum natura*, v. 842, etc. — *Nil igitur mors est, ad nos neque pertinet hilum, quandoquidem natura animi mortalis habetur.* — Voyez, à la fin du volume, la note I.

(2) Eusèbe, *in Chronicon*.

timent d'une bonne conscience, ne tint aucun compte ni de son bonheur, ni de sa conscience, et se coupa la gorge. Quelques écrivains, il est vrai, nient que Diodore obéit en cela aux arrêts d'Épicure (1); mais nous qui avons maintenant étudié la nature de cette doctrine, nous pouvons assurer qu'il ne fit que suivre les préceptes de son école. Cassius, l'un des meurtriers de César, suivit aussi les commandemens de la secte d'Épicure dont il faisait partie, soit en se faisant couper la tête par son affranchi, soit en tournant contre lui-même le fer qu'il avait trempé dans le sang de sa victime. On reproche à celui-ci de s'être un peu éloigné du système de son école, en se hâtant trop et en ne saisissant pas l'opportunité (2).

Il n'est personne, parmi les épicuriens, qui renonça à la vie avec plus de calme et plus de méditation que Pomponius Atticus, célèbre par sa modestie et l'amitié qui le liait à Cicéron, et par la vénération que lui vouaient les partis opposés de Rome. Atticus avait passé soixante-dix-sept ans dans une vie tranquille et exempte

---

(1) Sénèque, *de Vita beata*, cap. XIX.
(2) Plutarque, *Vies de César, d'Antoine et de Brutus.* — Dion, lib. XLVIII. — Bayle, *Dict.*, art. *Cassius Longinus.*

de douleur. Saisi tout-à-coup par la fièvre, il prend d'abord patience. Mais enfin il réunit un jour ses amis et leur dit : « Vous savez quels « soins et quelle attention j'ai apporté au ré-« tablissement de ma santé. Je me flatte d'avoir « satisfait à mon devoir; il ne me reste qu'à « me satisfaire moi-même. Je n'ai pas voulu « vous laisser ignorer ma résolution. Je suis « décidé à ne plus nourrir mon mal. Tous les « alimens que j'ai pris les jours derniers n'ont « prolongé ma vie que pour augmenter mes « douleurs, sans m'apporter aucun espoir de « salut. Je vous prie donc d'approuver mon « dessein et de ne point faire de vains efforts « pour m'en détourner. » Atticus prononça ces paroles d'un air et d'un ton si fermes, qu'on eût dit qu'il s'agissait pour lui de passer d'une maison dans une autre, et non de la vie à la mort. Ses amis, les larmes aux yeux, le conjurent de renoncer à cette détermination. Mais il oppose à leurs instances un silence absolu. Après avoir passé deux jours sans prendre aucune nourriture, la fièvre le quitta; mais il n'en persista pas moins dans sa résolution. Il y persévéra encore trois jours et mourut (1).

(1) Cornélius Népos, *Vie d'Atticus.*

Si nous ajoutons à tout ceci que Pline l'ancien, de la secte d'Épicure, fut prodigue de sa vie et enthousiaste du suicide; que Pline le jeune était imbu des doctrines de son oncle; que Diogène Laërce et Lucien, fameux épicuriens, furent les apologistes les plus exaltés du meurtre de soi-même, nous pourrons en tirer la conséquence que la philosophie d'Épicure peut aussi figurer parmi les causes du suicide chez les Grecs et chez les Romains, qui furent à la fois et les admirateurs et les partisans des opinions épicuriennes.

Nous pourrions nous livrer ici à un examen approfondi des philosophies d'Aristote, d'Héraclide, de Xénophane, de Parménide, de Leucippe, et d'autres appartenant à l'école éléatique, dont les principes admettent tour à tour l'éternité, la combinaison fortuite des choses, l'âme universelle attachée à la matière et liée à elle par une loi nécessaire, la mortalité de notre âme, son émanation de l'âme universelle, et d'autres erreurs semblables qui sont le vrai athéisme ou qui y conduisent facilement. Mais, comme il est peu de suicides qui se rattachent d'une manière directe aux doctrines de ces écoles, nous nous bornerons à dire que, si elles n'inspirèrent aucune action de ce genre qui vaille la peine d'être rapportée, elles étaient néanmoins de nature à en produire un très grand nombre. Si la rapacité du temps avait épargné les histoires de ces sectes, ou plutôt, s'il nous était permis de lire à fond les pensées qui se trouvaient dans les cœurs de ceux qui se donnèrent la mort, nous trouverions peut-être que les systèmes de ces écoles ne manquèrent pas d'exercer sur eux une triste influence. Au reste, nous avons vu combien les mêmes idées furent fatales à des hommes appartenant à d'autres écoles.

CHAPITRE SIXIÈME.

De quelques systèmes politiques et moraux qui ont inspiré le Suicide. — Morts célèbres qui en ont été la suite. — Essai d'une histoire spéciale du Suicide.

Les idées du bien et du mal prennent leur source dans la raison commune et dans la nature même des choses. Cependant, les pères, les instituteurs, les usages et l'imagination ont tellement influé sur ces idées, et on les a tant discutées, qu'aujourd'hui elles s'entendent d'autant de manières qu'il y a de pays, de maisons et de têtes qui peuvent les accueillir et les comprendre (1). Ainsi, tandis que les uns pla-

(1) Cela est malheureusement trop vrai, et on pourrait même ajouter aux *usages* et à l'*imagination*, les passions, les haines, etc. Mais, de ce que les idées du bien et du mal sont

cent le comble de tous les biens dans le bonheur de la patrie et la somme de tous les maux dans ses calamités, les autres se soucient peu de ces principes, et s'estiment heureux de se tenir dans l'isolement : il n'y a pour eux de patrie que l'univers. Le Grec et le Romain se tueront en présence des maux qui affligent leur patrie ; le philosophe y demeurera insensible. Mais que celui-ci vienne à se tuer pour ne pas suivre les égaremens d'une patrie ignorante, le Grec et le Romain, à leur tour, riront de son extravagance. L'honneur, la gloire, la liberté, l'amour, la pudeur, la foi conjugale, sont placés au-dessus de tout par certains hommes, et d'autres n'y attachent aucun prix, et ne s'en croient pas moins heureux. Le capitaine car-

---

interprétées différemment parmi les hommes, ce n'est pas à dire que ces *idées* perdent de leur justesse et qu'elles ne soient pas toujours rigoureusement vraies dans le sens propre qui seul leur convient. Les hommes tendent, par leur nature corrompue, à tout confondre, à tout bouleverser ; mais les principes ne changent point, et, quoi que les hommes fassent, ils restent immuables. Dans le système des incrédules, il n'y a plus ni vice, ni vertu. Cela est bientôt dit ; mais cela n'empêche pas le vice d'être vice, et de signifier infraction à une loi éternelle ; ni à la vertu d'exister, et de signifier force de l'âme, c'est-à-dire force de résister à un mauvais penchant et de vaincre constamment ses passions. (*Note des traducteurs.*)

thaginois et le héros d'Utique se tuent plutôt que de faire le sacrifice de leur gloire et de leur liberté; et le Scythe, le Tartare et l'Indien s'occupent fort peu de ces pertes. La femme de Collatin se donne la mort pour échapper à la honte d'un violent adultère, et Phèdre se tue aussi, mais parce qu'elle ne peut consommer un adultère qu'elle désire ardemment. Ici, c'est l'épouse indienne qui s'élance sur le même bûcher qui a consumé les restes de son mari; là, c'est la veuve européenne qui se suicide parce qu'elle ne peut contracter, comme elle le désirerait, un nouvel hymen.

Que résulte-t-il de tout ceci? C'est que les hommes s'attachent démesurément à ce qu'ils ont imaginé être des biens; c'est qu'ils haïssent avec autant de force ce qu'ils regardent comme des maux; qu'ils pensent qu'on ne doive ni survivre à la perte des uns, ni supporter les autres. Or, nous allons examiner séparément ces différentes erreurs, et nous ferons connaître les suicides dont elles ont été la cause. Toutefois, nous ne citerons que les plus célèbres; car, les exposer tous, ce serait dépasser de beaucoup les bornes que nous nous sommes imposées.

§ Ier.

De ceux qui se sont tués par dévouement à la patrie et à la société.

En parlant de ceux qui se sont tués pour suivre leurs idées sur l'amour de la patrie et de la société, nous devons placer Thémistocle en première ligne.

Il suffit de lire la vie de ce capitaine pour voir qu'il était convaincu que l'amour de la patrie devait l'emporter sur toute autre chose, c'est-à-dire sur l'honneur, sur les richesses, sur tous les genres de fortune, sur la reconnaissance, sur les promesses et même sur la vie. Obligé par l'ostracisme et la haine de ses concitoyens de quitter sa patrie, Thémistocle se réfugie à la cour d'un roi; il fait des offres magniques à ce prince, et ces offres lui attirent des dons immenses et de grands honneurs. Cependant, le moment arrive où on juge sa coopération nécessaire pour combattre l'ennemi commun. Son bienfaiteur réclame l'accomplissement des offres qu'il lui a faites; mais le Grec revient à ses premiers sentimens de patriotisme. Alors, il retourne à Athènes; il réunit les siens, offre des sacrifices aux divinités, boit le sang du taureau, ou, selon d'autres, un poison violent, et meurt sur-le-champ (1).

Codrus, roi d'Athènes, eut les mêmes idées que Thémistocle; et ce dut être un étonnant spectacle pour ces temps où les peuples s'immolaient pour leurs princes, que de voir un roi s'offrir, au contraire, lui-même en sacrifice pour la défense de la patrie!

On rapporte donc que ce Codrus, affligé des maux qui pesaient sur l'Attique, envoya des ambassadeurs à Delphes, afin d'y consulter l'oracle. La réponse qu'ils obtinrent fut que les calamités des Athéniens ne cesseraient que quand leur roi serait tombé de la main de l'ennemi. Dès qu'on eut connaissance de cette prophétie dans les rangs ennemis, en enjoignit à chacun de ne pas blesser le roi d'Athènes. Mais Codrus, plein de l'amour de sa patrie, sut trouver le moyen de déjouer ces précautions: il

---

(1) Plutarque, *Vie de Thémistocle.* — Thucydide et Cornélius Népos rapportent ce fait autrement. Ils ne contestent cependant pas que, selon la tradition, Thémistocle ait avalé volontairement le poison.

remplaça les insignes royaux par un costume vulgaire. Ainsi travesti, il se rendit au camp de ses ennemis ; il en frappa un, et l'irrita de telle sorte qu'il en reçut bientôt le coup mortel (1).

Ménecée suivit l'exemple donné par Codrus. Instruit par les aruspices que les destins réclamaient pour le salut de Thèbes la vie du dernier de la *race vipérine*, c'est-à-dire de Cadmus, il crut que c'était lui qu'on avait voulu désigner de la sorte, et se tua précipitamment.

Eriteus et ses filles se donnèrent également la mort pour le salut de leurs concitoyens. Ce furent aussi par les mêmes principes que Curtius et les deux Decius se suicidèrent. On sait que le premier se donna la mort pour arrêter le gouffre qui menaçait Rome, et les deux autres pour accomplir le vœu qu'ils avaient fait d'immoler leur vie à la sûreté publique (2).

On peut en dire autant des Philènes de Carthage. Voici en quelle circonstance ces deux

---

(1) Valère Maxime, lib. v, cap. vi. — Cicéron, *Tuscul.*, lib. i, 48. — Horace, *Odes*, lib. iii.

(2) Cicéron, *Tuscul.*, lib. i, 48; *Paradox.*, lib. i. — Stace, *Thébaïde*, lib. x. — Lactance, lib. iii. — Valère Maxime, lib. v, cap. vi.

intrépides Carthaginois se sacrifièrent pour leur patrie. Carthage et la ville de Cyrène se disputaient les limites de leur territoire. Pour en finir, il fut convenu que deux jeunes gens partiraient à la même heure, et traceraient les lignes qui faisaient l'objet du litige à l'endroit où ils se rencontreraient. La ville de Carthage choisit les deux Philènes. Ces jeunes gens, croyant que la fraude fût permise dans une discussion de ce genre, ne se firent aucun scrupule de partir avant l'heure convenue ; ce qui excita de la part des citoyens de Cyrène les plaintes les plus vives et les mieux fondées. Enfin, après de très longs débats, ces derniers consentirent à reconnaître les limites qu'on leur imposait, à condition toutefois que les deux Carthaginois s'y laisseraient enterrer vivans. Les deux jeunes gens acceptèrent cette clause, et préférant les limites de leur patrie à leur existence, ils se laissèrent enterrer vivans. Pour consacrer le souvenir de cet incroyable dévouement, on éleva, sur le lieu où il venait de s'accomplir, deux monumens, qu'on appela les *Autels des Philènes* (1).

(1) Valère Maxime, lib. v, cap. vi. — Salluste, *de Bello Jugurthino*.

Si ceux que nous venons de nommer se tuèrent pour le salut de leur patrie, il en est d'autres qui se donnèrent la mort pour en finir avec elle.

Vibius Virius, sénateur de Capoue, dont les conseils avaient décidé le peuple à prendre fait et cause pour les armées d'Annibal, s'étant aperçu que sa patrie allait être subjuguée par l'ennemi, convoqua le sénat et le harangua en ces termes : « Tandis que je suis libre encore
« et maître de moi-même, je puis éviter, par
« un trépas tout à la fois honorable et doux, les
« calamités qui nous menacent. Non, je ne
« verrai point l'ennemi fier de sa victoire ; je
« ne veux pas servir d'ornement à son triomphe.
« Jamais je ne présenterai la tête à la hache
« romaine. Ni la perte, ni l'embrasement de
« ma patrie, ni la brutalité qu'une soldatesque
« effrénée réserve aux matrones, aux vier-
« ges et aux enfans de Capoue, n'attristeront
« ma vue. S'il en est parmi vous qui se sentent
« le courage de préférer la mort au spectacle
« de tant d'atrocités, qu'ils sachent que je leur
« ai fait apprêter un repas. La coupe que j'au-
« rai vidée sera successivement présentée à
« chacun des convives. Ce breuvage libérateur

« arrachera à la fois et nos corps au supplice
« et notre âme à la triste nécessité de subir les
« outrages et les indignités, qui sont toujours
« le dernier partage des vaincus. C'est là le
« seul moyen d'en finir d'une manière honnête
« et en hommes libres (1). » Cette allocution
prononcée, Virius, accompagné de vingt-sept
sénateurs, se rend dans son palais. Là, ils font
une bacchanale infernale ; ils s'enivrent, et avalent le poison. Excités de cette sorte, ces hommes
se donnent la main et le baiser d'adieu. Puis
ils versent des larmes sur leur position et sur
les malheurs de la patrie, et ils ne se séparent
que pour aller mourir, ceux-ci d'un côté, ceux-
là d'un autre.

A la même époque, et dans la même ville,
Jubellius Taurea, à la vue du massacre de ses
compatriotes, s'écria : « Et moi ! il n'y a donc
personne pour me tuer ! » Mais cette provocation
resta sans réponse. Alors, il assassine sa femme
et ses enfans, et se donne ensuite lui-même la
mort (1).

Les Sagontins, vivement affligés des maux
qui ravagent leur patrie, mettent le feu à un

(1) Tite-Live, *Decad.* III, lib. VI, cap. II.
(2) *Idem, ibidem.* — Valère Maxime, lib. III, cap. II.

immense bûcher, et s'y laissent consumer avec leurs enfans et tout ce qu'ils possèdent de plus précieux. Pour échapper au joug de Scipion l'Africain, les Vacciens se détruisent avec leurs femmes et leurs enfans. Les Numides, vigoureusement assiégés par le même Scipion, jettent dans les flammes leurs enfans et leurs femmes, et ils mettent un terme à leur existence et à celle de leur patrie, en se jetant tout nus contre les armes des Romains. Pendant cette catastrophe, Théogène se fait remarquer par l'excès de son exaltation. Cet homme, l'un des plus riches et des plus nobles de la Numidie, réunit une foule immense. Il place une épée au milieu de ces personnes assemblées, et fait mettre le feu à ses biens. Il ordonne à chacun de se donner la mort, soit par le fer, soit par les flammes. Tous obéissent avec une inconcevable docilité à cette horrible injonction ; et, après ce carnage, il se précipite lui-même dans l'incendie. Les Sidoniens, vaincus par Artaxercès Ochus ; les Tyriens, par Alexandre ; les citoyens de Larande, par Perdicus ; les Achéens, par Métellus ; les habitans d'Astape et de l'Abyssinie font à peu près la même chose. Les Xanthiens mettent autant d'ardeur à en finir avec la vie, que d'autres peuvent en mettre pour échapper à la mort (1).

Au temps à jamais funeste de Tibère, on fut fort émerveillé de la détermination de Cocceius Nerva. Ami de l'empereur et savant très distingué, Nerva s'était acquis l'estime de tous. Il jouissait d'une santé parfaite. Néanmoins, accablé par les maux qui pèsent sur sa patrie, il résiste aux exhortations de Tibère, et se laisse mourir de faim (1). Mais aucun des suicides que nous venons de citer ne plaît autant à ceux qui s'exagèrent l'amour de la patrie, que celui de l'empereur Othon. Occupé à réprimer la sédition des Vitelliens, qui lui disputaient les rênes de l'empire, Othon fut battu dans une mêlée qui eut lieu près de Bedriac. Bien que cette défaite ne fût pas de nature à lui faire désespérer de l'avenir, et qu'il lui restât de nombreux et fidèles combattans, puisque plusieurs se suicidèrent pour lui prouver qu'ils étaient tous disposés à lui sacrifier leur vie, il ne tint aucun compte des prières de ceux qui

---

(1) Tite-Live, *Epist.*, lib. LVI, LVII, et ailleurs. — Florus, lib. II, cap. VI et XVIII. — Velleius Paterculus, lib. II. — Quinte-Curce, Diodore de Sicile, Pausanias, Polybe, Plutarque, et beaucoup d'autres, témoignent de ces faits.

(2) Tacite, *Annal.*, VI.

lui conseillaient de continuer la lutte ; il voulut plutôt se montrer l'ami de sa patrie, et il résolut de se donner la mort. Tacite, après avoir dit « que personne à cette époque ne douta « qu'il ne fût possible de continuer une guerre, « redoutable, il est vrai, mais également incer- « taine aux vainqueurs et aux vaincus, ajoute « que la détermination de l'empereur Othon fut « motivée, entre autres raisons, par une ca- « tastrophe qui arriva à un de ses combattans. » Ce soldat venait d'apporter à Rome la nouvelle de la déroute de l'armée de l'empereur. Les uns ajoutent foi à ses paroles ; les autres ne voient dans sa démarche qu'un prétexte d'échapper à l'ennemi, et l'accusent de lâcheté. Alors, pour prouver qu'il n'en impose à personne, ce soldat se traverse le corps avec son épée. Or, il est certain, continue Tacite, que ce fut à la nouvelle de ce suicide, qu'Othon s'écria qu'il fallait mettre un terme aux dangers qui menaçaient d'aussi braves soldats, et qu'il adressa à ces troupes cette harangue : « Mes compa- « gnons, ne me privez pas du plus grand des « biens, de celui dont je saurai me rendre di- « gne en mourant pour le repos de si bons ci- « toyens. L'existence me coûterait trop cher

« s'il fallait la traîner au prix du danger qui les
« menace. Il faut donc que je sacrifie ma vie, si
« je veux me montrer digne de l'Empire ro-
« main. Je sais que la victoire n'est rien moins
« qu'assurée à nos ennemis ; que nos forces et
« nos espérances sont loin d'être épuisées ; mais
« il ne s'agit point ici de combattre contre An-
« nibal, contre Pyrrhus, ou les Cimbres : c'est
« contre Rome qu'il faut lever nos armes. Ainsi,
« vainqueurs ou vaincus, nous ferons égale-
« ment le malheur de la patrie. Non, la gloire
« de mon règne n'équivaudrait jamais à celle
« de ma mort. Jamais je ne pourrai être aussi
« utile aux Romains par une victoire que je le
« serai par une action qui ramènera la paix
« dans l'Empire, et qui empêchera que l'Italie
« ne voie une seconde journée semblable à celle-
« ci. Mais vous entretenir plus long-temps de
« mes pensées de mort, serait un reste de fai-
« blesse. Vous survivrez : qu'on sache toutefois
« que je ne me plains de personne. Quand on
« accuse Dieu ou les hommes, on tient encore à
« la vie. » Après cette harangue, qui a été re-
cueillie par Tacite et Plutarque, Othon congé-
dia ses amis et expulsa ceux qui auraient voulu
le détourner de son projet. Il adressa des lettres

à plusieurs villes pour leur recommander les sénateurs qui l'avaient accompagné. Il écrivit des lettres de consolation pour sa sœur et pour Marcelline, sa fiancée. Il brûla les papiers qui étaient favorables à sa cause et contraires à celle de Vitellius; fit des largesses selon le mérite de chacun; chercha, par son autorité et ses prières, à gagner l'intérêt des jeunes gens et des vieillards; rassura les siens, et exhorta son neveu Coccianus à prendre courage et à ne pas *oublier entièrement, mais aussi à ne pas trop se rappeler qu'Othon avait été son oncle.* Il apaisa ensuite quelques séditions de ses soldats, prit deux épées, en examina le fil et garda celle qui lui parut la meilleure. Il passa une nuit tranquille; on assure même qu'il dormit. A la pointe du jour, il appela l'affranchi, et lui dit : « *Va te montrer à mes troupes, afin qu'on ne croie pas que tu m'as aidé à me suicider. Ce soupçon pourrait te coûter la vie.* Enfin, après ces dispositions, prises avec autant de calme que de soin, Othon se laissa glisser sur la pointe de son épée et mourut, en ne donnant d'autre signe de douleur qu'un seul soupir (1).

(1) Tacite, *Hist.*, lib. II. — Plutarque et Suétone, dans la *Vie d'Othon.*

Deux choses sont à remarquer dans la fin tragique de cet empereur. D'abord, c'est que plusieurs de ses soldats se donnèrent la mort près du bûcher qui avait consumé les restes de leur capitaine ; et cela, non pas parce qu'ils avaient quelque chose à craindre ou à espérer, mais uniquement par esprit d'émulation et de dévouement ; ce qui fit que leur action fut applaudie et louée tour à tour par leurs compagnons et par leurs ennemis. Ensuite, c'est qu'Othon, habitué à mener une vie dissolue et sans frein, ne pouvait en aucune façon avoir cette force d'âme si effrayante, mais pourtant si nécessaire, pour se donner la mort. Et c'est ce qui nous porte à conclure que cet empereur ne fit que céder à des principes fort en vogue et très applaudis alors, mais qui étaient propres à étouffer ceux de l'éducation et les sentimens de la nature.

Nous ne saurions nous abstenir, en terminant ce court exposé des extravagances inspirées par l'amour de la patrie, de rapporter encore une mort volontaire, bien funeste, arrivée dans ces derniers temps.

Jean-Baptiste Gambero, né à Amalfi, avait, à la suite d'un long séjour à Naples, adopté cette dernière ville pour sa patrie. Ce jeune homme, fort passionné pour la physique et les lettres grecques, avait embrassé la profession de médecin. Cependant sa grande admiration pour les mœurs et les idées des Anglais le détermina à se rendre de Naples à Milan, à la suite d'un personnage très distingué au service duquel il promit de rester attaché. Mais, à peine arrivé à Fondi, il se sépare tout-à-coup de ses compagnons, s'enferme dans sa chambre et s porte sept coups, dont deux mortels. Quelques instans après, des amis arrivent et trouvent Gambero évanoui et plongé dans son sang. Saisis d'effroi, ils s'empressent de bander ses blessures et de le rappeler à lui par le moyen de quelques sels. En cet instant, Gambero ne dit autre chose, sinon que c'était lui-même qui avait été son meurtrier; et qu'il n'en était venu à cette extrémité que par son attachement pour sa belle patrie adoptive, de laquelle obligé, par la force du serment, de vivre éloigné, il en avait éprouvé un chagrin plus douloureux que la mort même : peu de temps après il expira.

Le système qui fit agir ce jeune Napolitain, pourtant si instruit, est bien moins justifiable que celui d'Othon et de tous ceux dont nous avons parlé plus haut. En effet, ce ne fut point pour secourir sa patrie, ni même pour en finir avec elle, qu'il se donna la mort, mais simplement parce qu'il en était éloigné. Eh bien ! n'aurait-il pas mieux fait de conserver une existence qui lui laissait du moins l'espérance de revoir un jour cette patrie qui faisait l'objet de tous ses vœux? Espoir que la mort détruisait sans retour !

Au reste, il ne faut point s'étonner si les habitans de Naples sont si attachés à leur pays. Son atmosphère est tellement remplie de soufre et de nitre, que souvent ils ressemblent, dans leur paroxysme, à ces amans passionnés qui, séparés de leurs amies, disent non seulement, comme on fait assez généralement, qu'ils veulent se détruire pour elles, mais qui vont encore jusqu'à commettre cette action frénétique.

§ II.

De ceux qui se donnèrent la mort pour des raisons d'amitié.

Aux faux systèmes d'amour de la patrie, il nous semble qu'on doit faire suivre ceux que plusieurs ont imaginé sur l'amitié.

Ici, l'exagération est la même. Ces deux sentimens ayant, par leur utilité et leur charme, flatté avec une égale force les âmes généreuses, on n'a pas manqué d'exalter les devoirs de l'amitié aussi haut que ceux de dévouement à la patrie. Ainsi, par exemple, il y a eu des hommes qui ont prétendu qu'on devait immoler sa vie pour celle d'un ami, et que même quelquefois on ne devait pas lui survivre!

Plusieurs ont été victimes de cette erreur. Nous lisons que, lors de la défaite de C. Gracchus, ses deux amis Pomponius et Licinius, voulant l'empêcher de se détruire, lui sacrifièrent leur vie. Le premier présenta son corps aux traits décochés sur Gracchus; le second le défendit tant qu'il put contre ses ennemis; mais, se voyant accablé par le nombre, il appuya sa poitrine sur son épée et se jeta dans le Tibre. Philocrate, ce fidèle esclave, ce compagnon inséparable du même Gracchus, offrit également ses jours en holocauste de l'amitié. Selon les uns, il se délivra de la vie après avoir donné la mort à son maître, qui le lui avait ordonné; selon les autres, il le serra si étroitement entre ses bras, qu'il fut impossible à l'ennemi de tuer celui-ci sans accabler de blessures le corps de celui-là (1). T. Volumnius voulut opiniâtrément recevoir la mort près du cadavre de son ami, M. Lucullus, tué par M. Antoine. Aussitôt que L. Petronius eut satisfait au vœu de son ami et bienfaiteur, P. Cellius, qui, pour échapper au joug de l'armée de Cinna, l'avait supplié de lui donner la mort, il se tua avec la même épée (2). P. C. Philomite, institué héritier par un de ses amis, préféra la mort à l'héritage. Il se laissa brûler sur le même bûcher qui réduisit en cendres le cadavre de son ami (3). L'aberration de Sysigambis va encore plus loin. Cette infortunée princesse, qui avait supporté avec patience la mort de son père, celle de son mari, de quatre-vingts de ses frères, massacrés en un jour par Ochus; celle de Darius, son fils, et la ruine de sa maison, n'eut pas assez de force pour supporter la perte d'Alexandre, qui lui avait avoué son amitié. Elle ne voulut plus prendre de nourriture, et se laissa mourir de

---

(1) Plutarque, *Vie de C. Gracchus.* — Valère Maxime, lib. IV, cap. VII.

(2) Valère Maxime, *ibidem*, où l'on trouve d'autres exemples semblables.

(3) Pline, *Hist. nat.*, lib. VII, cap. XXXVI.

faim (1)! Mais nous voici arrivés à un suicide où le sentiment de l'amitié passe toutes les bornes. L'empereur Adrien éprouva, pour un jeune homme appelé Antinoüs, une passion aussi vive qu'infâme (2). Quoique très versatile et très dangereux dans ses affections, puisqu'il réduisit sa femme J. Sabine et plusieurs de ses amis dans la triste nécessité de se donner la mort, Adrien fut néanmoins assez constant dans son attachement pour son favori. Aussi la reconnaissance de celui-ci fut poussée jusqu'à la folie. Malgré les richesses dont il était comblé, malgré ses vices et sa dépravation, il eut l'affreux courage d'abandonner sa vie aux curiosités nécromantiques de son farouche ami.

(1) Diodore de Sicile, lib. xvii. — Justin, lib. xiii. — Quinte-Curce, lib. x.

(2) Telle était la philosophie de ces siècles. Peu d'hommes célèbres étaient exempts de ces lâches horreurs. En ce temps-là, ils transportaient à l'image de la corruption l'honneur qui n'est dû qu'au Dieu immortel; « et c'est pourquoi Dieu les a
« livrés aux désirs de leur cœur, aux vices de l'impureté; en
« sorte qu'ils ont déshonoré eux-mêmes leurs propres corps.
« Et, comme ils n'ont pas fait usage de la connaissance de
« Dieu, Dieu aussi les a livrés à un sens dépravé; en sorte
« qu'ils ont fait des actions indignes de l'homme. » (*Rom.*, I, 24, 28.) (*Note des traducteurs.*)

Ces faits, il est vrai, ont été démentis par Adrien, qui prétendit qu'Antinoüs s'était volontairement noyé dans le Tibre. Mais Dion Cassius a donné, comme un fait acquis à l'histoire, qu'*une* opération magique, entreprise par ordre de l'empereur, soit pour connaître l'avenir, soit pour prolonger ses jours, ayant exigé que quelqu'un livrât volontairement sa vie, Antinoüs consentit à immoler la sienne (1) ! Tel est l'empire qu'une impure amitié exerça sur ce jeune dépravé ! ! Quoi qu'il en soit de sa mort, il fut vivement regretté par l'empereur. Il ne lui suffit pas, pour épancher sa douleur, de répandre des larmes abondantes, mais il lui consacra une ville de l'empire, qu'il fit nommer *Antinomène*. Il lui éleva des statues, des temples et des autels. Il lui donna des prêtres et un oracle. Il en fit un dieu, auquel il attribua des prodiges. Il fit frapper des médailles en son honneur ; nous en avons encore quelques unes qui témoignent de ces inconcevables folies (2). Quant à ce qui le regarde, il

---

(1) Dion, lib. LXIX. — Tillemont, t. II, *Vie d'Adrien.* — Bayle, *Dict.*, art. *Antinoüs.*

(2) F. Mezzabarba, *Numismata;* et Ezéchiel Spanheim, *de præstantia et usu Numismatum.*

paraît constant que l'exemple d'Antinoüs fit naître en lui un penchant bien prononcé pour le suicide. A part ce que les jurisconsultes ont dit de ses arrêts favorables à l'homicide de soi-même (1), nous lisons dans Elias Spartien (2) qu'Adrien conçut un tel dégoût de la vie que, pour y mettre un terme, il demanda souvent une épée, et plus souvent encore du poison. Un jour, on fut obligé de lui enlever son poignard; et un médecin, auquel il avait vivement demandé un poison, aima mieux se tuer que de le lui donner. En d'autres instans, il pria ses affranchis de lui donner la mort. Il en força même plusieurs à le lui promettre. Mais personne n'osa lui obéir. Ne pouvant ainsi mourir à son idée, il se plaignit que, maître de la vie des autres, il ne lui était pas permis de disposer de la sienne. Enfin, il se rendit à Baïus, et il y mena une vie si déréglée et si contraire aux

(1) Paolo, *de Pœnis*.
(2) Historien latin. Il avait composé la *Vie de tous les empereurs romains*, depuis Jules-César jusqu'à l'empereur Dioclétien exclusivement, sous lequel il vivait; mais il ne nous en reste que les *Vies* d'Adrien, d'Ælius-Verus César, fils adoptif d'Adrien; de Didius Julien, de Septime-Sévère, de Caracalla, et de Géta, son frère. Le reste a été perdu.
(*Note des traducteurs.*)

prescriptions de ses médecins, que la mort ne tarda pas à mettre un terme au profond ennui qui le rongeait. Fontenelle fait semblant de ne point connaître ces luttes et ces angoisses, lorsque, dans ses *Dialogues*, il nous dit que l'empereur Adrien plaisanta avec la mort et qu'il l'accueillit avec indifférence. Mais qui ne sait que nos beaux esprits présentent les faits non comme ils sont, mais bien comme il leur importe qu'ils soient?...

Tout en passant sous silence plusieurs autres suicides moins célèbres de l'antiquité, nous rapporterons celui d'un savant moderne, qui médita et accomplit cette action pour ne pas compromettre ses amis. Ce savant était Florentin, d'un âge très avancé et possédait une fortune immense. Il s'appelait Philippe Strozzi. Accusé d'avoir trempé dans l'assassinat d'Alexandre Ier, duc de Toscane, il fut d'abord mis en prison, et ensuite torturé. Mais la crainte que de nouvelles épreuves ne l'astreignissent, par la force de la douleur, à faire des révélations qui compromettraient à la fois et ses amis et son honneur, il se détermina à mourir de sa propre main, et se suicida. Dans son testament, que Brantôme assure avoir vu parmi les papiers de Pompée Frangipano (1), et qui se trouve actuellement à la bibliothèque de la famille Riccardi de Florence, on remarque les passages suivans :

« Je prie mes enfans de déterrer mes os du « lieu où on les aura déposés à Florence, et de « les transporter à Venise. Si je n'ai pas pu « avoir le bonheur de vivre dans une ville li- « bre, je jouirai au moins de cette grâce après « ma mort. Je reposerai d'ailleurs plus en paix « loin de la domination du vainqueur. » Et plus loin : « C'est parce que je me suis vu dans la « nécessité de nuire à mes amis, à ma famille « et à mon honneur que j'ai pris la seule déter- « mination qui me restait (quoique la plus « cruelle pour mon âme) d'attenter à mes jours. » Mais voici quelque chose de bien autrement étrange : « Je recommande mon âme à Dieu et « je le supplie de vouloir bien lui accorder (à « défaut de toute autre grâce) le même séjour « où se trouvent les *âmes de Caton et de tant* « *d'autres hommes vertueux* qui ont eu la même « fin!... » Il écrivit aussi sur un papier que l'on trouva après sa mort sur une table dans sa pri-

(1) Brantôme; *Entretien* xxxiv, chap. vi.

son : « Si jusqu'ici je n'ai pas su vivre, je saurai « mourir. » Enfin il grava, avec un poignard, ce vers sur la muraille de la geôle :

Exoriare aliquis, nostris ex ossibus, ultor (1).

Il est des personnes qui par l'affinité de leurs sentimens seraient peut-être charmées que nous leur exposassions ici les suicides qui se rattachent à l'amour. Nous avouons que cette tâche nous serait d'autant plus facile que le nombre de ces suicides est vraiment considérable. Mais, nous le demandons, pour parler de ceux qui se sont immolés à l'amour, ne nous faudrait-il pas en quelque sorte puiser dans le fabuleux ? Ce sentiment d'ailleurs, pris dans le sens vulgaire, c'est-à-dire considéré comme le dernier degré d'une passion en effervescence, est-il autre chose qu'une exaltation ? Comment dès lors, nous qui nous sommes bien promis de nous tenir à l'écart du fabuleux et de l'irréfléchi, comment pourrions-nous nous hasarder à exposer de tels égaremens ? Nous aimons donc mieux dire quelques mots de ceux qui sacrifiè-

(1) Quelqu'un des nôtres se lèvera pour venger mes os. — Vie de P. Strozzi, *nel Magazzino Toscano*, t. II, ap. 1755.

rent leur vie à l'amour conjugal, paternel et filial, et dont les suicides ont rencontré, parmi les philosophes, de nombreux apologistes. Sans doute ces hommes ne furent pas plus sages que les autres, mais on conviendra cependant qu'ils agirent avec plus de calcul et de réflexion.

§ III (1).

De ceux qui se tuèrent par amour conjugal, paternel ou filial.

Il semble que, dans les nœuds de l'hymen, l'exagération doive pencher du côté de la haine plutôt que de celui de l'amour. Il n'en est cependant pas toujours ainsi; car il y a des exemples de suicides inspirés par l'amour conjugal. En exposant ces suicides il faut s'attendre à les voir diversement appréciés. Le petit nombre de ceux qui n'aiment qu'une seule année, les ap-

---

(1) Ce paragraphe n'en formait qu'un seul avec le précédent. Nous avons cru devoir le partager ainsi, afin d'en rendre la lecture plus facile et plus intéressante, et nous avons été d'autant plus portés à nous permettre cette liberté, que ce paragraphe traite de matières bien distinctes.

(*Note des traducteurs.*)

pelleront des miracles; ceux qui haïssent durant toute leur vie, et c'est, *malheureusement,* le plus grand nombre, les nommeront des folies; mais les hommes sages et sensés diront, avec nous, que ce sont de funestes aberrations.

La bataille de Thymbrée coûta la vie à Abradate, roi de Susiane, allié de Cyrus. Sa femme, Panthée, en fut tellement désolée qu'elle se fit apporter le corps inanimé de son mari, et le plaça sur ses genoux. Puis elle se plongea dans la contemplation de cette dépouille mortelle, et, malgré les exhortations de Cyrus, elle se donna un coup de poignard, et tomba sans vie sur le cadavre de son mari (1).

Phila, fille d'Antipater, occupe par son esprit, sa libéralité et sa prudence un rang distingué parmi les femmes célèbres de l'antiquité. Mariée à Démétrius Poliorcète, elle ne peut résister au chagrin de voir son mari vaincu et fugitif; elle maudit son infortune, avale le poison et meurt!... Et pourtant, qui le croirait? le mari de cette femme n'était rien moins que digne d'une telle extravagance, car non seule-

(1) Xénophon, *Cyropédie,* lib. vi.

ment il lui préférait Lamia, mais encore les plus viles courtisanes (1) !

Arrêtons-nous un instant aux familles stoïciennes. Citons Porcie dont le suicide est si connu qu'il serait presque superflu d'en parler. Mais peut-on parler de l'amour conjugal sans la nommer? Porcie était, comme on sait, fille de Caton. Aux mœurs impures de sa mère et de ses tantes, elle préféra le puritanisme et l'austérité de son père. Elle fit de fortes études en philosophie, et fut d'une intrépidité bien au-dessus de son sexe. Un jour elle voulut montrer à son mari ce que pouvait la fille de Caton et comment elle savait résister à la douleur et à la mort. Pour cela, elle se fit une profonde incision à la cuisse, et endura ses souffrances avec une incroyable force d'âme. Ce fut au point que Brutus, qui méditait alors l'assassinat de son bienfaiteur, conjura les dieux de l'assister dans l'accomplissement de son projet, afin qu'il pût se montrer digne d'une telle femme. Cependant Brutus, ainsi que chacun sait, se donna la mort durant la terrible iliade qui suivit le

---

(1) Diodore de Sicile, lib. XIX. — Plutarque, *Vie de Démétrius.*

meurtre de César. Sa femme, fidèle à ses principes stoïciens, voulut imiter son exemple. Mais on lui en enleva tous les moyens. Que fit-elle alors? Pour mettre un terme à cette funeste tragédie, elle avala des charbons ardens (1)!...

Cécina Pétus, Romain consulaire, et partisan de Camillus Scribonius, est arrêté dans une révolte contre l'empereur Claude. Arria, sa femme, qui veut partager son sort, lui propose, pour échapper à leur infortune, d'avoir recours à un prompt suicide. Mais, avant de dire comment elle exécuta ce triste dessein, il est bon de citer une circonstance qui donnera la mesure de son exaltation. — Quelque temps avant l'arrestation de son mari, Arria rencontra la femme de Scribonius, dont l'époux venait d'être tué. Elle s'aperçut que celle-ci s'approchait d'elle et qu'elle se disposait à lui parler. Mais Arria refusa de l'entendre, et dit : *Quoi! j'écouterais celle qui survit à son époux?* Comme on peut le comprendre, une telle exaltation devait inspirer des craintes. Aussi, pour prévenir toute catastrophe, la fit-on

---

(1) Plutarque, *Vies de Brutus et de Caton le jeune.* — Valère Maxime, lib. IV, cap. VI.

garder à vue. Mais ce fut en vain; car un jour Arria dit à ses gardiens : « Votre surveillance est in-
« utile... Vous pouvez bien me forcer à une fin
« cruelle, mais m'empêcher de mourir... ja-
« mais ! » Et aussitôt elle va se briser la tête contre la muraille et tombe évanouie. Revenue à elle-même, Arria ajoute : « Ne vous avais-je pas
« avertis qu'en m'enlevant les moyens d'en finir
« d'une manière facile vous me forceriez à une
« mort cruelle? » Enfin elle saisit un jour une épée, se l'enfonce dans le sein, et la remet tout ensanglantée à son mari, en lui disant : « Pétus,
« cela ne fait pas de mal (1)! » Pline, qui était tout imbu des idées sur le faux courage, appelle les quelques mots d'Arria, *des paroles immortelles*, et même presque divines (2). Et Martial, apologiste outré de ce genre de meurtre, s'est aussi empressé de les louer (3)!

Une autre Arria, fille de la précédente, et femme de Traséa Pétus, philosophe stoïcien, apprit de l'exemple de sa mère à se donner la mort en cas de besoin. Aussi, lorsque Néron

---

(1) Tacite, *Ann.*, xv. — Dion, lib. lx.
(2) Lib. iii, epist. xvi.
(3) Lib. i, *Epigramme* xiv.

voulut, comme Tacite l'a écrit (1), détruire la vertu et que Traséa fut condamné à la peine capitale, Arria était fermement déterminée à ne point survivre à sa mort. Elle obéit pourtant aux instances de son mari qui la conjura de conserver ses jours pour ses enfans et pour Fannia, qui devint depuis la femme d'Elvidius Priscus, et qui partagea, sous Vespasien, l'exil de son mari, pour l'amour duquel elle sut braver et les dangers et la mort (2).

Ce fut à cette même époque que Sénèque se fit ouvrir les veines. On sait que Pauline, sa femme, voulant mourir avec lui, se fit pratiquer de larges incisions. Déjà son sang coulait abondamment, lorsque Néron, dont la tyrannie se plaisait à contrarier toutes les volontés de quelque nature qu'elles fussent, ordonna qu'on fermât ses blessures et qu'on la guérît. Obligée de vivre malgré elle, Pauline conserva, pendant le court intervalle qu'elle survécut à son mari, l'empreinte de sa douleur. Elle fut publiquement honorée comme un modèle de l'amour conjugal (3).

(1) *Ann.*, xv et xvi.
(2) Pline, lib. vii, epist. xix. — Dion, lib. lxvi.
(3) Tacite, *Ann.* xv. — Dion, lib. lxii.

Rome et l'Italie ont possédé d'autres femmes qui, sans professer ouvertement des doctrines stoïques, aimèrent néanmoins les principes de cette école.

Au temps d'Auguste, la femme de Fulvius divulgua un certain secret qui fit perdre à son mari la bienveillance de l'empereur. Fulvius résolut alors de se donner la mort. Sa femme l'apprend et lui dit d'un ton ferme : « Tu fais bien ; mais, connaissant mon indis-« crétion, tu aurais dû te défier de moi. Laisse-« moi faire ; je veux me tuer la première. » Et en disant ces mots, elle se passa une épée au travers du corps (1).

Sous le règne suivant, Sestilia, femme de Marmoreus Scaurus, et Prassea, femme de Pomponius Labeon, mues par un excès d'amour conjugal, engagèrent leurs maris à se détruire, et elles se tuèrent avec eux (2).

Voici encore un autre exemple de ce genre de dévouement. « J'étais, dit Pline le jeune (3), « sur le lac de Côme, lorsqu'un vieillard que

---

(1) Tacite, *Ann.*, lib. I. — Plutarque, *de Loquacitate.*
(2) Tacite, *Ann.*, lib. VI. — Sénèque, *de Benef.*, lib. IV, cap. XXXI.
(3) Lib. VI, epist. XXIV.

« je connaissais me montra une maison et
« même une chambre qui s'avance sur le lac,
« d'où une femme se précipita avec son mari.
« Cette femme, voyant que son époux était
« rongé par une certaine maladie, l'exhorta à
« mourir. Et pour que ce malheureux n'hésitât
« point, elle se décida à lui montrer le che-
« min, lui donna l'exemple, et le plaça ainsi
« dans la nécessité de se suicider. En effet,
« après s'être étroitement lié à lui, elle s'é-
« lança dans le lac, et l'entraîna avec elle. »

A côté de ces Romaines une belle Arabe ne sera peut-être pas déplacée. Elle se nommait Ioto et était femme d'Abenzamont, vaillant commandant d'un bourg de la Mauritanie au seizième siècle. Ce brave était souvent en guerre avec les Portugais. Dans une escarmouche, les ennemis lui enlevèrent sa femme. Abenzamont en conçut un chagrin mortel. Il suivit de près les ravisseurs et chercha à reconquérir leur butin. Sa femme l'aperçut et lui cria : « Cheva-
« lier, délivre-moi, ou donne-toi la mort ; je
« saurai imiter ton exemple. » Le Maure fit preuve de bravoure et parvint à délivrer sa femme. Mais quelque temps après, Abenzamont ayant été tué, Ioto se crut encore liée par sa

parole, et l'accomplit en se laissant mourir de faim (1). C'est ainsi que cette jeune Barbare le disputa en force d'âme exagérée avec Porcie et les autres Romaines à principes stoïciens.

En réunissant dans ce paragraphe les noms de tant de femmes, on croira peut-être que, selon nous, il n'y a que le beau sexe qui sache prendre au sérieux les liens du mariage. Telle n'est pas notre pensée. Au contraire, nous ne voyons dans ces catastrophes et dans plusieurs autres plus tragiques encore qu'une preuve qu'en matière d'amour conjugal les femmes ne donnent que dans les extrêmes : ou elles aiment beaucoup trop, ou elles n'aiment pas du tout (2). Mais ne nous arrêtons pas à ceci ; on pourrait nous supposer des sentimens de partialité qui ne sont pas les nôtres. Occupons-nous de citer les hommes qui s'immolèrent pour la même cause. Si on trouve que leur nombre est bien borné, nous dirons que cette fois nous avons préféré pousser nos recherches parmi les femmes. Et si on désirait en connaître le motif, nous ajouterions que c'est parce que nous avons

---

(1) D. Torrès, *Hist. des Chérifs*, ch. xx, xxi.
(2) Voyez la note J, à la fin du volume.

cru que les hommes, placés dans des cas semblables, agissaient avec plus de modération.

Tibérius Gracchus aimait éperdument sa femme Cornélie, l'illustre mère des trois Gracchus, qui, à vrai dire, était un modèle de vertu. Il découvrit un jour dans son lit deux serpens, l'un mâle et l'autre femelle. Gracchus consulta les auspices, espèce d'imposteurs auxquels on ajoutait alors une foi sans bornes. Il apprit d'eux que son épouse périrait bientôt si on laissait échapper le mâle, et qu'en donnant la liberté à la femelle ce serait lui qui périrait. Dans cette alternative, Gracchus n'hésite point à tuer le mâle, et quelque temps après il mourut, soit par l'effet du hasard, soit par l'effet de sa conviction (1).

C. Plautius Numida ayant appris la mort de sa femme, se porta un coup d'épée à la poitrine. Ses esclaves survinrent et l'empêchèrent d'achever. Mais, aussitôt que l'occasion se présenta, il déchira l'appareil, rouvrit sa blessure et expira.

Un autre Plautius, également consterné de la

(1) Pline, *Hist. nat.*, lib. VII, cap. XXXVI. — Plutarque, *Vie de Gracchus*. — Valère Maxime, lib. IV, cap. VI.

perte de sa femme, aux funérailles de laquelle il assistait, se tua d'un coup d'épée, et fut enterré dans le même tombeau (1).

Plusieurs ont regardé comme une action méritoire de se tuer pour ses enfans. Cette erreur ne pouvait dès lors qu'ajouter au nombre des victimes du suicide.

Dans la plaine de Leuctres, célèbre par la défaite des Spartiates, se trouvent, dit Plutarque, les tombeaux des filles de Scédasus. Leur père s'était rendu à Lacédémone dans le but d'obtenir vengeance de l'outrage fait à l'honneur de ses filles. Et, comme on lui refusa cet acte de justice, il se tua sur la tombe même où reposaient leurs corps.

Aristomène, le héros des Messéniens et la terreur des Spartiates, eut la même fin (2).

La mère de Thémistocle souffrait beaucoup de voir son fils s'abandonner, dans sa jeunesse, à tous les excès. Ne pouvant pas y mettre un terme, elle se pendit (3).

Cicéron a fait l'éloge de P. Octavius Balbus,

---

(1) Valère Maxime, lib. iv, cap. vi.
(2) Plutarque, *Vie de Pélopidas*. — Rollin, *Hist. ancienne*, t. iii, édit. de 1818. *(Citation des traducteurs.)*
(3) Valère Maxime, lib. vi, cap. ix. — Nous sommes fort

tant à cause de ses profondes connaissances dans le droit civil que par les brillantes qualités de son esprit et de son caractère. Il a parlé avec autant d'éloges de L. Octavius Balbus qui vivait à la même époque. Eh bien ! l'un de ces deux Balbus, probablement celui qui fut poursuivi par les triumvirs, s'était réfugié dans un endroit caché. Tout-à-coup des bruits confus l'avertirent qu'il se passait au dehors quelque chose d'étrange. Il accourut et vit qu'on égorgeait son fils. Alors, plein de désespoir, il se montre à ses ennemis et se fait massacrer avec son enfant (1).

La première femme de Séjan, de ce mauvais ministre du plus cruel des empereurs de Rome, ne put, lors de la disgrâce de son mari, supporter la vue des cadavres de ses enfans exposés au public ; et bien qu'elle ne se trouvât point comprise dans l'accusation de sa famille, elle se donna volontairement la mort (2).

Sistylia, mère de l'empereur Vitellius, fit

étonné que Plutarque n'ait pas rapporté ce fait dans la vie de Thémistocle.

(1) Cicéron, *Orat. pro Cluentio et in Verrem*, VII. — Valère Maxime, lib. v, cap. VII.

(2) Tacite, *Ann.*, IV.

d'incroyables efforts pour contenir la douleur que lui causait l'immoralité de son fils. Enfin, croyant en prévoir la perte, elle s'empoisonna. Toutefois il est bon de dire qu'elle avait reçu à cet égard une *autorisation en règle de son fils* (1)!... Profonde pitié!

Gordien l'aîné, après la mort de son fils, ne voulut pas attendre le court espace que lui laissaient à parcourir ses quatre-vingts ans, et se suicida (2)! Nous ferons remarquer, en passant, que Gordien était un homme érudit et un grand admirateur de Marc-Aurèle.

Il n'y a pas beaucoup de fils qui aient donné leur vie par amour pour leurs pères. D'ailleurs, ils sont si peu connus que nous ne croyons pas devoir nous étendre sur ce sujet. En revanche, il est un très grand nombre d'esclaves et de sujets qui se sont tués pour leurs maîtres. Mais ils sont tous très obscurs, et ne peuvent en conséquence trouver place dans une histoire exclusivement destinée à ne faire connaître que les suicides célèbres.

(1) Tacite, *Hist.*, lib. III.
(2) Hérodien, *Hist.*, lib. VII. — Capitolinus, *Vies de Maxim. et de Gordien.*

§ IV.

De ceux qui se tuèrent par des principes d'honneur et de gloire.

L'honneur et la gloire, mots souvent mal définis et plus souvent encore mal appliqués, ont constamment exercé un empire excessif, nous allions dire tyrannique, sur tout le genre humain. Ce n'est pas que ces mots pris dans un sens régulier, c'est-à-dire comme désignant, l'un l'attachement à des actions vertueuses, et l'autre cette noble ardeur qui fait briguer les suffrages de la postérité, n'expriment de fort beaux sentimens. Mais ce que nous nions, c'est qu'ils soient toujours interprétés de la sorte, et nous ne croyons pas que, pour obtenir le baptême de l'honneur et de la gloire, il faille absolument se livrer à des exploits vastes et périlleux, se mesurer dans des combats singuliers, affronter la mitraille, ou enfin attenter à ses jours. De telles opinions peuvent, il est vrai, rencontrer de nombreux partisans, mais jamais elles ne seront accueillies, ni soutenues par la saine raison.

Mais, dira-t-on, où est la preuve qu'on ait abusé

du vrai sens de ces mots? Et comment de tels abus auraient-ils pu égarer tant d'esprits! La preuve? Elle est dans l'action de ces hommes qui, imbus de fausses idées d'honneur et de gloire, voulaient, par leur mort, s'attirer l'admiration de leur siècle, sans tenir compte du jugement que l'avenir prononcerait sur eux. Quant à la deuxième question, nous nous bornerons à rappeler à nos lecteurs que ce fut une philosophie sauvage, mais captieuse, qui accrédita ces paradoxes parmi beaucoup d'hommes.

En effet, qu'un revers enlève à un prince ses domaines et le contraigne à vivre sans éclat; qu'un capitaine ne réussisse pas dans un fait d'armes; qu'un républicain soit obligé de rester dans une monarchie; qu'un homme libre tombe dans l'esclavage; que celui-ci, qui s'estime peut-être plus qu'il ne vaut, devienne le jouet de ses ennemis; que celui-là soit vaincu par la honte de ses méfaits et se décourage; que cette femme, enfin, soit trompée par un amant brutal, que conseillera donc, à ces prétendus infortunés, la philosophie dont nous parlons? « Donnez-vous la mort, leur dira-t-elle, et votre honneur, et votre gloire seront sauvés. »

Sans doute, nous n'essaierons pas de prouver combien de gens ont cédé à cette désolante doctrine, bien que les sages de tous les pays l'aient toujours et justement flétrie. Mais nous ferons remarquer seulement qu'il y eut une époque où on la trouva tellement logique qu'on l'enseigna publiquement et qu'on la réduisit à cet adage : « Lorsqu'on cesse d'être ce qu'on a été, on doit mourir. » Et cet adage excita l'enthousiasme des Grecs et des Romains, ainsi que l'attestent les tragédies de Sophocle et d'Euripide, et quelques lettres de Cicéron (1).

Parmi la foule incroyable des suicides inspirés par cette malheureuse exaltation, nous ne choisirons que les plus réfléchis et les plus célèbres.

Sardanapale, roi d'Assyrie, unissait à des habitudes honteuses un goût excessif pour le luxe, la luxure et la mollesse. C'était un de ces hommes capables de toutes les lâchetés. Cependant, lorsqu'il se vit vaincu et refoulé par ses ennemis, il se persuada qu'avant de se démettre de l'autorité royale, l'honneur et la gloire exigeaient de lui une détermination énergique.

(1) Erasme et Mucius dans les *Adages*.

Plein de cette pensée, il fit élever un bûcher d'une hauteur considérable; il y plaça ses trésors, ses femmes et ses eunuques, et après y avoir mis le feu, il se laissa lui-même consumer par les flammes (1).

Cyrus, dans une de ces embuscades qu'on nomme, dans l'art de la guerre, *stratégie*, enveloppa les Scythes et fit prisonnier le fils de la reine Tomyris. Ce jeune prince vit dans la perte de sa liberté le comble du déshonneur, et le *moyen qu'il jugea le plus sûr pour la reconquérir, ce fut celui de se donner la mort* (2)!

Cimon, connu par les folies de sa jeunesse autant que par la vaillance de son âge mûr, réduisit aux dernières extrémités une ville défendue par Butès, général d'Artaxerxe, surnommé *Longue-main*. Dans une position aussi désespérée, Butès aurait pu, et devait, en effet, capituler. Mais non : pour lui, c'est une action indigne que de céder à l'adversité. Il jette les richesses de la ville dans un fleuve; il massacre toute sa famille, et se précipite dans

---

(1) Diodore de Sicile, lib. II. — Athénée, lib. XII. — Justin, lib. I. — Rollin, *Hist. anc.*, liv. III, ch. I, § 2, édit. de 1818.
(*Citation des traducteurs.*)

(2) Hérodote, lib. I. — Justin, lib. I.

la même fournaise où il avait fait mettre les corps inanimés de ses parens (1).

Dès que Prexaspe, ministre et confident de Cambyse, eut assassiné Smerdis, fils de Cyrus, les mages, profitant du mystère dont on avait entouré ce meurtre, placèrent clandestinement sur le trône de Perse un de leurs collègues. Mais, peu de temps après, cette intrigue est connue du public, et on murmure de toutes parts. Les mages s'en alarment; et, pour conjurer l'orage qui gronde autour d'eux, ils proposent à Prexaspe, dont ils connaissent l'ascendant sur le peuple, de vouloir bien déclarer hautement que celui qui siège sur le trône de Perse est bien le fils de Cyrus. Prexaspe accepte. Les mages s'en réjouissent, et le peuple est convoqué. Mais, chose étrange! loin de tenir à ses promesses, Prexaspe divulgue la substitution opérée par les mages; il avoue son crime, et, après en avoir demandé pardon aux dieux et aux hommes, il s'élance du haut d'une tour, la tête la première, et meurt (2). Ainsi cet homme, qui n'avait point reculé devant un assassinat, pensa

---

(1) Plutarque, *Vie de Cimon*. — Diodore de Sicile, lib. II.
(2) Hérodote, lib. III, p. 64.

que c'eût été manquer à l'honneur que de se prêter à une imposture et soutenir un mensonge! La défaite de Nicias et de Démosthène est aussi un épisode bien triste dans l'histoire d'Athènes. Ces deux capitaines, pressés par les Syracusains, crurent leur honneur engagé, et ne voulurent plus supporter la vie (1)!

Les Carthaginois avaient, comme quelques autres peuples, la barbare coutume d'offrir aux divinités des victimes humaines. A l'époque de leur expédition en Sicile, ils eurent à soutenir une lutte opiniâtre contre Gélon, tyran de Syracuse. Pendant le combat, Amilcar, fils d'Annone, leur général, ne cessa de faire de nombreux sacrifices. Cependant, vers la fin de la journée, son armée fut mise en déroute. Il en fut vivement consterné, et le regret d'avoir si inutilement immolé tant de victimes, ajoutait encore à sa douleur. Au lieu de se résigner, il s'étendit sur le vaste bûcher qui avait servi à ses holocaustes, et il se fit brûler tout vivant.

Poursuivis jusqu'au sein de leur patrie par Agathocle, autre tyran de Syracuse, les Cartha-

---

(1) Plutarque, *Vie de Nicias*.

ginois furent menacés d'un siége rigoureux. Ils supposèrent que cette suite de calamités leur venait de ce qu'ils avaient irrité Saturne contre eux, parce qu'ils lui avaient offert en sacrifice des enfans et des esclaves étrangers. Pleins du regret de ces prévarications, ils firent immoler, pour témoigner de leur repentir, deux cents enfans choisis dans les familles les plus illustres de la ville. Et, comme si cette réparation n'eût pas suffi, trois cents citoyens consentirent à en augmenter le mérite par le sacrifice de leur vie (1)!

Après un autre fait d'armes contre les Syracusains, Imilcone, général carthaginois, retourna dans sa patrie avec le reste de son armée, qui avait été décimée par la guerre. Son plus grand chagrin était de n'avoir pu mourir au milieu de tant de braves. « Mais on verra, « dit-il, que si j'ai prolongé mes jours, ce n'a « pas été par amour de la vie, mais pour ra- « mener à Carthage les tristes débris de ses « troupes. » Déplorant ensuite son malheur, il se renferma dans sa maison, et, refusant d'en-

---

(1) Diodore de Sicile, lib. xx. — Plutarque, *De sera Numinis vindicta*.

tendre ceux qui auraient désiré l'éclairer sur sa position, il se donna la mort (1).

Un autre capitaine carthaginois, nommé Magon, est épouvanté de l'approche de Timoléon, général des Corinthiens; il quitte aussitôt la Sicile. On instruit son procès. Son imagination s'exalte; il se croit déshonoré, et se tue (2).

Annibal, trompé par L. Quintus Flaminius, et lâchement trahi par Prusias, roi de Bithynie, s'aperçut qu'on voulait s'emparer de lui pour le ramener à Rome. « Délivrons, dit-il, le peuple
« romain d'une inquiétude qui ne lui laisse pas
« la patience d'attendre la mort d'un vieillard.
« Cette victoire de Flaminius sur un homme
« désarmé et trahi ne sera ni grande, ni mémo-
« rable. Ce jour prouvera combien les mœurs
« du peuple romain ont dégénéré. Leurs pères
« avertirent le roi Pyrrhus, ennemi armé et
« dont les troupes couvraient l'Italie, de se te-
« nir en garde contre le poison. Ceux-ci, au
« contraire, envoient un ambassadeur à Pru-
« sias, pour l'engager à se souiller d'un crime! »

---

(1) Diodore de Sicile, lib. xiv. — Justin, lib. xix.
(2) Plutarque, *Vie de Timoléon.*

Après avoir prononcé ces mots, il prit les dieux hospitaliers à témoin de la manière indigne dont ce prince avait violé sa foi ; puis il avala le poison qu'il gardait habituellement sur lui. Et il pensa, sans doute, par cette action, se soustraire à l'esclavage et ajouter à sa gloire (1) !

On sait que Mithridate, à cause de sa haine contre les Romains, et par sa haute capacité militaire, se rendit l'Annibal du royaume de Pont. Vainqueur ou vaincu, il revenait toujours sur le champ de bataille plus déterminé que jamais. Il se battit avec Sylla et avec Lucullus ; et, lorsque Pompée parvint à le mettre en fuite, il ne s'occupa que des moyens d'exécuter un vaste projet qu'il avait conçu. C'était celui de se porter dans le Bosphore, de franchir les Alpes, et d'aller, comme Annibal, attaquer les Romains au sein même de leurs États. Ses soldats, effrayés d'une entreprise si audacieuse, l'abandonnèrent. Alors Pharnace, son fils, fut proclamé roi. Cette défection fit craindre à Mithridate de tomber au pouvoir de ses ennemis ; et, comme c'était là ce que son orgueil redoutait

---

(1) Tite-Live, lib. xxxix. — Cornélius Népos et Plutarque dans la *Vie d'Annibal.*

le plus, il donne du poison à ses femmes et à ses filles, et il en boit lui-même. Mais le poison est impuissant contre Mithridate : il a recours à son épée; elle trahit encore son espérance; alors il s'adresse à un soldat et se fait tuer par lui (1). — Nous ajouterons que ce Mithridate eut un fils, appelé Machares, qui, s'étant allié avec les Romains, se tua aussi pour éviter le juste ressentiment de son père (2).

La guerre d'Afrique fut marquée par trois célèbres suicides. D'abord, celui de Caton, dont nous avons parlé (3); ensuite, par celui de Juba, et en dernier lieu par le suicide de Scipion.

Après avoir été battu par l'armée de César, Juba fut expulsé de Zama, sa patrie, et repoussé de toutes les villes où il chercha un refuge. Désespérant alors de se sauver, il convint avec Pétreius, son ami, de se battre en duel, afin, dit Hirtius (4), de donner même à leur mort une certaine apparence de courage. Ils luttèrent

---

(1) Plutarque, *Vie de Pompée*. — Dion Cassius, lib. xxxvii. — Appien, *Vie de Mithridate*. — Tite-Live, lib. cii.

(2) Appien, *ibidem*. — Dion, lib. xxxvi. — Orose, *Hist.*, cap. vi, § 5.

(3) Voyez le chapitre iv, vers la fin.

(4) *De Bello Africo*.

donc l'un contre l'autre comme deux adversaires. Juba était plus fort, et tua aisément Pétreius. Il essaya ensuite de se percer de son épée; mais, ne le pouvant pas, il pria un de ses esclaves de lui rendre ce dernier service, et celui-ci obéit (1).

Quant au suicide de Scipion, en voici la cause. Ce capitaine, après avoir défendu sans succès le parti de Pompée, son gendre, fit voile vers l'Espagne. Mais, poussé par des vents contraires, son navire tomba au pouvoir de l'ennemi. Aussitôt que Scipion s'en aperçut, il se passa l'épée à travers le corps, et il répondit aux Césariens, qui, montés sur son navire, demandaient où était le général : *Le général est en sûreté;* ce qui, selon la philosophie de ces temps, voulait dire : il est en sûreté, puisqu'il expire en compagnie de l'honneur et de la gloire.

Sénèque s'est fort extasié sur ces trois suicides, et il n'a pas manqué de publier son admiration par des phrases qui, pour être souvent sentencieuses, sont rarement solides (2).

Nous avons encore un fait à citer, et qui est

---

(1) Sénèque, *de Prov.*, cap. II.
(2) Valère Maxime, lib. III, cap. II. — Sénèque, *Epist. ad Luc.*, XXIV.

arrivé pendant les mêmes campagnes de César. Un Espagnol, nommé Scapula, se retira à Cordoue, après que l'armée de Pompée fut taillée en pièces. Là, il fit dresser un immense bûcher, ordonna un souper splendide, s'habilla des étoffes les plus riches et se mit gaiement à manger. Sur la fin du repas, il se fit tuer par un de ses esclaves, tandis qu'un autre affranchi mettait le feu au bûcher qui était destiné à brûler son cadavre (1).

Il n'est pas d'histoire grecque qui n'ait parlé d'Othryades, l'un des trois cents Spartiates choisis pour combattre avec autant d'Argiens, afin de vider, par les armes, une querelle survenue entre ces deux peuples. De tous les combattans, Othryades fut le seul qui resta maître du champ de bataille. Il eut donc la gloire de dépouiller les Argiens tués dans le combat, et d'apporter leurs armes à son camp. Certes, après un aussi beau succès, il n'y avait rien de plus naturel et de plus honorable à la fois que de revenir à Sparte. Mais non... Othryades aima mieux se passer une épée à travers le corps que d'abandonner son poste (2)...

(1) Hirtius, *de Bello Hispanico.*
(2) Hérodote, lib. I.

Le nom de Cléomène n'est pas moins célèbre dans l'histoire grecque. Poursuivi par Antigone, roi de Macédoine, Cléomène interrogea Thérycion sur le parti qu'ils avaient à prendre. Thérycion était d'avis que, dans l'extrémité où ils se trouvaient placés, il fallait avoir recours à un prompt suicide. A quoi Cléomène répondit : « Êtes-vous assez lâche pour regarder
« comme un effet de courage la chose la plus
« facile à faire? Celui qui succombe aux tra-
« vaux ou aux fatigues, à la louange ou à la
« censure, celui-là est vaincu par la mollesse.
« Le suicide doit être, non pas la fuite d'une
« action, mais une action même. C'est une
« honte que de vivre ou de mourir pour soi.
« Nous ne devons ni l'un ni l'autre abandonner
« l'espérance de rendre quelques services à la
« patrie. Quand nous aurons perdu tout espoir,
« il nous sera facile de mourir comme nous
« voudrons. » Il paraît néanmoins que ce colloque ne changea en rien la conviction des deux interlocuteurs, car Thérycion se porta de suite un coup d'épée, et Cléomène, réfugié en Égypte, y attendit que les événemens vinssent le jeter dans une position désespérée. Aussitôt ce moment arrivé, il s'écria : « A présent, nos prin-

« cipes et notre honneur nous imposent l'obli-
« gation d'en finir; » et il se tua avec treize de
ceux qui lui étaient restés fidèles, et qui avaient
partagé son sort (1).

Les deux plus grands orateurs de la Grèce,
Démosthène et Isocrate, se laissèrent subju-
guer, avec une docilité plus digne de l'autre
sexe, par les idées du vulgaire, touchant l'honneur et la gloire. Cela ne nous étonne pas : car,
à force de s'étayer sur des opinions populaires,
les orateurs finissent souvent par les embrasser
eux-mêmes. Voyez plutôt : à l'époque où le
mauvais succès de la bataille de Chéronée plaça
les Athéniens sous la domination de Philippe,
Isocrate avait quatre-vingt-dix ans. Eh bien!
malgré le peu de temps qui lui restait à vivre,
il se fit mourir de faim, tant le nom d'esclave
et de vaincu effrayèrent son imagination (2)!

Antipater, général d'Alexandre, envahissait
les murs d'Athènes. Démosthène, qui était
non seulement un orateur bien supérieur à Isocrate, mais encore un philosophe et un homme
d'état accompli, s'étant réfugié dans le temple

---

(1) Plutarque, *Vie de Cléomène*.
(2) Valère Maxime, lib. III.

de Neptune, s'empoisonna à la seule vue des envoyés de son ennemi qui venaient s'emparer de sa personne. Il espéra, sans doute, qu'on lui donnerait le surnom de *dernier des Grecs*, ainsi que cela eut lieu pour Brutus et Cassius, qui furent appelés les *derniers des Romains* (1).

Et puisque nous parlons de cet ancien peuple, est-il besoin de répéter que le sophisme qui était le plus en vogue dans la ville aux sept collines fut celui-ci : *l'homme d'esprit et l'homme de cœur doivent rechercher la gloire et éviter la honte au prix même d'un suicide?* N'est-ce pas, en effet, sous l'empire de ce sophisme que Paul-Émile répondit, avec un ton railleur, à Persée, dernier roi de Macédoine, qui le conjurait de ne pas le donner en spectacle : « Ce que vous me demandez était déjà en votre « pouvoir, et l'est encore aujourd'hui. » Voulant dire par là, comme le fait remarquer Plutarque (2), qu'il pouvait, par une mort volontaire, prévenir ce qui l'humiliait. N'est-ce pas encore sous le vertige du même sophisme que tant d'hommes distingués se donnèrent la mort?

---

(1) Plutarque, *Vie de Démosthène.*
(2) Idem, *Vie de Paul-Émile.*

Ainsi : L. Crassus, pour ne pas être captif des Thraces (1); L. Afranius, pour ne pas tomber au pouvoir de César (2), et C. Dolabella, gendre et tourment de Cicéron, pour ne pas subir la loi de Cassius (3)! Et qui osera contester que quand Lollius se porte un coup d'épée parce qu'il a encouru la haine de Caïus César, fils d'Auguste (4); et lorsque P. Crassus se tue avec Censorinus Magabacchus, et ses meilleurs compagnons, pour ne pas être fait prisonnier après sa malencontreuse expédition contre les Parthes (5), qui osera contester, disons-nous, que tous ne soient tombés victimes de la même aberration? Et puis, si le fameux poète C. Gallus, l'ami de Virgile, ne veut point endurer les peines de l'exil (6); si C. Lutatius, le vainqueur des Cimbres, fait allumer un énorme brasier et se laisse étouffer par la vapeur pour ne pas céder à Marius (7); si P. Carbone, D. Sa-

---

(1) Valère Maxime, lib. III, cap. II.
(2) Hirtius, *de Bello Africo*.
(3) Appien, *de Bello Civ.*, lib. IV. — Dion Cassius, lib. XLVII.
(4) Pline, lib. IX, cap. XXXV. — Bayle, *Dict.*, art. *Lollius*.
(5) Plutarque, *Vie de Crassus*.
(6) Dion Cassius, lib. LIII. — Suétone, *Vie d'Octave*.
(7) Plutarque, *Vie de Marius*.

binus, F. Fimbria, C. Scribonius, G. Laterense; si enfin les enfans de T. Manlius, de Scaurus, de Marius et de tant d'autres se donnent tous la mort, leur action n'est-elle pas un effet de cette épouvantable frénésie d'honneur et de gloire (1)?

Et sous la tyrannie de Tibère quel spectacle! que de prévenus et combien de condamnés, mus par des sentimens que nous expliquerons bientôt, ont ajouté à ces tristes scènes! — Un crime de rébellion est imputé à C. Cornutus. La moralité de celui qui accuse est plus que contestable, puisqu'il vient dénoncer, non seulement des hommes irréprochables, mais son père lui-même. On peut dès lors espérer que la vérité se fera jour. Cependant l'imagination de Cornutus est plus occupée de l'affront qu'on lui fait que de l'espérance de voir sa cause triompher, et il se tue (2)! Drusus Libon regarde aussi comme un opprobre l'accusation qu'on lui intente, et il fait comme Cornutus (3). Et

---

(1) Ces derniers faits sont également rapportés dans les auteurs que nous venons de citer.
(2) Tacite, *Ann.*, IV.
(3) Idem, *Ann.*, II.

notre Sénèque d'applaudir à cette action (1)!

G. Pison empoisonne l'excellent Germanicus. Ce malheureux est mis en jugement; mais il n'attend pas l'arrêt et il se fait une gloire d'éluder, par sa mort, la rigueur des lois (2). Une étrange accusation pèse sur Néron, fils de Germanicus, et sur Silius, son intime ami, et ils suivent l'exemple de Pison (3). Crementius Corda écrit une histoire. Il y loue Brutus, appelle Cassius le dernier des Romains, et médit avec aigreur de Séjan. On lui en fait un crime. Il se défend d'abord avec beaucoup de gravité ; ensuite il quitte le sénat et rentre dans sa demeure. L'ennui s'empare bientôt de lui, et pour y mettre un terme, il refuse toute nourriture pendant quatre jours. Sa fille cherche à ouvrir son âme à d'autres sentimens, mais elle n'obtient pour toute réponse que ces mots : « Je « suis entré dans le chemin de la mort ; je l'ai « déjà parcouru à moitié ; tu ne peux m'empê- « cher de finir le reste. » Alors il se cache dans un endroit inconnu et meurt (4). Le préteur

---

(1) *Epist.* LXX.
(2) Tacite, *Ann.*, III. — Dion, lib. LVII.
(3) Suétone, dans la *Vie de Tibère*. — Tacite, *Ann.*, IV.
(4) Tacite, *Ann.*, IV. — Sénèque, *Consolat. ad Martiam.*

Plautius Silvanus, neveu de la célèbre Urgulonie, accusé et prêt à être condamné, s'ouvre les veines, et paralyse ainsi les effets de la justice (1). Publius Vitellius, oncle de l'empereur de ce nom, condamné comme complice de Séjan, s'ouvre également les veines avec un canif (2). Asinus Gallus, fils d'Asinus Pollion, et l'infortunée Agrippine, femme de Germanicus, tyrannisés par Tibère, et fatigués de lutter si long-temps entre la vie et la mort, se laissent mourir (3) par l'abstinence. F. Trius, V. Agrippa, C. Galba, frère de l'empereur de ce nom, L. Arruntius qui voulut (4) mourir pour les choses passées et futures, et tant d'autres hommes célèbres de ce siècle, pour ne pas être livrés au bourreau, eurent la triste pensée de se faire leurs propres bourreaux (5). Et cette mode épouvantable continua sous les règnes de C. Caligula, de Claude, de Néron et même après.

(1) Tacite, *Ann.*, IV.
(2) Suétone, *Vie de Vitellius.* — Tacite, *Ann.*, V.
(3) Suétone, *Vie de Tibère.* — Tacite, *Ann.*, VI.
(4) Voyez le paragraphe 7 de ce chapitre.
(5) Suétone, dans les *Vies de Tibère* et *de Galba.* — Tacite, *Ann.*, VI. — Dion, lib. LVIII.

Nous ne parlerons pas de Tibère le jeune, d'Antonie, mère de Germanicus, de Macron et de sa femme, parce qu'il n'est pas bien certain que leurs morts furent spontanées.

Mais nous citerons ici un fait célèbre. C'était pendant la première année du règne de Caïus. On faisait des vœux dans le Capitole pour ce prince. Un esclave, nommé Macaon, se présente. Voulant s'élever au-dessus de sa condition, il monte sur le lit de Jupiter; il prédit alors de grands malheurs, et, pour donner quelque autorité à ses paroles, il tue un petit chien qu'il avait amené, et tranche ensuite le fil de ses jours (1).

Pendant le déplorable changement de consuls et de consulats, que la manie de Caïus s'exerçait à faire et à renverser à son caprice, un consul dont le nom nous est inconnu, réprimandé publiquement, s'avisa de se laver de l'opprobre en se donnant la mort (2).

Cornelius Sabinus, l'un des meurtriers de Caïus, ne voulut point accepter sa grâce qui

---

(1) Dion, lib. LIX. — Tillemont, *Hist. des Emp.*, liv. I, ch. IV.

(2) Tillemont, *Vie de l'empereur Caïus*, ch. XI et XIII.

lui était offerte par l'empereur Claude, parce qu'il crut que ce serait se déshonorer que de survivre à ses amis et compagnons ; en sorte qu'il partagea volontairement leur sort (1).

La révolte de Scribonianus contre Claude fut suivie d'un nombre infini de suicides. Minucianus et une foule d'autres cédèrent au courant ; et on tomba dans de tels excès, dit Dion (2), qu'on fit consister le plus grand bonheur et la plus belle gloire à souffrir la mort, ou à se la donner de gaîté de cœur.

Peu de temps après cette tempête, Poppée, mère de celle que Néron rendit si célèbre et si malheureuse, fut tellement effrayée de la prison que Messaline lui préparait, qu'elle se détermina à prévenir ce malheur, en se tuant (3).

Outre les suicides d'Epicharis, de Rufus, de Proculus, de Vindice, de Cereale, et ceux que nous avons cités ailleurs, qui arrivèrent sous le règne de Néron, il y en eut un surtout qui, il faut le dire, nous navre le cœur. Corbulon réunissait les plus belles qualités. Aussi profond

---

(1) Dion, liv. LX.
(2) Ibidem.
(3) Tacite, *Ann.*, XI.

littérateur que brave soldat, il s'éleva au-dessus de tous ses contemporains. Son éclat effaroucha l'impitoyable Néron, et il eut la barbarie de le condamner au dernier des supplices. Corbulon est bientôt averti de son sort, et, pour mettre son honneur à couvert, il se plonge l'épée dans la poitrine (1).

Mais, autant ce suicide excite notre pitié, autant celui de Néron est indigne de ce sentiment. Abandonné de tous, ce tyran demanda d'abord quelqu'un qui voulût l'égorger. Mais il ne trouva personne pour ce service. Il chercha ensuite à obtenir du poison qu'il avait sans doute préparé pour les autres, et il ne put être satisfait. Il pensa un instant à se précipiter dans le Tibre; mais enfin il prit le parti de se réfugier chez un de ses affranchis. Ce fut là qu'il apprit l'arrêt de mort émané du sénat et sanctionné par Rome tout entière, qui s'était levée comme un seul homme pour le condamner. Alors il s'empara de deux poignards, il fit creuser une fosse dont il mesura l'étendue sur la grandeur de son corps, et il ordonna qu'on y plaçât quelques fragmens de marbre. Il exi-

(1) Dion, lib. LXIII. — Valesio, *Excerpta*.

gea en même temps qu'on apportât de l'eau et du feu, et qu'on rendît les derniers devoirs à ses restes. Pendant ces préparatifs, il s'écria : *Il faut donc qu'un grand sénateur périsse!* et il s'enfonça la pointe de son glaive dans ce cœur, siége de tant d'atrocités ! Nous qui savons comment la vie de Néron fut remplie, nous serions peut-être disposés à ne pas blâmer cette mort (juste châtiment de tant de crimes!), s'il nous était possible de ne pas y voir le résultat de l'éducation toute stoïcienne des Romains (1); mais cette philosophie est évidemment la cause de la mort de ce monstre.

Cette époque nous conduit à citer un singulier suicide. Nous voulons parler de celui de Pétrone, l'auteur présumé du *Satirique* (2). Si nous en croyons Saint-Évremont (3), Pétrone

―――――
(1) Dion, lib. LXIII. — Suétone, *Vie de Néron.* — Flavius Josèphe, liv. *de la Guerre des Juifs.* — Fleury, *Hist. ecclés.*, liv. II, § 30. — On serait sans doute tenté de ne pas blâmer le suicide de Néron, parce qu'il n'est que le châtiment d'un monstre qui ne vécut que pour faire le mal et commettre des atrocités; mais cette action est triste, de quelque part qu'elle vienne, et elle est blâmable chez le plus grand scélérat comme pour un autre homme. (*Note des traducteurs.*)
(2) Voyez la note K, à la fin du volume.
(3) *Jugement sur Pétrone.*

« professait les plaisirs exquis et une mollesse
« étudiée. » De tels goûts lui valurent une faveur
toute particulière de la part de Néron. Ce tyran
le jugea propre au maniement des affaires, et
il le nomma proconsul de Bithynie. Tigellin en
fut fort jaloux, il l'environna de calomnies, et
il le fit emprisonner. Pétrone se détermina alors
à prévenir le dessein de son rival (1). Il n'admit cependant aucune alternative de crainte
ou d'espoir, et il ne quitta point la vie précipitamment. Il s'abandonna à toutes sortes de caprices. Tantôt il se fit ouvrir les veines ; tantôt
il se les fit refermer. Il conversa avec ses amis
sur des objets frivoles et des poésies légères. Il
accorda des largesses à quelques esclaves, et il
en fit châtier d'autres ; enfin, après avoir partagé son temps entre les badinages et les plaisanteries, il s'éteignit dans une indifférence
que rien ne saurait jamais exprimer (2)!

Les historiens, qui aiment à rechercher et à
connaître les causes des événemens extraordinaires, se sont adressé cette question : « Pourquoi,

---

(1) Il comprit sans doute que Tigellin en voulait à sa vie.
(Note des traducteurs.)
(2) Tacite, Ann., xvi. — Plutarque, *Vie de Galba*.

« à cette époque, les suicides étaient-ils si fré-
« quens parmi les prévenus et les condamnés?»
Et ils ont unanimement répondu : « C'est parce
« que, au temps dont il s'agit, les condamnés
« à la peine capitale étaient non seulement
« exposés, traînés par la ville et jetés dans le
« Tibre, mais encore parce que tous leurs
« biens étaient confisqués. Tandis qu'au con-
« traire, ceux qui, avant de subir la peine,
« disposaient de leur vie, recevaient les der-
« niers honneurs, et leur fortune était conser-
« vée comme une prime due au courage de se
« donner la mort (1). » Ainsi, la plupart des suicides arrivés sous Tibère et sous les empereurs
suivans furent inspirés par la crainte du bourreau, et, surtout, par le désir de conserver in-
tacts ses biens même après sa mort. Il faut en
convenir, c'est là un singulier système d'économie, et bien digne des *lumières* de l'époque !

(1) Suétone, *Vie de Tibère*. — Dion, lib. LVIII. — Tacite,
liv. VI des *Ann*. — Tillemont, *Vie de Tibère*, art. XV. — Montesquieu, *Grandeur des Romains*, ch. XII.

§ V.

De ceux qui se tuèrent à cause de susceptibilités ridicules.

Rien, à notre avis, ne mérite autant de mépris que les attaques de la satire. Il y a pourtant des hommes qui leur ont donné une si grande importance, qu'ils ont mieux aimé mourir que de survivre à un sarcasme lancé contre eux. C'est là une étrange manière d'agir! Aussi ces hommes qui avaient pu s'attirer la raillerie d'un seul, ont mérité le blâme de tous les gens sensés.

Hipponax, poète grec, était petit, laid et rabougri. Les deux frères Bupalus et Athénis, sculpteurs de l'île de Chio, firent son buste et renchérirent encore sur sa laideur. On en rit beaucoup. Mais le poète, dont le moral ne ressemblait point au physique, lança contre eux, dit un auteur célèbre (1), une légion fulminante de vers iambiques, qui les désola de telle

---

(1) Bayle, *Dict.*, art. *Hipponax*.

sorte que le bruit courut qu'ils se pendirent de dépit.

La poésie acquit une grande célébrité à Archiloque. Cependant ses pièces n'étaient aussi qu'un tissu de médisances. Lycambe avait promis à ce poète sa fille en mariage; puis, mieux avisé peut-être, il rétracta sa parole. Blessé de ce refus, Archiloque rassembla les torrens de sa bile contre Lycambe et sa famille. Ce dernier crut que c'en était fait de sa réputation s'il ne se donnait pas la mort. Alors il se pendit avec trois de ses filles, parmi lesquelles se trouvait la jeune fiancée (1).

Elien rapporte que Polyagre se voyant ouvertement raillé dans une comédie, eut recours au même expédient que Lycambe (2).

Mais si la satire a fait quelques victimes parmi ceux qu'elle a piqués, elle a aussi été quelquefois funeste aux écrivains qui ont voulu la mettre en honneur.

Labianus était un orateur, ou pour mieux dire, un déclamateur mordant et satirique.

---

(1) Horace, liv. I, épît. XIX. — Athénée, lib. III, cap. XXV. — Bayle, *Dict.*, art. *Archiloque.*
(2) *Var. Hist.*, lib. V, cap. VIII.

Opprimé par la misère, il était encore, à cause de ses médisances, poursuivi par la haine publique. Aussi, comme sa liberté de parler passait toutes les bornes, et comme il s'en prenait à toutes les classes de la société, on l'appelait *Rabienus* (c'est-à-dire l'enragé), au lieu de Labianus. Ce fut même par rapport à lui qu'on appliqua, pour la première fois, la loi qui condamnait les mauvais livres aux flammes. Et il est heureux, dit à cette occasion Sénèque le Rhéteur, « que cette peine ne fut mise à exécu-
« tion qu'après Cicéron, car quel malheur
« n'eût-ce pas été s'il avait plu aux triumvirs
« de proscrire les œuvres de ce grand orateur!
« mais heureusement que la loi contre les pro-
« ductions de l'esprit ne fut rendue qu'à une
« époque où les génies commençaient à s'éclip-
« ser. » Quoi qu'il en soit, cet outrage alla droit à l'âme de Labianus. Ne voulant pas survivre à la destruction de ses livres, il se fit porter aux tombeaux de ses ancêtres. Il pourvut de ses propres mains à sa sépulture, et il s'enterra lui-même (1).

(1) Sénèque le Rhéteur, dans la *Préface* du xe livre des *Controverses*.

Antoine Mancinel, orateur, poète et grammairien du quinzième siècle, avait écrit contre le pape Alexandre VI un pamphlet qui rappelait toute la véhémence de l'ancien Labianus. Un jour solennel, cet homme monté sur un cheval blanc se présente devant un peuple immense. Il fait la lecture de son écrit, et il en distribue des exemplaires. Mais une punition cruelle suit cette conduite audacieuse. Alexandre fait prendre l'auteur du pamphlet, et il ordonne qu'on lui coupe les deux mains. Mancinel ne se tint pas pour battu : dès qu'il fut guéri, il saisit une autre occasion, et prononça une seconde harangue plus virulente encore que la première. Alors Alexandre lui fit couper la langue. Cet homme exalté, reconnaissant enfin l'impossibilité de débiter une troisième philippique, se laissa mourir de sa blessure. On voit que cet Antoine Mancinel fut un téméraire qui voulut à toute force faire valoir son dangereux talent pour la satire (1).

Vers cette même époque, époque empreinte de la plus déplorable corruption et déjà fertile

---

(1) Du Plessis Mornai, *Mystère d'iniquité*, in-4°, p. 567. — Voyez aussi la note L, à la fin du volume.

en attaques dirigées contre le Saint-Siége, il plut à un Dominicain, appelé Savonarole, de critiquer du haut de sa chaire, à Florence, les principaux brefs de la cour de Rome. Les hérésies de cet homme étaient d'autant plus dangereuses qu'il était parvenu à se faire regarder comme un prophète. Il importait donc de le réfuter et de le convaincre d'imposture. Un Franciscain, nommé Dominique de Brescia, voulut bien s'imposer cette tâche. Une discussion s'engagea, et on alla si avant qu'on accepta de part et d'autre l'incroyable défi de passer à travers le feu. On fixa un jour pour exécuter cette détermination. Savonarole savait bien que cette épreuve lui serait fatale; mais le besoin de ne point faillir à sa réputation de saint et de prophète lui faisait soutenir le contraire. Le Frère Mineur était plus franc. Il n'ignorait pas non plus que le feu ne lui serait pas favorable, mais au moins il n'affichait pas la prétention d'en sortir intact. Enfin, engagés par leur polémique, ces nouveaux brachmanes se rendirent à l'endroit convenu avec la ferme détermination d'y trouver la mort. Mais, sur quelques difficultés arrivées fort à propos, l'assemblée se rompit, et chacun rentra chez soi. On comprend qu'un tel scandale fut suffisamment puni par le ridicule qu'il attira sur ses auteurs (1).

Ce ne fut point à cause de la médisance, mais pour faire honneur à ses pronostics astrologiques, qu'un grand fanatique, qui ne manquait pourtant pas d'esprit, se donna la mort. MM. de Thou et Scaliger (2) racontent que Jérôme Cardanus avait prédit l'époque de sa mort, et que cette époque étant arrivée, il s'abstint de nourriture, afin que sa prédiction ne fût point démentie. « Il craignait, dit Bayle (3), de survivre
« à la fausseté de ses prophéties. Il était si délicat
« sur le point d'honneur, qu'il n'eût pu souffrir
« le reproche d'avoir été faux prophète, et d'a-
« voir fait tort à sa profession. Certes, il y a
« peu de gens qui se piquent de tant de courage
« et qui ont tant de sollicitude pour leur art.
« On en voit davantage qui laissent tout dire,

---

(1) Guichardin, *Hist.*, liv. III. — Jean Burchard, dans son journal, ou *Diarium* d'Alexandre VI, ouvrage curieux, écrit d'un style simple, naïf et barbare, et qui n'a point encore été publié en entier. — Bayle, *Dict.*, art. *Savonarole*. — Voyez aussi la note M, à la fin du volume. (*Note des traducteurs.*)

(2) Thou, *Hist.*, liv. LXII. — Scaliger, *Prolegom. ad Manilium*.

(3) *Dict.*, art. *Cardanus*.

« qui ne s'effraient de rien, qui se consolent ai-
« sément et qui ne s'en portent pas moins
« bien. »

Mais, de tous ces suicides, il n'en est aucun qui égale en exagération celui de Comblète. Ce suicide touche de si près au fabuleux, que nous n'eussions jamais songé à le reproduire s'il ne nous avait paru de nature à égayer un peu nos lecteurs et à leur donner une idée de certaines aberrations de ceux qui ont écrit pour l'histoire.

Nous lisons donc dans Athénée (1) que Comblète, roi de Lydie, était d'une telle voracité qu'aucune imagination ne saurait se la représenter. Une nuit, dit cet écrivain, Comblète fit un rêve; il pensait, sans doute, être à son souper; car, pendant ce rêve, il mit sa femme en piè-

(1) Célèbre grammairien grec, natif de Naucrate (en Égypte), et l'un des plus savans hommes de son temps, florissait au deuxième siècle, sous Marc-Aurèle et au-delà de Sévère; c'est le Varron ou le Pline des Grecs. Il ne nous reste de lui, dit l'abbé Ladvocat, que les *Dipnosophistes*, c'est-à-dire les *Sophistes à table*, en quinze livres, dont il nous manque les deux premiers, une partie du troisième et la plus grande partie du dernier. On y trouve une variété surprenante de faits et de citations qui en rendent la lecture agréable aux amateurs de l'antiquité. La traduction latine de Natalis Comès, et la française de l'abbé Marolles, sont pitoyables.

(*Note des traducteurs.*)

ces, et il en mangea plusieurs morceaux (1). Ce crime se divulgua le lendemain. Comblète en fut épouvanté, et le malheureux se tua aussitôt. — Si les hommes de cette trempe étaient nombreux, c'en serait fini des maris... Leur nom deviendrait à coup sûr un objet d'effroi pour toutes les jeunes filles.

Et, puisque nous sommes en chemin de nous délasser un peu l'esprit, citons encore un fait rapporté par le même auteur.

Antoclès et Épiclès étaient liés par la plus étroite amitié. Ils partageaient tous leurs instans entre la gourmandise et la débauche. Mais lorsque l'argent vint à leur manquer, et qu'il ne leur fut plus possible de mener le même train de vie, ils se donnèrent la mort en avalant de la ciguë (2). Nicée de Callias et Périclès auraient pris, d'après Élien (3), la même détermination. Il paraîtrait, en effet, que ces deux insensés, après avoir dévoré tout leur bien, vidèrent une large tasse de ciguë, et dirent adieu à ce monde, parce qu'il ne leur promettait plus de satisfaire leurs goûts effrénés.

(1) Athénée, lib. x, cap. ii.
(2) Idem, lib. xii.
(3) Var. Hist., lib. iv, cap. xxiii.

Le même Athénée parle en plusieurs endroits de trois Apicius qui excellaient dans l'art culinaire. Toutefois il y en eut un qui parvint à éclipser la gloire de ses homonymes. Il créa non seulement des mets auxquels il donna son nom, mais il ouvrit encore une école de gloutonnerie. Il alla jusqu'à sacrifier aux plaisirs de la bouche la plus grande partie de sa fortune, qui était immense. Mais, enfin, obligé, à cause de quelques dettes, de vérifier ses comptes, il fut fort surpris de voir qu'il ne lui restait plus que six millions; et, comme il trouva que cette somme n'était pas suffisante pour la voracité de son ventre, il s'empoisonna (1).

C'est à dessein que nous n'accompagnons ces récits d'aucune remarque. Si nous avions voulu les examiner de plus près, au lieu de nous égayer, ils n'auraient pas manqué de nous inspirer de tristes réflexions. Nous n'en ferons pas moins notre profit, et nous trouverons là une preuve nouvelle de ce que peut la raison, lorsque, corrompue par la licence, elle dirige en reine absolue les actions humaines!...

---

(1) Athénée, lib. I, IV et VII. — Dion, lib. LVII. — Sénèque, qui a rapporté ce fait (*Consol. ad Helviam*), ne peut s'empêcher

§ VI.

De ceux qui se tuèrent par chasteté.

L'honneur est un sentiment qu'on peut, selon l'opinion et les mœurs, attacher à des actions différentes. Mais jamais, de l'aveu des hommes les plus instruits, ce sentiment ne sera mieux et plus justement appliqué qu'à la vertu qu'on désigne par le mot *chasteté*.

Toutefois cette vertu n'est pas admirée également chez les deux sexes. En effet, si elle est pour les femmes d'un prix inappréciable, on ne la considère vulgairement chez les hommes que comme un fleuron beaucoup moins important. Il en est résulté de là que plusieurs femmes ont préféré la mort à la perte de la chasteté, tandis que quelques hommes seulement ont fait à la même vertu le sacrifice de leur vie.

Nous n'aurons que deux de ces hommes à mentionner : Démoclès et Sixt Papinius. Le

---

de s'écrier : « Et qu'on nous dise maintenant que le bonheur se mesure sur les richesses ! »   (*Note des traducteurs.*)

premier, jeune homme d'une vertu et d'une beauté remarquables, se tua pour ne pas céder aux sollicitations infâmes de Démétrius (1). L'autre se précipita pour échapper aux caresses incestueuses de sa mère (2). Ce sont là, nous l'avouons, les seuls noms que nos études nous aient fait connaître à ce sujet. On trouvera, sans doute, ce nombre bien petit, et on en conclura peut-être que les hommes attachent moins de prix à la chasteté. Mais ce serait une erreur. C'est comme si on voulait soutenir que les femmes sont plus pudiques, parce que le nombre de celles qui ont sacrifié leur vie à la chasteté est plus grand que celui des hommes (3).

Le paganisme compte beaucoup de ces femmes. Le suicide de Lucrèce, que les uns ont porté jusqu'aux nues, et que les autres ont flétri au-delà de toutes bornes, est si connu qu'il ne mérite pas que nous nous y arrêtions. Mais en voici d'autres qui eurent moins de retentissement. Nous les empruntons à Valère Maxime et à Cicéron.

---

(1) Plutarque, *Vie de Démétrius.*
(2) Tacite, *Ann.*, vi.
(3) Voyez la note N, à la fin du volume.

Le premier dit qu'une femme grecque, nommée Hippo, prise par un vaisseau ennemi, se précipita dans la mer pour mettre son honneur en sûreté aux dépens même de ses jours. Et il ajoute que les femmes des Teutons supplièrent Marius, après sa victoire, de les mettre entre les mains des vestales, afin de vivre comme elles dans la chasteté ; mais que cette faveur leur ayant été refusée, elles se pendirent de désespoir (1).

Nous lisons ensuite dans Cicéron que des jeunes filles de Bysance, appartenant aux plus hautes familles, se jetèrent dans des puits pour échapper à l'opprobre. Cette action, ajoute le célèbre orateur, justifia la haine qu'on vouait à l'Empire romain, et consacra en même temps le souvenir des infamies commises sous le proconsulat de Pison (2).

On sait que plusieurs femmes chrétiennes se suicidèrent aussi par des principes de chasteté. Eusèbe et plusieurs saints Pères rapportent que sainte Domnine et ses deux filles, Bérénice et Prosdoce, vierges d'Antioche, se noyèrent dans

---

(1) Valère Maxime, lib. VI, cap. I.
(2) Cicéron, *Oratio de provinciis consularibus.*

une rivière pour ne point forfaire à leur honneur. Ils ajoutent que sainte Pélagie, aussi d'Antioche, placée dans la même extrémité, se jeta du haut de sa maison; et qu'à cette époque et dans la même ville, plusieurs autres chrétiens donnèrent la preuve de cette abnégation de soi-même (1). Eusèbe cite encore l'histoire d'une dame romaine, que plusieurs ont depuis appelée Sophronie. Cette matrone apprend que les archers dont Maxence se servait pour faire prendre les femmes qu'il avait dessein de violer, étaient déjà entrés dans sa maison. Elle demande un peu de temps, sous prétexte de se parer. Alors, se voyant seule dans sa chambre, elle se plonge une épée dans le sein, et fait connaître ainsi, dit Eusèbe, *qu'il n'y a que la vertu chrétienne qui soit invincible et à l'épreuve de la mort* (2).

Digna mérite d'être placée à côté de cette

---

(1) Eusèbe, *Hist. eccles.*, lib. VIII, cap. XII. — Saint Ambroise, *de Virg.*, lib. III. — Saint Jean Chrysostome, *Homélie sur sainte Bérénice et sur sainte Pélagie*. — Saint Augustin, *de Civit. Dei*, lib. I, cap. XXVI. — Voyez, à la fin du volume, la note O.

(2) *Hist. eccles.*, lib. VIII, cap. XIV, et *de Vita Constantini*. — Bayle, *Dict.*, art. *Sophronie*. — Voyez encore la note O, ci-dessus indiquée. (*Citation des traducteurs.*)

héroïne. Lors de l'invasion des Barbares, la ville d'Aquilée, patrie de Digna, tomba au pouvoir d'Attila. Soudain, épris d'amour pour cette femme, le barbare chercha à l'obtenir par la force. Digna feignit d'ignorer ce projet. Elle engagea son ravisseur à monter avec elle sur la partie la plus élevée de la maison. Attila y consentit. Mais aussitôt qu'ils eurent atteint l'endroit désigné, Digna se précipita par la fenêtre, en s'écriant : *Si vous voulez m'avoir, vous n'avez qu'à me suivre* (1).

Comme plusieurs saints Pères, entre autres saint Ambroise et saint Jean Chrysostome, ont parlé avec éloge de ces femmes vertueuses, surtout de celles qui ont été canonisées par l'Église, Barbeyrac s'est récrié contre ces éloges, et il a prétendu qu'ils étaient mal appliqués (2). Nous ne voulons pas combattre pour le moment cette prétention saugrenue. Nous nous réservons à le faire avec étendue dans un des articles suivans (3). Seulement nous ferons remarquer ici à cet écrivain que, parmi les en-

---

(1) Saint Boniface, lib. VI. — Sigonius, *Historia de Occidentis imperio*, lib. XIII.

(2) *Traité de la Morale des Pères*, cap. XV, § 10.

(3) Chapitre VII.

seignemens des Pères de l'Église, on trouve partout ce double précepte : *La vie et la mort dépendent exclusivement de Dieu; nul n'a le droit d'attenter à sa propre existence, ni à celle des autres.* Or, peut-on supposer qu'avec une semblable doctrine, les saints Pères aient jamais pu faire l'apologie du meurtre de soi-même? Non! leurs éloges ne se rapportent donc point au suicide, mais à une action qu'ils ont regardée, non pas comme spontanée, mais comme inspirée par la volonté de Dieu (1).

Ne terminons pas ce paragraphe sans dire un mot d'une chaste Espagnole. Nous voulons parler de Marie Coronel, fille du fameux Coronel qui se souleva contre Pierre-le-Cruel, roi de Castille, et qui lui fit une guerre dont l'issue lui fut si funeste. Jean de la Cerda, mari de cette Espagnole, ayant pris part à la conspiration de son beau-père, dut en partager les conséquences. Il fut exilé. Marie ne put supporter son éloignement. Elle trembla que les penchans de son jeune âge ne l'égarassent et ne la perdissent; et la seule crainte de perdre sa chasteté,

---

(1) Voyez, entre autres, Tillemont, *Hist. ecclés.*, t. v, part. III.

la détermina, dit Mariana, à se donner la mort (1).

Depuis plusieurs siècles le sentiment de chasteté n'a porté que cette personne à se suicider. Et il est heureux qu'il en soit ainsi, car, selon nous, il vaut mieux souffrir un outrage, que de recourir, pour l'éviter, à une action telle que le suicide.

§ VII.

De ceux qui se donnèrent la mort pour des causes physiques. — Histoire de plusieurs suicides anglais.

Comme les suicides inspirés par les douleurs vives, ou par des maladies cruelles, paraissent pour plusieurs les moins déraisonnables; et comme c'est principalement sur ces genres de suicides que les apologistes du meurtre de soi-même appuient leurs raisonnemens, et qu'ils fondent en grande partie le succès de leur cause, nous devrions sans doute parler ici de tous ceux qui crurent, en se donnant la mort, s'affranchir des souffrances physiques.

(1) *De Rebus Hispanicis*, lib. xvi, cap. xvii.

Ainsi, nous pourrions citer, parmi les anciens, Aristarque qui voulut, par un suicide, mettre un terme aux tourmens de l'hydropisie (1); le médecin Érasistrate, qui, rongé par un ulcère, but la ciguë (2); Ératosthène, appelé le philologue, qui, ayant perdu la vue, se laissa mourir (3). Nous pourrions ajouter que Pomponius Atticus, dont nous avons déjà parlé (4), et P. Latrone, aimèrent mieux mourir que de supporter la fièvre (5); que Dioclétien, pour échapper tout à la fois aux menaces de Licinius et de Constantin, et à ses propres souffrances, s'empoisonna (6); et qu'enfin Silvius Italicus, atteint d'une maladie inguérissable, se décida, au dire de Pline le jeune (7), *avec une inébranlable fermeté*, à ne prendre aucune nourriture.

Passant ensuite à une date moins reculée,

---

(1) Suidas, *Vie d'Aristarque*. — Bayle, *Dict.*, art. Aristarque.

(2) Stobée, *Sermo* vii *de Fortitud.* — P. Castellanus, *de Vitis ill. Medicorum in Erasistrato.*

(3) Plutarque, *OEuv. mor.*

(4) Voyez chapitre V.

(5) Sénèque, *Préf. des Controv.*, lib. i.

(6) Lactance, *de Mort. persecut.*, cap. xlvii.

(7) *Epist.* vii, lib. iii.

nous pourrions rappeler également que le fameux jurisconsulte Pierre de la Vigne, ex-chancelier de Frédéric II, par ordre duquel il fut privé de la vue, ne sut se délivrer des douleurs dont il était accablé, qu'en se brisant la tête contre un mur (1); qu'Élisabeth, reine d'Angleterre (2), frappée d'une maladie subite à cause de l'exécution de son bien-aimé, le comte d'Essex, conçut un tel dégoût de la vie et de la royauté, que, refusant les secours de l'art, qui auraient pu la sauver, elle aima mieux se laisser mourir de faim (3); et que naguère encore, une semblable détermination fut prise par Perrot d'Ablancourt, le fameux traducteur de Tacite, de Lucain, et d'autres auteurs anciens grecs et latins, et dont les versions, bien que Ménage les ait appelées les *belles infidèles*, sont néanmoins lues et recherchées, beaucoup plus que les œuvres de ce critique. Néanmoins, voici donc ce que fit d'A-

---

(1) Raphaël Volaterran, *Antropologia*, lib. XXIII.

(2) C'est la cruelle Élisabeth, fille de l'ignoble et cruel Henri VIII. On connaît sa fureur pour la continuation de l'œuvre de son malheureux père. Quels dignes fondateurs de religion !... *(Note des traducteurs.)*

(3) Bayle, *Dict.*, art. *Élisabeth*.

blancourt. Pressé par la maladie de la pierre, il vint à Paris dans le but de se faire tailler. On était alors en novembre; il fallait attendre le printemps prochain; Perrot ne le voulut pas et se laissa mourir en refusant tout aliment (1).

Nous le répétons, il faudrait citer tous les faits de ce genre que nous connaissons, puisque nos adversaires ont voulu tirer bon parti des suicides occasionnés par des maux physiques. Cependant nous avouons, et plusieurs sont de cette opinion, qu'il y a des cas où la douleur, lorsqu'elle a atteint son dernier degré, donne souvent lieu à un désespoir qui fait agir en dehors de la raison. Il y a donc un choix à faire, et nous devons ne nous entretenir que des suicides qui portent la double marque du calme et de la réflexion.

C. Albutius Silus vivait au temps d'Auguste. C'était un orateur qui ne manquait pas de mérite, quoique Sénèque l'ait souvent raillé sur son éloquence, lui qui méritait tant de l'être sur sa versatilité. Parvenu à la vieillesse, et se voyant infirme, il vint à Navarre, sa patrie. Il

---

(1) Ménage, *OEuv.*, t. II, p. 187. — Bayle, *Dict.*, art. *Perrot*. — Voyez la note P, à la fin du volume.

rassembla le peuple, et lui exposa, dans un long discours, les raisons qu'il avait pour se détruire. Le peuple l'écouta, et ne lui répondit que par le silence le plus absolu. Silus crut tout le monde convaincu, et se laissa mourir de faim (1).

Aruntius était un savant écrivain ; il était auteur d'une histoire très estimée de la guerre punique. Il réunissait tant de qualités, qu'Auguste le déclara digne de conduire les rênes d'un empire. Cependant, sous le règne suivant, cet homme fut accusé d'adultère et de rébellion. Une telle accusation ne pouvait pas l'atteindre ; et ses amis mirent tout en œuvre pour le déterminer à la laisser tomber d'elle-même. Néanmoins, un beau jour, Aruntius leur répondit : « J'ai assez vécu, et je n'ai d'autre re-
« gret que d'avoir traîné une vieillesse inquiète
« au milieu des outrages et des périls. J'entre-
« vois une servitude plus intolérable. Je veux
« fuir le passé ainsi que l'avenir (2). » Et, après avoir prononcé ces paroles, il se fit ouvrir les veines et mourut.

(1) Suétone, *de Rhetoribus.*
(2) Tacite, *Ann.*, lib. I et IV.

Pline le jeune nous rapporte les suicides réfléchis et déterminés de deux de ses amis.

Le premier s'appelait Corellius Rufus. Il avait pourtant les meilleurs motifs d'aimer la vie : « le témoignage d'une bonne conscience, une « excellente réputation, une autorité sans bor- « nes, une famille distinguée, et, ce qui est « plus précieux encore, de véritables amis. » Mais les sophismes que prônaient les philosophes, qui regardaient parfois la mort comme une nécessité, l'emportèrent sur tous les avantages qui auraient pu le porter à aimer la vie. Un jour il dit à Pline, qui était au chevet de son lit : « Savez-vous pourquoi, malgré des maux « insupportables, je me suis obstiné à vivre si « long-temps ? C'était pour avoir le plaisir de « survivre au moins un jour à ce monstre. » Il voulait probablement parler de l'empereur Domitien. Quoi qu'il en soit, ses vœux furent exaucés. Dès qu'il s'aperçut qu'il pouvait se donner la satisfaction de mourir librement, il combattit toutes les autres considérations. Les larmes et les supplications de ses amis ne purent rien sur lui. Son médecin, qui le pressait de prendre quelque nourriture, ne fut pas plus heureux. « Je l'ai résolu, » lui répondait-il ; et il mourut (1).

L'autre ami de Pline, appelé Titus Ariston, était un homme d'un mérite supérieur. Versé tout à la fois dans le droit public et dans le droit particulier, il possédait à fond l'histoire. L'antiquité n'avait point de maxime, d'exemple, de fait qu'il ignorât. Il semblait, dit Pline, que les sciences et les lettres allaient succomber avec lui. Un caractère intègre, prudent et modeste rehaussait encore ces brillantes qualités de l'esprit, et en faisaient un homme accompli.

Ariston fut un jour tout-à-coup assailli par la fièvre. Il sut souffrir avec courage pendant quelque temps. Mais enfin, fatigué de la lutte, « il nous fit appeler, dit Pline, quelques uns de « ses plus intimes amis et moi, et, après nous « avoir priés d'abord de consulter ses médecins, « il nous dit ensuite qu'il était décidé à prendre « son parti. » *Si ma maladie est incurable, je quitterai la vie au plus tôt; si ma guérison peut venir avec le temps, j'attendrai patiemment. Je dois aux prières de ma femme, aux vœux de mes amis de ne point trahir leur espérance par*

---

(1) Pline, lib. I, *Epist.* XII.

une mort volontaire, pourvu que ces espérances ne soient pas une illusion de leur tendresse. « Rien de moins commun, reprend Pline, *avec son stoïcisme habituel*, rien de plus digne à mon gré qu'un tel courage. Vous rencontre-rez beaucoup de gens qui ont la force de courir à la mort en aveugles et sans réflexion; mais il n'appartient qu'aux âmes héroïques de peser la mort et la vie, et de se détermi-ner pour l'une ou pour l'autre, selon que la raison fait peser la balance (1). » On ignore comment Ariston exécuta son dessein.

Tullius Marcellinus, qui eut une jeunesse si paisible et une vieillesse si précoce, se sentant attaqué d'une maladie qui n'était pas incurable, mais longue et assujétissante, se mit un jour à délibérer sur sa mort. Il convoqua plusieurs de ses amis, et les pria de lui donner leur avis. On parla pour et contre. Marcellinus flottait dans l'incertitude, lorsqu'un stoïcien, doué d'une certaine énergie, lui adressa ces mots, qui firent tant de plaisir à Sénèque : « Mon cher Marcellinus, ne vous tourmentez pas comme si vous aviez à délibérer sur une

---

(1) Pline, lib. I, *Epist.* XXII.

« affaire bien importante. Ce n'est pas une
« si grande chose que de vivre. Les esclaves
« vivent tous, et les animaux aussi. La grande
« affaire, c'est de mourir honnêtement, sage-
« ment et avec courage. Songez combien il y a
« de temps que vous faites la même chose.
« Manger, dormir, *se livrer à la débauche*, voilà
« le cercle d'où l'on ne sort pas. Pour se don-
« ner la mort, il n'est pas nécessaire d'être
« sage, fort ou malheureux : il suffit d'être dé-
« goûté. » Cette courte allocution dissipa les
derniers doutes de Marcellinus. Il la mit bientôt
à exécution. Cependant il n'eut pas recours au
fer et ne fit point couler son sang. Il demeura
trois jours sans manger, se plaça dans une bai-
gnoire qu'il fit remplir petit à petit d'eau
chaude, et il s'éteignit en disant qu'il éprou-
vait *un certain plaisir* (1). Ainsi, d'après ces
hommes, les atteintes de l'agonie ne font point
souffrir. A les entendre, rien de plus doux que
le passage de la vie à la mort !

Nous n'aurions peut-être pas aujourd'hui à
déplorer beaucoup de ces homicides volontaires, si longuement médités et exécutés avec

(1) Sénèque, *Epist.* LXXVII.

autant d'aplomb que d'indifférence, si les Anglais ne donnaient à notre siècle de nombreux exemples de ce triste courage, et s'ils ne le rendaient plus dangereux encore par les idées de morale et de métaphysique qu'ils y attachent.

Certes, nous ne contestons pas que cette action ne soit plus souvent commise par des fous que par des êtres dont la raison est bien saine. Nous ne nions pas qu'on ne puisse attribuer une partie de cette monomanie anglaise à l'influence du climat, si mal partagé par la nature; car, après tout, on sait bien que c'est dans les mois de novembre et de décembre, précisément lorsque le soleil ne paraît qu'à de rares intervalles, que les habitans de cette île se tuent en plus grand nombre. Nous ne dirons pas non plus que Montesquieu était tout-à-fait en dehors du vrai, lorsqu'il traçait ces lignes : « Le « suicide, chez les Anglais, est l'effet d'une « maladie. Il y a toute apparence que c'est un « défaut du suc nerveux. La machine, dont les « forces motrices se trouvent à tout moment « sans action, est lasse d'elle-même. L'âme « ne sent alors point de douleur, mais une « certaine difficulté d'existence. La douleur est

« un mal local ; le poids de la vie est un mal
« qui n'a point de lieu particulier, et qui nous
« porte au désir de voir finir cette vie (1). »
Sans doute, tout cela peut être vrai jusqu'à un
certain point ; mais que l'on prétende en faire
la seule cause de tant de suicides... Jamais !

Si nous ajoutons foi à tout ce qu'on rapporte
sur cette rage inouïe, nous y trouvons les
marques d'un calcul profond, d'une réflexion
sérieuse. Et nous croyons que, si on se livrait à
des investigations minutieuses, on reconnaîtrait que la cause du mal n'est point là où on
la suppose, mais bien dans la tolérance, ou
dans la versatilité de ce peuple en fait de religion (2) ; dans le scepticisme de leurs doctrines,
et surtout dans cet esprit de liberté qui fait que
chacun veut dominer et sur la vie des autres,
et sur sa propre vie à soi-même.

Il nous suffira, au reste, pour justifier cette
opinion, de dire comment les Anglais s'expriment sur les suicides de leurs compatriotes.
Nous ferons ensuite suivre ce récit de quelques
faits qui ne justifient nullement la prétendue

---

(1) *De l'Esprit des Lois*, liv. XVI, ch. XII.
(2) Voyez la note Q, à la fin du volume.

influence du climat et le défaut *du suc nerveux* que l'on invoque.

Nous lisons donc que, quand il arrive en Angleterre une de ces catastrophes, et on sait qu'il en arrive souvent! les étrangers, frappés d'étonnement, cherchent par des questions à en connaître la cause. Cette curiosité fait d'abord beaucoup rire les Anglais. Mais bientôt après ils font l'éloge de celui qui vient de se tuer, et ils ajoutent, avec ce flegme qui les caractérise : « Que voulez-vous? Ce brave « homme ne se trouvait apparemment pas bien « dans ce monde, et il a voulu savoir ce qui se « fait dans l'autre. *Ses jours étaient à lui; en* « *finissant leur cours, il n'a fait de mal à per-* « *sonne* (1). » Est-il besoin de faire remarquer que ces dernières lignes résument à elles seules toute la métaphysique des stoïciens et des autres apologistes de *l'autocheirie?*

Quant aux faits que nous avons promis, en voici quelques uns,

Charles Blount, traducteur de la *Vie d'Apollonius de Tyanes*, écrite par *Philostrate*, ajouta à sa version des notes qu'il avait tirées pour la

---

(1) *Lettres Juives*, t. iv, lett. cxlv. (Voyez la *note* au bas de la page 223.)

plupart des manuscrits du baron Herbert, l'un des plus fameux déistes de son siècle. Blount en agit ainsi pour attaquer la religion et l'Écriture sainte par des railleries profanes. Il faut croire que son fanatisme le poussa bien loin; puisque les Anglais, qui ne sont pas difficiles lorsqu'il s'agit de religion, en furent eux-mêmes scandalisés (1). Quoi qu'il en soit, cet impie ne tarda pas à subir les conséquences de son incrédulité. Devenu fort amoureux de la veuve de son frère, il prétendit l'épouser sans inceste. Il écrivit un traité pour le prouver. Ses efforts n'obtinrent aucun succès. L'Église gallicane ne voulut point écouter un homme qui ne professait aucune foi. Une pensée de désespoir s'empara alors de Blount, et comme celui qui ne croit à rien fait toujours bon marché d'une action, quelque criminelle qu'elle soit, il saisit un couteau, se tua et s'affranchit ainsi de son amour et des exigences raisonnables de l'Église. Un des amis de ce stoïcien, disons-le en passant, prétendit le justifier dans un recueil de sophismes, où le ridicule le dispute à l'ab-

---

(1) Son livre fut proscrit en Angleterre, en l'année 1693.
(*Note des traducteurs.*)

surde, et qui est intitulé : *Défense du meurtre de soi-même* (1).

Thomas Creech, célèbre par la belle traduction de Lucrèce qu'il a donnée, s'identifia tellement avec les principes de ce fameux épicurien, qu'il finit par se convaincre qu'il est utile de se donner la mort lorsqu'on en reconnaît la nécessité. Il ne manqua pas en conséquence de suivre l'exemple de son philosophe favori (2). Nous dira-t-on que c'est là un effet du climat et de la mauvaise circulation des *sucs nerveux*?

Philippe Mordaunt, cousin germain de ce fameux comte de Peterborough, si connu dans toutes les cours de l'Europe, et qui se vantait d'être l'homme de l'univers qui avait vu le plus de postillons et le plus de rois, Philippe Mordaunt, disons-nous, était un jeune homme riche, beau, né d'une famille illustre, pouvant prétendre à tout, et ce qui valait encore mieux, passionnément aimé de sa compagne. Eh bien! qui le croirait? cet heureux du siècle prit la vie

(1) *Hist. des Ouvrages des Savans*, 1693. — Bayle, *Dict.*, art. *Apollonius*. — Samuel Clarke, *de la Religion naturelle*, ch. III.

(2) *Nouv. Relat. reipub.*, lett. 1700, p. 331. — Voyez le chap. v.

en dégoût. Imbu, sans doute, de ce principe que lorsque *l'âme est lasse du corps, on doit l'abandonner comme on quitte une maison dont on est mécontent*, et persuadé en outre que, *si le sage peut avoir recours à l'opium, on peut, avec un certain courage, atteindre le même but, en se servant d'un pistolet* (1), Mordaunt paya ses dettes, écrivit à ses amis, composa même quelques vers, et se tira un coup de pistolet.

Richard Smith avait perdu toute sa fortune, et avec la fortune sa santé. Alors, il cherche avec sa femme les moyens d'en finir; ils y réfléchissent long-temps, et d'un commun accord ils prennent le parti de se faire mourir. Avant d'accomplir cette funeste détermination, ils tuent leur enfant, et ils écrivent ces mots à un de leurs amis : « Nous croyons que Dieu nous

---

(1) Buonafède fait sans doute allusion ici aux idées que Mordaunt exprima dans une pièce qu'il écrivit quelques momens avant sa mort. Voici ce que nous lisons dans cette pièce :

> L'opium peut aider le sage ;
> Mais, selon mon opinion,
> Il lui faut, au lieu d'opium,
> Un pistolet et du courage.

(*Note des traducteurs.*)

« pardonnera (1). Nous avons quitté la vie,
« parce que nous étions malheureux et sans
« ressource. Nous avons rendu à notre fils uni-
« que le service de le tuer, de peur qu'il ne
« devienne aussi malheureux que nous (2). »

Un fait semblable est rapporté d'un Anglais et de sa maîtresse. Ceux-ci laissèrent aussi une longue et sérieuse apologie de leur suicide.

Un autre Anglais, dont le nom est également inconnu, ayant réfléchi sur sa manière de vivre, crut y voir une uniformité fort ennuyeuse. « Qu'est-ce que je fais tous les jours? disait-il. « Je me lève le matin, je mange et je bois à

---

(1) Smollet, dans son *Histoire d'Angleterre* ; — Voltaire, dans ses *Mélanges littéraires* ; — l'abbé Guillon, dans ses *Entretiens sur le Suicide*, — et les auteurs de l'*Encyclopédie* d'Alembert ont cité ce fait. — Ces derniers l'ont fait précéder de cette courte réflexion : « Quel triste alliage de religion et de crime! » De religion! Est-ce bien exact? N'eût-il pas été plus juste de dire de *fanatisme et d'ignorance?*
(*Note des traducteurs.*)

(2) Nous regrettons que les bornes d'un paragraphe n'aient pas permis au P. Buonafède de citer toute cette lettre. Les lecteurs y auraient vu des détails de la plus inconcevable aberration. Pourrait-on croire, qu'après avoir tué leur enfant, ces deux malheureux époux eurent le soin de recommander à un de leurs amis un chat et un chien !!...
(*Note des traducteurs.*)

« midi ; je me promène dans le cours de la
« journée, je me couche le soir, et je recom-
« mence toujours la même chose. Une partie
« de ma vie se passe à m'habiller, et l'autre à
« me déshabiller. N'est-ce pas bien amusant?
« Allons, le rôle que je joue dans ce monde
« commence à m'ennuyer (1). » Ces raisonne-

(1) *Lettres Juives,* lettre CLXV, t. IV. — Barbier, dans son *Dictionnaire des Ouvrages anonymes,* etc., n° 5808, attribue ces *Lettres* au marquis d'Argens, écrivain qui a joué un rôle dans les annales de la philosophie du dix-huitième siècle. — Les *Lettres Juives* sont une correspondance supposée entre un Juif voyageant en Europe et ses amis. L'auteur semble y avoir pris pour modèle les *Lettres Persanes* et l'*Espion Turc,* et il mêle aussi, à la satire de nos mœurs, des tirades sur des matières qu'il eût dû respecter. Fécond en anecdotes inventées à plaisir, il a toujours au besoin, pour appuyer ses assertions, des historiettes, les unes ridicules, les autres licencieuses, destinées à tourner en ridicule les prêtres et tout ce qui tient à la religion. (Voyez les *Mém. pour servir à l'Hist. ecclés. du dix-huitième siècle.*) — Aubert de la Chenaye des Bois donna, en 1739, à la Haye, une *Correspondance historique, philosophique et critique* pour servir de réponse aux *Lettres Juives;* et de plus, elles ont été condamnées à Rome par un décret du 28 juillet 1742. — Mais les écrits du Marquis sont de plus en plus tombés dans l'oubli, et n'ont plus de lecteurs aujourd'hui : sort ordinaire de ceux qui n'écrivent que pour égarer leurs semblables, et qui songent plus aux passions du moment qu'à la postérité. (*Note des traducteurs.*)

mens, pour être faux, ne témoignent nullement de cette prétendue *influence* des brumes, et de la mauvaise filtration *du suc nerveux.*

Et qu'on ne croie pas que ces tragédies ne se font remarquer que dans les classes infimes. Les grands, qui, dans ce pays, aiment parfois à singer le peuple, en donnent aussi des exemples. Nous pourrions en citer plusieurs. Mais ce que nous venons de dire parle assez haut, et ces faits suffisent pour donner une idée du génie des Anglais, qui prétendent se placer au-dessus des *vertus romaines*, et qui pourtant n'offrent que les plus tristes spectacles!

CHAPITRE SEPTIÈME.

Des principes de quelques Pères de l'Église, et de quelques casuistes rabbins et hérétiques concernant le suicide.

Il est une ancienne habitude qui, pour être peu honorable et peu digne, n'en est pas moins commune à presque tous les hommes. C'est de dénigrer ceux qui s'opposent à leurs opinions.

Les nouveaux réformateurs, dans le commencement de leur révolte, voyant que les doctrines des saints Pères s'élevaient contre leurs prétendues innovations, adoptèrent cette coutume, qu'ils suivent d'ailleurs encore aujourd'hui, et se vengèrent de leurs adversaires en déversant sur eux le venin de la calomnie.

Barbeyrac, un des plus modernes d'entre

eux, s'est fort signalé dans cette tactique. A la vérité, ses attaques contre les saints Pères ne portent que sur la partie morale de leur enseignement ; mais il s'abandonna à un si grand dévergondage d'idées, qu'il alla jusqu'à oser soutenir que les doctrines des plus illustres et des plus vénérables Pères de l'Église avaient été funestes à la morale de l'Évangile (1).

Il eût été facile de mettre de suite un terme à l'attaque de Barbeyrac, même en faisant à son assertion, aussi mensongère qu'impie, toutes les concessions possibles ; c'était de se borner à lui répondre qu'en s'appuyant pitoyablement sur des doctrines qui n'étaient pas communes à tous les saints Pères, mais seulement particulières à un très petit nombre d'entre eux, il laissait ouvertement voir qu'il ne voulait ni comprendre les saints Pères, ni la tradition.

Mais dom Remi Cellier, docte bénédictin, voulut le réfuter d'une manière savante (2).

Barbeyrac s'en irrita, comme font ces hom-

(1) *Préface au Droit de la Nature et des Gens*, § 11.
(2) Il le réfuta pleinement dans son *Histoire générale des Auteurs sacrés ecclésiastiques*, 23 volumes in-4°, publiés depuis 1729 jusqu'en 1763 ; et dans son *Apologie de la morale des Pères*, contre Barbeyrac, 1 volume in-4°, 1718 ; livre plein

mes, et lui adressa une diatribe dont l'étendue n'embrassa pas moins d'un volume (1).

Ses adhérens l'en applaudirent ; mais les savans, saisis d'un sentiment de dégoût, refusèrent de lui répondre.

Parmi les accusations que Barbeyrac souleva contre les saints Pères, il en est une qui nous paraît bien grave : c'est celle qui impute à saint Justin, à saint Cyprien, à saint Jérôme, à saint Jean-Chrysostome et à saint Ambroise des principes favorables au suicide. Laissons d'abord raisonner le censeur lui-même.

« Justin, dit-il, parle en deux endroits (2) de
« ces chrétiens qui se dénonçaient eux-mêmes
« et qui allaient s'offrir au martyre. Mais, au
« lieu de donner ici quelque indice de blâme

---

d'érudition, solidement, mais pesamment écrit, dit Feller. — Barbeyrac a encore été réfuté postérieurement par le protestant anglais William Reewes. *(Note des traducteurs.)*

(1) *Traité de la morale des Pères.* — Barbeyrac n'est pas plus circonspect dans sa défense que dans son attaque ; il y laisse paraître un si grand mépris pour les docteurs de l'Église ; il parle avec tant de dédain de leur éloquence et de leur dialectique, que tout critique sensé en est révolté. Voyez une notice sur lui dans les *Mémoires pour servir à l'Histoire ecclésiastique du dix-huitième siècle*, t. IV, p. 210, édit. de 1816.
(Note des traducteurs.)

(2) *Apologie* IIe.

« contre ce zèle outré, il garde le silence. Ainsi
« il les approuve, et ne regarde point comme
« auteurs de leur mort ces chrétiens qui, par
« un désir mal entendu du martyre, s'offrirent
« volontairement. »

Il est facile de reconnaître que le premier soin de Barbeyrac est de dénaturer et d'altérer le sens des paroles de ceux qu'il veut attaquer. Saint Justin n'a parlé que des *chrétiens qui désiraient le martyre et qui s'offraient d'eux-mêmes*, et le censeur, en y ajoutant de son chef, voudrait le faire parler de *chrétiens qui, par un zèle outré et par un désir mal réglé, furent les auteurs de leur mort* (1).

Nous ne voulons pas examiner ici s'il a existé de tels chrétiens ; mais nous croyons pouvoir soutenir que ce n'est pas d'eux qu'il peut être question dans les deux passages précités. Le censeur aura beau torturer le *texte*, il ne parviendra jamais à nous prouver le contraire. Comment, et par quel raisonnement pourrait-il nous convaincre qu'au lieu de ces âmes sages et prudentes qui ne se livraient au dernier des supplices qu'après en avoir reconnu toute l'uti-

---

(1) Voyez la note R, à la fin du volume.

lité, saint Justin ait voulu plutôt désigner des chrétiens forcenés, téméraires, que le fanatisme seul poussait à une mort que rien ne justifiait? D'ailleurs, n'est-ce pas notre censeur lui-même qui dit, dans un autre endroit, que saint Justin établit une *distinction* entre ces deux classes de martyrs, et qu'il flétrit ces chrétiens animés d'un faux zèle, qu'on a accusé de suicide, *parce que cette action est contraire à la volonté de Dieu?* Si, après cela, on veut interpréter le silence de saint Justin comme un éloge, nous répondrons que cet éloge ne peut convenir qu'au vrai martyre, et que l'offre de ces chrétiens était raisonnable, parce qu'elle était conforme à la volonté de Dieu (1), et, qu'étant utile *à la religion*, elle devenait nécessaire. Barbeyrac contestera peut-être ceci. Mais alors nous lui demanderons : Que pensez-vous d'un homme qui sacrifie ses jours au bien-être de la patrie, de la société, du prince, ou qui, dans une guerre, s'expose volontairement à une mort inévitable? L'abnégation de cet homme est-elle licite, mérite-t-elle des éloges? Vous,

---

(1) *Obedire oportet Deo magis quam hominibus*, dit l'Écriture. (*Act. Apost.*, cap. v, ÿ. 29.)   (*Note des traducteurs.*)

commentateur de Grotius et de Puffendorf (1), vous n'hésiterez certainement pas à vous prononcer pour l'affirmative; et vous vous soulèverez contre les saints Pères qui ont écrit contre la guerre (2), et vous oserez dire que donner sa vie pour la défense de la religion, est une action illicite et déraisonnable?...

Mu par le même sentiment, Barbeyrac blâme saint Cyprien (3) pour avoir approuvé le *désir du martyre, et pour l'avoir proclamé digne de tous nos vœux et de toute notre ambition* (4). Le censeur, qui accuse ici dom Cellier de confusion et de partialité, s'égare lui-même et embrouille la matière plus que personne.

Cependant, comme il veut affecter de la clarté, il commence par distinguer la dispo-

---

(1) Barbeyrac a commenté le *Traité des Devoirs de l'homme et du citoyen*, par Puffendorf, et l'ouvrage de Grotius, sur les *Droits de la guerre et de la paix*. Les notes dont il a enrichi ces traités seraient aussi estimées que la traduction, dit un sage critique, si l'on y remarquait moins de préventions contre la religion catholique. (*Note des traducteurs.*)

(2) *Morale des Pères*, ch. VII, § 20; ch. IX, § 3; ch. XI, § 2 et suiv.

(3) *Préface* de l'ouvrage de Puffendorf, § 9. — *Morale des Pères*, ch. VIII, § 34 et suiv.

(4) *De Exhort. Martyr.* — Voyez la note S, à la fin du volume.

sition à souffrir le martyre d'avec le désir du martyre *en lui-même et par lui-même*, et il ajoute que ce désir est contraire à la nature, à la société et à l'Évangile. « La nature, dit-il, « veut que chacun travaille à sa propre conser-« vation. La société humaine demande que les « hommes de bien ne soient enlevés que le « plus tard possible, et que par conséquent ils « ne doivent pas s'exposer sans nécessité. Et « l'Évangile nous montre enfin l'exemple de Jé-« sus-Christ qui, prêt à exhaler son dernier sou-« pir, dit : « *Mon Père, si vous voulez, éloignez* « *de moi ce calice.* » (Saint Luc, XXII, 42.) « Exemple qui n'est nullement conforme au « désir du martyre. » C'est ainsi que raisonne le censeur ; mais voyons un peu à quoi se réduisent tous ces mots.

Nous ne contestons point que le *martyre en lui-même et par lui-même*, c'est-à-dire que le martyre, considéré uniquement comme une expiation sans but, sans considération et sans nécessité, ne soit en aucune façon conforme aux règles de la nature, de la société et de l'Évangile (1). Mais pourquoi fait-on intervenir ici

(1) Voyez la note S, à la fin du volume, et la petite note sur ce sujet, que nous avons placée au texte, dans le ch. IX.

cet étrange martyre? Où sont les saints Pères qui en ont parlé? quels sont les chrétiens qui l'ont invoqué? Certes, celui qui dit *martyre* n'entend que la mort qu'on demande avec ferveur et qu'on endure avec courage, soit pour soutenir la religion et donner des exemples énergiques, soit pour confondre les incrédules, ajouter à son mérite et voir au plus tôt la gloire de Dieu. Donc, demander le martyre, c'est aspirer à jouir de la somme de tous les biens : donc le désir du martyre est une vertu. C'est là le désir dont saint Paul était enflammé, lorsqu'il disait : « Je désire mourir et être avec Jé-« sus-Christ (1). » C'est là le désir dont les âmes pures brûlent sans cesse. Après cela, comment expliquer le langage de Barbeyrac? Si le plaisir effréné de contredire ne l'a pas guidé, qui a pu le déterminer à changer le sens des mots les plus simples ?

Mais que penserait cet écrivain, *qui croit que mourir pour la patrie est une action méritoire*, si maintenant on venait à lui objecter que cette mort *en elle-même et par elle-même* est con-

---

(1) *Philipp.*, ch. I, ỳ 23. (*Citation des traducteurs.*) — Voyez la note T, où nous donnons la véritable signification du mot *martyre*.

traire aux lois de la nature, de la société et de l'Évangile, et qu'on lui rétorquât ainsi tout ce qu'il dit contre saint Cyprien, comment souffrirait-il ceci? Voilà ce que nous aimerions savoir.

Quant aux paroles que notre divin Maître proféra lors de sa mort, si on était assez peu éclairé pour les prendre dans le sens purement littéral, elles prouveraient que, quand les chrétiens sont même appelés par Dieu au martyre, et qu'ils en sentent le besoin, ils devraient chercher à l'éviter. Car il est évident que, quand Jésus-Christ prononça ces mots : « *Mon Père, si vous voulez, éloignez ce calice de moi,* » il savait que sa mort était nécessaire et que Dieu l'avait voulue. En conséquence, l'exemple qu'on allègue irait beaucoup trop loin. Cependant, pour être juste, nous dirons que ces paroles n'ont pas été prononcées par notre Rédempteur pour nous conseiller de fuir une fin qui pourrait être agréable à Dieu, mais uniquement pour nous prouver qu'il s'était bien réellement fait homme, et qu'il sentait les douloureuses atteintes de la mort. Aussi voyez comme il se hâte d'ajouter : « *Néanmoins, que votre volonté soit faite* » (Saint Luc, XXII, 42); et comme, loin de fuir et de se dérober, il vole au devant de ses persécuteurs, se montre à eux et se livre entre leurs mains !...

Jusqu'ici Barbeyrac n'a attaqué les saints Pères que d'une manière indirecte; mais voici qu'il les accuse directement d'avoir enseigné le suicide. « Saint Jérôme, dit-il (1), ne blâme
« point ceux qui se tuent de peur de perdre la
« chasteté. Nous avons une preuve de sa doc-
« trine dans ce passage où il dit : « *Il n'est pas*
« *en nous de nous donner la mort, nous devons*
« *seulement la souffrir* volontiers quand d'au-
« tres *nous la donnent. C'est pourquoi dans les*
« *persécutions même il n'est pas permis de se*
« *tuer, excepté quand on court le risque de per-*
« *dre la chasteté. Absque eo ubi castitas peri-*
« *clitatur* (2). »

Le P. dom Cellier a fait remarquer à son adversaire, que la préposition *absque* n'est point employée ici pour indiquer des choses opposées, mais pour marquer au contraire leur convenance avec plus de force, et pour faire en-

---

(1) *Préface* de l'ouvrage de Puffendorf, § 9. — *Traité de la morale des Pères*, § 8 et 9.

(2) Saint Jérôme, *Comment. in Jonam.*

tendre qu'elle est si parfaite, qu'il serait presque inutile d'en parler. « C'est dans ce sens, dit-il, « que saint Jérôme s'en est souvent servi ; par « exemple dans cet endroit du *Cantique des* « *Cantiques* : *Quam pulchra es, amica mea !* « *Oculi tui columbarum, absque eo quod in-* « *trinsecus latet* (1). *Sicut cortex mali punici,* « *sic genœ tuœ absque oculis tuis* (2). Peut-on « dire que l'Epouse des Cantiques n'avait rien « de beau que l'extérieur ? Non, sans doute. Si « on exclut les autres qualités, ce n'est évi- « demment que pour faire pressentir leur ex- « cellence. Ainsi, ce texte ne peut être rendu « que par ces mots : « *Que vous êtes belle, ô* « *mon amie ! Vos yeux sont comme ceux des* « *colombes, sans ce qui est caché au dedans.* « *Vos joues sont comme l'écorce d'une pomme* « *de Grenade, sans ce qui est caché au dedans* « *de vous* (3). »

Le P. dom Cellier aurait voulu qu'on interprétât de la même manière l'autre passage de saint Jérôme. Mais Barbeyrac lui conteste cette interprétation, et le débat tombe dans

(1) *Cant. des cant.*, ch. IV, ẏ. 1. (*Citation des traducteurs.*)
(2) *Idem*, ch. VI, ẏ. 6. (*Idem.*)
(3) *Apologie de la morale des Pères.*

une inextricable discussion de mots capable de désespérer peut-être un sénat de pédagogues.

Pour éviter des détails fastidieux, nous prendrions la chose de plus haut, et nous ferions ce raisonnement. Il est évident, même d'après le passage en question, et l'esprit de plusieurs autres maximes de saint Jérôme, que ce Père a constamment enseigné que l'homme n'a pas le droit de se tuer, et que ce droit appartient à une tout autre autorité, c'est-à-dire à Dieu qui nous a fait le don de la vie, et qui en est le maître. Or, d'après ceci, nous soutenons qu'il est impossible que saint Jérôme ait pu penser que l'appréhension de perdre la chasteté pouvait nous affranchir de cette sujétion ; car alors il n'aurait pas manqué de faire valoir la même considération en faveur de ceux qui se tuent pour la défense de la foi. Mais, puisqu'il a dit que dans les persécutions, c'est-à-dire dans les dangers même de la foi, *il ne nous est point permis de nous tuer nous-mêmes,* il s'ensuit qu'il devait avoir la même conviction à l'égard de la *chasteté.* Nous accordons à Barbeyrac que le sens donné par le P. dom Cellier à la préposition *absque* soit un peu forcé ; mais entre une interprétation un peu forcée et une affirmation téméraire, injurieuse, et qui offre une opposition frappante avec le caractère, l'esprit et les principes avoués d'un docteur grave et incapable d'une telle erreur, laquelle faut-il choisir? Tout le monde reconnaîtra, avec nous, qu'il n'est pas d'interprétation, si mauvaise qu'elle fût, qui ne soit préférable à une semblable affirmation.

Cependant, comment rendre fidèlement la pensée de saint Jérôme, et la mettre en même temps en harmonie avec le reste de sa doctrine? Les hommes exempts de préjugés pourraient la rendre de cette manière. Il nous est défendu de nous tuer, même dans les persécutions, excepté lorsque la chasteté est en danger; car alors il plaît quelquefois à Dieu de nous inspirer la mort volontaire, ainsi qu'il a daigné le faire pour d'autres martyrs (1). A la vérité, tout ceci ne se trouve pas littéralement dans le texte. Mais qui osera jamais dire que ce que nous ajoutons n'y est pas implicitement? Puisque saint Jérôme nous a dit *que le droit de trancher nos jours est entièrement entre les mains du Créateur*, il a dû nécessairement penser

(1) Voyez la note U, à la fin du volume.

aussi que, même dans le cas exceptionnel qu'il désigne, nous ne pouvons nous tuer sans la permission de Dieu. Et comment connaître cette permission? sinon que par une de ces inspirations divines si faciles à concevoir, mais si difficiles à définir.

Cette version, quoique un peu étudiée, sera donc préférée à celle de Barbeyrac qui est beaucoup trop servile. Cet écrivain, qui a tant et si bien traduit, ne devrait pas ignorer que ce n'est pas en s'attachant au sens vulgaire des mots qu'on fait une bonne traduction. Tous les traducteurs savent que, quand la servilité produit des non-sens, ou des idées erronées, on doit toujours préférer les significations qui, tout en étant moins exactes, se rapprochent cependant davantage du texte.

Si nous nous sommes étendus au-delà de ce que nous aurions voulu, c'est que nous avions à cœur d'abaisser un peu l'orgueil d'un critique qui semble tirer vanité du silence qu'on a jusqu'ici gardé à son égard.

Barbeyrac adressa les mêmes accusations à saint Ambroise et à saint Jean Chrysostome. Mais nous croyons en avoir dit assez pour montrer la valeur de ses attaques.

Il est temps de nous occuper des casuistes.

Plusieurs d'entre eux ont été accusés d'avoir partagé des idées favorables au suicide. Nous avions en conséquence rassemblé un certain nombre de noms de ceux qui ont acquis quelque célébrité parmi les adhérens de ces erreurs. Mais, réfléchissant ensuite qu'il n'y a pas beaucoup à gagner en s'opposant ouvertement à ces esprits chatouilleux qui, par la nature de leurs principes, peuvent parfois croire que la vengeance est une vertu, nous avons pris le parti de relever les doctrines, sans parler des maîtres.

Quelques uns de ces hommes que nous laisserons sous le voile de l'anonyme, pour nous ôter toute responsabilité, ont prétendu que Lucrèce et plusieurs Gentils qui se donnèrent la mort, ne doivent pas être condamnés, parce qu'ils ignoraient la vérité, et qu'ils n'attachaient pas les mêmes idées que nous à la chasteté et à la honte.

Ces anonymes ont encore prétendu qu'il est des cas où le suicide cesse d'être une action criminelle. Ainsi, par exemple, il est permis de se faire tuer pour son ami ; et même, si celui-ci venait à être condamné à la peine capitale, de monter sur l'échafaud à sa place.

C'est une action également permise, suivant eux, que celle d'un homme qui mettrait le feu à une poudrière pour faire sauter le rempart d'un ennemi, bien qu'il fût convaincu que ce trait d'audace lui coûtera inévitablement la vie. Et si vous voulez savoir pourquoi le suicide de cet homme n'est point réprouvé, ils vous répondront par cette excellente raison : *Ce n'est point l'homme qui s'est tué, c'est l'explosion, ce sont les décombres qui l'ont écrasé!* Qu'on admire un instant cette belle idée, et il n'y aura jamais eu de suicide, et notre ouvrage n'aura été qu'un rêve !...

Lorsqu'un navire, continuent-ils, est sur le point de devenir la proie d'un ennemi, les voyageurs peuvent l'embraser et le laisser périr dans l'incendie; et ils citent à l'appui la mort de Samson, exemple qui n'a aucun rapport avec ceci.

Enfin, nos anonymes enseignent que si la conservation de nos jours nous impose de trop grands sacrifices, nous pouvons renoncer à la vie. Ainsi, l'avare infirme à qui on ordonnerait des médicamens trop chers, aurait le droit de se donner la mort, parce qu'il en coûte trop à l'avare de faire une trouée à sa fortune; ainsi, encore, un chartreux qui se laisserait mourir plutôt que de manger la viande que le médecin lui aurait donnée, ne commettrait point un suicide, parce qu'il est défendu à un chartreux de manger de la viande! Mais, arrêtons-nous là; c'en est assez. Si ces exemples ont fait sourire nos lecteurs, ceux que nous pourrions ajouter exciteraient leur pitié (1).

Nous voici aux rabbins. On sait que les Hébreux notaient d'infamie ceux qui se donnaient la mort, et qu'ils avaient établi une loi par laquelle il était défendu d'ensevelir le cadavre d'un suicidé (2). Cependant il y en avait quelques uns parmi eux, que Puffendorf appelle rabbins, qui exceptaient de cette loi générale le cas où l'on peut, par la mort, faire ce qu'ils appelaient *une honorable sortie*. Et ce cas se présentait toutes les fois qu'il était reconnu qu'on ne pouvait vivre qu'à *l'opprobre* de Dieu (3). Ces rabbins

---

(1) Voyez la note V, à la fin du volume.
(2) Voyez Flavius Josèphe, *de la Guerre des Juifs*, liv. III, ch. xxv, que nous avons, au reste, presque entièrement rapporté dans la note Y. On peut consulter aussi le *Lévitique* et le *Deutéronome.*   (*Note des traducteurs.*)
(3) C'est-à-dire, sans doute, lorsqu'on était dans la néces-

pensaient que dès qu'on se trouvait dans une si triste nécessité, on avait comme la permission de Dieu pour se détruire. Au reste, ils basaient cette opinion sur l'exemple de Samson, de Saül et de Razias, dont ils regardaient les *suicides* (1) comme une démonstration en faveur de leurs principes.

Ces faits, que nous avons presque entièrement empruntés à Grotius (2), ont fourni à Barbieri, dont nous avons déjà parlé (3), deux remarques qui ne nous paraissent pas bien fondées.

Barbieri dit d'abord qu'il ne sait d'après quelle autorité Grotius a pu attribuer de telles idées aux Hébreux. Nous lui répondrons que Grotius a pour lui le témoignage grave de Josèphe (4), et qu'il se trouve au surplus un passage de Philon (5) qui ne permet pas de douter

---

sité de l'offenser par des murmures de ne pouvoir supporter les peines de la vie. (*Note des traducteurs.*)

(1) Voir, à la fin du volume, la note X.
(2) *De Jure Belli et Pacis*, lib. II, cap. XIX.
(3) Chapitre IV, page 90. — Voyez la note sur Barbieri, même page.
(4) Josèphe, *de Bello Judaïco*, lib. I et III. — Voyez la note Y, à la fin du volume. (*Citation des traducteurs.*)
(5) *Ambassade de Philon à l'empereur Caïus*. Cette relation

de l'exactitude de son récit. « Mais ne détruisez « pas nos temples, disent les Hébreux dans « Philon, car alors nous égorgerons nos pa- « rens et nous nous tuerons nous-mêmes. Dieu « ne s'en offensera pas, car nous aurons eu « égard à deux choses : à l'obéissance que nous « devons à l'empereur, et à la conservation de « nos saintes lois. »

Barbieri reproche ensuite à Grotius d'avoir introduit dans son récit l'exemple de Samson. Mais ici il nous suffira de lui faire remarquer que Grotius expose uniquement un fait, et qu'il ne se livre à aucun commentaire.

Enfin, dans les premiers temps de l'Église, il y eut des hérétiques qui enseignèrent des principes favorables au suicide (1). Saint Augustin,

---

se trouve dans l'ouvrage de Flavius Josèphe, des *Antiquités judaïques*, traduit d'Arnauld d'Andilly; t. v, édit. de 1719.

(*Citation des traducteurs.*)

(1) Ceci devait être encore : il fallait que toutes les erreurs vinssent payer un tribut au plus grand des désordres. Les hérétiques ne pouvaient donc se trouver en défaut, et ce dernier trait nous montre la vérité et la profondeur de cette parole de saint Paul : « *Oportet et hæreses esse, ut et qui pnobati « sunt, manifesti fiant vobis.* Il faut qu'il y ait des hérésies, « afin qu'on reconnaisse ceux d'entre vous qui sont d'une « vertu éprouvée (1 *Cor.*, chap. xi et xix). » Oui, il faut

écrivant aux donatistes, se réjouit de voir que de son temps ce fanatisme exerçait déjà moins de ravages. « Il existait jadis, leur dit-il, des « rochers escarpés, des gouffres horribles où « des hommes de votre secte allaient chercher « volontairement la mort. Il y en avait peu, il « est vrai, qui submergeaient dans les flots; mais « le nombre de ceux qui périssaient dans les « abîmes était considérable. Nous parlons de « faits connus de tous. Ces tristes scènes, nous « le savons, ne se répètent plus aussi souvent; « mais vous qui connaissez combien elles nous « attristent et nous consternent, vous devez « comprendre le plaisir que nous éprouvons « en pensant que les faux préceptes de la doc- « trine de la secte de Donat, qui ont été cause « de tant de victimes, n'ont point exercé leur « funeste influence sur l'esprit d'un grand nom- « bre des vôtres (1). »

qu'il y ait des hérésies, parce qu'elles affermissent les fidèles; il faut qu'il y ait des hérésies, parce que leurs fauteurs tomberont dans les plus tristes égaremens, et qu'ils contribueront ainsi à faire briller notre foi dans tout son éclat !

(*Note des traducteurs.*)

(1) Saint Augustin, *de Hæresibus*, cap. LXIX, et *Collat. cum Donato*, coll. III, cap. VIII, et lib. I. — Ce grand évêque a

Le même docteur écrit également des *cir-
cumcellions* (1), qui considéraient comme martyrs ceux qui se donnaient la mort : « Ils s'as-
« semblaient du haut des rochers ; ils se brû-
« laient dans des feux qu'ils avaient eux mêmes
« allumés, ou ils contraignaient les autres à
« les tuer. Ils espéraient, par une mort aussi

beaucoup écrit pour réfuter les erreurs des *donatistes*. Nous ne comptons pas moins de cinq *Traités* contre ces fanatiques, dans l'immense *Collection de ses œuvres*, publiées par les Bénédictins. — Le *Traité des Hérésies* a été adressé à Quodvultdeus, dans le diocèse de Carthage. Le saint y parle de quatre-vingt-huit hérésies qui s'étaient élevées depuis Jésus-Christ jusqu'à son temps. Il y a des manuscrits où ce catalogue des hérésies renferme encore celles des Timothéens, des Nestoriens et des Eutychéens ; mais, selon quelques critiques, cette addition n'est point de saint Augustin ; on l'attribue à Gennade.

(*Note des traducteurs.*)

(1) Ce nom fut donné, dans le quatrième siècle, aux *Donatistes* furieux. Voyez Pluquet, *Dict. des Hérésies*, art. *Donatistes*. — Ce livre, l'un des meilleurs que jusqu'ici l'on ait faits sur ce sujet, est précédé d'un discours où l'auteur montre quelle a été la religion primitive des hommes, et quels sont les changemens qu'elle a subis jusqu'à l'établissement du christianisme. L'auteur recherche et suit les causes de ces changemens, ainsi que les effets qui en ont résulté. Le reste de l'ouvrage est proprement un dictionnaire où les hérésies sont rangées par ordre alphabétique, décrites avec les détails convenables, et solidement réfutées...

(*Note des traducteurs.*)

« funeste, se faire adorer par les hommes, ou
« bien attirer sans cesse sur leurs tombeaux des
« bandes de vagabonds qui, abandonnés à l'i-
« vresse, donnaient libre carrière à leurs ini-
« quités (1). »

(1) *Cont. Gaudentium*, cap. XXII, XXIII, XXVIII, XXIX, et *de Unitate Ecclesiæ*, cap. XIX.

CHAPITRE HUITIÈME.

De quelques modernes apologistes du suicide.

Comme de nos jours la licence de la pensée, le scepticisme et l'irréligion sont fort répandus, particulièrement sur les terres ultramontaines et septentrionales (1), il n'est pas étonnant de voir, au milieu de ce libertinage de penser et d'écrire, une seule vérité sans ennemis, une seule opinion, quelque monstrueuse qu'elle soit, sans de nombreux apologistes. Aussi le suicide, qu'on aurait pu croire com-

---

(1) Notre auteur tendait, dans tous ses ouvrages, à réfuter les sophismes et à détruire cette impiété, qui était alors en pleine vigueur, surtout en France. (*Note des traducteurs.*)

plètement oublié, reparut-il, et obtint les honneurs de la discussion, et l'appui de ces hommes qui croient ne pouvoir se faire jour, et parvenir à l'immortalité, qu'en revêtant de formes séduisantes les plus grands paradoxes.

Parmi ces hommes souvent décorés du nom de philosophes, on en rencontre qui, non contens d'écrire en faveur de la mort volontaire, se sont suicidés, pour joindre sans doute l'exemple au précepte. A la vérité, il faut le dire, le nombre de ceux-ci est très petit. Mais il en est d'autres, et ils sont très nombreux, qui ont trouvé qu'il était plus facile de soutenir de faux principes que de s'en faire à eux-mêmes l'application.

Pour parler des premiers, il nous suffira de citer Jean Robeck, Suédois, philosophe atrabilaire et retiré. On peut dire qu'il commença à haïr l'existence dès ses premières années, et qu'il nourrit et accrut cette haine durant tout le cours de sa vie. En étudiant les lettres à Upsal (1), il eut occasion de connaître plusieurs principes de Marc-Aurèle : ces principes firent

---

(1) Ville fort célèbre de la Suède. Il y avait autrefois un nombre considérable d'étudians. On dit que l'université

naître dans son âme un profond mépris de la vie et de tous ceux qui l'aiment. Imbu de ces idées, il écrivit plusieurs thèses, et s'offrit à les soutenir publiquement. Mais il en fut empêché par le secrétaire de l'Académie. Vivement affecté de cette résistance inattendue, il quitta sa patrie, qu'il trouva ingrate et indigne de posséder un nouveau Zénon. Il parcourut l'Allemagne, et, brûlant sans doute du désir de tirer une vengeance plus grande encore que n'étaient grands les griefs dont il avait à se plaindre, il embrassa la religion catholique, et se fit jésuite. Quelque temps après il voulut retourner dans ses foyers, mais cette faveur lui fut refusée. Il remplit plusieurs emplois, et fut tour à tour confesseur et missionnaire. Il s'arrêta ensuite près de Hambourg ; là il mena une vie solitaire et obscure, rentra en lui-même, reprit ses idées mélancoliques, et s'irrita de nouveau, et plus que jamais, contre la vie et même contre le sacerdoce. Dans cette position, il résolut de s'éloigner encore de cette ville, et

d'Upsal possède un manuscrit fort curieux : c'est une traduction des Évangiles en langue gothique, faite, il y a près de douze siècles, par Ulphila, évêque des Goths.

(*Note des traducteurs.*)

de s'affranchir de tous les liens, afin de se livrer sans réserve à la méditation de la mort, et à la composition de quelques uns de ses livres. Il s'enferma donc dans une retraite à la campagne, où il demeura deux ans. Il ne conserva plus que de rares rapports avec M. Funccius, célèbre professeur et bibliothécaire de l'académie de Rinteln. Il lui envoya un jour une somme de 90 florins, quelques uns de ses livres, et des manuscrits, parmi lesquels se trouvait une longue apologie de la mort volontaire. Cet envoi était accompagné d'une lettre ainsi conçue : « Parvenu à l'âge de soixante-quatre ans, « je partirai bientôt pour le dernier voyage. « Ma mélancolie, qui augmente chaque jour, « finit par ronger mon âme et mon corps. « Semblable aux infirmes, je veux changer « d'air, non point parce que j'en attends « mieux, mais pour assoupir les maux qui « m'affligent. » Il disposa ensuite de plusieurs de ses vêtemens et de quelques meubles en faveur des indigens, et se rendit à Bremen, d'où il écrivit une dernière fois au professeur de Rinteln. Il lui envoya d'autres papiers et une somme destinée à des aumônes aux pauvres honteux, et à l'impression de ses livres. Ces dispositions faites, il s'habilla fort proprement, s'embarqua seul sur un petit batelet, et s'abandonna, au grand étonnement des spectateurs, au courant du fleuve. Quelques jours après, son cadavre fut trouvé dans le Weser, à trois lieues de Bremen, près d'un village où il fut enterré. Telle fut la fin tragique du stoïcien de Suède (1).

Revenons maintenant aux manuscrits de Robeck. Des sept qu'il envoya au professeur Funccius, celui-ci en choisit un dont le titre était : *Joannis Robeck exercitatio philosophica de* ΕΥΛΟΓΩ ΕΞΑΓΩΓΗ, *sive morte volontaria philosophorum et bonorum virorum etiam judæorum et christianorum*, et le fit imprimer à Rinteln, en 1736 (in-4°), avec une préface et des notes écrites par lui.

Formey a pensé que, dans ce livre, les argu-

---

(1) Singulier philosophe ! On a pu voir, par ce que vient de rapporter Buonafède, que l'orgueil dominait ce cœur-là. La fureur de paraître autrement que les autres hommes a égaré bien des philosophes. Robeck en est aussi une preuve. Voir une notice sur lui dans le grand *Dictionnaire historique* de Moreri, édition de 1732. Nous sommes étonnés que Feller ou ses continuateurs n'en aient point parlé dans la *Biographie universelle*. (*Note des traducteurs.*)

mens en faveur du suicide sont présentés avec toute la force dont ils peuvent être susceptibles (1). Mais les auteurs de *la Bibliothèque raisonnée* disent que « Robeck parle toujours en « vrai déclamateur, et qu'il pousse souvent « cette déclamation jusqu'à l'enthousiasme le « plus puéril et le plus ridicule ; que ses doc- « trines sont remplies de faussetés, de péti- « tions de principes, de sophismes de mau- « vaise foi, d'affirmations sans preuves, d'une « rhétorique erronée, d'une logique plus er- « ronée encore, et d'autres erreurs, » dont une discussion d'ailleurs destinée à prouver une fausseté ne peut jamais manquer d'abonder (2).

Dans le chapitre suivant, nous ferons connaître la valeur de plusieurs argumens de Robeck. En attendant, nous allons passer aux écrivains qui ont diversement enseigné le sui-

---

(1) Formey, *Mélanges philosophiques*, t. i, chapitre intitulé : *du Meurtre de soi-même*.

(2) On trouve dans cette *Bibliothèque raisonnée des ouvrages des savans de l'Europe*, t. xvii, ii⁰ part., art. 8, un ample extrait du livre de Robeck. Les habiles journalistes sèment dans cet extrait de judicieuses réflexions contre le système et l'extravagance des opinions de ce prétendu philosophe.

(*Note des traducteurs.*)

cide, en se gardant bien toutefois d'attenter à leurs jours.

Et en premier lieu, Funccius, que nous avons cité, observe, dans sa préface du livre de Robeck, que Jean Donne (1), doyen de Saint-Paul, en Angleterre, avait défendu l'innocence de la mort volontaire dans un traité imprimé et réimprimé à Londres, malgré la défense qu'il en avait faite en mourant. Il ajoute que plusieurs personnes instruites partagèrent ses opinions à cet égard.

Ensuite viennent les auteurs des actes de Leipsick (2), de l'an 1701, qui parlent d'un

(1) Jean Donne naquit à Londres, en 1573; il fut élevé dans la religion catholique, qu'il eut le malheur d'abandonner ensuite. Il publia un grand nombre d'ouvrages dans tous les genres : on lui attribue une *Apologie du suicide*, où il cite, pour appuyer ses extravagantes idées, l'exemple d'un grand nombre de héros païens; ensuite, celui de quelques saints de l'ancien Testament, d'une foule de martyrs, de confesseurs, de pénitens, etc.; il a même osé amener Jésus-Christ en preuve de son absurde système.

(*Note des traducteurs.*)

(2) Leipsick est une ville considérable d'Allemagne, dans le cercle de la Haute-Saxe, où les sciences, les arts et le commerce fleurissent également; c'est la patrie de Leibnitz. Une société de savans dans tous les genres y fit un journal, célèbre dans l'Europe, sous le nom d'*Acta eruditorum*; il fut

grand nombre de docteurs chrétiens qui furent, en ces derniers temps, favorables pour certains cas à la cause du suicide.

Nous renvoyons à ces deux ouvrages ceux qui désireraient en connaître un plus grand nombre, et qui ne seraient pas satisfaits du modeste choix que nous allons leur présenter, de quelques célébrités modernes, dont les opinions ont plus ou moins penché vers cette aberration.

Dans son *Utopie*, Thomas Morus s'efforce de soutenir que ce n'est pas pécher contre les lois de la nature, que de se détruire par ennui de la vie en général, ou bien par horreur de certains maux particuliers, ou enfin par l'appréhension de douleurs atroces (1).

---

commencé, vers la fin du dix-septième siècle, par Louis Othon Mencke, recteur de l'université. Son fils et son petit-fils ont dirigé successivement l'exécution de cet ouvrage avec un égal succès. L'université de Leipsick est encore célèbre aujourd'hui. (*Note des traducteurs.*)

(1) *Utopia*, lib. ii. — Puffendorf, *Droit de la nature et des gens*, lib. ii, ch. iv. — Quand on pense aux principes solides, aux nobles sentimens et à la belle conduite de Thomas Morus, lors du fameux serment de *suprématie*, exigé par le Néron de l'Angleterre, Henri VIII, on ne comprend pas comment ce célèbre magistrat a pu tomber dans de semblables

Juste Lipse, le même qui écrivit assez bien sur la constance, et qui l'a si peu suivie, surtout en matière de religion et de morale, voulut nous donner encore une preuve de sa légèreté en blâmant d'abord avec aigreur la doctrine stoïcienne du suicide, puis en la prônant et en la défendant dans la seconde centurie de ses lettres (1).

Paul Sarpi n'a rien écrit à ce sujet. Cependant on sait que l'auteur qui écrivit sa vie, rapporte tenir de lui cette maxime : *on peut échapper au courroux de ses ennemis et à leurs persécutions en se donnant la mort.* En effet, nous lisons dans cette vie (2), que Sarpi, ayant été informé que tel gouvernement mettait tout

aberrations. Triste condition de l'homme qui se contredit toujours lui-même, qui ne fait pas le bien qu'il voudrait, et qui accomplit le mal qu'il ne voudrait pas ! — Voyez, dans Feller, une notice intéressante sur Morus ou More. — Voyez aussi le *Plutarque anglais*, art. *Thomas Morus*. (*Note des traducteurs.*)

(1) Juste-Lipse est aussi un exemple de cette contradiction que l'on remarque chez tant d'hommes, d'ailleurs recommandables. — Voyez son article dans Feller ; voyez surtout les *Portraits historiques, poétiques et critiques*, par Bonafède, édités à Venise. (*Note des traducteurs.*)

(2) Attribuée au frère Fulgence Micanzio, compagnon de Sarpi, et publiée en latin à Leyde, en 1646, in-12.
(*Note des traducteurs.*)

en œuvre pour le faire saisir, et lui faire subir les plus grands supplices, avait bravé ces machinations, en disant que, si par hasard il tombait au pouvoir de ses adversaires, il connaissait fort bien le moyen d'échapper de leurs mains, parce qu'il était convaincu qu'il ne peut y avoir de force qui puisse astreindre à vivre celui qui veut sérieusement mourir (1). En d'autres occasions, et durant presque toute sa vie, il fit voir clairement qu'il appartenait au nombre de ceux qui, sachant mourir à temps et à loisir, se rendent redoutables aux plus hautes puissances.

Jean du Verger de Haurane, abbé de Saint-Cyran, l'un des patriarches du jansénisme, a indiqué dans son livre, *Question royale*, plusieurs cas où il est permis de se tuer (2).

(1) Bayle, *Dict.*, art. *S. Cyran*. — Le P. Buonafède a placé ici une note que nous avons cru devoir rejeter à la fin du volume, à cause de sa longueur. Voyez la note Z.

(2) Bayle, *Dict.*, art. *Saint-Cyran*. — Nous engageons bien nos lecteurs à lire, dans Feller, l'article *Verger de Haurane*; il est du plus haut intérêt. Un auteur estimé porte le jugement suivant sur l'ouvrage de cette espèce de fou : « *Sa question* « *royale*, apologie formelle du suicide, et de l'homicide en « bien des cas, mérite à peine attention sous ce point de vue, « tant il y a su rassembler de principes encore plus répréhen-

Hugues Grotius a peu mais fort bien écrit sur cette matière (1).

Henri et Samuel de Coccéius (2), dans leurs *Commentaires* (3), ont aussi imaginé plusieurs exceptions favorables au suicide. Voici les exceptions du premier. « Si du suicide il doit ré-
« sulter un bien suprême, tel que la défense de
« la patrie ou le salut du prince et du genre hu-

« sibles, de maximes et de dogmes païens, d'impertinences et
« d'extravagances en tout genre. » (*Note des traducteurs.*)

(1) *De jure Belli et Pacis*, lib. II, cap. XIX. — Ceci est de la plus exacte vérité. Nous voyons que Grotius n'a consacré, dans son grand et excellent ouvrage *de jure Belli*, qu'un seul paragraphe au suicide, et nous lisons avec satisfaction qu'il le condamne entièrement. Pourquoi donc, après cela, le P. Buonafède l'a-t-il compris ici parmi les apologistes du suicide? Nous avouons que c'est une erreur dont nous ne pouvons nous expliquer le motif; nous croyons devoir, pour la justification de Grotius, citer son paragraphe dans la note AA, à la fin du volume. (*Note des traducteurs.*)

(2) Tous deux jurisconsultes allemands distingués. Henri naquit à Brême, en 1644, et mourut à Francfort-sur-l'Oder, en 1719. Samuel, fils du précédent, est né à Heidelberg, en 1679, et mourut en 1755. Il s'éleva, par sa profonde connaissance du droit public, aux places de ministre d'État et de grand chancelier du roi de Prusse, Frédéric II.
(*Note des traducteurs.*)

(3) *Commentaires* sur le *Traité de la guerre et de la paix* (cité ci-dessus) de Hugues Grotius. (*Note des traducteurs.*)

« main, ou si c'est pour échapper à une mort
« plus douloureuse et plus infamante, comme
« le révèle l'épisode de Razias, fameux suici-
« diste ; enfin, si on a un droit à conserver, et
« que, sans la mort, on fût exposé à le perdre,
« par exemple, l'honneur, la pudeur, etc. » Et
par ce mot *et cætera*, il veut sans doute dire
qu'il y a beaucoup d'autres cas où l'on peut se
détruire en homme versé dans le droit. Les exceptions du second ressemblent à peu près à celles que nous venons de citer ; cela devait être, puisque c'est un fils qui défend les principes de son père. Or, cet aimable fils nous fait connaître « que Samson eut raison lorsque,
« sans chercher autre chose, il se laissa volon-
« tairement ensevelir sous les décombres; que
« les deux Romains, nommés Decius, eurent
« également raison de s'immoler pour être uti-
« les à leur patrie et nuire à ses ennemis. Saül
« eut également raison, parce que, s'il ne s'é-
« tait pas tué, il eût été obligé de souffrir une
« mort cruelle et infamante. De la même ma-
« nière, Razias et tous ceux qui se tuèrent, soit
« pour conserver leur chasteté, soit pour ne pas
« subir des tourmens qui auraient pu les porter
« à abjurer leur religion, eurent raison. Si Lu-

« crèce s'était tuée avant la violence, elle eût
« eu raison ; mais l'ayant fait après, son motif
« est plus difficile à justifier (1). » D'après cet
exposé, il est inutile de dire à cet *écrivain que
personne n'est maître de soi-même*, car il vous
répondrait *que chacun* est maître de se tuer
pour se préserver des souffrances physiques; et
certes, il faut que ces souffrances soient pour
lui bien sensibles, puisqu'il les craint plus que
celles de l'âme ! Au demeurant, tout le monde
a raison au tribunal de ce gracieux jurisconsulte.

Samuel Puffendorf, dans son grand ouvrage
sur *le Droit de la nature et des gens* (2), conteste
formellement que l'homme ait un droit entier
et absolu sur sa vie. Toutefois, il n'ose pas
nier avec la même franchise que ce droit
n'existe pas pour certains cas difficiles et extrêmes. Au contraire, en citant les argumens
favorables au suicide, et en les exposant avec

---

(1) Nous avons démontré ailleurs que Razias et Samson ne peuvent point être considérés comme *suicidistes*, et nous avons fait voir en même temps qu'il est des cas où il est permis de se tuer pour sauver la chasteté. Voyez les notes U et X.
(Note des traducteurs.)

(2) Lib. II et IV, § 19.

beaucoup d'énergie et sans aucune observation, il laisse nécessairement entrevoir qu'il les approuve au fond du cœur, quoique (encore une fois) il n'ose pas le faire ouvertement, ou bien il est à cet égard dans l'incertitude et le pyrrhonisme. Voici donc comme il fait parler les partisans du suicide : « Personne n'étant obligé
« à quelque chose envers soi-même, on ne se
« fait pas de tort lorsqu'on s'ôte la vie. Si la loi
« naturelle nous met dans la nécessité de nous
« conserver, c'est uniquement parce que Dieu
« nous a destinés à servir la société. Ainsi, ce
« n'est pas à soi-même que l'on doit le soin de
« sa propre conservation, mais à Dieu d'abord
« et ensuite à la société. Du moment que ces
« rapports viennent à cesser, il ne reste plus à
« l'homme que l'instinct naturel qui, n'ayant
« pas force de loi par lui-même, ne rend pas
« criminel ce que l'on fait au mépris de son
« impulsion. On doit donc excuser, ou du moins
« regarder comme étant plutôt dignes de com-
« passion que de blâme ceux qui, prévoyant,
« avec une certitude moralement infaillible,
« qu'un ennemi va bientôt les faire mourir
« d'une manière cruelle et ignominieuse, sans
« qu'il en résulte aucun bien pour la société,

« ou qui se croyant menacés de quelque grand
« malheur qui les rendrait désormais l'objet
« du mépris éternel de tous les hommes, pré-
« viennent ces calamités en se donnant la mort.
« La nécessité, peuvent ajouter ces malheu-
« reux, où nous avons été réduits, et qui, sans
« une espèce de miracle, était absolument in-
« évitable, nous a fait conclure que notre Sei-
« gneur et Maître nous donnait congé et nous
« permettait tacitement d'abandonner notre
« poste. Et nous avions aussi une forte pré-
« somption du consentement du genre humain,
« puisque nous étions déjà morts pour lui. Il
« n'importait à personne que nous n'anticipas-
« sions d'une très petite durée le terme fatal de
« notre vie, pour éviter des tourmens et des
« opprobres qui nous auraient peut-être portés
« à commettre quelque grand péché. Et, après
« tout, comment se persuader que les gens
« d'honneur soient condamnés à la dure néces-
« sité de finir leur vie honteusement pour as-
« souvir la rage brutale d'un ennemi? »

On s'attend peut-être que Puffendorf va combattre ces lamentations avec plus de gravité et
de force ; mais non : sa réponse se borne à ces
mots : *Nous en laissons le jugement au lecteur.*

Or, cette réponse, selon nous, est celle d'un homme qui est convaincu de ce qu'il fait dire aux autres, et qui n'ose pas l'avouer, voulant que le lecteur le déduise de son silence.

Barbeyrac n'ose pas non plus se prononcer à ce sujet : sans doute qu'il n'est pas éloigné de cette opinion, bien qu'il en parle aussi avec une grande réserve (1).

« Il n'est pas impossible, dit-il, quoique le
« cas soit rare, que quelquefois on ait une pré-
« somption suffisante que Dieu nous permet
« d'anticiper le terme de nos jours. Et ce cas
« se présente lorsque le suicide peut préserver
« d'un mal grand et réel ; lorsqu'on s'est attiré
« ce mal par quelque faute grave ; quand il est
« moralement inévitable, et enfin lorsqu'on
« peut l'épargner, ou bien se procurer, ainsi
« qu'aux siens, et surtout à l'État, quelque

---

(1) Nous pensons, nous, qu'il n'est guère possible d'en douter. Les absurdes imputations de Barbeyrac contre quelques saints Pères, que le P. Buonafède a rapportées au chapitre VII, semblent assez faire comprendre quelle était son opinion sur le suicide ; au moins, c'est une forte présomption contre lui. Voir ce chapitre et les notes que nous y avons placées, pages 226, 227, 230.

(*Note des traducteurs.*)

« bienfait certain. Mais le plus sûr est de s'en
« tenir à la règle générale (1). »

Ainsi, Barbeyrac pense que les lois de la nature se taisent à cet égard, et il y supplée par son opinion. Pour notre compte, nous ignorons jusqu'à quel point elle pourra faire autorité auprès de nos sévères théologiens.

Mais autant ces deux auteurs furent discrets en cette matière, autant deux autres écrivains de notre siècle ont été audacieux et emportés en défendant le suicide avec une audace sans exemple.

Le premier, nommé Deslandes, écrivit un livre intitulé : *Réflexions sur les grands hommes morts en badinant.* Dans cet ouvrage, que le public méprisa et que les savans proscrivirent, l'auteur entreprend de prouver que la mort, qui certes est un des accidens les plus tristes de la vie, doit être affrontée avec joie et gaîté. Pour en venir à ce but, il avilit la condition des hommes au-delà de toutes bornes. Il va même jusqu'à dire que les dieux s'étaient enivrés de nectar lorsqu'ils les produisirent. Puis, exagé-

---

(1) Note 3ᵉ du paragraphe 19 du livre II du *Droit de la nature et des gens* de Puffendorf.

rant les calamités de la vie, il peint la mort avec les couleurs fausses et ridicules dont se sont servis certains poètes et quelques écrivains profanes. Il raconte plusieurs plaisanteries vraies ou fausses, bien placées, ou dites hors de propos au lit de la mort (1), et il assaisonne le tout de force impiétés. Enfin, notre pauvre plaisant distingue, dans l'avant-dernier chapitre, l'héroïsme de la mort volontaire d'avec la valeur instinctive du désespoir et de la brutalité.

« Au comble des chagrins et de la douleur,
« dit-il, la mort est un grand bien, digne d'être
« recherché de toutes les manières... J'avoue
« qu'il y a bien des occasions où il est glorieux
« de se tuer ; mais il faut alors que la mort soit
« accompagnée de certaines circonstances qui
« ne marquent ni chagrin, ni fureur. Le so-

---

(1) « Toute plaisanterie dans un homme mourant est hors de sa place; si elle roule sur de certains chapitres, elle est funeste. C'est une extrême misère que de donner à ses dépens, à ceux que l'on laisse, le plaisir d'un bon mot. Dans quelque prévention que l'on puisse être sur ce qui doit suivre la mort, c'est une chose bien sérieuse que de mourir; ce n'est point alors le badinage qui sied bien, mais la constance. » (La Bruyère, chap. *des Esprits forts*.) (*Note des traducteurs.*)

« phiste dont parle Suétone (1) me plaît assez.
« Las de lutter contre une fâcheuse maladie, il
« assembla le peuple pour lui expliquer les rai-
« sons qu'il avait pour quitter la vie. On fut
« étonné de sa hardiesse et on l'approuva. Sé-
« nèque le tragique a fort bien établi le droit
« qu'ont les hommes sur leur existence; nous
« acquérons ce droit en naissant (2); c'est le
« seul qui nous mette au-dessus de la nature
« même. C'est une injustice de traiter en cri-
« minel celui qui avance sa mort. Mais les lois
« sont-elles toujours conformes au bon sens, et
« ne varient-elles pas selon l'esprit de chaque
« nation ? »

Après avoir parlé du breuvage préparé à
Marseille (3) et exalté le suicide de Brutus et
de Cassius, il termine ce chapitre par une
maxime détestable, qui ne tendrait à rien

---

(1) Deslandes veut parler ici de l'orateur Albutius Silus. —
Voyez le paragraphe 7 du chapitre VI. (*Note des traducteurs.*)

(2) C'est sans doute dans les aphorismes suivans que Deslandes a puisé sa doctrine : « Ubique mors est, optime hoc
cavit Deus. — Eripere vitam nemo non homini potest. — At
nemo mortem. — Mille ad hanc aditus patent. » Sénèque,
Thebaïd., act. I, sc. I, vers 151.

(3) Buonafède rapporte ce fait dans le chapitre II de cet ouvrage.

moins qu'à renverser toutes les idées de morale et à placer l'homme dans un entier pyrrhonisme.

« Avouons-le, dit-il (c'est finir aussi bien « qu'il a commencé), les idées de vertus et de « vices sont bien chimériques; elles supposent « autant de vanité que d'ignorance, et ce sont « là les deux écueils de l'esprit humain (1). »

Le second des deux écrivains dont nous avons parlé plus haut, est le célèbre Montesquieu, qui s'est immortalisé dans la république des lettres par ses quatre ouvrages : *l'Esprit des Lois*, *les Considérations sur les Causes de la Grandeur des Romains et de leur Décadence*,

---

(1) Les passages que notre auteur vient de citer de Deslandes sont bien tristes, et font bien peu d'honneur au jugement de ce philosophe; car ici nous ne faisons appel qu'au simple bon sens. Chose étrange, cependant! cet auteur publia une *Histoire critique de la philosophie*, en trois volumes, qui n'annonce point un impie : il y témoigne, au contraire, de son respect pour la religion. Voyez, entre autres, le IIIe volume, livre VIII, chapitre XXXIV, où il parle très convenablement de Notre-Seigneur et du Christianisme. Au reste, quelques biographes prétendent qu'il rétracta à sa mort les sentimens qu'il avait affichés pendant sa vie; et Voltaire dit qu'il recommanda en mourant qu'on brûlât son livre des *Grands hommes morts en plaisantant*. Tant mieux!

(*Note des traducteurs.*)

les *Lettres Persanes* et *le Temple de Gnide* (1). Bien que dans les deux premiers ouvrages cet auteur ne traite pas du suicide, il en parle cependant d'une manière favorable en critiquant ici les lois grecques et romaines qui le prohibaient dans certains cas ; et en s'entretenant plus loin des principes des stoïciens en général, il dit que c'étaient les hommes les plus dignes. Ensuite il ne blâme les suicides de Caton, de Brutus et de Cassius que parce qu'ils n'eurent pas lieu en un temps convenable. Il appelle la mort volontaire de Mithridate *une mort de roi*, et enfin il affirme : « Que l'amour de notre
« conservation se transforme en tant de ma-
« nières et agit par des principes si contraires,
« qu'il nous porte à sacrifier notre être pour
« l'amour de notre être, et tel est le cas que
« nous faisons de nous-mêmes, que nous con-
« sentons à cesser de vivre par un instinct qui
« fait que nous nous aimons plus que notre vie
« même. »

Mais toutes ces affirmations sont bien modestes en comparaison de la *soixante-quatrième*

(1) Nous invitons les lecteurs à lire la notice sur Montesquieu qui se trouve dans la biographie universelle de Feller.
(*Note des traducteurs.*)

lettre persane, où, avec une hardiesse unie à beaucoup d'esprit et d'éloquence, il fait une brillante apologie du suicide. La force de ses sophismes est telle, que celui qui est peu accoutumé à distinguer ce faux brillant du mensonge de la lumière pure et franche de la vérité, pourrait se laisser séduire. Aussi nous nous réservons de faire cette distinction dans le chapitre suivant.

Disons maintenant un mot d'une longue polémique qui, provoquée par une cause louable, dégénéra bientôt en attaque scandaleuse.

Charles Maupertuis avait fait paraître un petit *Essai de Philosophie morale* qui, soit à cause d'une grande bizarrerie de pensées, soit par l'effet d'une affectation algébrique pour une argumentation qui ne supporte pas ces formes, n'obtint qu'un demi-succès (1). Zanotti (2) invité à donner son avis sur cet ouvrage, le fit

(1) On peut voir là-dessus des détails dans la *Bibliothèque raisonnée* et dans d'autres recueils du temps. — Malgré les paradoxes, les idées fausses et bizarres que l'on a reprochées à Maupertuis, et dont nous avons eu une preuve à la page 31, on aurait cependant tort de le ranger parmi les ennemis du Christianisme. Il paraît qu'il ne s'est aban-

(2) Voyez, au chapitre IV, la note à la page 97.

d'une manière aussi modeste que judicieuse dans un de ses brillans raisonnemens, où il blâma plusieurs des principes développés dans cet *Essai*. Mais ce qui lui parut mériter les plus grands reproches, c'est que Maupertuis, après avoir dit que tous les hommes sont malheureux, avance que toutes les fois que la religion ne le défend pas, et en suivant sa raison pour guide, on fait bien de s'affranchir de la misère et de se donner la mort (1). Or Zanotti en déduisit justement que si la religion ne le défendait à personne, tous les hommes devraient, d'après cet écrivain français, attenter à leurs jours,

donné à ces rêves que dans des momens où la manie des systèmes l'avait saisi ; car, dans d'autres circonstances, il rendait un hommage sincère à la religion : « Nous sommes, dit-il « (tome II de ses œuvres, page 174), si rempli de respect pour « la religion, que nous n'hésiterions jamais de lui sacrifier « notre hypothèse, et mille hypothèses semblables, si on nous « faisait voir qu'elles continssent rien qui fût opposé aux vé- « rités de la foi, ou si cette autorité, à laquelle tout chrétien « doit être soumis, les désapprouvait. » Il est vrai que son *Essai de philosophie morale* est de la plus verbiageuse prolixité ; mais aussi il s'y trouve de très bonnes choses. Il réfute surtout victorieusement ceux qui ont osé comparer la morale de Zénon, d'Épictète, et celle d'autres froids raisonneurs, à la divine morale de l'Évangile.   (*Note des traducteurs.*)

(1) *Essai de morale*, ch. v.

Cette conséquence lui parut horrible, épouvantable, et il prouva avec étendue qu'elle était contraire à la saine raison (1). Mais ce raisonnement ne plut pas à C.-J. Ansaldi (2), qui se récria avec force contre plusieurs assertions de F. Zanotti, et même de Maupertuis, qui était cependant son héros. Enfin, après beaucoup de fracas, il donna à entendre que ce n'était pas les hommes *malheureux* qui faisaient bien de se tuer, mais ceux qui étaient *très malheureux* (3). *La raison naturelle le permet à ces derniers,* dit-il, *s'ils ont envie de le faire.* Alors Zanotti lui adressa au nom de Maupertuis la question suivante : « Pourquoi voulez-vous que
« les hommes *très malheureux* puissent s'af-
« franchir de la misère et hâter leur mort, et

(1) *Ragionamento*, cap. v.
(2) Chaste-Innocent Ansaldi, dominicain, né à Plaisance en 1710, se distingua comme théologien, et composa des écrits et des dissertations dont on peut voir la liste dans le *Dictionnaire des sciences ecclésiastiques* de Richard; 5 vol. in-folio, 1760. (*Note des traducteurs.*)
(3) *Vindiciæ Maupertuisianæ*, § xv-xlvii, *Lettera* al Zanotti, § xlii. — Voici une erreur qui nous étonne de la part d'Ansaldi. Il eût été plus heureux pour lui de ne point prendre part à cette discussion, plutôt que de commettre une faute en voulant relever Zanotti, qui, en définitive, avait parfaitement raison. (*Note des traducteurs.*)

« que cela soit défendu à ceux qui ne le sont
« pas au suprême degré? Comme s'il n'était
« permis de chercher le remède pour une ma-
« ladie qu'à ceux qui en sont dangereusement
« atteints, et non pas à ceux qui le sont d'une
« manière moins grave... Il n'y a de différence
« entre les hommes plus ou moins malheureux
« qu'en ce que les uns ont de plus grands mo-
« tifs que les autres pour se suicider. » On pourrait ajouter qu'avec cette distinction de *malheureux et de très malheureux*, on laisse à un grand nombre de personnes la latitude de se tuer, puisque les hommes sont toujours disposés à penser que les maux qui les affligent sont précisément les plus grands, et qu'ils se croient toujours très malheureux, ce qui parfois suffit pour leur tenir lieu de la réalité.

Dans ces derniers temps, Louis Barbieri, dans la *dissertation* que nous avons déjà mentionnée plus haut (1), avait entrepris d'expliquer la philosophie des stoïciens. En ce qui regarde notre sujet, son opinion se rapproche un peu, ce nous semble, de celle de ces philosophes; car il voudrait d'abord qu'on ne comprît pas dans

---

(1) Voyez chapitre IV, page 96, et la note qui s'y trouve.

le nombre des coupables de mort volontaire, ni Codrus, ni les Décius, ni d'autres qui se tuèrent pour leur patrie. Il désirerait ensuite *que les vierges qui se noyèrent pour garder leur chasteté*, et qui le firent d'une manière absolue, et sans de justes restrictions, obtinssent des éloges, *parce qu'il est certain*, dit-il, *que si elles n'avaient pas commis cette faute, elles eussent été exposées à en commettre de plus grandes, ou bien à être immolées.*

Nous craignons fort que ces mots ne renferment trois maximes que nous n'oserions certes pas soutenir. Savoir, que c'est une faute de perdre la chasteté corporelle violemment et involontairement ; que, pour éviter un malheur rapproché ou éloigné de nous, on a raison de se tuer, c'est-à-dire qu'on a raison de commettre un crime présent pour éviter un péché à venir ; et qu'enfin recevoir ou se donner la mort est la même chose (1).

Nous pourrions encore citer ici beaucoup d'autres auteurs modernes, mais ce chapitre dépasserait les limites que nous nous sommes prescrites (2). Nous nous arrêterons donc.....

---

(1) Voyez la note BB, à la fin du volume.
(2) On a vu dans ce chapitre que le P. Buonafède a ras-

Toutefois, nous ferons remarquer que si à tous les apologistes du suicide, on réunit le nombre prodigieux des pyrrhoniens qui fourmillent de toutes parts, et qui répandent de l'obscurité sur les principes les plus clairs de la morale, on ne sera pas surpris que le suicide ait, à l'époque où nous vivons, obtenu tant de faveur, non seulement parmi les Anglais qui abondent dans le scepticisme, mais encore chez les autres peuples, et par ces mots nous n'entendons pas parler des peuples d'Asie, d'Afrique, et des Indes occidentales, mais de ceux de l'Europe.

« Toutes ces histoires tragiques, dit un écri-
« vain trop fameux (1), dont les gazettes an-
« glaises sont remplies, ont fait penser qu'en
« Angleterre on se tue plus volontiers qu'ail-
« leurs. Nous ne savons pourtant s'il n'y a pas
« autant de fous à Paris qu'à Londres. Peut-

---

semblé tous les argumens les plus forts en faveur du suicide. On aurait peut-être désiré qu'il les réfutât au fur et à mesure qu'il les exposait : au moins, quelques lecteurs n'eussent point été exposés à recevoir une impression mauvaise et subite; mais notre auteur a mieux aimé les recueillir simplement d'abord, et il s'est réservé ensuite la tâche de les discuter avec force dans le chapitre suivant.

(*Note des traducteurs.*)

(1) Voltaire, *Mélanges philosophiques*, t. IV; *du Suicide*.

« être que si les gazettes françaises tenaient
« un registre exact de tous ceux qui ont eu la
« démence de vouloir se tuer, et le courage de
« le faire, nous pourrions sur ce point avoir
« le malheur de tenir tête aux Anglais. Mais
« nos journaux sont plus discrets (1). » Nous
pourrions cependant dire qu'ils le sont moins
encore que nos gazettes italiennes.

(1) Ce n'est pas, à coup sûr, aujourd'hui. Voyez à ce sujet l'introduction et la note Q, à la fin du volume.

CHAPITRE NEUVIÈME.

Exposé des argumens contraires au Suicide, et examen des sophismes favorables à cette erreur.

Le nombre de ceux qui défendent le suicide se compose, ainsi que nous l'avons vu, d'athées, de matérialistes, de fatalistes, de sceptiques, des ennemis de la Providence et de l'immortalité de l'âme, de partisans de la métempsycose, et de propagateurs d'autres erreurs fondamentales qui conduisent également à faire regarder la mort volontaire comme une action indifférente, juste et nécessaire.

Pour réfuter les doctrines de ces novateurs, les moralistes ont commencé par regarder comme bien établis les dogmes *de l'existence de Dieu, sa providence, sa liberté, et ensuite les règles de vérité et de vertu*, etc. En cela ils ont agi avec discernement ; car, sans la supposition de ces vérités fondamentales, qui ont d'ailleurs été amplement démontrées, ils eussent été obligés, au lieu de donner une réfutation du suicide, d'écrire des traités entiers de morale et de théologie.

Ces principes posés, ils soutiennent que *jamais il n'a été permis à l'homme de se détruire*. Dieu, disent-ils, est l'unique et la première cause de notre existence. Toutes les raisons de notre être sont dans sa volonté et dans son pouvoir : rien ne nous appartient. Lui seul est donc l'arbitre et le maître de notre vie, comme il en est la cause et la raison. Cela étant, nous n'avons aucun droit sur notre vie, et vouloir en disposer à notre gré, c'est nous emparer injustement des attributs de la divinité. Or, comme il n'y a aucun cas où Dieu ne soit l'auteur et le maître de notre vie, il s'ensuit qu'il ne peut y en avoir aucun non plus où il nous soit permis d'usurper l'autorité que Dieu a sur ses œuvres.

Mais les partisans du suicide ont imaginé plusieurs de ces cas, et ils supposent certaines permissions divines qui n'ont sans doute été révélées qu'à eux seulement. Nous les écouterons bientôt, et nous saurons à quoi nous en tenir sur la valeur de ces exceptions imaginaires.

L'argumentation que nous venons de rapporter, et que plusieurs moralistes croient suffisante, ne paraît cependant pas aussi complète à tous ; de telle sorte qu'il y en a qui ajoutent d'autres considérations.

Il est manifeste, disent-ils, que l'homme n'a point été créé uniquement pour lui, mais encore pour Dieu et la société. Aussi, outre les devoirs qui le lient à lui-même, il en a d'autres qui l'obligent devant Dieu et envers les hommes, qui ont le droit d'en exiger l'accomplissement ; et on ne peut leur enlever ce droit, ni ne le leur refuser, sans commettre une injustice. Or, comme par le meurtre volontaire on se place dans l'une et l'autre position, il est certain que par cette action on commet une injustice, un dommage, et une injure devant Dieu, envers soi-même et la société, et qu'on se rend rebelle à la nature qui enseigne ces principes.

Ils ajoutent encore, que si chacun avait le droit de se tuer, les hommes pourraient aussi détruire tout le genre humain ; car, en supposant qu'ils y consentissent, ils pourraient tous se donner la mort. Heureusement, les hommes n'ont point ce cruel pouvoir ! Dieu, en mettant dans tous les hommes l'amour de la conservation, a fait clairement entendre que sa volonté est que chacun prenne soin de sa vie. Quels droits peuvent donc faire valoir la créature, et le sujet devant la volonté de l'auteur et du souverain maître ?

Il y en a qui, en parlant de la loi naturelle qui défend de donner la mort à autrui de son autorité privée, disent que cette loi ne veut certainement pas nous enjoindre d'agir autrement envers les autres que vis-à-vis de nous-mêmes. Il est clair qu'en nous défendant le meurtre de nos semblables, elle nous défend encore davantage celui que nous pourrions commettre sur nos personnes (1).

---

(1) Saint Augustin dit dans sa *Cité de Dieu* : « Ce n'est pas sans raison que l'on ne saurait trouver nulle part, dans les livres saints et canoniques, que Dieu nous ait jamais commandé ou permis de nous tuer.... Nous devons croire qu'il nous l'a défendu quand il a dit : *Vous ne tuerez point* (Exode, xx, 13); surtout n'ayant point ajouté : *votre prochain*, ainsi qu'il le fait lorsqu'il défend le faux témoignage : *Vous ne porterez point faux témoignage contre votre prochain* (Exode, xx, 14). Cela ne fait pas néanmoins que celui qui porte faux témoignage contre soi-même soit exempt de ce crime, puisque

Enfin, il en est qui s'appuient sur l'effroi naturel qu'inspire le suicide, et dont les hommes ne peuvent pas se défendre. Ceux, en effet, qui se sont donné la mort, ne surent pas toujours dissimuler que cette horreur invincible est venue les troubler. C'est ce qui a fait dire à Brutus, à propos de la mort de Caton : *Certainement il n'est ni louable, ni généreux de céder à la fortune, et de se dérober aux adversités qui nous menacent : il vaudrait mieux les supporter courageusement* (1)!

D'autres moralistes opposent encore plusieurs argumens contre cette erreur ; mais nous n'en dirons rien, parce qu'ils se rapprochent de ceux que nous venons d'exposer.

Examinons maintenant les pauvres raisonnemens des apologistes du suicide.

Nous ne savons si c'est de bon cœur ou mal-

---

la règle de l'amour du prochain est l'amour de soi-même, ainsi qu'il est écrit : *Vous aimerez votre prochain comme vous-même* (Saint Matthieu, XXII, 39). Ainsi ce précepte : *Vous ne tuerez point*, doit être entendu : Vous ne tuerez point un autre, et par conséquent vous ne vous tuerez point vous-même ; car celui qui se tue ne tue autre chose qu'un homme. » (Liv. I, ch. XX.) (*Note des traducteurs.*)

(1) Plutarque, *Vie de Brutus.*

gré eux, qu'ils reconnaissent Dieu pour l'auteur et le maître de notre vie ; quoi qu'il en soit, ils disent qu'il n'est pas impossible que le Créateur nous permette quelquefois d'user de ses droits, parce que, ajoutent-ils, quoique Dieu soit également l'auteur et le maître des hommes, des animaux, des plantes, et de tout *ce qui est*, il nous autorise en certaines circonstances, et à notre gré, de tuer les uns, de détruire les autres, et de disposer de plusieurs des choses qu'il a créées.

Mais nous leur répondrons que ces concessions divines ressortent de la loi de la nature même, et qu'il n'y a rien là de favorable à la mort volontaire. Ce sont de ces vérités dont on ne peut manquer d'être bien convaincu pour peu qu'on ait lu les écrivains qui ont traité *du droit de la nature et des gens* (1).

(1) Cela est vrai : il n'est pas un seul traité *du Droit de la nature et des gens* qui ne prouve jusqu'à la dernière évidence le droit qu'ont les hommes de détruire les animaux qui leur seraient nécessaires ou nuisibles. Puffendorf lui-même s'exprime ainsi à cet égard : « Il n'y a, et il ne peut y avoir de contrat entre l'homme et les bêtes ; il n'y a donc point d'obligation. Si les bêtes peuvent ravager nos possessions, nous avons incontestablement le droit de les détruire. » (*Du Droit de la nature et des gens*, t. II, ch. II.) D'ailleurs, l'homme n'a-t-il

Cependant nos mélancoliques adversaires prétendent que ces exceptions existent, et ils citent, entre autres, le cas où l'homme, opprimé par d'extrêmes et inévitables souffrances physiques et morales, n'est plus utile, ni à Dieu, ni à la société, et ne peut, en gardant ses jours, que commettre des crimes, ou bien s'abreuver de désespoir. Après cela, ils font valoir d'autres calamités qu'ils amplifient ou dissimulent, et dont les principales nous ont été révélées par Puffendorf, dans le *chapitre précédent;* et ils concluent que ces grandes adver-

---

pas reçu ce droit de Dieu lui-même? « Remplissez la terre, et
« vous l'assujétissez, dit l'Éternel à Adam. Dominez aussi sur
« les poissons de la mer, sur les oiseaux du ciel, et sur tout
« animal qui se meut sur la terre. » Dieu lui dit encore : « Je
« vous ai donné toutes les herbes qui portent leurs graines sur
« la surface de toute la terre, et tous les arbres fruitiers qui
« renferment en eux-mêmes leur semence, pour vous servir
« de nourriture. » (Genèse, 1, 28, 29.) « Le Seigneur a donné
« la terre aux enfans des hommes, » dit David. (Ps. 115, 16.)
— Voyez encore, pour plus de développemens, la note CC, à la fin du volume. — Quant à ce qui regarde le droit qu'ont les hommes de tuer, en certaines circonstances, leurs semblables, nous renvoyons à la note suivante, DD, aussi à la fin du volume, où nous résolvons, par de puissantes autorités, cette importante question.

(Note des traducteurs.)

sités fournissent des raisons et des indices suffisans de la permission que Dieu nous donne d'attenter à nos jours.

Leurs antagonistes ne manquent pas de répliquer, que le tableau des maux physiques et moraux est toujours exagéré par ceux qui n'ont pas la force de les endurer.

En effet, les maux moraux, tels que la perte de l'honneur, de la chasteté, et des autres vertus, dépendant de notre volonté, il n'est pas nécessaire pour s'en affranchir de se tuer : il suffit simplement de ne pas consentir. Soyons fermes dans notre volonté, et nous sommes sauvés. Voici donc ce grand apparat de maux moraux évanoui !

Quant aux maux physiques, si on les juge avec droiture, on verra qu'ils sont moins graves, et par conséquent plus tolérables (1). Il suffit de savoir que c'est par la volonté de Dieu que nous les souffrons, et que Dieu qui est juste ne rendrait pas malheureux celui qui n'aurait pas mérité de l'être. Ainsi, lorsque ces maux

---

(1) Cicéron confirme cette vérité en quelques mots : *Si gravis, brevis; si longus, levis.* Si la douleur n'est pas supportable, elle tue ; si elle ne tue pas, elle est supportable.

(*Note des traducteurs.*)

viennent nous accabler, il serait plus sage de les regarder plutôt comme un châtiment de nos fautes, que comme un indice d'une permission de nous détruire; et il serait plus prudent d'apaiser la bonté divine, en nous conformant entièrement à ses arrêts, que d'irriter sa justice en voulant usurper ses droits.

Mais, à part cela, qui peut avoir l'esprit assez libre de toute passion pour juger de ces maux avec une invariable justesse? A celui-ci, la vie champêtre et sauvage paraîtra un mal digne du suicide; à celui-là, elle semblera un délice à la perte duquel il ne saurait survivre. Il est des personnes qui placent le souverain bien dans les dignités royales, dans les honneurs civils et militaires : mais aussi, combien s'en trouve-t-il qui se tuèrent pour échapper à ces honneurs! Les uns coulent des jours calmes et heureux dans l'esclavage, et les autres se donnent la mort pour ne pas sacrifier leur liberté. En résumé, si les maux physiques et moraux sont souvent réels, et tels que la nature, la raison et la vérité nous les révèlent, ils sont plus souvent encore l'effet de notre propre imagination. Il est d'ailleurs difficile de faire une distinction exacte dans ces causes différentes; et nous ne croyons pas impossible qu'un événement regardé comme un malheur ne puisse devenir tout-à-coup un bienfait.

Dans cette extrémité, le meilleur parti à prendre c'est d'espérer que nos douleurs auront un terme ; et que notre patience et notre soumission à la volonté du Créateur, nous obtiendront une récompense dans la vie immortelle, comme notre impatience, notre désespoir et notre perversité y trouveront des châtimens sévères.

En réunissant ensuite les autres cas que les défenseurs du suicide ont imaginés, et dans lesquels, ainsi que Puffendorf le prétend, cessent les relations de l'homme vis-à-vis de Dieu et de la société, leurs adversaires font remarquer qu'on ne peut pas supposer de calamités assez grandes pour que l'homme ne puisse pas se résigner patiemment et humblement à la volonté du Créateur, et donner à ses semblables l'exemple de la soumission et de la patience.

Enfin, ils disent que si notre vie, devenue intolérable par suite de maux graves, nous révélait que nous sommes libres de mettre fin à nos jours, il s'ensuivrait que si la vie des autres nous devenait à charge, nous pourrions également disposer de leur existence. Ce serait là une liberté bien sanguinaire, dont nous ne savons comment s'accommoderaient les partisans du suicide.

Mais ceux-ci ne se montrent pas satisfaits de ces raisons, et ils continuent à objecter.

Le premier instinct et la première loi de l'homme c'est sa félicité ; on doit s'attacher à tous les moyens qui y conduisent, et combattre tous ceux qui en éloignent. Il faut donc se débarrasser de la vie lorsqu'elle s'oppose à notre bonheur, comme on se débarrasse de la fièvre, ou de toute autre maladie. « Non, nous ne croyons pas que nos maux soient un effet de la volonté de Dieu, et qu'on doive les regarder comme une punition obligée, et comme des châtimens qu'il faut souffrir avec patience et résignation, au lieu d'y porter un prompt remède. »

Ici, on leur répond : l'origine, la base, la force et la règle de toute loi naturelle, sont un fait du domaine et de la volonté de Dieu. C'est d'après cette loi qu'ont été réglés et notre instinct et notre félicité. Or, nous avons démontré que le suicide est une action contraire aux principes de toute loi, et que, de plus, il est coupable d'usurpation et de perversité. En conséquence, le suicide ne peut pas plus entrer dans un plan de félicité que tout autre crime, lors même encore qu'il promettrait un bonheur éphémère.

Il n'en est pas ainsi des guérisons innocentes, parce qu'elles ne tendent pas à détruire notre être, mais bien à le conserver. La comparaison des adversaires est donc passablement ridicule; car si Dieu nous permet de nous affranchir de nos maladies et d'autres souffrances, c'est pour que nous puissions après jouir d'une existence meilleure et plus heureuse : au lieu qu'en nous détruisant, ce serait manquer à ses droits, et enfreindre sa volonté.

Au reste, le savant Formey a décrit avec une si grande vigueur cette félicité imaginaire, que nous pensons qu'il sera bon de le laisser parler lui-même. « Quelle est donc, dit-il, cette féli« cité qui accompagne et suit le meurtre volon« taire de soi-même? Cette action est ordinai« rement précédée des plus funestes agitations; « elle s'exécute avec les symptômes d'un af« freux désespoir... Il en coûte infiniment de « surmonter la répugnance qu'apporte la na« ture à sa destruction; et tout ce qu'ont pu

« faire certains philosophes, c'est de garder
« une bonne contenance qui n'a pourtant pas
« tout-à-fait caché leurs angoisses. Cette mort
« d'apparat, tant vantée dans l'antiquité, la
« mort de Caton, ne fut-elle pas précédée d'un
« terrible combat? L'orgueil qui l'empêchait
« de se soumettre à César triompha de l'amour
« de la vie. La raison qui condamnait cette ac-
« tion n'y eut aucune part. Je demande donc si
« c'est procurer sa félicité que de prendre un
« tel parti, et si le sain usage des lumières de
« la raison ne pourrait pas nous calmer et nous
« rendre plus solidement heureux, au milieu
« même des adversités et des souffrances? L'ex-
« périence en fait foi, et on a vu bien des gens,
« privés même des secours de la religion (1),
« fournir généreusement, comme Épictète,
« une carrière longue et malheureuse sans
« murmure et sans impatience. Quant à la féli-
« cité qui suit la mort, ceux qui se tuent n'ont

(1) *Sans le secours de la religion* ne nous paraît pas trop exact. Nous soutenons qu'aucun homme ne peut supporter patiemment et avec résignation les peines de la vie, sans les espérances que donne la religion. Ces hommes dont parle Formey devaient du moins avoir quelques espérances, vraies ou fausses, qui les soutenaient. (*Note des traducteurs.*)

« pas grand sujet d'espérer de l'atteindre, et
« toutes les apparences montrent qu'ils quit-
« tent une misère pour en trouver une plus
« grande encore. Pour ceux qui n'admettent
« pas cette félicité après leur mort, et qui
« comptent se précipiter dans l'anéantissement,
« ils choisissent un remède pire que le mal; car
« il n'y a point de situation ici-bas dont on
« puisse dire qu'elle est entièrement désespé-
« rée, et on a vu naître les révolutions les plus
« imprévues dans les périls et les maladies (1). »

Après ces graves réponses, les apologistes du suicide n'ont presque plus rien à opposer que des puérilités. *Notre corps,* disent-ils, *est un objet vil et méprisable dont on ne doit pas mettre la conservation à un si haut prix.*

Mais ce n'est pas de cela dont il s'agit. Quand même notre corps serait de terre, de boue et d'une matière plus abjecte encore, il reste toujours à savoir si ces matières unies à notre âme sont notre propriété. Or, nous avons dé-

---

(1) Formey, *Dissertation sur le meurtre de soi-même* (*Mélanges philosophiques*, t. II). On ne saurait se dissimuler que ce passage, quoique solide, sent plutôt l'orateur que le philosophe.

montré le contraire. A quoi donc aboutit cette pitoyable déclamation ?

Si l'âme est mortelle, ajoutent-ils, *on ne lui fait pas grand tort; si elle est immortelle, on lui rend un bon office.* Mais nous avons déjà fait connaître à quoi se réduit ce bon office, si l'on considère l'âme immortelle. Nous avons également dit que, si on la considère mortelle, il n'est rien de si affreux que l'abîme du néant, surtout si on le compare à l'espérance, qui n'abandonne jamais les hommes courageux.

> Tu ne cede malis; sed contra audentior ito,
> Quàm tua te fortuna sinet. Via prima salutis
> Quod minimè reris (1).

Une mort volontaire, continuent-ils à dire, *est souvent l'unique moyen d'éviter des crimes.* Nous avons dit à cet égard que les crimes dépendent de nos facultés morales; et que ni les tyrans, ni les ennemis, ni toutes les violences et toutes les calamités du monde ne peuvent

---

(1) *Énéide*, liv. VI.
Toi, conserve un cœur ferme au milieu du danger;
Des secours imprévus attendent ta détresse....
(Delille.)
(*Citation des traducteurs.*)

rendre criminel celui qui ne consent pas à l'être.

On ajoute encore d'autres argumens, qui ne sont à notre avis que des répétitions et des paroles. C'est pourquoi nous aimons mieux discuter, comme nous l'avons promis, les sophismes graves de Robeck, et les spirituelles bévues de Montesquieu.

Dans la dissertation que nous avons indiquée plus haut (1), Robeck promet de prouver l'innocence de la mort volontaire par douze argumens. Assurément, ce nombre est bien grand, et nous nous serions contenté d'un seul. Enfin, puisqu'il en veut absolument douze, nous les lui accordons très volontiers. Mais nous craignons qu'ils ne vaillent pas, à eux tous, celui que nous aurions désiré.

Les trois premiers argumens de Robeck roulent sur le même point, et ne font que dire et redire la même chose sous des formes différentes : à savoir, qu'il n'existe ni loi naturelle, ni loi divine qui défende le suicide en certains cas, qui sont, selon lui, les maladies douloureuses et incurables, les dangers de perdre la vertu, et enfin toutes les souffrances longues et

---

(1) Chapitre VIII.

cruelles qu'on ne peut éviter autrement que par la mort.

Pour ce qui regarde la loi divine, notre ingénieux écrivain cherche à affaiblir ces paroles qui le gênent : *Tu ne tueras point; tu aimeras ton prochain comme toi-même* (1); et il dit ensuite que, si cette loi admet des exceptions pour les autres, ce qui fait qu'il nous est souvent permis d'ôter la vie à nos semblables, elle doit également en admettre pour nous, et nous autoriser à attenter à nos jours.

Formey, en examinant ce raisonnement de Robeck, a reconnu, avec trop de facilité, ces exceptions; mais c'est peut-être qu'il a vu là une question théologique, et qu'il n'a pas voulu l'aborder. Quoi qu'il en soit, elle fut rejetée par d'autres, qui répondirent avec beaucoup de sens qu'à la vérité des exceptions en faveur du meurtre d'autrui sont indiquées par l'Écriture elle-même (2), mais qu'on n'y trouve rien qui autorise le suicide (3). Loin de là, ce divin livre

---

(1) Voyez ci-dessus la note tirée de la *Cité de Dieu* de saint Augustin. (*Citation des traducteurs.*)
(2) Voyez la note DD, à la fin du volume.
(3) Oui, certainement, et nous avons déjà vu pourquoi, dans la même note de saint Augustin, placée au commence-

suppose que les hommes peuvent se trouver souvent dans la plus longue, la plus violente et la plus cruelle misère. Il prédit même aux sages les persécutions, les haines, la faim, les opprobres, la pauvreté et les plus grands tourmens. Mais dans ces cas, qui sont précisément ceux que Robeck désigne, l'Écriture sainte ne nous dit pas que nous avons la liberté de nous dérober aux calamités en nous donnant la mort : au contraire, elle nous exhorte à la patience, à la fermeté et au courage (1).

Robeck est aussi extravagant lorsqu'il s'agit des lois humaines. Après en avoir dit tout le mal possible en les appelant tour-à-tour *lois arbitraires, ouvrage des passions et contraires à la nature*, il ajoute avec gravité, sans cependant apporter aucune preuve à l'appui, *que les*

---

ment de ce chapitre. Croirait-on cependant que les apologistes du suicide ont poussé la témérité jusqu'à affirmer que ce crime n'est point défendu dans l'Écriture sainte! On pourrait se borner à répondre, dit Bergier, qu'aucune loi positive n'a jamais défendu ni la démence, ni la frénésie; mais nous soutenons que celle dont nous parlons est défendue par tous les passages de l'Évangile qui commandent la patience dans les afflictions, et qui promettent à cette vertu une récompense éternelle. (*Note des traducteurs.*)

(1) Voyez la note EE, à la fin du volume.

lois et les constitutions de tous les peuples anciens sont favorables à sa thèse. « Mais, puisque « tout lui est favorable, disent les auteurs de la « *Bibliothèque raisonnée*, pourquoi un écrivain « si prodigue de citations en est-il si avare ici ? « Ce n'est donc qu'un aveugle qui, par un excès « d'entêtement, voudrait tromper les autres « après s'être trompé lui-même ! » Néanmoins, pour ne rien dissimuler, nous avouerons qu'il est vrai que quelques lois et quelques constitutions adoptées par des villes et des peuples anciens furent, comme nous l'avons vu dans le cours de cet ouvrage, favorables au suicide. Mais que peuvent ces aberrations en présence des lois universelles de la nature ?

Parvenu enfin à cette loi, Robeck se récrie contre le penchant naturel de la conservation. Il prétend que l'amour de nous-même est la source et l'aliment de tous les crimes, et que l'attachement à la vie n'est propre qu'à rendre l'homme lâche et vicieux. Il voudrait de plus que l'amour de la conservation, que les hommes ont pour eux-mêmes, différât de celui des bêtes qui ne se tuent point; et il s'efforce ensuite d'entasser des exemples de mort volontaire donnés par des fanatiques, qui furent les Catons de leur espèce. Pour prouver que l'homme doit vivre autrement que les brutes, il cite Sénèque et Cicéron ; il se soulève contre saint Augustin, se confond, s'embrouille et laisse ouvertement voir qu'il ne comprend pas cette loi naturelle qui défend le suicide. C'est donc avec raison que les auteurs que nous venons de citer s'écrient : « Quel philosophe ! et quelle philosophie ! » Tel est le mérite des trois premiers argumens de Robeck.

Les trois suivans sont des déclamations qui le disputent en profondeur avec les précédens. Il dit d'abord, *que le corps n'est que de la boue, et que la vie n'est qu'un souffle.* Eh bien ! lui répond-on, prouvez que nous avons un droit absolu sur l'un et sur l'autre ? *Dans tous les systèmes*, dit-il ensuite, *on trouve qu'une mort anticipée ne nuit ni à l'âme, ni au bonheur suprême, et qu'au contraire elle peut être utile.*— Oui ; mais Robeck a vu cela dans les systèmes où la religion et la raison n'ont point entré. Son troisième argument est une invective contre la Providence qui, dit-il, en *défendant le suicide, nous obligerait tyranniquement à souffrir le cruel bienfait d'une existence remplie de maux.* Mais nous avons déjà examiné la valeur de ces maux exagérés, et nous savons qu'ils ne sont rien en comparaison de l'espérance, et du bon témoignage de la conscience (1). Appelleriez-vous donc tyran un prince qui n'accorde ses récompenses qu'à ceux qui les ont méritées par beaucoup de peines et de longs services ? Non ! Or, il en est de même de Dieu. S'il nous a accordé le bienfait d'une vie remplie, à la vérité,

---

(1) Les peines et les souffrances sont nécessaires au bien de l'homme : elles l'élèvent à la contemplation des biens futurs ; elles lui procurent la certitude d'une meilleure vie, qui sera le prix de la vertu ; elles le détachent de la terre, et lui donnent le goût des choses célestes.... Mais ce n'est pas tout : les maux donnent lieu à l'exercice de toutes les vertus. « Les plus difficiles et les plus étonnantes n'existeraient point sans eux. C'est dans les adversités et les disgrâces que l'homme se forme à la prudence, à la sagesse, à la circonspection, à la prévoyance, à la modération, à l'amour de l'ordre et du travail ; les besoins dont elles l'environnent sont des aiguillons qui le piquent, le réveillent, le portent à réfléchir sur leurs causes et sur leurs remèdes, à se tourner de tous les côtés pour s'en délivrer, le rendent industrieux, actif, laborieux, et le préservent des vices de l'oisiveté, de la mollesse...; enfin, les maux adoucissent pour l'homme la triste nécessité de mourir ; ils le dégoûtent des objets des sens, dont ils lui montrent la vanité et le néant ; ils tournent ses goûts et ses désirs vers les biens et les plaisirs incorruptibles de l'âme, vers les avantages impérissables de l'éternité.... » — *La Jouissance de soi-même*, du marquis de Caraccioli, ch. LXXII. (*Note des traducteurs.*)

de maux et d'afflictions, ce n'est que pour augmenter notre mérite, et nous conduire au souverain bonheur (1)!

Viennent ensuite trois autres argumens qui ne sont encore que des sophismes et des pétitions de principes. Il dit dans le premier que, *de même qu'il est permis à la guerre d'exposer sa propre vie à une mort certaine, ainsi il doit être licite de se tuer.* Mais Robeck ne fait pas attention que ce pitoyable parallèle est détruit par la loi naturelle de la guerre, et d'une juste défense (2) : lois qu'il n'avait sans doute ni lues, ni comprises. Dans le second, il affirme *que le droit de se détruire en certaines extrémités très pressantes est conforme à la raison.* Ceci lui paraît concluant, mais il n'en est pas ainsi pour d'autres. La question est de savoir de quel côté

(1) « Dieu nous châtie, dit saint Paul, pour notre bien,
« afin de nous rendre participans de sa sainteté. Or, tout châ-
« timent, lorsqu'on le reçoit, semble être un sujet de tris-
« tesse, et non de joie; mais ensuite il fait recueillir en paix
« les fruits de la justice à ceux qui ont été ainsi exercés. »
(*Héb.*, ch. XII, v. 10, 11.)   (*Note des traducteurs.*)

(2) On peut voir la note DD, où nous avons cité un chapitre de la *Cité de Dieu* de saint Augustin, et un passage du catéchisme du concile de Trente, qui peuvent servir à réfuter ce ridicule argument.   (*Note des traducteurs.*)

est la vérité. Enfin, il objecte en troisième lieu, *qu'il n'y a quelquefois que la mort volontaire qui puisse préserver notre vertu*. Ici Robeck ne s'aperçoit pas qu'on est en droit de lui en demander des exemples, et qu'il ne peut en donner. Il serait, au contraire, très facile de lui démontrer que la vertu est patiente et forte, et que ce n'est pas par le crime qu'on peut la protéger.

Voici venir une autre objection qui, par sa force et son étendue, mérite une place à part ; il y aurait certainement mauvaise grâce à la lui refuser, et à confondre les belles pensées qu'elle renferme avec la trivialité des autres argumens.

Cette objection débute avec bruit, et embrasse tout d'un trait les païens, hommes et femmes, qui se suicidèrent. On y trouve la ciguë de Céos, le poison de Marseille, et les suicides des Troglodytes (1), qui ne trouvaient rien de plus

---

(1) Pour ce qui concerne la *ciguë de Céos* et le poison de Marseille, les lecteurs se rappellent sans doute ce qui a été dit au chapitre II. Quant aux *Troglodytes*, tout ce que nous en savons, c'est que, selon Pline le naturaliste, c'était un peuple qui habitait les limites de l'Éthiopie jusqu'à l'Arabie. (Pline, *Hist. nat.*, lib. v, cap. XXXIV.)   (*Note des traducteurs.*)

blâmable que d'aimer la vie lorsqu'elle devenait à charge à soi-même, ou aux autres. Puis, passant à l'histoire juive et chrétienne, Robeck dit que Samson, Saül, Razias et Éléazar, aimèrent tant la mort, qu'ils parurent charmer de se la donner (1). Il cite également une quantité de martyrs illustres qui, par un libre aveu de leur attachement à la religion, rendirent leur mort inévitable. Il parle aussi d'un grand nombre de chrétiens qui se livrèrent eux-mêmes aux bourreaux; et de plusieurs femmes qui préférèrent l'honneur à la vie. Et sur tout ceci, Robeck s'extasie, et fait bon marché de la patience de ses lecteurs.

Les auteurs de la Bibliothèque raisonnée se moquèrent à leur tour de son prétendu triomphe, et répondirent *que ces personnes en se tuant avaient fort mal agi.* A quoi Robeck objecta que ses adversaires avaient tort de juger de la sorte, et *qu'il ne s'agissait pas de savoir si ces hommes avaient fait bien ou mal, mais seulement s'ils avaient fait le sacrifice de leur vie.* « Cela étant, répliquèrent les savans jour-

---

(1) Voyez les deux notes que nous avons placées, sur ce sujet, dans le chapitre I, page 27, et, à la fin du volume, la note X.

« nalistes, pourquoi érigez-vous ces exemples
« en preuves ? Vous jugez sans doute qu'ils ont
« bien fait, car autrement vous ne prouveriez
« rien. Mais au moins, pourquoi repoussez-vous
« l'opinion de ceux qui soutiennent le con-
« traire ? »

Quant aux exemples tirés des Hébreux et des chrétiens, les mêmes auteurs répondent que Robeck confond les morts généreuses et intrépides, souffertes pour la défense de la religion, de la patrie, et de ses droits, avec des morts inconsidérées et frénétiques ; qu'il mêle les héros avec les furieux ; les vrais martyrs avec les imprudens ; les vierges chastes et inspirées avec les femmes égarées par la coutume et l'orgueil.

Quoique cet argument ait été traité d'une manière pitoyable par Robeck, et que d'ailleurs, par sa nature, il ne soit pas susceptible de bons développemens, on aurait pu cependant lui donner une apparence plus forte, et le présenter de la manière suivante.

« L'approbation universelle des nations et des temps doit être d'une grande autorité. On se sert énergiquement de cette preuve en faveur de la religion et de la vérité. Or, d'après les faits exposés, les plus grands peuples orientaux et septentrionaux, les Africains, les Grecs, les Romains, les plus grandes écoles, les villes les plus civilisées, et un grand nombre d'hommes émérites, se sont prononcés en faveur du suicide. Donc ce suffrage universel fait une grande autorité ici (1). »

Cette objection ainsi formulée peut paraître surprenante, et éblouir de prime abord. Mais, pour peu qu'on réfléchisse, cet étalage tombe bientôt.

On répond premièrement, qu'il y a un peu de fraude littéraire à entasser ensemble, et sans distinction de lieu ni de temps, tous les témoignages qui militent en faveur du meurtre de soi-même. En effet, présentez en un seul trait tous ces témoignages, ils vous sembleront forts et nombreux ; mais qu'on les classe par ordre de date, qu'on les mette en parallèle avec le nombre infiniment plus considérable des exemples opposés, et l'on sera convaincu que cette approbation captieuse, et cette profusion

(1) On remarquera que, loin d'affaiblir les objections, notre auteur cherche au contraire à les présenter sous toutes leurs faces, parce qu'il est convaincu que la cause qu'il défend n'a rien à craindre, et que rien ne peut l'empêcher de triompher.
(*Note des traducteurs.*)

exagérée, n'est alors que d'une valeur presque imperceptible, et n'appartient, ainsi que le dirait un mathématicien, qu'au troisième ou au quatrième degré. Au reste, en admettant que la faveur dont on nous parle fût aussi grande qu'on puisse le désirer, elle ne pourra jamais dépasser celle dont jouit autrefois l'idolâtrie, l'astrologie et la nécromancie. Et cependant, parvint-elle à faire triompher l'absurde sur la vérité? Non, car un suffrage, même universel, ne peut, lorsqu'il est décerné à l'erreur, détruire les droits du vrai, et faire autorité là où la raison la repousse. Il importe donc, pour apprécier ces genres de témoignages, d'examiner où ils prennent leur source, et sur quoi leur raison est basée (1).

Nous qui avons vu que ce furent les prin-

---

(1) C'est, au reste, la *règle* que nous enseigne la logique. La philosophie montre les signes auxquels on peut reconnaître la certitude du témoignage humain ou *suffrage universel*. « Pour juger de la vérité d'un événement, et se déterminer à le croire, ou à ne pas le croire, il ne faut pas le considérer nuement et en lui-même; mais l'on doit prendre garde aux circonstances principales qui l'accompagnent, à celles qui appartiennent au fait lui-même, et à celles qui regardent les personnes dont le *témoignage* nous porte à le croire. Or, si toutes ces circonstances sont telles, qu'il n'arrive jamais, ou

cipes d'âme universelle, le système émanatif, la métempsychose, les aberrations philosophiques des pythagoriciens, des stoïciens, des académiciens, des épicuriens, etc.; les fausses opinions politiques et morales, et les exemples aveuglément suivis, qui enfantèrent et protégèrent le suicide en Orient, dans le Nord, en Afrique, en Grèce, et dans le pays latin; nous qui avons prouvé ailleurs que cet enthousiasme est opposé à la loi de la raison et de la nature, comme à celle de Dieu et de l'homme, nous sommes en droit de conclure que le suffrage dont on nous parle, étant né de l'erreur, ne peut être qu'une erreur lui-même.

Disons enfin un mot sur les trois derniers argumens de Robeck, qui sont bien dignes d'occuper le même rang que les précédens. Il en est un surtout qui s'y place de lui-même,

---

fort rarement, qu'elles soient accompagnées de fausseté, notre esprit se porte naturellement à le croire, et il a raison de le faire. Si, au contraire, ces circonstances ne sont pas telles, qu'elles ne se trouvent souvent avec la fausseté, la raison veut, ou que nous demeurions en suspens, ou que nous tenions pour faux ce qu'on nous dit, quand on ne voit aucune apparence que la chose soit vraie. » (Flotte, *Leçons de philosophie*, t. I, p. 244, § 2; et la *Logique de Port-Royal*, IVe part., ch. XII.) (*Note des traducteurs.*)

car il n'est qu'une répétition du neuvième, que nous avons cité et combattu. Mais il n'en est pas de même du dernier, que l'auteur croit d'une grande valeur et qu'il exprime ainsi : *Le généreux mépris de la vie*, dit-il, *inspire un grand courage pour des actions fortes et belles.* Mais puisque ces actions sont si chères à Robeck, il aurait dû tirer cette conséquence qu'on peut mépriser la vie, mais que ce sentiment ne doit point aller jusqu'à se donner la mort ; car comment pourrait-on autrement accomplir ces *belles et fortes actions?* Le mépris de la vie, restreint en de telles bornes, n'empêcherait certainement pas d'accomplir de bonnes œuvres. Si Robeck ne partage pas cette opinion, qu'il prouve donc celle qu'il s'efforce de soutenir d'une manière si étrange. Au surplus, cette grande abnégation de soi-même n'est pas toujours aussi noble et aussi utile que Robeck semble le croire ; car chacun sait que, plus les grands criminels bravent la mort, plus ils s'endurcissent. C'est un adage bien connu que celui-ci : *La vie de tous est dans les mains de celui qui méprise la sienne.* Et si les hommes sages ne veulent pas qu'on s'attache à l'existence au point de renier la religion et la vertu, ils ne veulent pas non plus qu'on en soit prodigue et qu'on la donne à vil prix.

Maintenant nous passons à la réfutation de Montesquieu (1), qui n'est pas, comme Robeck, un écrivain secondaire.

« Les lois en Europe, dit-il dans la *Lettre
« Persane* que nous avons citée (1), sont fu-
« rieuses contre ceux qui se tuent eux-mêmes.
« On les fait mourir une seconde fois, pour
« ainsi dire. Ils sont traînés indignement par
« les rues. On les note d'infamie et on confis-
« que leurs biens. » Nous avouons que nous ne comprenons pas qu'on appelle *furieuses* des

---

(1) On a vu que notre auteur a déjà réfuté (p. 217 et suiv.) un passage de l'*Esprit des Lois* de Montesquieu ; nous avons cru devoir nous-mêmes corroborer ses raisons (V. la note Q). Voici maintenant qu'il va répondre à une attaque peut-être plus importante, à une *Apologie* complète du suicide, que l'on trouve dans la LXXIVe *Lettre Persane* de ce célèbre publiciste. Nous n'avons rien à ajouter à cette *Réfutation* de Buonafède contre le Persan. Elle est victorieuse, et il n'y a rien à répliquer. Tout esprit droit et sensé se rangera du côté de notre auteur, et rendra hommage au talent avec lequel il a pulvérisé les argumens de son adversaire. On peut consulter encore contre cette fameuse lettre le *Traité du Suicide*, de Jean Dumas, chap. VIe, § Ier. (*Note des traducteurs.*)

(2) Vers la fin du chap. VIIIe.

lois (1) qui ne donnent des spectacles effrayans que pour prévenir des délits atroces, et qui n'oublient en quelque sorte l'humanité que pour inspirer une crainte salutaire à ceux qui pèchent contre toute l'humanité. Les qualifie-t-on ainsi parce qu'on croit que c'est une folie et une colère déplacées que de sévir contre les morts qui n'ont aucun sentiment? Mais envisager sous ce point de vue la question, c'est dénaturer le but de la loi. Tout le monde sait et comprend bien que ce n'est pas pour punir et châtier des corps inanimés, mais pour épouvanter les vivans, que ces lois infligent de tels supplices. Plusieurs peuples les ont appliquées avec succès et en furent loués (2) ; pourquoi en serait-il autrement des Européens?

« Ces lois sont en outre injustes, ajoute notre
« critique. Quand je suis accablé de douleur, de
« misère, de mépris, pourquoi veut-on m'em-
« pêcher de mettre fin à mes peines, et me pri-
« ver d'un remède qui est en mes mains? »

---

(1) Voyez la note FF, à la fin du volume.
(2) *Grotius de jure belli et pacis*, lib. II, chap. XIX. — Nous avons cité textuellement dans cette note FF le passage de Grotius, sur lequel notre auteur s'appuie en cet endroit.
(*Note des traducteurs.*)

Nous répondrons à cela ce que nous avons déjà dit longuement au sujet des maux, et des droits que Dieu a sur la vie des hommes, et de nos devoirs envers le Créateur et la société (1).

« Pourquoi veut-on, continue notre censeur « des lois, que je travaille pour une société « dont je consens de n'être plus, et que je « tienne malgré moi à une convention qui s'est « faite sans moi ? La société est fondée sur un « avantage mutuel ; mais, puisqu'elle me de- « vient à charge, qui peut m'empêcher d'y re- « noncer ? » L'autorité et la volonté de Dieu. Les services que vous pouvez rendre encore à la société par la soumission et la vertu ! Ces services, d'autres vous les ont déjà rendus et vous en rendent encore, soit par des conseils, soit par des faits. Puis, combien de sacrifices vous avez obtenus de cette société, qui peut-être n'en a jamais été récompensée ! Et vous dédaignez de lui consacrer en retour quelques instants de tolérance et de soumission ! Non, vous ne pou-

(1) Au reste, Montesquieu a pris le soin de se réfuter lui-même ; il a écrit cette phrase dans son *Esprit des Lois :* « Il « est clair que les lois civiles de quelques pays peuvent avoir « eu des raisons pour flétrir l'homicide de soi-même. » (Livre IIe, partie IIe, chap. XIIe.) (*Note des traducteurs.*)

vez pas être dans la société selon votre fantaisie ; y rester lorsque l'oisiveté vous charme, et en sortir lorsque l'ennui vous ronge. Car les liens et l'harmonie de la société ne sont pas un fait de votre caprice, mais, comme vous le dites vous-même, *d'une convention,* ou plutôt d'un réglement *qui a été établi sans vous* par le Maître absolu, qui pouvait fort bien le faire sans s'inspirer de vos conseils. Heureusement qu'il en a été ainsi ! Autrement, vous eussiez abusé de votre indépendance, et soumis la société à vos caprices !

« Mais la vie, poursuit le faux Persan, nous
« est donnée comme une faveur ; je puis donc
« la rendre lorsqu'elle ne l'est plus. La cause
« cesse, l'effet doit donc cesser aussi. Le prince
« peut-il vouloir que je sois son sujet quand je
« ne retire pas les avantages de la sujétion ?
« Mes concitoyens peuvent-ils demander ce
« partage inique de leur utilité et de mon dés-
« espoir ? Dieu, différent de tous les autres
« bienfaiteurs, voudrait-il me condamner à re-
« cevoir des grâces qui m'accablent ? » Dans ce fougueux discours, non seulement on répète des choses déjà avancées, mais encore on affaiblit avec malice plusieurs points, tandis qu'on

en étend plusieurs autres. La vie n'est pas uniquement une faveur, mais bien encore un dépôt qui a été confié à notre garde, et que nous devons conserver jusqu'à ce que le maître légitime nous la reprenne. Dieu n'est donc pas seulement un bienfaiteur, il est encore le maître de notre vie, dont il en est la cause unique. On voudrait ensuite détourner les infortunés de l'utilité de la soumission ; on voudrait les opprimer dans leur désespoir. Mais on n'y parviendra jamais ; car, quelles que soient les positions de ces malheureux, leurs souffrances seront toujours accompagnées des ressources de la vertu et de l'espérance d'un avenir meilleur.

« Je suis obligé, poursuit notre adversaire, « de suivre les lois quand je vis sous les lois ; « mais quand je n'y vis plus, peuvent-elles me « lier encore ? » Oui elles le peuvent : car il n'y a pas de circonstance, pas un seul instant de la vie où l'homme cesse d'être soumis à la domination et à la volonté de Dieu. D'ailleurs, si notre adversaire a voulu dire dans ce paragraphe, qui n'est pas trop clair, que les lois ont tort de punir les morts, qui sont par là même soustraits à toute juridiction, ce serait alors une répétition fort déplacée, à laquelle nous avons suffisamment répondu (1).

Nous voici arrivés à une objection que se fait à lui-même notre censeur, et à laquelle il répond ainsi : « Dira-t-on, vous troublez l'ordre
« de la Providence. Dieu a uni votre âme avec
« votre corps, et vous l'en séparez ; vous vous
« opposez donc à ses desseins. — Mais qu'est-ce
« à dire? Est-ce que je trouble l'ordre de la
« Providence lorsque je change les modifica-
« tions de la matière et que je rends carré ce
« que les premières lois du mouvement, c'est-
« à-dire les lois de la création et de la conser-
« vation, avaient fait rond? Non, certainement.
« J'use de mon droit, et en ce sens je puis trou-
« bler à ma fantaisie toute la nature, sans qu'on
« puisse dire que je m'oppose à la Providence.
« Lorsque mon âme sera séparée de mon corps,
« y aura-t-il moins d'ordre dans l'univers?
« Croyez-vous que cette nouvelle combinaison
« soit moins parfaite et moins dépendante des
« lois générales? que les ouvrages de Dieu soient
« moins grands? que mon corps devenu un épi

(1) Qu'on nous permette de renvoyer aussi à notre note FF, où nous avons tâché de corroborer les excellentes raisons de notre auteur sur ce point. (*Note des traducteurs.*)

« de blé, un ver, une broussaille, soit changé
« en un ouvrage de la nature moins digne
« d'elle? et que mon âme, dégagée de tout ce
« qu'elle avait de terrestre, soit devenue moins
« sublime? Toutes ces idées n'ont d'autres sour-
« ces que notre orgueil; nous ne sentons point
« notre petitesse; et lorsque, malgré nous,
« nous sommes obligés de la reconnaître, nous
« voulons être comptés dans l'univers, y figurer
« et y être un objet important. Nous nous ima-
« ginons que l'anéantissement d'un être aussi
« parfait que nous dégraderait toute la nature;
« et nous ne concevons pas qu'un homme de
« plus ou de moins dans le monde, et que même
« tous les hommes ensemble, ne sont qu'un
« atome subtil et délié que Dieu n'aperçoit qu'à
« cause de l'immensité de ses connaissances. »
Telles sont les expressions virulentes du censeur.

On ne saurait, à notre avis, défendre une
fausseté avec plus de finesse et d'éclat. Cependant, quelque concluant que paraisse ce discours, il ne cache pas assez la faiblesse de sa
thèse, pour qu'on ne puisse pas la reconnaître.
Nous dirons donc que tout cet étalage de
phrases se réduit à répéter l'assertion que Ro-

beck a développée avec moins d'élégance : c'est-à-dire que *notre corps n'étant qu'un peu de boue animée*, et la vie qu'un souffle, elles ne méritent pas beaucoup de respect, ni un grand attachement.

Nous avons répondu à cette assertion, et nous l'avons discutée peut-être avec plus d'étendue qu'il ne le fallait. Nous ajouterons cependant, que vouloir comparer le changement des modifications de la matière avec la dissolution de l'homme, et que prétendre qu'arrondir un carré, ou carrer une boule, est une action aussi indifférente et aussi insignifiante que de tuer un homme, ou de se tuer soi-même, c'est là un conte qui peut bien être narré dans *le Temple de Gnide*, et trouver place dans une correspondance de Persans, mais qui n'est pas supportable, et qui ne fera qu'exciter la pitié des vrais philosophes qui cherchent avant tout la raison.

Nous dirons encore, que de quelque manière qu'on suppose la dissolution de l'homme, et de quelque ordre que soit la nouvelle modification qu'on introduit dans la nature en séparant l'âme du corps, il s'agit toujours de connaître si ces changemens sont de notre droit. Voilà la question : or, le sectaire persan affirme avec force, et ne prouve rien. A notre tour, nous rons que nous avons assez démontré le contraire.

Enfin, nous répondrons que c'est une niaiserie de vouloir déduire le droit de se donner la mort de la petitesse de l'homme. Comme si la vraie grandeur ne se trouvait que dans le plus grand volume de la matière! Comme si en considérant même l'âme dans un corps inférieur à celui du plus petit ciron, elle n'était pas également l'œuvre de la main de celui qui a allumé le soleil et renfermé la mer dans son lit! Comme si, enfin, l'âme réduite ainsi n'était pas toujours sous la domination du même auteur et du même maître! Comment donc oser, par ces fausses idées de la petitesse de l'homme, admettre non seulement qu'on peut se détruire, mais encore donner la mort aux autres? C'est sans doute que, selon la nouvelle philosophie de notre Persan, il *importe peu qu'il y ait, dans le monde, un homme de plus ou de moins, et que même il n'y en ait pas un seul* (1)!

(1) On peut juger, d'après ce que notre auteur vient de ci-

Ces réponses nous paraissent suffisantes pour faire voir qu'au lieu de vrais philosophes, les longues barbes de Perse ne font que cacher des discoureurs bien puérils (1).

On peut déduire de ce que nous venons d'ex-

ter des *Lettres Persanes*, de ce qu'elles valent, et quel cas on doit en faire. Rien n'est respecté dans cet ouvrage ; tout y est tourné en satire ; les choses, saintes comme les travers des peuples. Et cependant ce livre fait l'admiration de plusieurs ; on le prône partout, quelquefois même sans le connaître !... Vraiment, M. Sabatier de Castres a été bien indulgent, pour ne pas dire plus, lorsqu'il a avancé, dans *Les Trois siècles de la littérature française* (tome 3e, page 145), ouvrage pourtant recommandable à plus d'un titre, « que la vivacité de la jeu-
« nesse a quelquefois engagé M. de Montesquieu à des pein-
« tures ou à des discussions trop libres, qui n'ont été dans
« lui que des momens d'ivresse qui passent rapidement. »
Cela est bien facile à dire ; mais cela ne suffit pas pour blâmer un mauvais livre et pour prémunir contre le danger de le lire. Sans doute les *momens d'ivresse* de M. le président ont pu passer *rapidement*, nous aimons à le croire ; mais l'ouvrage qu'ils ont produit, ces *momens*, n'est point passé, et il ne s'en va pas moins corrompant et égarant bien des imaginations... Il serait donc bientôt temps que les *éditeurs* fussent assez sages, assez amis de la jeunesse pour ne plus reproduire un livre dont on a si malignement multiplié les *éditions* depuis quelques années, et assez charitables pour ne pas prolonger plus long-temps les *momens d'ivresse* de M. de Montesquieu.

(*Note des traducteurs.*)

(1) On sera peut-être étonné de voir que notre auteur ne

poser et de réfuter dans le cours de cet ouvrage, que tout ce que les anciens et les modernes ont pu imaginer en faveur du suicide, ne prend sa source que dans les faux principes religieux, politiques et moraux ; dans de mauvaises coutumes, et dans une raison asservie et dépravée.

se soit occupé ici que des *argumens* de Robeck et de Montesquieu ; et on aurait sans doute désiré qu'il réfutât avec la même clarté et la même force de logique les auteurs de la *Nouvelle Héloïse* et du *Système de la nature*. Mais c'est qu'il a pensé qu'il suffisait de répondre aux deux premiers, qui ont écrit de la manière la plus séduisante et la plus forte en faveur du suicide ; et il a laissé les deux autres, parce qu'ils n'ont fait que répéter les mêmes objections sous des formes différentes. Cependant, nous engageons les lecteurs qui désireraient les voir réfutés complétement, à consulter le *Traité du Suicide* de Jean Dumas, chap. VI, § II et III, et chap. VII.

(Note des traducteurs.)

CHAPITRE DIXIÈME.

Récapitulation et conclusion des traducteurs.

Un désolant tableau vient de se dérouler à nos yeux... Les scènes les plus hideuses, les catastrophes les plus étonnantes se sont offertes à nous tour à tour. Les plus sombres couleurs ont été employées, et les moindres détails n'ont point été épargnés. Rien, en un mot, n'a manqué pour nous faire éprouver les plus douloureuses émotions, et pour réveiller dans nos âmes les plus lugubres comme les plus désespérantes réflexions. Qui n'en a été effrayé?...

Pour nous, saisis d'horreur, nous avons été plus d'une fois sur le point de fermer un *livre* qui nous révélait toutes les noirceurs du plus hideux des crimes!... Peut-être aurions-nous bien fait de suivre ce premier mouvement, et de ne pas continuer un travail ingrat et décourageant;... mais un sincère désir d'être utiles, et surtout l'espérance d'arriver à un résultat consolant et glorieux à la religion, l'ont emporté sur notre répugnance, et nous avons continué notre route.

Maintenant la tâche est remplie : nous avons parcouru la plus lamentable des *histoires*. Aussi éprouvons-nous plus que jamais le besoin de reposer notre imagination justement effrayée, et de nous reporter vers d'autres pensées... Tel un voyageur qui vient de traverser des lieux ravagés par l'impitoyable mort et couverts de ruines, s'éloigne en tremblant du théâtre qui le glace d'effroi, et se hâte de revenir dans sa patrie où il trouvera le repos et les douces joies; ainsi nos cœurs fatigués au récit de tant d'aberrations et de folies, navrés à la vue de tant de systèmes extravagans et dangereux, aspirent au repos que va nous procurer la vérité opposée à l'erreur, et aux saintes consolations que nous offre toujours la religion!... C'est ce que nous trouverons après la récapitulation que nous allons faire.

Nous avons d'abord étudié les systèmes philosophiques des Orientaux. Ici les peuples d'Asie nous ont appris que le principe, la base et la règle de l'univers ne résident que dans une âme universelle, impuissante et sans désirs; que tout se fait par pur mécanisme et par des lois nécessaires; que les hommes ne sont qu'une émanation ou une partie de l'essence de l'âme universelle, et que c'est en elle qu'ils retournent après la mort... Là, les Japonais et les Chinois nous ont exposé les mêmes systèmes. Leurs maîtres nous ont dit aussi que la matière, l'émanation et la métempsychose sont le ressort et l'âme de l'univers; que le principe originaire de toutes les choses créées est infini, incorruptible, sans commencement et sans fin, sans vie, sans intelligence, sans pouvoir, pur, tranquille, subtil, éclairé; que les âmes et la matière ne forment qu'une même substance; que l'Être-Suprême ne diffère en rien de tous les objets qui relèvent de lui... Plus loin, nous avons rencontré les Indiens, et à leur tour ils nous ont débité leurs doctrines. C'est une divinité, nous ont-ils dit, qui vivifie l'univers, qui informe toute la nature, et qui alimente et régit toutes choses. Les âmes sont liées par des rapports étroits à l'âme universelle, qui les enfante et les partage entre les corps comme autant de parcelles. En se séparant, par la mort, de leurs enveloppes, les âmes retournent à leur principe, et cela en vertu d'une perpétuelle métempsychose... Quel chaos et quelles folies!...

Ensuite nous avons examiné, comme en passant, les systèmes des Chaldéens, des Persans, des Turcs, et il s'est rencontré que des savans ont reconnu dans ces systèmes les principes d'âme universelle et de métempsychose... Quant aux Hébreux, nous ne les avons pas trouvés aussi ignorans et aussi stupides qu'un impie a osé l'avancer; mais nous avons aimé voir le peuple de Dieu pratiquant la morale la plus pure et la plus sainte; la morale, en un mot, qui fait la science la plus noble de l'homme!

Les Egyptiens ont fait aussi un instant l'objet de notre attention. Leurs prêtres, qui sont les docteurs et les philosophes de la nation, nous ont laissé entrevoir, au milieu des énigmes et des hiéroglyphes dont leur théologie est enveloppée, qu'ils n'étaient pas non plus étrangers au fameux système d'âme universelle et de métempsychose... Les Celtes nous ont apparu après les Égyptiens, et leurs druides nous ont enseigné que c'est une divinité qui anime l'univers ; que des parties considérables de cette divinité habitent les endroits les plus vastes du monde, et qu'on doit en conséquence adorer les étoiles, les forêts, les grands rochers et les mers ; que les âmes des hommes sont immortelles, d'une origne divine et soumises à la métempsychose.

Mais voici venir deux grands peuples. Les Grecs et les Romains nous ont occupés fort longuement, trop longuement peut-être à cause des tristes choses qu'ils nous ont révélées.

Nous avons étudié avec beaucoup de soin leurs brillans systèmes de philosophie, et nous n'avons pas été peu étonnés de rencontrer chez des peuples qui se piquaient de tant de sagesse et de science, les mêmes erreurs et les mêmes folies ! Nous vîmes en effet que leurs sages n'avaient fait que copier leurs prédécesseurs, et que leurs systèmes se ressembaient d'une manière frappante avec ceux des philosophes Indiens et Japonais. Ainsi, d'un côté, nous avons trouvé chez les pythagoriciens, les platoniciens et les académiciens les dogmes d'âme du monde, d'émanation universelle, et un doute absolu érigé en précepte, etc. De l'autre côté, les cyniques, les stoïciens, les cyréniens, les épicuriens nous ont offert ces mêmes doctrines, seulement revêtues de formes nouvelles et augmentées de paradoxes et d'inepties. Les erreurs s'enchaînent, et le principe du mal doit produire les mêmes aberrations.

Et au milieu de ces sombres nuages, une autre cause d'affliction nous a été donnée. C'a été de voir certains écrivains qui ont prétendu au titre de penseurs profonds, aimer cependant ces nuages, chercher à s'en envelopper et à défendre ceux qui les avaient amassés. Tels nous ont apparu Vossius, Leibnitz, Wolf, Spizélius, Maupertuis, Daniel Uetius, Barbieri et d'autres.

Mais enfin quel résultat avons-nous obtenu de cette étude? Qu'avons-nous appris de tous ces sages, de toutes ces écoles jadis si célèbres? Hélas! faut-il le dire? nous avons acquis la triste certitude que les systèmes philosophiques des peuples de l'antiquité, que leurs belles et pompeuses maximes n'ont abouti qu'au plus affreux des crimes..., le SUICIDE!

Oh! la triste philosophie que celle qui enlève à l'homme sa dignité, et qui le conduit à sa perte!... On sourit d'abord au récit des folies et des extravagances que l'on rencontre à chaque page de l'histoire des peuples anciens; mais on est ensuite saisi d'un sentiment de peine à la vue de toutes ces turpitudes, et le Budha des Indiens, et le Xekia des Chinois, Epicure et Pythagore, etc., n'excitent plus seulement notre pitié, mais ils serrent le cœur et le pénètrent d'une profonde douleur.

Quel est, en effet, le philosophe qui verrait avec indifférence tant de ténèbres assumées sur ses semblables? Quelle source de réflexions pour lui! quelle étude!... Il voit dans ces malheureux égarés par les systèmes les plus absurdes l'homme abandonné de Dieu et livré à lui-même. Cette intelligence qui devait commander à tout, et qui devait être si haute et si sublime, il la voit maintenant tombée et déchue! Il comprend qu'un si grand désordre ne peut être que le châtiment d'une faute plus grande encore. Arrivé à ce point, il découvre des vérités qui lui étaient inconnues; il n'y a en quelque sorte plus de mystères pour lui. Les misères de la vie, les erreurs dans lesquelles les hommes tombent sans cesse, ne l'étonnent plus. Ce n'est pas ainsi qu'a été créé l'univers! s'écrie-t-il. Il n'est pas sorti tel des mains de l'Être souverainement parfait : l'ordre et l'harmonie sont dérangés!...

Et puis, si ce philosophe est chrétien, si le flambeau de la céleste vérité a brillé à ses yeux, quelles nouvelles et précieuses pensées se présentent à son esprit! Sans doute il gémit sur la chute du premier homme, dont les suites sont si terribles, et dont nous voyons les traces à chaque pas que nous faisons dans le chemin de la vie; mais aussi il n'est pas sans consolation. L'homme est tombé; il a été sévèrement et justement puni; mais un Dieu l'a racheté, un Dieu l'a réhabilité; son intelligence est relevée... Voilà à quoi il pense, et alors le magnifique tableau de la rédemption se déroule à ses yeux. Son cœur, naguère affligé, bondit maintenant de joie; il comprend le grand, l'immense bienfait de la mission de l'Homme-Dieu sur la terre; il voit toutes les ténèbres dissipées à la voix de Jésus-Christ; il voit toutes les nations appelées à la divine clarté de l'Évangile, et il conçoit les plus magnifiques espérances!

Encore une fois, quel est l'homme tant soit peu accoutumé à penser qui n'a pas fait ces réflexions à la lecture des endroits de *cet ouvrage* où on a retracé les égaremens de l'esprit et du cœur humain? Qui n'a pas pensé aux conséquences malheureuses de la chute originelle, et à l'ineffable miséricorde du Dieu qui racheta le monde? Qui, surtout, ne s'est pas estimé mille fois heureux d'être plutôt né sous le règne de la vérité, et ne s'est empressé de remercier le Dieu qui a ouvert nos yeux à sa divine lumière (1)?...

Mais n'anticipons pas : donnons-nous le temps de continuer notre rapide examen. Aussi bien trouverons-nous d'autres motifs de bénir l'auteur de tout don parfait.

Après nous être convaincus que des religions impies, des systèmes philosophiques absurdes et capricieux, des exemples aveuglément suivis et de dangereuses maximes débitées par des

---

(1) C'est ce qu'a fait, entre autres, l'illustre et savant M. Sylvestre de Sacy, mort récemment, à l'âge de quatre-vingts ans. On lit ces belles paroles dans la préface de son *Histoire de la religion des Druses :* « Il me reste un devoir à
« remplir, c'est de remercier la Providence, qui m'a permis
« de terminer ce travail à un âge où l'on peut à peine comp-
« ter sur le lendemain, et de souhaiter qu'elle fasse servir ce
« tableau de l'une des plus insignes folies de l'esprit humain,
« à apprendre aux hommes qui se glorifient de la supériorité
« de leurs lumières, de quelles aberrations est capable la rai-
« son humaine livrée à elle-même. »

hommes plus dangereux encore, furent les principales causes du SUICIDE, nous avons dû assister à de sanglantes tragédies : c'était une horrible mais rigoureuse conséquence.

Ainsi nous avons vu les uns se tuer par dévouement à la patrie et à la société ; les autres se donner la mort par des raisons d'amitié. Ceux-ci se suicider par amour conjugal, paternel ou filial ; ceux-là se persuader que l'honneur et la gloire demandaient leur vie, et ne faire aucune difficulté de se l'arracher ! Nous avons vu les uns se précipiter dans le tombeau pour sauver leur chasteté et leur amour-propre; les autres mettre un terme à leur existence, croyant par là se dérober à des peines et à des maux qu'ils n'avaient pas le courage de supporter. Enfin, nous n'avons rencontré partout que folie, que carnage, que morts affreuses !... Combien nous ont saisi d'étonnement et d'effroi ! Tantôt c'était un homme puissant et heureux selon le monde ; tantôt c'était un homme obscur que nous voyions aller à la mort. Ici c'était un dignitaire, un orateur, un capitaine illustre ; là c'était un esclave, un homme de basse extraction qui tranchaient leurs jours. Hier on apercevait une jeune femme s'enfonçant dans le cœur le fer meurtrier ; aujourd'hui c'est une vierge timide qui court se jeter dans les flammes!... Quoi de plus? Oh! la triste philosophie que celle qui conduit l'homme à sa perte!...

Mais ce n'était pas encore assez de ces scènes d'horreur et de démence : nous devions trouver d'autres égaremens, et gémir sur d'autres folies...

En effet, jusqu'ici nous avons vu des philosophes, sous l'empire du paganisme, abandonnés à eux-mêmes, s'égarer de plus en plus, enfanter les plus monstrueux systèmes, et ne donner à leurs sectaires, pour toute ressource, qu'un fer homicide!... Et voici que maintenant nous rencontrons d'autres philosophes, de beaucoup postérieurs à ceux-là, et qui n'ont pas cependant rougi, quoique environnés des célestes clartés de l'Évangile, de copier leurs devanciers, de répéter les mêmes erreurs autrement revêtues, et d'indiquer aussi, à leurs partisans, la route du *meurtre volontaire!*

A leur tête nous avons vu Barbeyrac, ayant l'audace de prêter aux saints Pères des sentimens favorables au suicide. Il aurait voulu convaincre d'erreurs ces illustres docteurs, mais il ne put y parvenir, et ses sophismes furent pulvérisés. Après lui, nous avons vu quelques casuistes exaltés, des rabbins et des ignorans hérétiques, venir préconiser ce crime. Un fou célèbre apparut ensuite. Jean Robeck n'enseigna pas seulement le meurtre de soi-même, il mit en pratique ses principes extravagans... Puis sont venus, chacun à son tour, Thomas Morus, Juste Lipse, Paul Sarpi, Duverger de Haurane, les deux Cocceius, Henri et Samuel, Puffendorf, Deslandes, Ansaldi... Enfin, Montesquieu ferma ce brillant cortége...

Les systèmes de ces philosophes nous ont donc été montrés. Nous les étudiâmes avec soin ; nous reconnûmes facilement leur source, et le résultat de notre nouvelle étude fut le même que celui que nous obtînmes après nos recherches sur les systèmes philosophiques des anciens peuples ; c'est-à-dire que nous acquîmes aussi la conviction que les sophismes modernes ne furent, comme les autres, que des apologistes enthousiastes du suicide, que leurs doctrines ne surent jamais offrir aucune consolation aux peines de la vie (1), et qu'elles conduisent directement à ce crime.

(1) La philosophie ne pouvant offrir le moindre secours

Il était temps enfin de détruire de fond en comble tant d'erreurs accumulées de toutes parts. Nous ne pouvions plus demeurer dans un continuel saisissement d'effroi : il nous fallait un repos consolant et immuable. On nous fit donc l'exposé des raisons contraires à l'affreux suicide, et nous eûmes la satisfaction de voir les sophismes favorables à cette grande plaie des sociétés, réfutés avec une puissante force de logique, et réduits en poudre par les argumens solides que fournit la religion....

Enfin, pour dernière analyse, nous avons vu d'un côté les systèmes philosophiques, inventés par les hommes, conseillant ou tolérant le *suicide*. D'un autre côté, nous avons admiré la philosophie du Christ, ou la religion, déclarant

dans les maux extrêmes, tolère ou conseille le suicide. Alors, en effet, dans son système, elle ne saurait en faire un crime sans inconséquence et sans barbarie. Mais, si la philosophie, parvenue au dernier excès du malheur, n'a pas la force de se tuer, quelle sera son existence? Voici un aveu qui est échappé à l'impiété même : « Quand la croyance d'un Dieu n'aurait
« retenu que quelques hommes sur le bord du crime; quand
« cette opinion n'aurait prévenu que dix assassinats, dix ca-
« lomnies, dix jugemens iniques sur la terre, je tiens que la
« terre entière doit l'embrasser. » (Voltaire, *Dictionnaire philosophique*.) Pourquoi donc alors, malheureux, avez-vous travaillé avec tant de fureur à la détruire cette sainte croyance?...

crime horrible le *meurtre de soi-même*, sachant seule indiquer les moyens de supporter les peines de la vie, et donnant à ses disciples les saintes consolations et les sublimes espérances.

Donc, proclamons-le avec joie, LA PHILOSOPHIE DU CHRISTIANISME EST LA MEILLEURE DES PHILOSOPHIES. GLOIRE ET LOUANGES A SON AUTEUR !

Voilà le repos de la vérité après lequel nous aspirions ; voilà ce résultat, tout à la fois consolant pour nous et glorieux pour la religion, que nous attendions... La philosophie du christianisme est la meilleure des philosophies ! Tout notre livre est dans ce mot. Notre auteur a voulu que toutes les erreurs et les aberrations, dont il nous a retracé l'*histoire*, témoignassent de cette grande vérité, afin qu'à son tour la religion les dissipât par sa divine lumière !

Oui, la philosophie du christianisme est la meilleure, comme l'a dit l'illustre chancelier d'Aguesseau... Quelle différence entre la doctrine de Jésus-Christ et celle des philosophes ! Comme elle est tout à la fois simple et sublime ! Que sa morale est douce et bienfaisante ! Quelle charité et quel amour pour les hommes ! Son Évangile prêché aux riches comme aux pauvres, aux savans comme aux ignorans, est le *livre* par excellence, et sa majesté étonne même l'esprit superbe des prétendus sages qui lui résistent (1). Ses préceptes sont élevés; ils commandent des vertus qui semblent plutôt appartenir au ciel qu'à la terre; mais ce Maître divin, en même temps qu'il ordonne, accorde le pouvoir et la volonté d'obéir. Sa parole a une force, un charme que n'eut jamais la parole de l'homme. Partout, dès qu'elle pénètre, elle échauffe, elle éclaire, vivifie, captive; elle est vraiment la parole de vie : *Verba quæ ego locutus sum vobis, spiritus es vita sunt* (2).

O vous donc qui êtes préoccupés de sombres pensées, daignez prêter une oreille attentive. Écoutez cette tendre voix; elle vous dira : que vous ne devez pas vous croire meilleurs et plus sages que le Créateur de toutes choses qui est la bonté et la sagesse mêmes; que cet Être éternel et nécessaire, source de toute perfection et de tout bien, a des vues dignes de lui et utiles à l'univers; que le bonheur commun de

---

(1) « Je vous avoue que la majesté des Écritures m'étonne, a dit le sophiste de Genève; la sainteté de l'Évangile parle à mon cœur. » (*Émile* ou *De l'Éducation*.)

(2) Saint Jean, chap. vi, v. 64.

ses créatures est la grande fin qu'il se propose, et qu'il a tout déterminé, arrangé relativement à ce but; que les maux mêmes auxquels nous sommes sujets y tiennent et y tendent, et que vouloir anticiper sur notre existence, c'est s'exposer à manquer son bonheur, et se préparer des remords sans fin.

Écoutez la voix du plus tendre des maîtres, et elle vous dira encore : que vous pouvez contribuer beaucoup au bonheur de votre vie; que la plupart de nos maux ne viennent que de notre propre faute; que l'incrédulité, l'irréligion, le libertinage, les excès, le luxe, sont des sources fécondes de chagrins et de souffrances; que le désespoir accompagne toujours l'infortune dans des cœurs irréligieux qui n'espèrent plus rien après la mort; que faibles et sujets, comme nous le sommes, à tant d'égaremens, de chutes, d'adversités, nous avons besoin d'un secours qui vienne à l'appui de notre faiblesse, d'un consolateur qui puisse dissiper nos peines, et que nous ne saurions trop chérir et graver dans nos âmes, la religion qui seule nous fournit ce secours efficace, ce consolateur désirable dont la possession nous est si nécessaire.

O vous, nos frères bien-aimés! écoutez encore cette tendre voix, et elle vous dira : réglez vos passions, épurez vos goûts, rectifiez vos jugemens, redressez vos idées, connaissez vos vrais biens... Ne cherchez pas la félicité dans un monde où elle ne peut se trouver. Portez vos vues dans l'éternité où vous pouvez la rendre pour jamais votre partage. La vie présente est le temps de travailler, de semer; celui de la moisson viendra après. Travaillez à votre perfection; semez la vertu, les bonnes œuvres, et vous en recueillerez les fruits immortels en leur temps! Enfin, ô vous dont nous désirons ardemment le bonheur! pensez à votre âme, pensez à l'éternité, et la brillante perspective du monde futur répandra pour vous un jour agréable sur la triste perspective du monde présent; elle vous soutiendra dans vos épreuves, elle vous réjouira dans vos afflictions, et vous aurez trouvé la véritable félicité!...

FIN.

NOTES DES TRADUCTEURS.

NOTES DES TRADUCTEURS.

NOTE A. (PAGE 8.)

On ne sera peut-être pas fâché de trouver ici quelques détails sur les *mœurs* et l'*histoire* des peuples orientaux dont notre auteur nous a entretenus dans son premier chapitre : les Africains, les Japonais, les Chaldéens, les Egyptiens, les Indiens, les Chinois, les Turcs et les Celtes.

Les Africains sont pour la plupart basanés, noirs et jaunâtres. Les anciens les ont toujours estimés traîtres, impudiques et de mauvaise foi. Salvien, prêtre de Marseille, en 430, dit dans son *Traité de la Providence*, liv. VII, § VIII, « qu'il est difficile de trouver dans les Africains quelques bonnes qualités. Au contraire, ils sont cruels, amateurs du vin, perfides, peu sincères, avares et sans pudeur. » Il ajoute, « que leur lubricité et leurs blasphèmes surpassent tout ce qu'on pourrait exprimer. » Cependant, d'autres ont dit d'eux que l'Afrique ne produisait que des choses extraordinaires, c'est-à-dire qu'elle faisait voir des hommes qu'on pouvait considérer ou comme des monstres par leurs crimes, ou comme des prodiges par leur esprit et par leurs vertus. Pour ces derniers, nous avons en effet l'exemple de Tertullien, saint Cyprien, saint Augustin, saint Fulgence, Victor d'Utique, Arnobe, le pape Gélase Ier, et plusieurs autres recommandables par leur érudition et par leur sainteté.

Les Africains, en général, ne sont ni si généreux, ni si bons guerriers que les habitans des autres parties du monde. Il y a dans certaines parties de l'Afrique des peuples qui sont tout-à-fait barbares, et qui ne savent presque pas parler, comme ces Cavariens dont parle Pline dans son *Histoire naturelle*. Vincent Le Blanc ajoute qu'ils sont si sales, qu'ils mangent les entrailles des bêtes sans les nettoyer, et si brutaux, qu'ils ressemblent plutôt à des chiens affamés qu'à des hommes raisonnables. (*Voyez* son *Voyage en Afrique*.) « Les peuples de cette partie du monde sont encore plongés dans la barbarie, dit un géographe moderne; on trouve dans l'intérieur beaucoup de tribus toujours en guerre, et dont quelques unes dévorent leurs ennemis. » — Nos lecteurs peuvent consulter l'article *Afrique* dans l'*Encyclopédie catholique*. Cet article est fort curieux et intéressant; seulement, nous aurions désiré y trouver plus de détails sur les *mœurs* des Africains.

Les Japonais sont communément de taille médiocre, un peu basanés, robustes, adroits, rusés, patiens dans les travaux et magnifiques; ils sont ordinairement ambitieux, et ont beaucoup de mépris pour les étrangers; ils aiment les sciences et les arts, et s'y appliquent avec succès, ayant du génie et la mémoire heureuse; ils vivent avec beaucoup de frugalité; ils sont idolâtres, et haïssent toutes les nations qui ne sont pas de leur religion. Leurs usages et leurs goûts sont fort opposés aux nôtres. Le noir est une couleur de réjouissance chez eux ; le blanc, au contraire, est leur couleur de deuil. Ils saluent du pied, en le tirant un peu de leur mule; ils préfèrent les dents noires aux blanches ; ils boivent toujours chaud, et trouvent détestables nos ragoûts et nos odeurs. Il n'y a point de nation plus avide de gloire, plus sensible au mépris et plus portée à la vengeance. Leurs armes sont le sabre, le poignard, la pique et le mousquet.

On dit que la langue des Japonais est extrêmement abondante, et qu'ils ont plusieurs noms pour chaque chose ; les uns par honneur, les autres par mépris ; les uns pour les princes et d'autres pour le peuple. Il y a parmi eux, dit Moréri (*Dictionnaire Historique, article Japon*), un très grand nombre d'hommes et de femmes consacrés au service des Idoles, et qui professent comme une manière de vie religieuse. Ils les nomment Bonzes, et il y en a de deux sortes, fort opposés les uns aux autres, connus sous le nom de gris et de blancs, qui sont les couleurs de leurs habits. Les femmes de même sont de diverses livrées, et le nombre des uns et des autres est très considérable... On peut consulter sur les *Japonais* les *Lettres* de saint Xavier, qui prêcha l'Evangile au Japon en 1549 ; et l'*Histoire du Japon* par le Père de Charlevoix. M. l'abbé de La Croix a aussi donné, dans sa *Géographie*, des détails fort intéressans sur ce peuple. *Voyez* tome II, page 259.

Nous dirons aussi quelques mots sur les Chaldéens et les Egyptiens.

Les Chaldéens ou Babyloniens habitaient les pays de l'Assyrie, nommés aujourd'hui Irak et Diarbek. Berose, qui vivait quelques années après la mort d'Alexandre-le-Grand, a composé une histoire de ces peuples, qui approche fort de ce que dit Moïse dans le livre de la *Genèse*. Ils faisaient profession de montrer le mouvement des astres, la vicissitude des saisons et de prédire les choses à venir ; ils croyaient que le monde était éternel, sans commencement et sans fin, et se vantaient que, depuis quarante-trois mille ans, leurs ancêtres s'adonnaient à l'étude de la science des astres, qu'ils s'étaient communiquée de père en fils. Il est peut-être bon de remarquer que les *Chaldéens* et les *Mages* n'étaient pas les mêmes. Les Mages étaient proprement des sacrificateurs, les interprètes des songes et les poètes des Babyloniens. Les Chaldéens ne s'appliquaient qu'à l'astrologie, et prétendaient pouvoir prédire ce qui arriverait à un homme par la situation des astres dans le moment de sa naissance ; ce que les mages de Babylone ne croyaient pas pouvoir être prédit de la sorte. — Voyez Moréri, *Dictionnaire Historique*; saint Augustin, *la Cité de Dieu*.

« L'Egypte, dit le sage Rollin, a toujours été regardée parmi les anciens comme l'école la plus renommée en matière de politique et de sagesse, et comme l'origine de la plupart des arts et des sciences. Ses plus nobles travaux et son plus bel art consistaient à former les hommes. La Grèce en était si persuadée, que ses plus grands hommes, un Homère, un Pythagore, un Platon, Lycurgue même et Solon, ces deux grands législateurs, et beaucoup d'autres qu'il est inutile de nommer, allèrent exprès en Egypte pour s'y perfectionner, et pour y puiser en tout genre d'érudition les plus rares connaissances. Dieu même lui a rendu un glorieux témoignage (*Act.*, chap. VII, v. 22), en louant Moïse *d'avoir été instruit dans toute la sagesse des Egyptiens*. (*Hist. des Egyp.*, 2ᵉ part., chap. 1ᵉʳ.) »

Les sciences ont, en effet, été très florissantes parmi les Egyptiens ; et quand nous n'aurions pas d'autre témoignage que celui de Diodore de Sicile, il serait suffisant pour nous persuader cette vérité. La musique, l'astronomie et l'astrologie y étaient en très grande considération ; et pour la médecine, il suffisait de l'avoir apprise à Alexandrie, pour être en estime ; aussi ils se disaient les inventeurs de toutes ces sciences. Leurs habits étaient fort propres, mais sans faste. La polygamie était permise parmi eux, et même ils épousaient leurs sœurs, sans que les fils naturels fussent moins estimés que les légitimes ; ils avaient un grand respect pour les vieillards, et un soin particulier d'embaumer les morts. Le jour commençait chez eux à minuit ; et parmi les anciens Egyptiens, les années n'étaient que lunaires, puis de deux mois, ensuite de quatre. C'est peut-être par ces années que comptaient ceux qui disent que la monarchie des Egyptiens avait duré treize mille années. (Moréri, *Dict. Hist.*, art. *Egypt.*) Les Egyptiens s'estimaient les premiers et les plus anciens de tous les peuples ; ils furent les inventeurs de plusieurs espèces d'arts, et ils avaient deux sortes de lettres, les vulgaires et les sacrées, qui étaient des sculptures d'animaux et de figures étranges, que les auteurs grecs ont nommées *hiéroglyphes*. (Voy. le P. Petau, *Hist. des Egypt.*)

On peut partager les Indiens en deux classes : les Indiens originaires du pays et les Mogols, Tartares d'origine, qui en possèdent une grande partie.

Les Indiens sont fort basanés ; les Mogols ont le teint plus clair. Les Indiens originaires sont idolâtres, et croient à la métempsychose, comme nous l'avons vu. Dans les lieux qui dépendent des Européens, on suit la religion de ceux qui en sont les maîtres. La dominante est le mahométisme ; c'est celle du grand Mogol, qui est de la secte d'Omar, comme les Turcs. Les païens brûlent les corps des morts. En plusieurs endroits, les femmes étaient obligées de se brûler avec leurs maris ; mais le grand Mogol et les autres princes ont défendu cette coutume, comme barbare : ce qui fait qu'elle est plus rare maintenant.

Les Indiens, en général, dit M. l'abbé Lacroix, auquel nous empruntons ces détails, sont bien faits et robustes, mais ils n'aiment pas le travail. Ils sont peu propres pour la guerre, fort passionnés pour les femmes; d'ailleurs, civils et honnêtes aux étrangers et assez ingénieux. Ils sont divisés en trois ordres principaux ; savoir : les *Bramines* ou *Brames*, qui sont les docteurs ou prêtres idolâtres; les *Resbutes* ou gens de guerre, qui se prétendent descendus des anciens rois ; les *Banians* ou marchands. (*Géog.*, tom. II, pag. 169.)

Il y a plusieurs langues dans les Indes : la turque, la persane, l'indienne, pour les naturels du pays; l'arabe, qui est la langue des savans, parce que l'*Alcoran* est écrit dans cette langue ; enfin, la langue des *Bramines*, qui n'est connue que des docteurs indiens, et que l'on appelle l'*Hanscrit*. Nous renvoyons les lecteurs aux détails si intéressans que le bon Rollin a donnés sur ce peuple dans son *Hist. Anc.*, liv. xve, § 15.

Nous ne parlerons pas des Chinois et des Turcs, parce que nous aurons occasion d'en dire quelque chose dans la *note* suivante, et qu'ainsi nous pourrions nous exposer à nous répéter.

Il ne nous reste donc plus qu'à nous entretenir des Celtes : mais nous aurons peu à dire sur ces peuples.

Les Celtes vinrent habiter en Europe après le déluge. Quelques uns les font descendre d'Achenaz ; les autres, comme Appian Alexandrin, estiment qu'ils viennent de Polyphème et de Galatée, qu'ils disent avoir eu trois fils, Celtus, Gallus, et Illyricus. Mais nous ne nous arrêterons pas davantage à ces origines, qui sont toujours fort obscures et fabuleuses.

L'empire des Celtes fut célèbre sous le règne d'Ambigat, prince des Berruiers, qui régnait du temps que Tarquin l'ancien commandait à Rome, comme Tite-Live le remarque. Ce fut vers l'an 164 de Rome, en la quarante-huitième olympiade, et 594 ans avant Notre-Seigneur Jésus-Christ. Deux neveux de ce prince se signalèrent par des colonies fameuses qu'ils conduisirent en Italie et dans l'Allemagne. Du temps de César, ces mêmes Celtes tenaient encore tout ce qui est depuis le Rhin jusqu'à l'Océan, entre le mont des Vosges et les rivières de Marne et de Seine d'un côté, et le Rhône, les montagnes des Cévennes et la Garonne de l'autre. Tout le monde sait, qu'après César, la région des Celtes fut appelée Gaule celtique ou lyonnaise, et qu'Auguste voulut qu'elle fût bornée des rivières du Rhône, de la Marne, de la Seine, de la Loire, et de la grande Mer Océane. (Voyez Bodin, *Recherches sur les Celtes*.)

Nous aurions pu pousser plus loin nos recherches, et donner de plus amples détails sur des peuples qui occupent une si grande place dans les *annales* de l'humanité. Mais nous aurions craint de dépasser les limites d'une *note*, et nous avons mieux aimé nous borner à indiquer à nos lecteurs les *ouvrages* où ils pourront puiser des renseignemens.

Nous n'avons pas voulu non plus parler ici des Hébreux, parce qu'il n'est personne qui ne connaisse l'histoire du peuple de Dieu, et que d'ailleurs nous aurons occasion de nous entretenir, un peu plus loin, de cette sainte nation.

NOTE B. (PAGE 12.)

Il n'y a pas que Vossius, Spizelius, Leibnitz, Wolff, Bulfinger et Barbeyrac qui aient exalté outre mesure les Chinois et leur morale. La bande des niveleurs du dix-huitième siècle est venue à son tour répéter ce qu'avaient dit ces savans. Voltaire et ses sectaires ont été trop heureux de s'emparer de leurs sophismes, et de les présenter comme sortis de leurs têtes, suivant leur habitude. Toutefois, ils ne se sont pas contentés des premières erreurs qu'ils avaient trouvées; ils ont encore renchéri sur leurs devanciers. Il a bien fallu augmenter pour ne pas paraître plagiaires !

La philosophie chinoise est donc devenue l'objet de la prédilection des écrivains du siècle des lumières. Ils l'ont exaltée dans tous leurs livres, et partout. Elle est devenue pour eux la morale par excellence, la seule et vraie morale, et cela en haine du Christianisme !... Ces rares génies croyaient qu'il suffisait d'un parallèle pour détruire une religion incontestablement divine ! Voyez-les fouiller dans les annales de la Chine, pour trouver des armes contre notre sainte religion ! Voyez avec quelle avidité ils étudient la chronologie de ce peuple ! S'ils découvrent la moindre chose qu'ils croient pouvoir faire servir à leurs coupables desseins, ils poussent un cri de joie : les voilà triomphans ! Pauvres pygmées !... Mais à quoi ont abouti leurs efforts et leurs veilles ? Ils n'ont servi qu'à les confondre, et à faire briller davantage la vérité. Il y a long-temps, au reste, que l'on a fait justice de leurs vaines déclamations, et il serait peut-être inutile d'y revenir. Cependant, nous avons l'expérience qu'il est encore nécessaire aujourd'hui de réfuter de semblables erreurs ; il y a des incrédules qui les réveillent toujours, et qui semblent ne tenir aucun compte des raisons solides et décisives que l'on y a opposées.

« Si les éloges que plusieurs de nos philosophes ont faits de l'histoire, de la religion, des mœurs, du gouvernement des Chinois étaient vrais, dit le savant et judicieux Bergier, ce peuple serait le plus ancien, le plus sage, le plus heureux, le plus estimable de l'univers. Selon l'auteur de la *Philosophie de l'Histoire*, on ne peut douter de l'antiquité, de la vérité, et de l'authenticité des annales de la Chine ; elles sont confirmées par des observations astronomiques, et par le témoignage unanime des voyageurs. Les Chinois ont excellé en tout temps dans la morale et dans la législation ; leur religion est simple, auguste, libre de toutes superstitions et de toute barbarie; leur gouvernement est fondé sur le pouvoir paternel. Ceux qui ne croient point tous ces prodiges sont des *ignorans insensés*. L'auteur de l'*Histoire philosophique des établissemens des Européens dans les deux Indes* enchérit encore sur le merveilleux des lois, des mœurs, du gouvernement des Chinois; il ne dit rien de leur religion, parce qu'il ne veut pas qu'un peuple ait aucune religion. »

Telles sont, en résumé, les principales objections renfermées dans les ouvrages des philosophes. On voit bien où ils veulent en venir, et on n'est pas dupe de leurs belles phrases.

Après s'être posé ces objections, le savant apologiste montre les contradictions qui règnent entre les divers *mémoires* sur la Chine. Ensuite il donne une notice détaillée et intéressante sur les livres classiques des Chinois, et il analyse la morale qu'ils renferment. Ce sont autant de préliminaires dans lesquels il était important d'entrer avant de commencer la discussion.

Bergier examine la prétendue antiquité des Chinois; il réduit à leur juste valeur les brillantes déclamations de Voltaire et des siens à ce sujet, et il fait voir l'incertitude de l'histoire de la Chine. Il recherche en quoi consistent leurs observations astronomiques; il établit dans quel temps au juste la monarchie de cette nation a commencé, et il a dans tout cela bien des erreurs à relever.

Mais la religion et la morale des Chinois est l'article qui l'intéresse davantage. C'est aussi celui qui doit nous occuper le plus, puisque c'est leur religion que les philosophes ont hautement admirée et défendue; et que c'est là surtout que se trouvent les *causes* des suicides qui, parmi les Chinois, *ont été si fréquens et si déterminés qu'ils tiennent du prodige*. Nous citons Bergier :

« Que dès les premiers temps ce peuple ait adoré un Dieu,

gouverneur de l'univers, sous le nom de Tien, de Ti, ou de Chang-Ti ; qu'il ait cru la Providence divine, l'immortalité de l'âme et la vie à venir, c'est un fait prouvé par le Chou-King ; mais il y a plusieurs observations à faire.

« 1° De l'aveu des missionnaires, cette religion primitive ne subsiste plus à la Chine que dans les livres ; l'empereur, les lettrés, les grands, le peuple, sont idolâtres ; la religion de Fo, venue des Indes, celle des Lamas, apportée de la Tartarie, sont, non seulement tolérées, mais universellement pratiquées : il y a long-temps que cette révolution fatale a commencé ; et nous allons prouver qu'elle était inévitable.

« 2° La doctrine essentielle de l'unité de Dieu et de sa providence générale n'est point assez clairement enseignée dans les livres des Chinois : le culte extérieur que ces livres prescrivent, loin d'inculquer au peuple cette grande vérité, semble n'avoir d'autre but que de la lui faire oublier. En effet, ces livres supposent une multitude d'esprits moteurs de la nature, et préposés à ses différentes parties, à la terre, aux vents, aux montagnes, aux rivières, aux villes, aux provinces. Cette opinion, si analogue aux idées des ignorans, a fait naître le polythéisme chez toutes les nations ; comment ne l'aurait-elle pas produit chez les Chinois, esprits faibles et superstitieux s'il en fut jamais ? L'empereur seul a le droit de sacrifier au Chang-Ti, ou souverain du ciel ; le peuple ne doit adresser son culte qu'aux esprits et aux ancêtres ; c'est la doctrine expresse de Confucius. Il n'y avait pas de moyen plus sûr de rendre bientôt toute la Chine idolâtre.

« 3° Nous ne voyons point dans le Chou-King, ni dans les autres livres, une différence marquée entre l'esprit qui préside au ciel, et ceux qui gouvernent les différentes parties de la nature ; on donne à tous le nom de Chang-Ti. Il n'est dit nulle part que le premier est éternel, et que les seconds sont créés ; que l'un est puissant par lui-même, et que les autres n'ont qu'un pouvoir emprunté ; que le Chang-Ti est le seul maître, et que les esprits ne sont que ses ministres.

« L'esprit qui préside à la terre, dit l'empereur actuel, lui donna cette merveilleuse fécondité, dont nous sommes témoins dans nos climats. » Ce n'est donc pas Dieu qui a rendu la terre fertile, mais un génie particulier ; c'est à lui et non à Dieu que s'adressent les sacrifices que l'on offre à la terre.

« Vainement on veut pallier ce polythéisme, en soutenant que le culte du Chang-Ti et celui des esprits sont différens ; que l'on offre au premier des sacrifices, proprement dits ; que les honneurs rendus aux esprits et aux ancêtres ne sont que des cérémonies : distinction frivole. Dans le Chou-King, il est dit que l'on sacrifia un bœuf dans le temple du ciel, et le lendemain, un bœuf, une brebis et un pourceau, dans le temple de la terre ; que le roi offrit un bœuf dans la salle des ancêtres ; que le roi Tchin-Vang sacrifia un bœuf à chacun de ses ancêtres, Ven-Vang et Vou-Vang. « J'immolai, dit l'empereur « actuel, sur le tombeau de mes ancêtres, une victime que « j'offris en leur honneur. »

« Un voyageur, témoin oculaire, parle d'un sacrifice offert à Confucius par les lettrés, où l'on immola des pourceaux et des chèvres ; il avait assisté à un sacrifice offert aux ancêtres d'un mandarin, dans un temple bâti exprès. Les paroles que l'on adresse aux morts, les offrandes que l'on fait, l'immolation des victimes, les chairs mangées par les assistans, tout démontre un sacrifice dans la rigueur du terme ; il n'en est point de mieux caractérisé dans l'idolâtrie grecque et romaine : c'est le culte des dieux mânes, sans aucune différence.

« Selon le P. Martini, le serment du gouverneur d'une ville se fait devant la statue qui représente le génie tutélaire de cette ville. Comment ose-t-on dire que le gouvernement chinois n'eut jamais aucune idole ? Il n'est pas étonnant qu'après de longues disputes, et après tous les examens possibles, ces divers cultes aient été proscrits par le Saint-Siége. (*Traité de la vraie Religion*, tome 1er, 1re part., chap. III, art. 2, § VI.) »

Le savant apologiste ayant ainsi montré l'imperfection de la croyance des Chinois sur la divinité, prouve, contre l'auteur de la *Philosophie de l'Histoire*, qu'ils croyaient à l'immortalité de l'âme ; il convient que, sur ce point essentiel, la doctrine des livres chinois est très imparfaite ; puis il en vient à leur morale, et il ne lui est pas difficile de faire voir combien elle est défectueuse.

« D'abord le Chou-King n'enseigne point clairement la liberté de l'homme ; il semble établir une espèce de fatalité, une liaison constante entre les phénomènes de la nature et les actions humaines. Dans un même chapitre il est dit : « Quand la vertu règne, la pluie vient à propos ;... lorsque « les vices dominent, il pleut sans cesse, ou le temps est trop « sec... Si la constitution de l'air est conforme au temps, il « n'y a aucune difficulté dans le gouvernement ; s'il y a du « dérangement dans la constitution de l'air, les grains ne « mûrissent pas, le gouvernement est en désordre, les gens « vertueux demeurent inconnus, et la paix n'est pas dans les « familles (*Chou-King*, ch. IV, p. 172 et 173). » Dans la première partie de ce passage, on suppose que la conduite des hommes influe sur les phénomènes de la nature ; dans la seconde, que c'est l'état de la nature qui décide de la conduite des hommes. Comment concilier cette doctrine ? Nous pensons, comme l'auteur *des Recherches philosophiques sur les Égyptiens et sur les Chinois*, que la doctrine de Confucius touchant les sorts a dû introduire le dogme de la fatalité chez un peuple capable de raisonner.

« Ce même Chou-King ne prescrit envers l'Être suprême qu'un culte purement extérieur ; il ne commande ni la soumission à la divine Providence, ni la confiance en sa bonté, ni la reconnaissance pour ses bienfaits : toute la religion consiste en cérémonies, encore s'adressent-elles moins à Dieu qu'aux esprits et aux ancêtres; l'empereur seul a le droit de sacrifier au Chang-Ti. Dès que les Chinois supposent, comme les païens, que Dieu abandonne le gouvernement de ce monde aux esprits, il est naturel que l'on s'adresse à ces derniers plutôt qu'à Dieu ; c'est ce qui a étouffé le culte primitif chez toutes les nations.

« L'obéissance aux lois, aux magistrats, au souverain, aux pères et mères, n'est point ordonnée comme un moyen de plaire à Dieu et de mériter les récompenses de l'autre vie, mais comme un ordre purement civil, duquel doivent résulter la paix, l'abondance, la prospérité temporelle. Le rituel ponctuellement suivi a le pouvoir de régler les saisons, de fertiliser la terre, de prévenir les fléaux et les malheurs; la vertu n'entre pour rien dans ce culte mercenaire, non plus que dans celui des païens.

« Il n'est point parlé dans le Chou-King de la fidélité mutuelle des époux, de l'amour fraternel, de la charité envers les esclaves et envers les pauvres, de la probité dans le commerce, de la chasteté, ni de la pudeur. Dans les ouvrages de Confucius et de ses disciples, la morale est froide, monotone, sans motifs et sans fondemens, aussi vague que celle des païens. Ces moralistes ne condamnent ni le despotisme des princes, ni l'esclavage, ni le pouvoir tyrannique des pères et des maris, ni le meurtre des enfans, ni la polygamie, ni la clôture des femmes (*Idem*, § VIII). »

Avec une telle morale, les mœurs ne doivent pas être d'une grande pureté. C'est ce que Bergier va prouver.

« Il reste encore à savoir jusqu'à quel point cette morale influe sur la conduite du peuple, quel est en général le ton de ses mœurs. L'auteur des *Recherches philosophiques* reproche aux Chinois la polygamie, le droit barbare accordé aux pères de tuer leurs femmes et leurs filles ; de vendre, d'exposer ou d'étouffer leurs enfans ; la débauche la plus brutale, la multitude des esclaves et des eunuques. Avant la conquête des Tartares, il y en avait douze mille attachés à la cour ; toutes les charges de l'empire étaient entre leurs mains ; c'était la coutume d'immoler des esclaves aux funérailles des empereurs et des grands : cet usage n'est pas encore aboli. Avant cette même conquête, il y avait des lieux publics destinés aux débauches contre nature. De tout temps les Chinois ont été accusés d'un penchant invincible au vol et à la friponnerie : il a été impossible d'établir parmi eux l'usage de la monnaie, parce que tous seraient faux monnoyeurs.

« Si les Chinois ont la propriété de leurs biens, ils n'ont
« pas celle de leur personne ; l'arbitraire des punitions y avi-
« lit les âmes et fait presque de tout Chinois un négociant
« fripon, un soldat poltron, un citoyen sans honneur (*De*
« *l'homme*, tome II, et note 14, pag. 98). »

« Leur malpropreté est dégoûtante, continue Bergier : ils mangent les rats, les chauve-souris, les chats, les chiens, les chameaux, les chevaux, non seulement lorsqu'ils meurent de vieillesse, mais encore lorsqu'ils périssent de maladie : abus qui rend le peuple sujet à la lèpre contagieuse, et la police ne se met point en peine d'y pourvoir. Les empereurs et les grands ont la folie de prendre un prétendu breuvage d'immortalité, et s'empoisonnent par l'ambition de se rendre éternels. La plupart des voyageurs confirment ces accusations. L'on convient à présent que le P. du Halde a trop flatté le portrait des Chinois ; que ce peuple a *tous les grands vices*, l'orgueil principalement (*Traité de la vraie Religion*, ibid., § IX). »

Quelle morale et quelles mœurs ! Elles sont bien dignes en effet de l'admiration de messieurs les philosophes Voltaire et Raynal !

Quant à la police, aux lois, au gouvernement de la Chine, rien n'est si mauvais. On n'accusera certainement pas Montesquieu de fanatisme ; c'est pourtant lui qui a dit : « On a voulu faire régner à la Chine les lois avec le despotisme ; mais ce qui est joint avec le despotisme n'a plus de force : nous voyons donc à la Chine un plan de tyrannie constamment suivi, et des injures faites à la nature humaine avec règle, c'est-à-dire de sang-froid.... On y a puni de mort un simple mensonge et la plus légère inadvertance.... Aussi la Chine a eu vingt-deux révolutions générales, sans compter les particulières, et son gouvernement est de telle nature que les révolutions y sont inévitables (*Esprit des Lois*, liv. VII, chap. VII ; liv. VIII, chap. XXI ; liv. XII, chap. VII). »

Nous ne pousserons pas plus loin cet examen. On pourra consulter avec intérêt les paragraphes XI et XII du *chapitre* de Bergier que nous avons analysé dans cette note. Ce que l'on vient de lire, joint au résumé de la doctrine de Confucius que Buonafède nous a donné à la page 10 et suiv. du 1er *chapitre*, est plus que suffisant pour désengouer des Chinois, et pour rabattre un peu l'admiration outrée et stérile de nos brillans déclamateurs !

NOTE C. (PAGE 25.)

Il peut être vrai de dire que les mahométans, après avoir reçu le Coran, *furent obligés de professer une religion et une philosophie qui n'étaient pas favorables au suicide.* Mais alors il eût été nécessaire que notre auteur s'expliquât davantage. Pour nous, nous avouons que nous ne comprenons pas trop cette assertion. La doctrine renfermée dans le code du prophète de la Mecque n'est-elle pas aussi ridicule, aussi pleine d'absurdités, aussi fausse, aussi subversive de toute morale que les systèmes d'*âme universelle*, d'*émanation* et de *métempsychose* que nous avons vus jusqu'ici en honneur chez les Orientaux, les Chinois, les Japonais et les Indiens ? Le Coran ne favorise-t-il pas les passions les plus brutales, et Mahomet ne promet-il pas, pour récompense à ses sectateurs, un paradis où l'on goûtera les jouissances de toutes les voluptés charnelles ? Comment donc une philosophie qui matérialise l'homme et qui lui laisse, pour le conduire au bonheur, la liberté d'assouvir ses passions, pourrait-elle l'empêcher de se donner la mort lorsqu'il se croit malheureux ? Cette philosophie, ou religion, comme on voudra, par sa nature même, ne conduit-elle pas droit au suicide ? Car, si les Chinois et les Japonais se tuaient *pour jouir de la divine quiétude de leur principe*, qui peut affirmer que les Turcs et les Persans ne se détruisent pas aussi pour aller, le plus tôt possible, goûter toutes les voluptés promises par leur prophète (1) ? Il n'y a donc pas de différence à établir entre la doctrine du Coran et les systèmes des peuples de l'Orient.

Mais Buonafède aura peut-être voulu faire entendre, dans les passages que nous examinons, que les mahométans sont moins disposés à se donner la mort, parce que *leur religion et leur philosophie* ne les gênant pas beaucoup et leur laissant la liberté de suivre, à leur gré, les inclinations les plus corrompues, ils se trouvent heureux, et que par conséquent ils ne peuvent guère trouver la vie lourde et pénible ? Ceci ne serait pas plus exact : car qui ne sait que la satiété des plaisirs est précisément ce qui rend la vie insupportable et ce qui en dégoûte davantage ? Qui ne sait que ce sont les passions trop facilement satisfaites qui enfantent toutes ces misères qui font tant gémir ? Qui ignore que ce sont surtout les passions char-

---

(1) Voyez à cet égard le *Mémoire sur le Suicide*, dont nous avons parlé dans notre *Introduction*.

nelles qui abrutissent tant de malheureux et qui les portent à se détruire? Au surplus, voici une vérité qui tranche la question. Tous les hommes ont en eux le principe du mal : c'est la conséquence du péché originel. Ils doivent lutter sans relâche contre ce mal, et ne se reposer que quand ils auront fait triompher le bien dans leurs cœurs. Le bonheur ne peut se trouver que dans ce saint combat de la vertu et de sa pratique, et c'est là le seul moyen de supporter, avec résignation et patience, les peines et les afflictions inséparables de cette vie. Or, une doctrine qui ne tend pas à perfectionner, mais au contraire qui développe, qui favorise, qui flatte ce principe du mal dont nous parlons, ne peut certainement que conduire à tous les désordres. Que fait la doctrine du Coran? quel est son but pour le bien de l'homme? Le perfectionne-t-elle, améliore-t-elle sa nature corrompue? Il est bien évident que non. Pourquoi donc alors ne serait-elle pas aussi favorable au suicide, le plus grand de tous les désordres, que les systèmes des Indiens et des Japonais?

D'après cet exposé, on comprend que la *religion* et la *philosophie* des Turcs et des Persans ne peuvent être considérées comme une *deuxième cause* du peu de ravage du meurtre volontaire parmi ces peuples. Il est bien certain, au contraire, qu'elles seraient plutôt propres à porter au suicide qu'à en éloigner, ce nous semble du moins. Il ne convenait donc pas d'assigner une semblable *cause,* ou bien il fallait, comme nous l'avons dit au commencement, que notre auteur la motivât davantage.

Quant à la dernière cause qu'il trouve et qui consiste dans *l'apathie et l'insouciance naturelles à ces peuples,* nous l'approuvons entièrement. Nous serions même tentés de croire que c'est la seule que l'on puisse donner. On conçoit sans peine que des hommes naturellement fainéans et apathiques, plongés dans la matière et dans l'erreur la plus grossière, qui ne s'inquiètent de rien et qui ne sont occupés qu'à regarder leur ciel et à fumer, qui meurent, en quelque sorte, sans avoir goûté l'existence ; on conçoit facilement, disons-nous, que de tels hommes ne doivent pas être portés à réfléchir beaucoup, ni à songer à la *philosophie*, et que par conséquent ils ne peuvent pas inventer de systèmes qui les portent à se détruire.

Et puisque nous venons de parler du Coran, qu'on nous permette à ce sujet d'entrer dans quelques détails qui pourront être utiles et intéressans.

On sait que le code de Mahomet est une rapsodie de mille vers, arrangés sans ordre, sans liaison, sans art. Les contradictions, les absurdités, les anachronismes, y sont répandus à pleines mains. Il recueillait les fables les plus absurdes des Juifs et des hérétiques, et il les mêlait, sans aucun discernement, à la narration des livres saints. Qu'on juge du chaos qui en est résulté ! Si on remarque çà et là quelques passages raisonnables, des maximes d'une bonne morale, et même des endroits sublimes et touchans, c'est que l'imposteur répète le langage des chrétiens et des juifs sur Dieu, ses ouvrages et ses lois. « Il n'est pas possible, dit Feller, qu'un homme qui a pris le langage des chrétiens et des juifs sur la divinité, n'ait rien écrit de sublime et de touchant. Mais ces beautés étrangères doivent leur mérite aux sources dont elles sont dérivées. L'idée si simple et si grande d'un seul Dieu créateur, transplantée de l'Écriture dans le Coran, a dû conserver sans doute quelque chose de son intérêt et de sa majesté. » (*Catéchisme philosophique*, liv. III, chap. V, § XXXVII.) Nous pourrions facilement fournir la preuve que Mahomet, pour ce qu'il a de bon, a pillé l'Évangile et les autres livres sacrés ; mais ce n'est pas là notre tâche.

« La morale du Coran, dit Bergier, dont nous venons de lire la *Dissertation* dans son grand *Traité de la Religion* (IIIe

part, chap. x, art. 3), la morale du Coran n'est rien moins qu'irrépréhensible. On voit là plusieurs lois évidemment contraires au droit naturel et à l'honnêteté des mœurs. Mahomet a permis à ses sectateurs non seulement la polygamie, mais le commerce des maîtres avec les esclaves, et l'impudicité la plus grossière entre les maris et leurs femmes. Il accorde la liberté du divorce à volonté ; il défend à l'homme de reprendre une femme qu'il a répudiée trois fois, à moins qu'un autre ne l'ait épousée au moins pour quelques momens, et n'ait eu commerce avec elle. Il n'a pourvu par aucune loi au traitement des esclaves, et n'a point condamné la coutume barbare de faire des eunuques. Il est très relâché sur l'article des sermens, permet la vengeance et la peine du talion, défend à ses sectateurs de disputer sur la religion, mais leur ordonne de faire la guerre à tous ceux qui ne sont point musulmans. Il excuse l'apostasie lorsqu'elle est forcée, ou plutôt l'hypocrisie et le parjure en fait de religion ; il décide que l'idolâtrie est le seul crime qui puisse exclure un mahométan du bonheur éternel. Si donc il se trouve quelquefois parmi eux des hommes recommandables par leurs vertus morales, ils en sont redevables à la bonté naturelle de leur caractère, et non aux préceptes de leur religion. » Telle est, en résumé, la doctrine renfermée dans le Coran. Que penser maintenant de cette religion et de cette philosophie ?

Qui le croirait cependant ? Il s'est rencontré un homme, si nous le nommons bien, qui s'est déclaré l'admirateur de Mahomet, et qui a poussé l'effronterie jusqu'à vouloir réhabiliter la mémoire de cet imposteur. Mais sera-t-on étonné quand nous dirons que ce fut Voltaire ?

« Quelques faiseurs d'esprit hétérodoxes, dit Porter dans ses *Observations sur la religion, les lois, le gouvernement et les mœurs des Turcs* (tome II, page 22, édit. de 1770), quelques insensés, pour se donner un air de singularité, si ce n'est aux dépens de l'honnêteté, au moins aux dépens du sens commun, ne se sont point fait *scrupule* de se déclarer les admirateurs du Coran, d'en exalter les dogmes, et même d'oser les mettre en parallèle avec ceux qu'enseignent nos livres sacrés. » Mais qui ne sait que les hommes dont parle ici Porter ne se font *scrupule* de rien? Ne sait-on pas que c'est leur marotte d'accréditer tous les paradoxes, de renverser toutes les idées, d'adopter tous les systèmes les plus absurdes, de mettre à profit les erreurs les plus grossières et les plus ridicules? Nous l'avons vu pour les Chinois.

Oui, Arouet et ceux qu'on appelle ses disciples ont poussé la témérité jusqu'à comparer Jésus-Christ à Mahomet et la religion de l'Homme-Dieu avec la secte de cet imposteur!... et ce trait inouï d'impiété de leur part suffirait pour les rendre odieux à tout homme sensé et de bonne foi.

On sent bien que nous ne voulons pas réfuter cette révoltante impiété. C'est une tâche qui nous serait certainement très facile. Nous n'aurions qu'à donner ici le parallèle de la doctrine de Jésus-Christ avec celle du Coran, que Hugues Grotius a fait, et qui se trouve dans son *Traité de la vérité de la religion chrétienne* (liv. IV, chap. II). Mais ce morceau, qui est très bien frappé d'ailleurs, est trop long pour une note; nous nous bornerons donc à citer le passage suivant, qui résume parfaitement tout ce qu'on a écrit pour combattre les objections touchant le mahométisme.

« Mahomet, dit Pascal (et que Notre-Seigneur nous pardonne ce rapprochement), s'est établi en tuant; Jésus-Christ, en faisant tuer les siens; Mahomet, en défendant de lire; Jésus-Christ, en ordonnant de lire. Enfin cela est si contraire, que si Mahomet a pris la voie de réussir humainement, Jésus-Christ a pris celle de périr humainement. Et au lieu de conclure que, puisque Mahomet a réussi, Jésus-Christ a bien pu réussir; il faut dire que, puisque Mahomet a réussi, le christianisme devait périr s'il n'eût été soutenu par une force toute divine (Pensées, ancien. édit., § XVII). »

Nous invitons nos lecteurs à consulter sur cette matière Bergier, cité plus haut; Nicole, dans ses *Pensées*; Feller, *Catéchisme Philosophique*; l'abbé Nonnotte, *Dict. ant. phil.*, art. *Mahomet*; Sacy, *Préface* de sa traduction de la Bible, 1re part., § VII. Ils trouveront dans ces ouvrages les armes les plus fortes et les argumens les plus solides pour réduire au silence nos esprits forts et détruire complétement leurs ridicules prétentions.

On trouvera peut-être que nous avons fait cette note un peu trop longue. Mais deux raisons principales nous y ont déterminé : d'abord nous n'avons pu résister au désir de prémunir contre l'admiration coupable et outrée que certains hommes ont eue pour le Coran; ensuite, ce qui nous a décidé à nous étendre sur ce sujet, c'est que nous apprenons que l'on vient de publier une édition *populaire* du Code du Philosophe musulman, et que nous avons voulu protester hautement contre une semblable entreprise. Nous ne connaissons pas l'intention des éditeurs, ni le but qu'ils se proposent; mais nous pouvons leur dire, à coup sûr, qu'ils ont fait là une fort mauvaise action !

NOTE D. (PAGE 26.)

Non, les Juifs ne furent ni si ignorans, ni si stupides que M. de Voltaire voulut bien le dire; c'est encore là un de ces petits mensonges historiques qui lui sont si ordinaires. Il s'est attaché à noircir cette nation, et il n'est pas un crime dont il ne l'ait chargée. On ne peut pas mentir plus impunément qu'il ne le fait; il ne dissimule pas sa haine, et il parle avec une audace vraiment révoltante. Mais on sait que, lorsqu'il s'agissait d'insulter à la révélation, il ne reculait devant rien; calomnies, mensonges, erreurs les plus grossières, tout lui était bon. Qui peut encore se laisser duper par cet imposteur?

Il est faux et très faux que les Juifs aient été un peuple ignorant et barbare; ils l'étaient moins que les Egyptiens, les Phéniciens, les Chaldéens et toute autre nation. Il est absurde de juger que le Pentateuque, et un corps de législation tel que celui de Moïse, ont été faits par une nation ignorante et barbare. Que l'on jette seulement un coup-d'œil sur cette législation, et puis que l'on prononce !

« Si un de vos frères, dit le Législateur des Hébreux, tombe dans la pauvreté en quelque lieu de votre demeure, au pays que l'Éternel votre Dieu va vous donner, n'endurcissez point votre cœur, et ne resserrez point votre main ; ouvrez-la, au contraire, et prêtez à votre frère indigent ce dont il aura besoin, afin que le Seigneur vous bénisse en tous vos travaux dans le pays que vous allez posséder (*Lévit.*, *Exod.*, *Deut.*). » Moïse vient d'ordonner de prêter généreusement à celui qui en aura besoin ; voici qu'il veut que les pauvres soient invités aux réjouissances des fêtes, aux festins religieux. « Dans ces fêtes, dit-il, vous ferez des festins, et vous mangerez devant l'Éternel votre Dieu, vous et votre famille, et le lévite qui est dans vos portes, et la veuve, l'orphelin et l'étranger qui demeurent avec vous (*Lévit.*). » Ainsi plusieurs fois, chaque année, les riches et les pauvres se trouvaient assis à la même table, unis par les liens des bienfaits et de la reconnaissance. « L'étranger, dit le Seigneur, qui habite parmi vous, sera comme celui qui est né parmi vous; car vous avez été aussi étrangers en Égypte. Je suis l'Éternel votre Dieu (*Lévit.*). » Jamais les tortures barbares de la question ne furent connues dans la législation mosaïque (*Deut.*). Les lois sur la pudeur étaient très sévères. « La femme, disent-elles, ne portera point l'habit d'un homme, et l'homme ne se vêtira point de la robe d'une femme. » On connaît les beaux préceptes sur l'amour et le respect que l'on doit à ses père et mère (*Exod., Lévit., Deut.*). Il faut exercer la charité envers le prochain. « Lorsque vous verrez le bœuf et la brebis de votre frère égarés, vous ne passerez point votre chemin, mais vous les ramenerez à votre frère, quand il ne serait point votre parent, et quand même vous ne le connaîtriez pas (*Deut.*, chap. XXII). Vous ne livrerez pas l'esclave qui s'est réfugié vers vous, entre les mains de son maître ; il demeurera auprès de vous où il lui plaira, et il se tiendra en repos en l'une de vos villes, sans que vous l'attristiez en aucune chose (*id.*, chap. XXIII). Lorsque vous aurez coupé vos grains dans votre champ, et que vous y aurez laissé une javelle par oubli, vous n'y retournerez pas pour l'emporter ; mais vous la laisserez prendre à l'étranger, à la veuve, à l'orphelin, afin que le Seigneur vous bénisse dans toutes les œuvres de vos mains. » Dieu fait le même commandement pour les fruits des oliviers, pour la vigne, etc. « Quand vous scierez les grains de votre terre, vous ne les couperez point jusqu'au pied, et vous ne ramasserez point les épis qui seront restés ; mais vous les laisserez pour les pauvres et les étrangers (*Lévit.*, chap. XXIII). Le prix du mercenaire qui vous donne son travail, ne demeurera point chez vous jusqu'au matin. »

Sont-ce là des lois barbares ? Mais que serait-ce si nous pouvions accumuler plus de textes ? On serait ravi des beaux préceptes de morale que renferme toute la législation de Moïse.

Ce court extrait suffira pour que nos lecteurs puissent juger si c'est avec justice que les détracteurs de la religion ont répété tant de fois que ces lois sont *absurdes, barbares, féroces;* mais ce n'est qu'en lisant ce Code divin tout entier, qu'on peut connaître à quel point ces calomnies sont extravagantes.

Les lois qui assurent les *propriétés* ne sont pas moins admirables. « Dans quelle législation ancienne, dit le spirituel abbé Guénée, trouve-t-on rien de comparable à ces lois en faveur des pauvres, et à ces exhortations de secourir les malheureux? Quand on se les rappelle, ces exhortations et ces lois, où l'humanité, la bonté du cœur la plus tendre se font si vivement sentir, peut-on, sans souffrir, voir ce grand homme et toute sa législation taxés de férocité et de barbarie par un écrivain célèbre qui se dit impartial!... (*Lettres de quelques Juifs*, etc., part. IV, lett. 1re.) »

Nous avons eu la preuve, par le simple exposé de quelques préceptes de la loi de Moïse, que le peuple de Dieu ne peut être appelé, sans une injustice monstrueuse, *barbare et féroce*; nous allons voir maintenant que c'est une insigne folie d'oser avancer que cette nation est ignorante et stupide.

« La barbarie du peuple hébreu, dit un illustre écrivain, est une des thèses favorites du dix-huitième siècle; il n'est permis d'accorder à ce peuple aucune science quelconque; il ne connaissait pas la moindre vérité physique ni astronomique; pour lui, la terre n'était qu'une *platitude*, et le ciel, un *baldaquin*; sa langue, dit-on, dérive d'une autre, et aucune ne dérive d'elle; il n'avait ni philosophie, ni arts, ni littérature; jamais, avant une époque très retardée, les nations étrangères n'ont eu la moindre connaissance des livres de Moïse, et il est très faux que les vérités d'un ordre supérieur qu'on trouve disséminées chez les anciens écrivains du paganisme, dérivent de cette source. Accordons tout par complaisance. Mais comment se fait-il que cette même nation soit constamment raisonnable, intéressante, pathétique, très souvent même sublime et ravissante dans ses prières? La Bible, en général, renferme une foule de prières dont on a fait un livre dans notre langue; mais elle renferme de plus, dans ce genre, le livre des livres, le livre par excellence, et qui n'a point de rival, celui des Psaumes (*Soirées de Saint-Pétersbourg*, t. II, pag. 55). »

« Les odes de Pindare, continue M. le comte de Maistre, sont des espèces de cadavres dont l'esprit s'est retiré pour toujours. Que vous importe *les chevaux de Hiéron* ou les *mules d'Agésias*? Quel intérêt prenez-vous à la noblesse des villes et de leurs fondateurs, aux miracles des dieux, aux exploits des héros, aux amours des nymphes? Le charme tenait aux temps et aux lieux; aucun effet de notre imagination ne peut le faire renaître. Il n'y a plus d'Olympie, plus d'Elide, plus d'Alphée; celui qui se flatterait de trouver le Péloponèse au Pérou, serait moins ridicule que celui qui le chercherait dans la Morée. David, au contraire, brave le temps et l'espace, parce qu'il n'a rien accordé aux lieux ni aux circonstances : il n'a chanté que Dieu et la vérité immortelle comme lui. Jérusalem n'a point disparu pour nous : *elle est toute où nous sommes*, et c'est David surtout qui nous la rend présente (*Idem, ibid.*, t. II, p. 59). »

Voilà donc ce peuple si cruel, si féroce, qui possède les lois les plus douces, les plus humaines, les plus admirables qu'ait eues aucune nation du monde! Voilà donc ce peuple si stupide, si barbare, si ignorant, qui a en partage la plus belle des langues, et qui a produit des chefs-d'œuvre : les sublimes poésies d'Isaïe, de Job, d'Habacuc, d'Osée; la Sagesse, les Proverbes de Salomon, le Cantique des Cantiques, les belles élégies de Jérémie, les psaumes sublimes de David, l'Ecclésiastique!...

NOTE E. (PAGE 62.)

Qui se serait attendu à trouver cette maxime, et une doctrine si étrange, dans le *divin* Platon? Ce grand philosophe partisan et fauteur du suicide! Il y a là de quoi ébranler ses admirateurs enthousiastes.

Pour nous, nous trouvons ici une haute instruction. Dieu nous donne quelquefois des exemples de contradictions parmi les plus grands génies, pour nous faire comprendre ce que peut l'homme abandonné à lui-même, et qui n'a pas le flambeau de la vérité pour guide. Nous le voyons, cet homme, marcher d'abord d'un pas ferme, prendre un vol élevé, se perdre dans les profondeurs de son génie ; puis il chancèle, retombe, marche comme à tâtons, balbutie et s'égare tout-à-fait.

Tel est Platon. Le voilà sublime lorsqu'il parle de l'Éternel ; écoutez : « L'éternité est immobile dans l'unité d'être, c'est-à-dire en Dieu, et n'admet ni changement, ni succession. Il y a plus, la réalité de l'être n'est qu'en Dieu ; c'est le seul dont on ne puisse pas dire proprement : Il a été ou il sera, mais seulement IL EST. Il a créé le temps en créant le monde ; et cette durée successive, marquée par les révolutions des corps célestes, est une image mobile de l'éternité (1), et passera comme le monde, quelle que soit la fin qu'il doit avoir. »

Il prend un vol admirable ; il devient prophète lorsqu'il pense au Messie : « Qu'il vienne, ce divin législateur, imprimer en traits de feu, sur le marbre et l'airain, la loi antique que les passions et les préjugés ont effacée du cœur de l'homme ; qu'il vienne la proclamer aux quatre coins de l'univers ; qu'il dissipe tous les nuages. Si l'austérité de la loi décourage, si elle effraie notre faiblesse, qu'il envoie encore un homme juste dont les vertus servent d'encouragement et de modèle. Il faut que cet homme n'ait pas même la gloire de paraître juste, pour ne pas être soupçonné de l'être par vanité ; il faut qu'il soit dépouillé de tout, à l'exception de sa vertu ; il

---

(1) On reconnaît ici, pour le dire en passant, deux vers fameux du premier de nos poètes lyriques :

<blockquote>
Le temps, cette image mobile
De l'immobile éternité.
</blockquote>

(J.-B. ROUSSEAU.)

faut que, sans nuire à personne, il soit traité comme le plus méchant de tous; il faut qu'il persévère jusqu'à la fin dans la justice; qu'il soit fouetté, chargé de fers; qu'on l'attache en croix; qu'on le fasse expirer dans les plus cruels supplices (*Rep.*, lib. II). Qu'il vienne incessamment : je suis disposé à faire tout ce qu'il me prescrira, et j'espère qu'il me rendra meilleur. »

Est-il possible de mieux désigner Jésus-Christ? Peut-on spécifier plus clairement sa passion et sa mort douloureuse? Et cependant l'immense sacrifice de l'Homme-Dieu n'eut lieu que trois cent soixante-onze ans après la mort de Platon!

Vous venez d'admirer ces deux passages du philosophe par excellence, et certes ils en sont bien dignes. Mais pourquoi faut-il que cet astre si brillant s'éclipse tout-à-coup? Pourquoi, à côté des paroles que nous venons de lire, trouvons-nous celles-ci dans son IXe livre des Lois : « On ne doit blâmer celui qui se donne la mort que lorsqu'il commet cette action, soit sans l'autorisation de ses magistrats, soit sans y avoir été déterminé par une position pénible et intolérable, ou par la crainte d'un avenir rempli de malheurs? »

Et que serait-ce si nous voulions citer d'autres passages aussi mauvais, aussi dangereux que celui-ci? Que l'on parcoure ses divers écrits, et l'on verra qu'il se ressent de l'inconséquence ordinaire à tous les sages profanes, et surtout à ces hommes suffisans qui, sans autorité et sans mission, ont osé se donner pour les précepteurs du genre humain!

Aulu-Gelle l'accuse de larcin, dit l'abbé de Feller, et d'un amour déréglé pour Agathon, à la louange duquel il composa des vers qui existent encore; Suidas l'accuse d'avarice; Théopompe de mensonge; Athénée d'envie.

La morale de Platon est on ne peut plus répréhensible. On rougit qu'un si grand homme ait pu autoriser tant d'infamies. Ce philosophe, si sublime tout à l'heure, ne s'égare plus seulement dans ses conceptions, mais le voilà qui se traîne dans la fange. Si, dans quelques passages, il semble réprouver l'impudicité contre nature, d'autres fois il la propose comme le prix des services rendus à la république (*De Repub.*, lib. v). Il a été accusé de ce vice, aussi bien que Socrate et Solon. Il dispense les femmes de toute pudeur; il veut qu'elles soient communes et que leur complaisance criminelle serve de récompense à la vertu. Il ne condamne l'inceste qu'entre les pères ou mères et leurs enfans. Il établit que les femmes à quarante ans et les hommes à quarante-cinq n'auront aucune règle à suivre dans leurs appétits brutaux, et que, s'il naît des enfans de cet abominable commerce, ils seront mis à mort (Bergier, *Traité de la vraie Relig.*, 1re part., chap. III, art. 6, § 13).

Tirons le voile sur une semblable morale. Ne soyons plus étonnés maintenant que Platon ait autorisé le suicide. Celui dont le cœur est corrompu ne peut qu'approuver les plus grandes aberrations.

Mais, dira-t-on, comment un génie si puissant a-t-il pu débiter de si mauvaises maximes en même temps qu'il écrivait des choses si relevées et si admirables ? Comment ! Ne voyez-vous pas que le doigt de Dieu est ici ? Platon avait reçu des lumières toutes spéciales, mais il ne s'en servit que pour préconiser le vice, et sacrifier aux fausses divinités... Alors Dieu l'abandonna !... Il fut confondu ; et sa science fut vaine, et sa sagesse devint folie !...

NOTE F. (PAGE 72.)

Tout ce que notre auteur vient de dire sur le scepticisme ou doute est très bien. Il n'a pas suivi le sentiment de Daniel Uetius, qui, dans son livre *de la Faiblesse de l'Esprit humain*, s'est plu à étendre l'empire du doute, et il a mieux aimé se borner à chercher les causes de cette erreur parmi les Grecs et les Romains. Buonafède nous a fait l'histoire du scepticisme chez ces deux peuples, histoire courte et rapide à la vérité, mais intéressante et bien pensée.

Cet exposé a suffi pour nous faire voir quelle triste doctrine est celle du doute! Rien n'est plus extravagant et plus absurde qu'un semblable système. Où en serait l'homme s'il n'avait aucune certitude? Serait-il possible de vivre sous l'empire du doute? Que deviendrions-nous, grand Dieu! si nous étions sans cesse ballottés par tous les vents sans pouvoir trouver un abri? Il faudrait quitter la vie!

Cela est si vrai que le doute a enfanté beaucoup de suicides, comme Buonafède vient de nous le faire voir; cela est si incontestable, que les plus célèbres sceptiques ont été forcés de l'avouer. Bayle nous avertit que, si le scepticisme était adopté par tous les hommes, l'on peut être assuré que le genre humain périrait bientôt (XVIe *Lettre crit. sur l'hist. de Calvin*). Il reconnaît plus loin que la logique subtile des pyrrhoniens ne peut donner aucune satisfaction; qu'elle se confond elle-même; car, si elle était solide, elle prouverait qu'il faut douter (*Dict. crit.*, art. *Pyrrhon*).

David Hume est obligé de faire les mêmes aveux : « Si les principes du sceptique, dit-il, prévalaient universellement dans le monde, ils entraîneraient la ruine de la vie humaine; toute conversation, toute action devrait cesser (XIIe *Essai*, pag. 319).... Cette opération de l'âme, par laquelle nous inférons la ressemblance des effets de la ressemblance des causes, était trop essentielle à la conservation de l'espèce humaine pour être confiée aux opérations trompeuses d'une raison fort lente dans sa marche, et extrêmement sujette à l'erreur et aux méprises. Il était plus convenable à la prudence ordinaire de la nature de pourvoir à la sûreté d'un acte si nécessaire, en l'attachant à l'instinct ou à une tendance mécanique, infaillible dans ses opérations (v° *Essai*, pag. 122). » Certes, ce sont là des aveux qu'il ne fallait pas manquer de recueillir. Comme les hommes qui sont dans l'erreur se contredisent eux-mêmes ! Comme ils sont forcés de se désavouer !..

Qu'il est cruel l'état d'un homme qui doute ! Oh ! que nous le plaignons de tout notre cœur ! « Pourquoi douter? disait naguère un orateur devant une nombreuse jeunesse. Pourquoi douter ? Serait-ce pour avoir une religion pratique ? Il y aurait contradiction flagrante. Est-ce pour n'avoir aucune religion ? Que mettrez-vous à la place ? Que direz-vous alors à votre esprit, à votre cœur, à vos chagrins, à vos penchans, à vos besoins ardens de bonheur et d'avenir ? Vous doutez? Depuis quand ? Vos doutes vous ont-ils trouvés, rendus meilleurs ? Sont-ils honorables pour vos sentimens, pour vos mœurs ? — Vous ne voulez pas poser, résoudre la question religieuse. Mais pourquoi? Serait-ce pour l'honneur, pour l'indépendance de votre raison ? Le doute la flétrit ! Serait-ce pour obéir à tout vent d'opinion, et pour servir des maîtres tels que le trouble, le malaise, les passions et les chimères ; pour vous bercer à plaisir dans une profonde et cruelle nuit, sans avoir où reposer la tête ; pour livrer ainsi de longues et belles années à l'abandon, à l'oubli de toute foi, quand la foi est la vie du monde ? Si ce sont là vos raisons, qu'en penser, grand Dieu ! »

Mais si le doute conduit à l'indifférence, comme nous l'avons vu, et l'indifférence est la plus dangereuse des maladies, il conduit aussi à l'endurcissement... Celui qui doute ne veut rien entendre : il repousse la lumière ; il ne veut point recevoir de conseils ; il fuit ses semblables ; il est errant, malheureux ! Voilà l'histoire de tous les sceptiques. Mais, connaissez-vous le secret d'une pareille conduite? Les motifs qui retiennent les sceptiques sont précisément les mêmes que ceux qui déterminent les athées : l'orgueil, l'indépendance, la répugnance de se soumettre à des lois incommodes. Oui, l'orgueil et les passions, tel est leur mobile. Dans les doutes qu'ils proposent, on voit de quel côté penche leur cœur ; l'équilibre apparent dans lequel ils se tiennent cesserait bientôt, si les passions ne soutenaient l'un des bassins de la balance. Ils insistent sur les objections, jamais sur les preuves ; loin d'avoir aucun regret de leur incertitude, ils trouvent en elle la félicité. Effrayant bonheur, vraiment ! Un malade qui montrerait la même tranquillité lorsque les médecins se consultent sur son état, ne paraîtrait pas faire grand cas de la vie ! Voilà le sceptique.

Mais nous reprenons notre orateur chrétien : « Vous ne pouvez pas douter, dit-il ; car si les faits de la révélation divine ne sont pas établis, ils ne sont plus douteux, ils sont faux ; ils doivent être entièrement rejetés, s'ils ne sont pas entièrement établis ; mais il faut au moins étudier consciencieusement des faits pour pouvoir dire : ce n'est pas établi ; c'est faux.

« Vous ne pouvez pas douter ; parce que la grande société catholique témoigne des faits, les affirme, et que le témoignage d'une grande société sur des faits est *certitude ;* c'est la loi ; parce que Dieu, au milieu de la perturbation et du chaos des opinions humaines, vous doit et se doit à lui-même votre certitude religieuse ; il vous doit le moyen de l'acquérir. Donc, ce moyen existe : l'Eglise... Ainsi raisonnait déjà saint Augustin.

« Dieu n'a pas pu vous jeter ainsi sur cette terre sans appui, sans guide sûr pour revenir à lui ; il n'a pu vous créer pour l'anxiété, les suspensions, le tourment, le doute ; il vous créa pour le bonheur, donc pour la certitude et la vérité... »

Oui, Dieu nous créa pour la vérité, et ce n'est qu'en possédant Dieu, qui est la vérité, que nous serons heureux. Comment l'homme pourrait-il jouir de la félicité, éloigné de son principe, Dieu? Où trouvera-t-il le repos, la paix, si nécessaires à l'existence, s'il ne va pas chercher ces biens précieux auprès de l'auteur de tous les biens? Le doute pourrait-il les lui donner? Jamais! Donc, si l'on veut posséder le bonheur, même dès ici-bas, il faut croire.....

La foi, dit un écrivain distingué, la foi, c'est l'arbre fécond; le doute, c'est le figuier stérile de la campagne de Judée, frappé de la malédiction du Christ... Comme toutes les vérités sont en Dieu et viennent de Dieu, suivant la belle parole de Malebranche, on ne peut accepter une vérité, et par conséquent croire, sans rendre hommage à l'intelligence souveraine et créatrice. La foi est la reconnaissance des œuvres de Dieu; elle vient du ciel et elle y retourne, commes ces anges qui apparaissaient aux patriarches des anciens jours. Mais le doute est l'œuvre de l'homme; car le doute c'est le néant. Par le doute, l'homme détruit autant qu'il est en lui l'œuvre divine à laquelle il l'oppose; l'homme marche donc, à sa manière, l'égal de Dieu.

En effet, le premier moule, le premier archétype de toute chose, pour nous servir de la parole du grand philosophe spiritualiste du christianisme, c'est une pensée du Créateur. Or, en faisant du doute un système, l'homme préfère à la pensée divine sa propre pensée. Le grand évêque de Meaux a admirablement défini les criminelles voluptés que l'esprit de l'homme trouve dans cet état de révolte et d'indépendance, en disant *que le cœur n'était pas le seul à avoir sa concupiscence; que l'esprit avait aussi la sienne, qui était l'orgueil.....*

Le doute est le suicide du monde intellectuel; il tue l'intelligence en rompant la communauté avec Dieu, cette source des intelligences; et la cause de cette immolation, c'est l'amour désordonné qu'il a pour lui-même, c'est le fanatisme de l'orgueil.

O vous qui avez le malheur d'être torturés par cette désespérante doctrine du doute, permettez donc que nous vous disions : *croyez!* Vous êtes accablés, ballottés : *croyez!* Vous ne savez à qui vous donner, vous vous égarez de plus en plus : *croyez!* Tout vous échappe, vous ne savez où vous reposer : *croyez!*... La foi vous donnera le calme; elle vous indiquera la voie sûre; elle vous affermira; elle vous remettra en communauté avec Dieu, votre principe et votre fin. La foi, c'est la vie, c'est le bonheur; avec elle plus de peines, plus d'incertitudes, plus de ténèbres. C'est un pilote certain qui nous fait traverser heureusement le temps des épreuves, et qui nous couronne à la fin de la course!

NOTE G. (PAGE 86.)

Le P. Buonafède, dans la révision qu'il fait, au chapitre IV, des systèmes des cyniques et des stoïciens qui ont plus ou moins porté au meurtre de soi-même, s'arrête à Zénon. Il examine sa doctrine; il dit qu'elle jouit d'une grande célébrité, surtout chez les Romains, et il ajoute ensuite ces mots : *Il y eut une certaine époque où des chrétiens partagèrent cet enthousiasme; mais, hâtons-nous de le dire, ils ne s'arrêtèrent qu'à la surface de cette doctrine, et non au fond.*

Nous sommes étonnés qu'après ce passage, notre auteur n'ait pas indiqué où il a appris ceci. Ce n'est pas, on le pense bien, que nous le soupçonnions d'inventer; ses principes et ses sentimens nous sont trop connus; mais nous aurions désiré, n'eût-ce été que pour notre instruction, qu'il nous fît connaître l'ouvrage où il a puisé ce fait.

Nous nous sommes livrés à quelques recherches dans l'antiquité ecclésiastique, mais nous n'avons rien trouvé d'explicite à cet égard. Nous en sommes fâchés, parce que nous aurions été satisfaits de pouvoir justifier, à nos lecteurs, l'assertion de Buonafède.

Mais il est facile de se l'expliquer. Les premiers chrétiens n'étaient pas tous sortis *de la lie du peuple*, comme on a bien voulu le dire; plusieurs étaient des hommes instruits et lettrés. Celse, lui-même, qui les a tant calomniés, reconnaît néanmoins qu'il y a parmi eux, *des sages, des hommes graves, modérés, capables d'instruire* (lib. I, § 17). Ces chrétiens avaient été élevés dans les doctrines de l'antiquité. Saint Clément connaissait les systèmes des philosophes païens; saint Justin avait suivi toutes les écoles, et il ne se fit chrétien qu'après avoir reconnu la supériorité de la morale de l'Evangile sur celle des prétendus sages, ses maîtres; Tatien était versé dans la philosophie des Grecs; Clément d'Alexandrie était savant dans les sciences profanes, et il possédait tous les systèmes des païens. Nous voyons même que ces grands hommes, les premiers anneaux de la tradition catholique, se servaient de leur science profane pour défendre ou enseigner la religion naissante, et pour confondre leurs adversaires. Nous en avons la preuve dans les *épîtres* de saint Clément; dans les *apologies* de saint Justin; dans les *stromates* de Clément d'Alexandrie, etc.

Or, ces chrétiens qui étaient instruits, et qui avaient été imbus des doctrines des sages du paganisme, peuvent bien avoir été les admirateurs des idées de Zénon, en ce qu'elles avaient d'irrépréhensible toutefois, et s'être *arrêtés à la surface de sa doctrine*, à ce qui était bon; et cela sans s'occuper du *fond*, c'est-à-dire, sans en être les disciples.

Ceci est possible, et c'est sans doute en ce sens qu'il faut entendre les paroles de notre auteur; mais nous pensons qu'il serait plus probable encore de croire que ces chrétiens partagèrent l'enthousiasme général pour la doctrine de Zénon, avant d'être chrétiens, mais que, dès qu'ils furent entrés dans la famille des élus, ils méprisèrent bientôt toutes ces vanités humaines pour ne s'occuper que de la science par excellence, de l'unique science nécessaire : la science du salut.

NOTE H. (PAGE 92.)

On a beaucoup exalté Sénèque, on a vanté sa morale, et on a même imaginé de le faire disciple de l'apôtre saint Paul. Certes, tout ce qui a été dit sur ce philosophe est bien exagéré, et si on avait examiné de près sa conduite, on se serait facilement convaincu que la vertu qu'on lui a supposée n'était pas si grande !... Mais les philosophes se seraient bien gardés de faire connaître leur maître, et de mettre à nu ses actions... Il était de leur intérêt d'en faire plutôt une brillante apologie.

Nous n'avons pas la prétention d'étudier cette vie, et de relever les inexactitudes qui ont été commises sur Sénèque : nous ne voulons que faire quelques remarques.

Vous dites, admirateurs enthousiastes de ce philosophe, vous dites qu'il sut répandre dans tous ses ouvrages les plus beaux préceptes et les plus touchantes leçons de morale... Mais d'où vient que, dans quelques uns de ses livres, il s'adonne à des erreurs si étranges, et qu'il ne se défend pas même des délires du matérialisme? Vous ajoutez : Il fut éloquent ! Très bien : mais pourquoi ces paradoxes presque continuels ; pourquoi ces phrases sans suite et sans liaison; pourquoi ces antithèses recherchées, et ce style maniéré et sentencieux ? Il fut sobre, dites-vous encore. Cela est possible : mais comment accorder avec sa philosophie ces richesses immenses, ces magnifiques palais, ces délicieuses maisons de campagne, ces ameublemens précieux, cette multitude de tables de cèdre, soutenues sur des pieds d'ivoire, ces pierreries, etc,?

Ce sont là des défauts bien excusables ; on n'est pas parfait ; quel est l'homme qui ne se contredit pas lui-même? N'est-ce pas là le moindre défaut de la pauvre humanité? D'accord : mais comment excuserez-vous les rapines usuraires par lesquelles il opprima une grande partie, non seulement de l'Italie, mais encore de la Bretagne? Comment expliquerez-vous ses complaisances pour Néron, dans des conjonctures où il ne pouvait lui applaudir sans crime? Ne savez-vous pas qu'il flatta bassement ce prince sur l'empoisonnement de Britannicus, sur le meurtre d'Agrippine, sa propre mère, et qu'il accepta le don qu'il lui fit, du palais et des jardins de Britannicus, après la mort injuste de ce vertueux Romain? Comment donc expliquerez-vous toutes ces fautes que nous lisons dans Tillemont, *Histoire des Empereurs?* Ne serez-vous pas obligés de rabattre un peu de votre admiration pour ce sage ?

Et n'allez pas croire que nous n'avons aucune autorité à vous citer à l'appui des reproches que nous adressons à Sénèque. Voici comment Dion Cassius, extrait par Xiphilin, patriarche de Constantinople, s'exprime sur ce philosophe : « Il condamnait la tyrannie, dit cet historien, et il éleva un tyran ; il blâmait les courtisans, et il n'abandonnait jamais la cour ; il n'aimait pas les flatteurs, et il flattait les princesses et les affranchis, jusqu'à composer des discours à leurs louanges ; il parlait contre les grandes richesses, et il possédait dix-sept millions cinq cent mille drachmes ; il déclamait contre le luxe, et il avait cinq cents tables de bois de cèdre, montées en ivoire, où il prenait de délicieux repas ; enfin, il louait la pauvreté au milieu du luxe, et il ne composait ses traités de morale que sur des tables d'or ! » (Dion Cassius, *Abrégé par Xiphilin*, tom. I, édit. de Paris de 1678.)

L'excès de ce luxe et de cette vanité peut bien donner une idée de celui de ses autres déréglemens... Mais ce n'est pas tout : considérez sa mort ; est-elle celle d'un sage? L'homme peut tomber dans des écarts ; il peut se trouver en contradiction avec sa doctrine ; il peut se laisser aller aux fautes les plus grandes : nous convenons de tout cela ; mais c'est la fin de cet homme qui décide de son mérite et de l'admiration qui doit lui être accordée dans la suite. Or, quel fut la mort de Sénèque ?

Il parut en mourant un apologiste enthousiaste du suicide, comme nous le voyons à la fin du chapitre IV, page 110. Quand on lui a ouvert les veines, il prend de la ciguë ; mais, voyant que le poison opère avec lenteur, il se fait mettre dans un bain chaud pour accélérer sa mort. Il exhorte Pauline, sa femme, à mourir avec lui, quoique Néron eût donné des ordres pour qu'on lui refermât les veines, et qu'on la laissât vivre, page 159. Prêt à rendre le dernier soupir, il recommande de faire des libations à Jupiter ; et il débite un discours à ses amis, pour les inviter à ne jamais oublier la vie vertueuse qu'il avait menée : discours qui avait son principe dans l'orgueil si opposé aux maximes de saint Paul !

Telle fut la fin de Sénèque. Est-ce ainsi que meurt un homme vertueux ?... Tout ceci soit dit pour diminuer un peu l'admiration outrée que l'on a pour « ces prétendus sages qui « parlent de la vérité sans la rechercher sincèrement, et de « la vertu sans la pratiquer, qui s'érigent en pédagogues par « vanité, et donnent à l'ostentation ce que l'homme de bien « se contente de faire, et renferme dans le secret du cœur. » (Voyez la note E sur Platon.)

Nous conseillons de lire le *chapitre* que le comte Oxenstiern a consacré à Sénèque, dans ses Pensées (tom. 1, pag. 202, édit. in-12 de La Haye). On trouvera là des réflexions très justes, quoique cependant il y ait quelque chose à blâmer vers la fin du chapitre.

NOTE I. (PAGE 124.)

Ce fut à Athènes que Lucrèce puisa la philosopie d'Épicure. Il ne fut pas seulement l'*admirateur* de ce philosophe, comme le dit Buonafède, mais il fut un de ses plus ardens disciples, et le propagateur le plus zélé de ses funestes doctrines.

Lucrèce fut le premier qui fit paraître dans Rome la physique, ornée des fleurs de la poésie. Le poète philosophe adopta l'*infini* d'Anaximandre, et les *atomes* de Démocrite. Il tâcha de concilier les principes de ces deux philosophes avec ceux d'Épicure, dans son poème, *de Rerum natura*, en six livres.

« Cet ouvrage, dit un critique, est moins un poème héroïque, qu'une suite de raisonnemens, quelquefois bons, mais plus souvent absurdes. Jamais homme ne nia plus hardiment la Providence, et ne parla avec plus de témérité de Dieu. Il semble que son but n'a été que de détruire l'empire de la Divinité, et d'enlever à l'homme les consolations que lui présentent la religion et une raison saine, qui, par la vue et l'usage des créatures, fait remonter jusqu'au Créateur. Il croit l'en dédommager par la jouissance des plaisirs sensuels annoncés dans l'invocation même de son poème, où il appelle Vénus, la seule mère des plaisirs dont les hommes et les dieux puissent espérer de jouir. Cette brutale philosophie l'aveugla au point d'assurer que *les yeux n'étaient pas faits pour voir, mais qu'on s'avisait de voir, parce qu'on avait des yeux.* »

Lucrèce, mettant à exécution les préceptes qu'il avait enseignés, et suivant les conséquences de sa coupable et hideuse morale, se fit mourir, à la fleur de son âge, ainsi que nous l'avons vu à la page 124 de cet ouvrage.

Il est des hommes qui aiment tout contredire, et qui cherchent à cacher les fautes de ceux dont ils suivent les égaremens. Quelques admirateurs de Lucrèce ont voulu faire croire qu'il était mort dans une frénésie causée par un philtre que lui donna sa maîtresse : ce serait toujours là une triste mort assurément. Mais, si l'on considère la multitude des suicides que la doctrine d'Épicure produit encore tous les jours parmi nous, on ne sera pas dans le cas de recourir au philtre. D'ailleurs, ajoute l'auteur que nous suivons, il est constant que la tête de Lucrèce était depuis quelque temps dérangée par une bile noire, fruit de ses longues méditations sur le désespérant système du néant !...

On sait que le cardinal de Polignac fit un poème sous ce titre : *Anti-Lucretius, seu de Deo et natura, libri* IX, publié en 1747, in-8° et in-12, par M. l'abbé de Rothelin, traduit en italien par le P. Ricci, bénédictin, Vérone, 1767, 3 vol. in-4°, et en français, par Bougainville, 2 vol. in-8° et 2 vol. petit in-12, 1767. « Ouvrage, pour parler avec ce dernier, qui a fixé tous les suffrages et vaincu tous les obstacles que lui opposait un siècle où la langue de l'ancienne Rome est peu cultivée, où l'irréligion triomphe, où l'abus de l'esprit est appelé raison, où les bons mots sont devenus des décisions, et les paradoxes des principes.»

L'objet du poème du cardinal de Polignac est de réfuter Lucrèce, et de déterminer, contre ce précepteur du crime et ce destructeur de la Divinité, en quoi consiste le souverain bien, quelle est la nature de l'âme, ce que l'on doit penser des atomes, du mouvement, du vide. L'auteur a admirablement rempli ce cadre. Au dire de tous les critiques impartiaux, rien n'est beau comme sa versification ; rien n'est plus solide et plus fort que les raisons qu'il oppose au disciple d'Épicure.

La traduction de Bougainville respire partout l'élégance et la force, quoiqu'elle paraisse manquer quelquefois de ce ton poétique qui doit caractériser les traductions des poèmes, dit un critique. Il a placé en tête de sa traduction un excellent *discours préliminaire,* plein de savoir et de raison, bien écrit et plein d'intérêt. Nous donnons ici les titres des matières que contient ce discours. La première partie traite du fond de l'ouvrage du cardinal de Polignac. 1° Précis du système d'Épicure ; 2° Systèmes des autres matérialistes, comparés à celui d'Épicure ; 3° Précis de la doctrine établie dans l'Anti-Lucrèce. La deuxième partie renferme tout ce qui regarde la forme du poème, son style, son histoire. 1° De la forme et du style de l'Anti-Lucrèce ; 2° Histoire de l'Anti-Lucrèce depuis la mort de son auteur ; 3° De la traduction de ce poème.

Maintenant, nous allons citer un morceau qui réfutera indirectement à la vérité le paradoxe d'Epicure, que notre auteur a cité à la page 124, mais qui donnera une idée du ton de l'ouvrage du cardinal de Polignac, et de la traduction de Bougainville.

L'auteur s'adresse aux élèves d'Epicure, et il leur dit que le bonheur ne se trouve point dans le plaisir que promet la volupté; car qu'est-ce que ce plaisir? un souffle, une ombre, une eau fugitive, un sable léger dont les flots se jouent, un feu qui brille et s'éteint. Mais il leur montre, au contraire, que la félicité reside en Dieu ; que Dieu seul est l'objet des vertus du sage, que Dieu seul est le prix qu'il veut mériter.

« Chercheriez-vous, leur dit-il, une source d'eau pure dans un terrain marécageux, dans ces humides vallons que couvre la fange et le bitume? C'est dans le creux d'un rocher couronné de gazon, dans l'intérieur d'une verte colline, que sont renfermées ces ondes limpides, qui n'attendent qu'une issue pour couler dans vos prairies. Cherchez donc en Dieu le suprême bonheur ; ce bonheur inépuisable, que le chagrin ne peut altérer, que le temps ne peut flétrir. Du sein de la Divinité découle un fleuve de délices. Il inonde les possesseurs de ce bien immuable ; et l'amour qu'inspire un tel objet a des charmes dont vous n'avez pas même l'idée, voluptueux mortels ! Dussiez-vous jouir cent ans de la plus brillante jeunesse, dussiez-vous la passer tout entière dans les ris et dans les jeux, vous ne pourriez atteindre à la félicité des justes : vos siècles ne vaudraient pas leurs momens. Ce qu'ils aiment, ils le possèdent et le posséderont toujours : plus ils l'aiment, plus ils en sont aimés. Les fleurs qu'ils cueillent n'ont point d'épines ; l'amertume ne corrompra jamais la pureté d'une source dans laquelle ils puiseront éternellement. Ils jouissent sans dégoût, ils aiment sans remords, parce que les motifs qu'ils ont d'aimer, croissent en même temps que leur amour. »

Après ce tableau du bonheur des justes, M. le cardinal de Polignac montre les points de vue différens sous lesquels la mort est considérée par les disciples d'Epicure, et par ceux qui aiment la religion.

« Si la mort, si cet objet de terreur pour tout ce qui respire, *vous cause peu d'effroi*, doutez-vous qu'ils ne l'attendent avec un courage infiniment supérieur au vôtre ? La mort est le point fatal où tout finit pour vous : elle sera pour eux le premier instant d'une vie qui ne finira plus. Votre espérance est de mourir tout entier, de rentrer à jamais dans l'abîme du néant. L'avenir offre à leurs yeux un point de vue plus flatteur ; la vertu récompensée par une félicité sans bornes. Idée consolante, qui même, ici-bas, est une récompense anticipée, un gage précieux des biens qu'elle annonce : doux espoir qui leur fait goûter sur la terre les prémices d'un bonheur éternel. Avouez-le donc, Quintius ; il est, dès cette vie même, des plaisirs préférables à ceux que présente la nature. Sous le joug de la religion, l'homme est plus heureux que sous l'empire de la volupté.

« Mais quel doit être un jour votre sort, si ce que je crois se trouve véritable ; s'il existe, en effet, un Dieu vengeur que vous n'aurez pas connu ; disons mieux, que votre cœur, sourd à la voix de l'univers, aura refusé de connaître? Cette idée me pénètre d'horreur; vous risquez tout. Quel que soit l'avenir qui nous attend, votre état est plus triste que le mien. Si je me trompe, c'est une erreur dont je ne crains pas d'être puni : nos destins seront les mêmes ; nous serons l'un et l'autre engloutis dans le néant. Mais vous, si votre système est faux, vous serez malheureux à jamais. Peut-on s'aimer et s'exposer volontiers à un pareil danger ! » (Liv. I, trad. de Bougainville.)

Le lecteur nous saura gré, nous l'espérons, d'avoir cité ce délicieux morceau. Quelle douce et consolante morale ! Si elle était bien suivie, verrions-nous tous les jours tant de malheureux se donner la mort, dans l'affreux espoir de trouver le néant de Lucrèce ?...

Il paraît, d'après une note de Bougainville, que M. le cardinal de Polignac avait l'intention de publier un autre poème, pour faire suite à l'*Anti-Lucrèce*. M. de Polignac, dit son traducteur, persuadé que la loi naturelle est insuffisante sans la révélation ; qu'être philosophe, sans être chrétien, c'est s'arrêter au commencement de la route, prendre les fondemens de l'édifice pour l'édifice même, séparer en un mot deux choses essentiellement unies, ne regardait l'*Anti-Lucrèce* que comme le préliminaire d'un poème plus important, où il devait recueillir et développer les preuves de la religion chrétienne. On ne peut trop regretter que ce projet qu'il annonce dans son neuvième livre, n'ait point eu d'exécution. Ce n'est pas qu'une pareille cause ait besoin d'être défendue ; mais elle honore ses défenseurs. Nous eussions vu se déployer dans ce second ouvrage toute l'éloquence de notre poète. La religion chrétienne offre à l'esprit les plus nobles idées ; elle est pour le cœur une source inépuisable de sentimens.

NOTE J. (PAGE 162.)

En réunissant dans ce paragraphe, dit Buonafède, *les noms de tant de femmes, on croira peut-être que, selon nous, il n'y a que le beau sexe qui sache prendre au sérieux les liens du mariage;* et il s'empresse aussitôt d'ajouter : *Telle n'est pas notre pensée:* nous en sommes bien aise. Mais il nous semble qu'il n'aurait pas dû craindre ce reproche.

Pourrait-on, en effet, conclure de ce qu'il se trouve beaucoup de femmes qui se sont donné la mort, qu'il n'y a que *le beau sexe qui sache prendre au sérieux les liens du mariage?* Certainement non !

Nous ne manquons pas d'exemples de femmes qui ont pris au sérieux les liens du mariage, qui en ont rempli tous les devoirs, devoirs souvent très difficiles, et qui ne se sont point arraché la vie. Ne peut-on pas comprendre toute l'importance de l'hymen sans offrir le spectacle d'une triste et lamentable tragédie ?

Notre auteur n'aurait donc pu être soupçonné de ce qu'il craignait.

Mais voici que, pour comble, il dit, après la phrase que nous venons de citer, que tout ce qu'il vient de rapporter ne prouve qu'une chose, c'est *qu'en matière d'amour conjugal les femmes ne donnent que dans les extrêmes; ou elles aiment beaucoup trop, ou elles n'aiment pas du tout.* Or, peut-on dire que ceci soit exact? Encore une fois non.

Quelques exemples de femmes fanatiques, souvent mues par la passion, toujours guidées par l'orgueil le plus outré et poussé jusqu'à la folie, de semblables exemples, nous le demandons, peuvent-ils suffire pour démontrer vraie l'assertion de Buonafède? Quelques exceptions, et encore des exceptions mal choisies, peuvent-elles faire une règle ?

Oui, ce que notre auteur vient de dire nous paraît être un paradoxe. Les femmes ne sont pas plus exagérées que les hommes ; il est même reconnu qu'elles ont généralement plus de modération et que les passions chez elles sont moins vives. Il est possible qu'en fait d'amour elles soient plus faibles, moins réfléchies, qu'elles s'exaltent davantage ; mais il est constant qu'il y a un juste milieu dans leur caractère. Bien entendu que nous voulons parler ici de femmes dont le cœur est ouvert aux charmes puissans de la vertu et qui ont adopté cette fille du ciel pour leur sœur !

Il est vrai que notre auteur peut avoir pour lui le sentiment de La Bruyère, qui dit dans le chapitre IIIe de *ses Caractères* : « Les femmes sont extrêmes : elles sont meilleures ou pires « que les hommes. » Il est vrai encore que l'on pourrait invoquer sur cette matière l'auteur des *Maximes*, et peut-être même Vauvenargues : c'est là une puissante autorité, nous l'avouons. Mais, malgré le respect que nous professons pour La Bruyère, malgré le mérite de La Rochefoucauld, nous pensons qu'ils ne sont guère compétens dans la question (1). Qu'on ne s'en étonne point.

Ces hommes éminens ont, à la vérité, étudié leur siècle avec un tact parfait ; ils en ont peint les travers avec une grâce et une finesse inimitables ; mais, après tout, ils n'ont vu qu'un côté de cette société ; ils ne se sont occupés que des mœurs des grands et des gens de la cour. Or on sait quel dérègle-

(1) D'ailleurs La Bruyère n'est pas toujours exact, et il a souvent des opinions outrées, dit La Harpe. Voyez *le Cours de Littérature*, IIe part., liv. II, chap. III, sect. 2e. — On sait aussi que les *Maximes et Réflexions morales* de La Rochefoucauld roulent sur un système qui en rend plusieurs fausses et quelques autres outrées. Selon lui, l'amour-propre est le mobile universel de toutes les actions de l'homme, et il ne peut le détruire malgré tous les efforts de sa raison. Or qui ne voit là que c'est détruire toutes les vertus ? « Quand on ne saurait pas,

ment il règne ordinairement parmi les grands : leur conduite n'est pas toujours édifiante. Voudrait-on donc conclure que les mœurs de ces hauts personnages peuvent faire règle pour les autres classes de la société ?

Quand La Bruyère nous dit que telle grande dame qu'il connaît bien « ne pense qu'à sa toilette, ne s'occupe que de « ses billets galans, » peut-on dire que toutes les femmes en font autant? Non sans doute. C'est pourtant là le raisonnement que Buonafède semble faire. Il choisit ses exemples parmi les grandes dames romaines. Il cite Porcie, fille de Caton ; Arria, femme de Pétus ; Pauline, femme de Sénèque. Il montre avec quel raffinement d'orgueil elles préparèrent leur mort ; il peint leur fin tragique, et il tire cette conséquence *qu'en matière d'amour conjugal les femmes ne donnent que dans les extrêmes* : est-ce juste ?

Se tuer, ce n'est donc pas là savoir prendre au sérieux les liens du mariage ; c'est au contraire ne pas savoir comprendre ses devoirs et ses obligations. Quelques exemples de femmes poussées par la vanité et l'amour-propre, et peut-être même, confuses de voir qu'elles ne pourront plus tenir leur rang après la mort de leurs maris, de tels modèles, répétons-nous, choisis dans l'antiquité païenne, ne prouveront jamais que les femmes *aiment beaucoup trop ou qu'elles n'aiment pas du tout.*

Mais si Buonafède avait examiné de plus près, si nos mo-

« dit un critique judicieux, que ces *Maximes* sont d'un homme de
« cour, on le devinerait sans peine en les lisant. L'auteur juge le cœur
« humain d'après celui des courtisans. Il croyait apparemment que la
« nature n'avait fait l'homme que pour être grand seigneur ou esclave
« des grands. Il a pris l'ouvrage de toutes les passions combinées dans
« la société corrompue pour l'ouvrage de la nature. Son livret, qui
« peut être bon pour connaître l'esprit du monde, ne saurait plaire
« aux grandes âmes, et n'inspirera jamais une belle action. »

ralistes étaient descendus de quelques degrés de l'échelle sociale, comme on parle maintenant ; s'ils avaient surtout considéré l'influence salutaire de la religion, ils ne se seraient pas prononcés si affirmativement sur le compte de celles que Dieu a données aux hommes pour aides et pour compagnes.

Voyez-vous cette femme ! Elle aime beaucoup son époux ; la religion d'ailleurs lui en a fait un devoir. Elle règle l'intérieur de sa maison ; elle gouverne par la douceur, l'ordre et l'économie ; elle fait le charme de tout ce qui l'entoure ; elle est heureuse elle-même, car son bonheur est de faire celui des êtres qu'elle aime.... Mais voici qu'un grand malheur vient la frapper... Elle perd son époux ! Certainement elle est bien affligée ; nul ne pourrait peindre sa douleur. Cependant elle ne se désespère point ; elle est calme et résignée ; elle se soumet à la volonté de Dieu entre les mains de qui elle se repose avec confiance ! — Cette femme donnait-elle *dans les extrêmes ?* Croyez-vous qu'elle n'avait pas pris *au sérieux les liens du mariage ?* Peut-on cependant conclure de sa résignation admirable qu'elle n'aimait pas son époux !

C'était donc chez ces femmes qu'il fallait choisir ces exemples. Mais en aurait-on trouvé ? Des femmes livrées à elles-mêmes peuvent tomber dans *les extrêmes* : des épouses chrétiennes et vertueuses, jamais !..

Après avoir cité les femmes, notre auteur s'occupe des hommes qui s'immolèrent pour la même cause ; et il dit que si l'on trouve que *le nombre de ces hommes est bien borné*, c'est qu'il a mieux aimé *pousser ses recherches parmi les femmes*; il y a donc beaucoup d'hommes qui se sont tués aussi par amour conjugal. Mais maintenant admettons qu'il y en ait moins que de femmes ; qu'est-ce que cela prouve ? Que les femmes ne donnent que dans les extrêmes ! non sans doute ; mais qu'elles sont plus faibles, qu'elles résistent moins aux grandes catastrophes ; qu'elles sont plus sensibles que les hommes et qu'elles s'attachent plus fortement. C'est là, selon nous, la conclusion que l'on aurait pu encore tirer, pour être juste et exact, de tous ces exemples.

NOTE K. (PAGE 189.)

Pétrone est un de ces hommes malheureux qui sont une peste pour leurs semblables et qui se donnent la triste mission de corrompre les mœurs. On ne peut nommer sans un sentiment de dégoût Arétin et Piron ; eh bien ! Pétrone est leur frère. Ses poésies licencieuses lui ont mérité le titre de *Auctor purissimæ impuritatis.*

Saint-Evremont fait de cet épicurien le portrait le plus avantageux ; cela ne doit pas nous étonner. C'est l'éloge du maître fait par un disciple.

Pétrone, dit Tacite, n'avait la réputation ni de prodigue, ni de débauché comme la plupart de ceux qui se ruinent, mais d'un voluptueux raffiné, qui consacrait le jour au sommeil et la nuit au plaisir.

Avant de se donner la mort, ce vil courtisan envoya à Néron, son maître, une *Satire* dans laquelle il faisait une critique de ce monstre sous des noms empruntés.

Les bonnes mœurs sont indignement offensées dans cette *Satire.* C'est un tableau des plaisirs d'une cour corrompue, et le peintre est plutôt un courtisan adulateur, qu'un censeur public qui blâme la corruption.

Quelques hommes se sont beaucoup tourmentés pour trouver cette *Satire.* Ce n'est pas certes à leur honneur. Ils eussent pu employer leur temps d'une manière plus honnête et plus utile.

Le patriarche de Ferney conjecture que ce qui nous en reste n'est qu'un extrait fait sans goût et sans choix par un libertin obscur. Pierre Petit déterra à Trau, en Dalmatie, l'an 1665, un fragment considérable, qui contient la suite du *Festin de Trimalcion*. Ce fragment, imprimé l'année suivante à Paris et à Padoue, excita une guerre parmi les littérateurs. Les uns soutenaient qu'il était de Pétrone, et les autres le lui enlevaient. On s'étonnerait d'une semblable dispute pour un si misérable ouvrage, si on ne savait combien les hommes aiment la frivolité. Mais Petit défendit sa découverte et envoya le manuscrit à Rome, où il fut reconnu pour être du XVe siècle. Les critiques de France, qui en avaient attaqué l'authenticité, se turent lorsqu'on l'eut déposé dans la bibliothèque du Roi. On l'attribue généralement aujourd'hui à Pétrone, et on le trouve à la suite de toutes les éditions qu'on n'a pas craint de donner de cet auteur licencieux.

Il paraît que c'est Pétrone qui le premier a imaginé d'attribuer à la crainte la croyance d'un Dieu : *Primus in orbe Deos fecit timor*. Erreur aussi absurde qu'impie et funeste à la société humaine! dit le judicieux Feller.

Robertson l'a adoptée, avec beaucoup d'autres également révoltantes, dans son *Histoire de l'Amérique*, tome IIe, page 376. Certains incrédules, et leur chef en tête, ont aussi répété cette impiété, comme toutes celles de tous les temps et de tous les impies du monde. Bayle l'avait d'abord goûtée ; mais, plus sage ensuite, il reconnut que celui qui avait le premier avancé ce paradoxe, était un libertin trop intéressé à combattre une vérité si redoutable aux méchans. Il le réfute en ces termes :

« Nous pouvons dire tout le contraire de ce que disait ce philosophe impie et libertin, qui assurait, plutôt par le désir de dire un bon mot que par une véritable conviction, que c'était *la crainte qui avait établi la créance de la divinité;* car c'est au contraire la seule crainte des châtimens qui fait que quelques uns cherchent à se persuader qu'il n'y a point de Dieu. (*Pensées diverses*, tome IIe). »

La crainte si naturelle à l'homme, effet inévitable de sa faiblesse et de sa dépendance, ne lui a pas fait adopter la croyance d'un Dieu, mais lui a fait sentir la nécessité et l'intérêt de son existence.

C'est d'après le paradoxe de Pétrone que le malheureux Raynal définit la religion *l'effet du sentiment de nos maux et de la crainte des puissances invisibles*. (*Hist. philosoph. et polit.*, liv. VII, p. 1.) En conséquence de cette odieuse définition, l'auteur se livre à tout l'enthousiasme de la haine. Les tableaux qu'il trace de la religion sont tous peints en noir, et prennent leur couleur dans cette imagination fausse et sombre. C'est la morale ordinaire des attaques philosophiques. Ces messieurs forment des fantômes, et se fatiguent à les combattre.—(*Catéchisme phil. de Feller*, liv. Ier, chap. III, § I, note du n° 90.)

NOTE L. (PAGE 195.)

La conduite du pape Alexandre VI était à la vérité bien digne de blâme, et d'être flétrie ; mais cette mission n'appartenait pas à Antoine Mancinel. Il aurait dû se taire et respecter au moins, dans la personne du ministre indigne, l caractère sacré et le pouvoir souverain. Il eût été plus sage de gémir sur les désordres et de former des vœux pour que celui de qui relèvent les puissances de la terre, daignât y mettre un terme et en délivrer son Église.

On a beaucoup noirci la mémoire du pape Alexandre VI. Des auteurs qui sont presque toujours excessifs, soit en louange, soit en satire, n'ont point épargné ce pontife. Nous croyons qu'on a peut-être exagéré, quoique cependant nous soyons forcés de convenir que sa vie est malheureusement très répréhensible en plusieurs points.

Buonafède ne dit rien de la vie de ce Pape ; et, à la vérité, ce n'était pas de son sujet d'entrer dans des détails de ce genre ; mais au moins il n'aurait pas dû puiser le fait qu'il cite à une source aussi suspecte. Il fallait ici, ce nous semble, s'appuyer d'autorités graves et dignes de confiance, puisqu'il s'agissait d'accusations graves.

Philippe de Mornay, seigneur du Plessis, était un protestant fanatique, plein de rage contre l'Église catholique. Son livre intitulé : *Le Mystère d'Iniquité*, dans lequel notre auteur a puisé, est tout rempli des erreurs de Calvin, et, de plus, d'une bonne dose d'enthousiasme. Or, nous le demandons, était-ce bien là l'homme qui convenait comme témoin dans un procès contre un pape, lui ennemi acharné des papes ! Il eût mieux valu s'appuyer d'auteurs plus compétents, froids et impartiaux, que d'aller fouiller dans ce livre *du Mystère d'Iniquité*, qui lui-même est une grande iniquité.

On sent bien que nous ne voulons pas défendre Alexandre VI, ni nous faire ses apologistes ; non, car nous ne connaissons que trop ses tristes égaremens. Nous tenions seulement à établir que l'autorité sur laquelle le Père Buonafède s'est appuyé n'est pas compétente, et que par conséquent on peut la croire peut-être un peu faussée.

Quand des puissans de la terre, et surtout les Papes, tombent, par une suite de la nature corrompue, dans quelques grandes fautes, aussitôt l'erreur s'en empare avec plaisir, et elle les exagère souvent, croyant en faire mieux son profit.

Qui nous assure qu'il n'en a pas été ainsi pour Alexandre VI ? Quoi qu'il en soit, sa mort paraît avoir été racontée bien faussement. Guichardin dit qu'il s'empoisonna ; mais ce fait a été contesté par plusieurs ; et Voltaire lui-même, qu'on ne soupçonnera sans doute pas de trop de zèle pour la mémoire des papes, Voltaire donne quelques raisons d'en douter, dans sa *Dissertation sur la mort de Henri IV*. Voici comment il s'exprime :

« J'ose dire à Guichardin : l'Europe est trompée par vous, et vous l'aviez été par votre passion ; vous étiez l'ennemi du pape, vous en avez trop cru votre haine et les actions de sa vie. Il avait, à la vérité, exercé des vengeances cruelles et perfides contre des ennemis aussi perfides et aussi cruels que lui. De là vous concluez qu'un pape de soixante-quatorze ans n'est pas mort d'une façon naturelle; vous prétendez, sur des rapports vagues, qu'un vieux souverain, dont les coffres étaient remplis alors de plus d'un million de ducats d'or, voulut empoisonner quelques cardinaux pour s'emparer de leur mobilier. Mais ce mobilier était-il si important? Ces effets étaient presque toujours enlevés par les valets de chambre avant que les papes pussent en saisir quelques dépouilles. Comment pouvez-vous croire qu'un homme prudent ait voulu hasarder, pour un aussi petit gain, une action aussi infâme, une action qui demandait des complices, et qui, tôt ou tard, eût été découverte? Ne dois-je pas croire le journal de la maladie du Pape, plutôt qu'un bruit populaire? Ce journal le fait mourir d'une fièvre double-tierce : il n'y a pas le moindre vestige de preuve de cette accusation intentée contre sa mémoire. »

Nous rapportons maintenant la remarque du père Berthier, qui est d'ailleurs celle de plusieurs auteurs. « Il y a, dit ce judicieux historien, des variétés dans les circonstances de la mort d'Alexandre VI... Nous devons remarquer, comme quelque chose d'assez singulier, que, selon des mémoires *manuscrits qui paraissent très sûrs*, Alexandre, qu'on dit empoisonné le 18 août 1503, dans une partie de plaisir, était malade dès le 12 du même mois; que jusqu'au 18 il y eut un progrès dans son mal; qu'il garda durant ce temps-là un régime ordonné par les médecins; qu'on lui administra tous les sacremens, comme on fait dans les cas ordinaires, et qu'il finit en la compagnie de son confesseur et du président de la daterie. » Et le savant Jésuite ajoute en note : « Ce journal de la maladie d'Alexandre VI a été écrit par le maître des cérémonies, Burchard... Quelques uns disent que c'était un homme vendu aux Borgia, et que vraisemblablement il aura fabriqué ce journal ; mais nous ne voyons aucune bonne preuve de cette conjecture. » (*Histoire de l'Église gallicane*, liv. L.)

L'abbé de Feller cite deux Vies d'Alexandre VI. La première, par Alexandre Gordon, écrite en anglais. Cet ouvrage, dit-il, curieux et assez impartial, a été traduit en français, en 1732, 2 vol. in-12. La seconde est celle de J. Burchard, écrite en latin et publiée in-4°, sous ce millésime : *Hanovre*, 1607.

Ce que nous venons d'apprendre et de rapporter du pape Alexandre VI nous suggère une réflexion.

Ce serait en vain que l'hérésie voudrait s'autoriser des égaremens de ce pontife et opposer ses vices aux catholiques. Belle autorité que celle-là ! et pauvre arme contre la vérité ! Comme si la dépravation d'un pape pouvait retomber sur une religion sainte ! Comme si le christianisme, pour être l'ouvrage de Dieu, dût anéantir, dans ses ministres, le germe des passions humaines ! Ce n'est point la tiare qui a rendu Alexandre VI vicieux, c'est son caractère. Il l'aurait été également, quelque place qu'il eût occupée. La Providence permit que ses crimes ne troublassent point l'Église, et que, dans ce temps critique, elle n'eût ni schismes, ni hérésies à combattre.

« Si Dieu a permis, remarque très bien un auteur moderne, que les chefs d'une religion sainte ne fussent pas toujours des hommes sans reproches et sans vices, c'est parce que la conservation de la religion chrétienne ne dépend pas de la sagesse et de la vertu de ses pontifes, mais de la parole de Jésus-Christ, et de l'effet immuable de la promesse solennelle qu'il a faite de conserver son Église jusqu'à la fin des siècles. Le sort des empires de la terre dépend de la sagesse et de la conduite de leurs monarques : il ne faut qu'un prince faible ou vicieux pour les précipiter du faîte de la gloire dans la confusion et le néant. Les péchés des princes et des peuples, dit l'Ecclésiaste (chap. x, ŷ 8), renversent les Etats, et en donnent la possession à des peuples étrangers. Si donc les faiblesses, les scandales, ou l'imprudence de quelques papes n'ont pu ébranler les fondemens de la vraie Eglise, c'est que Dieu lui-même les a affermis, et leur a donné une consistance que les hommes et le temps ne peuvent ébranler (Dan., chap. II, ŷ 44.) Telle est la conclusion qu'on doit tirer de quelques endroits humilians de l'histoire de l'Eglise. »

Dieu a permis quelquefois à des hommes d'un caractère peu honorable de s'asseoir sur la chaire de Pierre, de peur qu'on ne s'imaginât que la durée du siége de Rome était due uniquement aux mœurs pures et incorruptibles des pontifes, dit le cardinal Bellarmin (*Præfat. in libr. de Rom. pont.*).

D'ailleurs, et pour dernière remarque, le grand nombre de vertueux et saints pontifes qui ont occupé le siége de Rome doit faire oublier le très petit nombre de ceux dont les mœurs ont contrasté avec leur état. Jésus-Christ nous avertit expressément que les chefs de la religion ne sont pas impeccables, et que leurs fautes ne peuvent rien contre le culte dont ils sont les ministres, ni contre la doctrine dont ils sont les dépositaires. *Super cathedram Moysis sederunt Scribæ et Pharisæi: omnia ergo quæcumque dixerint vobis, servate et facite; secundum opera vero illorum nolite facere* (S. Matth., chap. XXIII).

NOTE M. (PAGE 197.)

Il est facile de s'apercevoir, d'après le fait que Buonafède cite en cet endroit sur Savonarole, qu'il partageait l'opinion des auteurs qui font de ce Dominicain un fanatique exalté et un perturbateur du repos de l'Eglise.

On parle bien diversement sur Savonarole ; les historiens et les biographes ne s'accordent guère ensemble ; en sorte que nous ne saurions quel jugement porter sur cet homme.

L'abbé de Feller nous apprend qu'il se distingua dans l'ordre de Saint-Dominique, par le talent de la chaire. Nous avons vu, en effet, quelques fragmens de ses sermons, et nous avouons qu'ils sont dignes des éloges qu'ils ont attirés de la part de certains critiques. Florence fut le théâtre des succès de Savonarole, comme aussi de son opprobre. Il prêchait, il confessait, il écrivait ; et dans une ville libre, pleine de factions, il n'eut pas de peine à se mettre à la tête d'un parti. Il embrassa celui qui était pour la France contre les Médicis. Il prédit que l'Eglise serait renouvelée ; et, en attendant cette prétendue réformation, il déclama beaucoup contre le clergé et contre la cour de Rome. Le pape Alexandre VI, dont nous avons parlé dans la note précédente, l'excommunia et lui interdit la prédication. Il paraît qu'il devint plus furieux que jamais, et qu'il recommença ses déclamations avec plus d'ardeur. Alors il fut pris et traduit en perturbateur, en hypocrite, en hérétique. Il fut emprisonné, frappé d'anathèmes, appliqué à des tortures, et enfin brûlé avec deux de ses compagnons, après avoir été étranglé.

Voilà des points de la vie de Savonarole sur lesquels on paraît assez d'accord. Mais ce qu'il y a de singulier après cela, c'est qu'il se soit trouvé des auteurs qui en aient fait un religieux régulier et exemplaire, et même un martyr et un saint. Pic de la Mirandole, qui a écrit une histoire de Savonarole (publiée par le père Quétif, avec des notes, à Paris, en 1674, 3 vol. in-12), dit que c'est un saint. Il assure que son cœur fut trouvé dans la rivière, qu'il en possède une partie, et qu'elle lui est d'autant plus chère qu'il a éprouvé qu'elle guérit les maladies et qu'elle chasse les démons. Savonarole a trouvé bien d'autres apologistes qu'il serait trop long et inutile de citer.

Que penser de tout ceci, et de cette divergence d'opinions? C'est que les uns et les autres ont exagéré, et qu'ils ont fait plus de bruit que ne le méritait, à vrai dire, Savonarole.

Au reste, nous pensons qu'on nous saura gré de rapporter ici les sages réflexions que Bérault-Bercastel fait à ce sujet dans son *Histoire de l'Église,* liv. LVIe. « Les opinions, dit-il, furent très partagées sur Savonarole; et, comme de tous les personnages singuliers, on en a dit et trop de bien et trop de mal. Il n'est pas étonnant que les écrivains de son siècle, peu critiques encore, et d'ailleurs entraînés par leurs préventions respectives, en aient fait, les uns un prophète et un saint à miracles; les autres, en bien plus petit nombre cependant, un imposteur sacrilége et un scélérat; mais des historiens, même placés à la distance convenable des faits pour un juger sainement, ont partagé ces impressions suspectes : tant il est dangereux qu'on ne réduise les nobles fonctions de l'historien, juge des jugemens mêmes, à celles de copiste. C'est donc sur les œuvres qu'on doit juger Savonarole; et l'on n'en trouve aucune qui ait mérité un raffinement barbare de tortures, ni la peine capitale. Savonarole, cependant, ne nous semble pas irrépréhensible. Ses déclamations outrées contre le clergé, ses saillies injurieuses et déplacées contre Alexandre lui-même, quelque vicieux que fût ce pontife ; le mépris des censures pontificales et de la défense de prêcher ; l'offre faite, à de vaines conditions, de se justifier par l'épreuve du feu ; la part même qu'il prit aux affaires politiques, tout mort qu'il devait être au monde : c'étaient là autant de griefs ou d'écarts qui méritaient, non pas d'être punis capitalement, mais d'être efficacement réprimés. Savonarole ne fut ni un hérétique, ni un martyr : ceux qui lui ont donné l'une ou l'autre de ces qualifications avaient chacun leur intérêt propre en vue. Ce fut vraisemblablement, et à certaines époques, un cerveau exalté, un illuminé, qu'il fallait enfermer et non pas brûler. »

Il faut cependant être juste envers Savonarole. Il avait du talent, un grand désir du bien, et il paraît constant qu'il fut animé du zèle le plus ardent et le plus louable pour faire triompher l'art chrétien et la poésie des saints livres sur l'art païen, et au milieu d'une société toute corrompue et infatuée des folies et des turpitudes du paganisme. Florence fut surtout le lieu où il exerça le plus son zèle, et où il tenta les plus nobles efforts pour arriver à la grande *réforme* qu'il avait en vue. On a des preuves très positives de ce que nous avançons ici ; mais il ne nous appartient pas de nous étendre à cet égard.

M. A.-F. Rio, dans un ouvrage publié en 1836, et intitulé : *De la Poésie chrétienne*, a traité ce point avec savoir et étendue ; nous renvoyons donc à son excellent ouvrage, chap. VIII, pag. 304. — Les *Annales de Philosophie chrétienne* ont reproduit ce *chapitre* (tome XV, n° 87 et n° 88), en y ajoutant quelques détails sur la mort de Savonarole, afin d'offrir, disent les *Annales*, les traits de cet homme extraordinaire, qui seuls nous font comprendre tout ce qu'il y avait de force et de conviction dans son âme ardente.

Il n'est pas sans doute de notre domaine de juger le savant travail de M. Rio ; cependant s'il nous était permis de faire la part de la critique, nous dirions qu'il nous semble qu'il s'est un peu trop enthousiasmé pour son héros, et que, surtout vers la fin de son *chapitre*, il est tombé dans l'excès contraire aux trop grands détracteurs de Savonarole.

NOTE N. (PAGE 202.)

Cette remarque est très juste. Oui, il est bien certain que les hommes sont aussi chastes que les femmes.

Si généralement on semble regarder cette assertion comme un paradoxe, c'est qu'on ne fait pas assez attention à une différence notable qui existe entre la vertu, c'est-à-dire la *force* des deux sexes.

L'un a la force et la majesté, l'autre a la grâce et la beauté, a dit Buffon. Or, l'homme qui est le sexe le plus fort, et qui, pour cette raison, commande à la femme et la domine, ne peut guère avoir à craindre pour sa chasteté. Pourrait-il, en effet, redouter quelque attaque de la part du plus faible; et, si cela arrivait, ne serait-ce pas, au moins, dans des cas très rares?... Au contraire, la femme, qui est le sexe faible, qui par conséquent doit obéir, et qui a pour apanage la grâce et la beauté, a tout à craindre des sollicitations, et souvent des désordres de son maître.

On le comprend donc, la seule différence qui peut exister relativement à la chasteté de la femme et celle de l'homme, c'est que celui-ci est moins à même de montrer sa chasteté parce qu'elle n'est pas exposée comme l'est celle de la femme, et qu'elle brille dans la femme par la raison même qu'elle est en danger de la perdre.

Voilà pourquoi la chasteté est si honorable dans la compagne de l'homme, et d'un prix si inappréciable pour elle. Voilà aussi pourquoi *plusieurs femmes ont préféré la mort à la perte de leur chasteté, tandis que quelques hommes seulement ont fait à la même vertu le sacrifice de leur vie.*

Mais un autre raisonnement fera peut-être encore mieux comprendre notre observation.

On croit que les femmes sont plus chastes que les hommes, c'est peut-être parce que l'on confond la *pudeur* avec la chasteté. Rien cependant n'est moins semblable. Ce sont, si l'on veut, deux sœurs étroitement unies, qui se servent mutuellement, qui s'entr'aident; mais enfin il y a une distinction à faire entre elles. Celle-là est un sentiment qui fait repousser ou avoir une certaine honte de ce qui pourrait blesser ou flétrir celle-ci. On pourrait dire que la chasteté est une rose et que la pudeur en est l'épine qui sert à la défendre. Dans une sollicitation coupable, on est blessé, on rougit, voilà la pudeur; on repousse ensuite, on résiste, voilà la chasteté. En sorte que, lorsqu'on a perdu la pudeur, on doit craindre de tomber bientôt.

Ceci établi, il est facile de s'apercevoir d'où vient l'erreur qui fait croire qu'il y a plus de chasteté chez les femmes que chez les hommes. La femme, qui est plus faible, a nécessairement plus de pudeur; elle avait besoin de ce secours. Il lui fallait un défenseur qui l'avertît du danger, et qui l'en éloignât. L'homme, qui est plus fort, a sans doute aussi la pudeur en partage; mais elle paraît moins en lui, par cela même qu'il n'a guère à craindre pour sa chasteté, comme nous l'avons dit tout à l'heure.

On objectera peut-être, contre notre raisonnement, qu'il y a beaucoup de libertins, et qu'on voit un grand nombre d'hommes qui s'abandonnent à tous les désordres des passions charnelles; tout cela est malheureusement vrai; mais tout cela ne peut détruire notre assertion que *les hommes sont aussi chastes que les femmes*. Car qui nous dit d'abord que le nombre des femmes égarées et perdues n'est pas aussi grand que celui des hommes? Et ensuite de ce qu'il y a des êtres qui ont le malheur de mépriser les lois de la chasteté pour suivre leurs penchans corrompus, est-ce à dire que la vertu que nous admirons chez les femmes ne peut leur convenir, ou qu'il leur soit tout-à-fait impossible de la pratiquer?... Non, non ; la chasteté veut bien faire leur ornement ; mais c'est leur cœur corrompu qui la repousse !

Nous conclurons donc avec le P. Buonafède que c'est une erreur de croire que, parce que le nombre *connu* des hommes qui ont sacrifié leur vie à la *chasteté* est petit, c'est une preuve que les hommes n'attachent point de prix à cette vertu. On ne pourrait certainement tirer cette conséquence.

C'est comme si, ajoute notre auteur, *on voulait soutenir que les femmes sont plus pudiques, parce que le nombre de celles qui ont sacrifié leur vie à la chasteté est plus grand que celui des hommes.*

NOTE O. (PAGE 204.)

Il n'est certainement pas exact d'appeler *suicides* ces saintes femmes. A la vérité, elles se sont donné elles-mêmes la mort ; mais enfin il nous semble qu'elles n'ont pas eu les intentions de ceux qu'on appelle communément *suicidistes*, c'est-à-dire qui s'arrachent la *vie* par pur dégoût de l'existence, par passion, etc. Quoi qu'il en soit, il est sans nul doute au moins que sainte Domnine et ses filles, sainte Pélagie et sainte Sophronie, dont parle Eusèbe, sont excusables sous plus d'un rapport.

Peut-être ces saintes, par une ignorance invincible des conséquences de leur conduite, crurent-elles qu'elles pouvaient légitimement avoir recours à tous les moyens possibles dans une circonstance où leur vertu courait le plus grand danger. Ne pourrait-on pas encore supposer qu'elles ne se déterminèrent à une action si extraordinaire que par une inspiration du Saint-Esprit ?

Nous devons croire que l'Église catholique en a jugé de la sorte, puisqu'elle les a comptées parmi ses martyrs. Elles sont nommées dans le Martyrologe romain, sous le 14 avril, et dans les calendriers orientaux, sous le 14 octobre.

Saint Chrysostome dit, en parlant de l'action de sainte Pélagie, « qu'elle avait Jésus dans son cœur, et que ce fut par son inspiration qu'elle agit de la sorte. » Il est probable que la sainte espérait qu'en se précipitant il ne lui en coûterait pas la vie, et que par là elle pourrait s'échapper des mains des persécuteurs. Elle devait, et il lui était d'ailleurs permis, d'exposer ses jours à quelque danger pour la conservation de sa chasteté. (Voyez Godescard, *Vie des Saints*, tomes VI et X, sous le 9 juin et le 4 octobre.)

Le savant Bergier va plus loin. Nous soutenons, dit-il, que sainte Pélagie et ses semblables n'ont point été *suicides*, et que les Pères n'ont pas eu tort d'en faire l'éloge. Il n'est pas question de savoir si une brutale violence endurée malgré soi fait périr ou non la chasteté, mais de savoir si, dans cette épreuve terrible, il n'y avait aucun danger de consentir au péché et de succomber à la faiblesse de la nature. Qui est la personne vertueuse qui oserait répondre d'elle-même en pareil cas? Or, préférer la mort à une tentation violente et à un danger imminent d'offenser Dieu, ce n'est point un crime, mais un trait d'amour pour Dieu porté au plus haut degré. C'est ainsi que saint Paul a conçu la chasteté parfaite, *Rom.*, chap. VIII, ⅴ 35. Nous ne craignons pas de défier Barbeyrac et ses copistes de prouver le contraire. »

Mais, hors les circonstances dont nous parlons, ou bien encore, sans une inspiration particulière, il est bien évident que ce serait un crime horrible de se donner la mort. Nous aurons lieu de revenir, dans les notes suivantes, sur ces exemples, et de répondre aux objections que la malignité ou l'ignorance pourraient nous opposer.

NOTE P. (PAGE 210.)

Aucun des *biographes* que nous avons consultés sur Perrot d'Ablancourt ne nous rapporte le fait avancé par le P. Buonafède, à savoir que le célèbre traducteur de Tacite et de Lucien *s'est laissé mourir en refusant tout aliment.*

Notre auteur cite le *Dictionnaire historique et critique* de Bayle. Mais cette autorité est-elle suffisante? ne doit-elle pas être, au contraire, suspecte pour tout esprit raisonnable et de bonne foi? Qui ne sait, en effet, que le *Dictionnaire* du *sceptique* fourmille d'anecdotes hasardées, de citations fausses, de jugemens peu justes, de sophismes évidens, de mensonges grossiers?... Il ne fallait donc pas s'en servir dans une circonstance aussi grave qu'est celle d'accuser un homme distingué d'un suicide! Pour nous, nous ne nous en rapportons nullement au dire de Bayle, et nous aimons mieux croire que Perrot mourut, comme le disent la *Biographie universelle*, Feller et l'abbé l'Advocat, par suite de la maladie de la pierre, *entre les bras de sa sœur et son neveu.*

Nous avons sous les yeux *sa vie* écrite par Patru, son ami. Cet avocat célèbre s'accorde avec les *biographes* que nous venons de citer. Après nous avoir appris que Perrot naquit à Châlons-sur-Marne en 1606, d'une famille très distinguée dans la robe; qu'il brilla de bonne heure dans la capitale; qu'il fut reçu avocat au Parlement de Paris, à l'âge de dix-huit ans; qu'il passa cinq ou six ans dans la dissipation, sans cependant négliger l'étude des lettres; que de protestant il se fit catholique et de catholique protestant (triste versatilité! tache ineffaçable!); qu'il traduisit parfaitement plusieurs auteurs latins; qu'il était plein de talent et d'éducation; après nous avoir appris toutes ces choses, Patru rapporte ainsi les derniers instans de la vie de son ami :

« Or, pour dire ici quelque chose de la mort de M. Perrot, il avait toute sa vie été travaillé de la gravelle. Il fut un temps qu'il ne pouvait aller ni à cheval, ni en carrosse, et que pour marcher il avait besoin d'un bâton. Mais s'étant mis, pour faire exercice, à labourer son jardin, ce travail diminua de beaucoup son mal, et lui rendit en quelque sorte ses forces, tellement qu'il souffrait toute sorte de voiture, et quitta même le bâton, que pourtant il reprit bientôt après. Cependant, tant d'attaques si douloureuses l'avaient beaucoup affaibli, et, quoiqu'il n'y parût presque pas, il se sentait néanmoins, et cinq ou six mois avant sa mort, il disait assez souvent qu'il n'avait pas encore long-temps à vivre. En l'année 1664, au commencement du mois d'octobre, les douleurs de la gravelle le prirent avec tant de violence, qu'on croyait à tous momens qu'elles allaient l'emporter. Toutefois au bout de trois ou quatre jours elles lui donnèrent quelque relâche, et ses amis le croyaient guéri. Mais à peine avait-il été douze ou quinze heures en repos, qu'elles le reprirent, et lui durèrent jusqu'à la mort. Dès qu'il prenait quelque chose, soit un bouillon, soit un œuf, il le rendait avec de si grands efforts, qu'on eût dit qu'il allait crever. Il supporta de si longues et de si vives douleurs avec beaucoup de constance. Il fut assisté pendant toute sa maladie du ministre de Vitry, et de M. du Bosq, célèbre ministre de Caen, relégué alors à Châlons. Enfin il mourut entre les bras de sa sœur et de son neveu d'Ablancourt, le 17 novembre, âgé de cinquante-huit ans, huit mois et douze jours. » (Voy. les œuvres de M. Patru, in-4°, 1692.)

Il nous semble qu'il serait inutile d'objecter que Patru étant l'ami intime de Perrot d'Ablancourt, il aurait bien pu cacher quelques circonstances de sa mort, car nous ne voyons pas trop ce qui aurait pu le déterminer à se taire, et nous demanderions à notre tour, pourquoi les autres *biographes* se seraient donné le mot pour ne rien dire d'une circonstance si importante et si délicate.

On peut consulter pour les ouvrages de d'Ablancourt l'intéressante Histoire de l'*Académie* Française par l'abbé d'Olivet, p. 353, édit. d'Amsterdam, 1730.

NOTE Q. (PAGE 217.)

Ce sont bien là les véritables causes du suicide ou *spleen* anglais, et il ne nous sera pas difficile de le prouver. Mais avant, qu'on nous permette de revenir sur le fameux passage de l'*Esprit des Lois* que notre auteur vient de citer, et dont il n'a pas fait peut-être assez ressortir la faiblesse; passage éminemment *ridicule* dans la bouche d'un homme comme Montesquieu, et trop dangereux pour qu'on ne le réfute pas avec une certaine étendue.

Il y a des hommes qui rêvent toute leur vie, qui inventent de beaux systèmes, et qui ensuite veulent imposer aux autres les écarts de leur imagination malade. Montesquieu pourrait être placé parmi ces étranges philosophes. Son grand système à lui, a été de ne voir dans l'homme qu'une machine soumise aux fatales influences du climat... et cette *profonde* idée se retrouve dans tous ses écrits.

C'est surtout dans le livre de l'*Esprit des Lois* qu'elle paraît davantage. C'est le climat qui fait tout, qui décide de tout dans cet ouvrage; le climat est là ce que le mouvement est dans l'univers, la cause première de toutes choses! Ce qui règle le culte que l'on doit rendre à la divinité, c'est le climat; ce qui fait qu'une nation a plus de vertu qu'une autre, c'est le climat; ce qui rend les femmes sages ou voluptueuses, c'est le climat; c'est le climat qui règle la dépense, la manière de s'habiller, de se loger, de se meubler, de se nourrir. C'est le climat qui fait que les uns sont braves, les autres timides ; que les uns ont de la bonne foi et que les autres sont fourbes ; que les uns souhaitent de vivre, les autres de mourir...; enfin c'est le climat qui fait que l'on se tue en Angleterre.

« Les Anglais, dit Montesquieu, se tuent sans qu'on puisse imaginer aucune raison qui les y détermine ; ils se tuent dans le sein même du bonheur. Cette action chez les Romains était l'effet de l'éducation ; chez les Anglais elle est l'effet d'une maladie : elle tient à l'état physique de la machine, et est indépendante de toute autre cause. *Il y a apparence que c'est un défaut de filtration du suc nerveux ;* la machine dont les forces motrices se trouvent à tout moment sans action est lasse d'elle-même ; l'âme ne sent point de douleur, mais une certaine difficulté de l'existence (*Esprit. des Lois*, liv. XIV, chap. XII.) »

Tel est donc ce fameux passage ! Quelle manie de vouloir tout attribuer au climat et rien aux passions, aux préjugés, à l'éducation, à la mode ! Tout au physique et rien au moral ; tout aux élémens et rien à l'homme !

Or ce passage est si rempli de contradictions, que des propres principes de l'auteur nous pouvons tirer des conséquences qui détruiront invinciblement son opinion.

L'illustre président dit que les *Anglais se tuent dans le sein même du bonheur ;* ce n'est donc pas par maladie ? Si la santé est le plus grand des biens, la maladie est, par la raison contraire, le plus grand des maux. On n'est pas dans le sein du bonheur quand on est malade.

Si les Anglais se tuent dans le sein même du bonheur, cette action n'est donc pas chez eux l'effet d'*une machine lasse d'elle-même*, et qui sent à tout moment *une certaine difficulté de l'existence*. Un homme accablé du poids de la vie, peut-il être supposé dans le sein du bonheur ?

Mais l'auteur attribue cette espèce d'anéantissement, ce sentiment de la *difficulté de l'existence* au défaut de filtration du suc nerveux, par lequel défaut *les forces motrices se trouvent à tout moment sans action*. Les Anglais sont cependant plus forts et plus robustes que les peuples qui habitent les pays chauds ; la force et la vigueur des membres sont contradictoires avec la débilité des *forces motrices;* elles supposent donc une abondante *filtration du suc nerveux*. C'est dans les pays chauds, où *les forces motrices* se trouvent fréquemment sans action, que la machine devrait plutôt se lâcher d'elle-même.

Dans nos climats tempérés nous voyons que les hommes qui ont été occupés à des travaux fatigans, éprouvent des lassitudes qui les accablent. Ils sentent dans ce cas la difficulté de l'existence, ils n'ont point de douleur locale; mais la disposition des esprits a débilité et presque anéanti les *forces motrices;* ils ne songent cependant pas à se tuer, quoiqu'ils soient précisément dans la disposition requise par l'auteur de l'*Esprit des Lois*, pour se porter à cette action. (*Observations sur l'Esprit des Lois*, par l'abbé de la Porte, 2ᵉ part., p. 184 et suiv., édit. de 1751.)

Ce n'est donc point le *climat* qui fait que l'on se tue en Angleterre : il faut en rechercher la cause ailleurs.

En effet, écoutons un Anglais qui est sur le point de se donner la mort. Il doit savoir quel est le sujet qui l'y détermine. Il va nous dire si c'est par des raisons physiques, ou des causes morales; si c'est par un excès de folie, ou par un principe de sagesse qu'il veut se faire mourir :

> Mon cœur, mes sens flétris, ma funeste raison,
> Tout me dit d'abréger le temps de ma prison.
> Faut-il donc sans honneur attendre la vieillesse,
> Traînant pour tout destin les regrets, la faiblesse;
> Pour objet éternel l'affreuse vérité,
> Et pour tout sentiment l'ennui d'avoir été?

C'est au stupide, au lâche, à plier sous la peine,
A ramper, à vieillir sous le poids de sa chaîne;
Mais vous en conviendrez, quand on sait réfléchir,
Malheureux sans remède, on doit savoir finir (1).

Parmi les motifs qui déterminent Sidney à se donner la mort, nous ne voyons pas qu'il apporte aucune cause physique, ni aucune raison de politique. Il ne s'en prend ni au climat ni au gouvernement. Il ne dit pas : « que c'est *un défaut de filtration du suc nerveux;* que la machine, dont « *les forces motrices* se trouvent à tout moment sans action, est « lasse d'elle-même. » Il dit seulement que la vie est pour lui un fardeau pesant, dont il veut se délivrer par la mort.

Mais, dira-t-on, pourquoi la vie est-elle pour lui un fardeau si pesant, sinon par *un défaut de filtration du suc nerveux*, et parce que ses *forces motrices* se trouvent sans action ? Encore une fois, ce n'est pas là la raison qu'il en apporte. La vie lui est à charge, parce qu'il est *malheureux sans remède*. Voilà pourquoi il veut la voir finir.

Qu'on ne dise donc pas que les Anglais se tuent *dans le sein même* du bonheur : rien n'est plus faux. Il peut bien se faire peut-être que l'on ne connaisse pas toujours les véritables causes qui les portent à se détruire, mais, qu'on se le persuade bien, ils n'en viennent jamais à cette extrémité sans quelque sujet de chagrin, ou réel ou imaginaire. Ce qu'on peut dire, au moins, c'est qu'en Angleterre, où l'on pense plus librement sur la religion que partout ailleurs, on ne re-

(1) Gresset, dans *Sidney*, act. II, scène vi. — D'Alembert regarde cette pièce comme un drame éloquent, touchant et moral contre le suicide. « Cette pièce, ajoute La Harpe, s'est gravée dans la mémoire « des amateurs par la beauté soutenue du style : on y trouve les seuls « vraiment beaux vers que l'auteur ait faits dans le genre noble. » (*Cours de Litt.*, iiie part., liv. i, chap. v, sect. 3e.)

garde pas comme un crime l'homicide de soi-même. (M. l'abbé de la Porte, dans l'ouvrage cité, pag. 187 et suiv.) Et c'est ce que nous verrons plus particulièrement tout-à-l'heure.

D'ailleurs, les lois dans ce pays ne flétrissent point la mémoire de ceux qui se procurent une mort volontaire. A des gens qui ne craignent rien devant Dieu, ni devant les hommes pour l'avenir, la mort est le remède le plus simple et le plus naturel aux maux pesans qui les accablent. Écoutons encore Sidney :

> C'en est donc fait, enfin, tout est fini pour moi :
> Ce breuvage fatal que j'ai pris sans effroi,
> Enchaînant tous mes sens dans une mort tranquille,
> Va du dernier sommeil assoupir cette argile.
> Nul regret, nul remords ne troublent ma raison :
> L'esclave est-il coupable en brisant sa prison ?
> Le juge qui m'attend dans cette nuit obscure
> Est le père et l'ami de toute la nature ;
> Rempli de sa bonté, mon esprit immortel
> Va tomber sans frémir dans son sein paternel (1).

C'est donc là le résultat de *votre défaut de filtration du suc nerveux!* O grand philosophe, où est votre science et votre sagesse ?... Certes, voilà une étrange explication du plus affreux des fléaux! s'écrie ici un penseur chrétien de notre temps. Où donc Montesquieu a-t-il fait cette découverte?

« Que dirait-il, ce publiciste, s'il voyait cette terrible maladie se naturaliser en France, et sur plusieurs autres points du continent? si, comme nous, il trouvait chaque matin

---

(1) Acte III, scène Ire. — Il y a une inconséquence marquée, dit La Harpe devenu chrétien, à s'appeler *un esclave qui brise sa prison*, et à se regarder ensuite comme un enfant qui *va tomber dans le sein de son père.* Cette contradiction suffirait seule pour faire sentir tout le vice de la doctrine du suicide, qui ne peut être conséquente que dans l'athéisme.

dans les journaux les noms d'une foule de malheureux qui se tuent aussi, *sans qu'on puisse imaginer aucune raison qui les y détermine?* Montesquieu dirait, sans nul doute, que son explication est une bêtise, et au lieu de chercher dans la philosophie matérialiste du siècle la raison d'un fait matériellement inexplicable, il conviendrait avec cette ingénuité qui appartient aux hommes supérieurs, qu'en Angleterre, comme partout ailleurs, le suicide tient aussi à l'*éducation*, à la manière de *penser*, et il ne se pardonnerait pas d'avoir lui-même accrédité en France cette manière de penser, en écrivant certaines pages que sa conscience réprouvait. L'histoire qui lui révéla tant d'excellentes choses, lui apprendrait que jamais la manie du suicide ne s'introduisit chez un peuple qu'à la suite de la manie de l'irréligion, et que là seulement on se lasse de la vie présente, où l'on ne croit plus à la vie future.

« L'homme est une plante divine, qui a sa racine dans les cieux. L'espérance chrétienne, voilà le *suc* nourricier qui nous fortifie contre les *difficultés de l'existence.* Que l'athéisme vienne en tarir la source dans le cœur d'un jeune homme, en lui disant : « Environne-toi de plaisirs et de jouissances; « obéis à tous les penchans du cœur, et n'attends rien d'une « autre vie; » bientôt vous verrez les stigmates du vice et l'empreinte du désespoir, couvrir ce front où rayonnaient l'innocence et le bonheur. Le malheureux a rapidement épuisé ce qu'on appelle les douceurs de la vie, et il ne voit plus de douceurs que dans la mort. L'ignorance et la légèreté se demanderont : Que lui manquait-il donc pour être heureux? Ce qui lui manquait! c'était d'être comme l'animal qui aboie à sa porte, une machine purement sensitive.

« Oui, le voluptueux aura beau vouloir se concentrer tout dans l'animalité, et ne goûter que les plaisirs de la brute : il y a chez lui des goûts moins sensibles peut-être, mais bien plus impérieux à satisfaire, les goûts de l'intelligence. Plus les jouissances du corps sont exclusives de toutes autres jouissances, plus elles sont étrangères et antipathiques à la pensée, plus aussi la faculté intelligente souffre de l'oubli auquel elle est condamnée. Privée de cet aliment invisible, qui est le principe de sa force et de sa perfection, elle entre dans d'inexprimables angoisses, et si elle a perdu l'espoir de trouver dans les cieux ce qu'elle a vainement demandé à la terre, il ne lui reste plus qu'une espérance à réaliser... l'espérance du néant ! » (*De la Perfectibilité humaine*, liv. I, chap. 5.)

On ne nous saura pas mauvais gré d'avoir cité ce beau morceau, qu'on dirait sorti de la plume de M. le comte de Maistre. Nous avons vu là l'histoire de tous les malheureux qui se suicident aujourd'hui... Quelle triste et pénible vie : ne plus rien croire ! Quelle cruelle et hideuse espérance : le néant ! Soyez étonnés après cela de toutes les catastrophes qui nous effraient chaque jour dans notre siècle d'indifférentisme et de tourmentes !

Il nous sera facile maintenant d'achever notre étude sur le suicide anglais. Il nous reste à examiner des points que nous avons déjà résolus, par ce que nous venons de dire, mais qui méritent cependant qu'on s'y arrête davantage ; à savoir : *que la cause du mal n'est point là où on la suppose, mais bien dans la tolérance ou dans la versatilité de ce peuple en fait de religion ; dans le scepticisme de ses doctrines, et surtout dans cet esprit de liberté, qui fait que chacun veut dominer, et sur la vie des autres, et sur sa propre vie à soi-même.*

Il y a trois siècles qu'un moine apostat, et corrupteur d'une religieuse apostate, ami de la table et de la débauche, impie et sale bouffon, d'un tempérament d'énergumène contre tous ceux qui osaient le contredire, d'une voix foudroyante, d'un air altier et tranchant, il y a trois siècles, disons-nous, que cet homme sortit de son cloître pour mettre en feu l'Allemagne. Un autre homme, non moins impérieux et non moins satanique, vint établir sa furieuse inquisition à Genève. Enfin, un dernier tyran, vomi par l'enfer, voulut, pour une femme, être despote en Angleterre... Et tous trois s'appelèrent *réformateurs!*...

La prétendue réforme, en effet, se résume dans ces mots : ambition, orgueil, impudicité, désir de l'indépendance.

Ces hardis corrupteurs n'eurent donc pas plus tôt secoué le joug de l'autorité de l'Église, qu'ils se détachèrent des dogmes du Christianisme. De là, il n'y eut plus qu'un pas à tous les désordres : ils le franchirent sans scrupule, et les contrées qu'ils avaient choisies furent enivrées du vin de leur fureur.

L'Angleterre surtout perdit cette foi antique qui avait fait son bonheur pendant près de mille ans, et qui lui avait mérité le titre illustre d'*Ile des Saints;* tout fut bouleversé ; les révolutions les plus affreuses se succédèrent, le sang coula de toutes parts ; les mœurs se corrompirent ; le socianisme, le déisme, le matérialisme et l'athéisme se partagèrent cette malheureuse terre.... pour ne laisser que le doute, l'inquiétude, la négation de toute vérité, l'indifférence !... Qu'attendre d'une nation arrivée à cet état... sinon les catastrophes les plus tristes et les plus lamentables ?

Dès que la prétendue réforme fut introduite en Angleterre, elle amena *cette tolérance et cette versatilité en fait de religion* dont parle Buonafède. Cela devait être. Des hommes qui avaient secoué le joug de toute autorité ne devaient plus rien respecter. Tout devait être foulé aux pieds : devoirs, soumission, conscience, tout devait périr !... Aussi chacun devint-il le maître de ses actions ; chacun put se faire une religion à sa guise ; régler sa croyance, décider de son salut ; juger l'œuvre de Dieu, et prononcer contre sa volonté... En un mot, la raison devint le seul guide... et on sait ce que peut la pauvre raison humaine abandonnée à elle-même !...

La nature corrompue et ennemie de toute contrainte se

trouva à l'aise avec une doctrine aussi commode. Les hommes livrés à leur propre autorité lâchèrent la bride aux passions. Le libre examen, le jugement particulier enfantèrent autant de systèmes qu'il y eut de têtes capables d'en produire. De là des troubles, des déchiremens intérieurs. Il ne resta bientôt plus qu'un vain simulacre de religion. On s'habitua à ne plus rien observer. La crainte de Dieu s'effaça des cœurs. L'amour des richesses, l'égoïsme, le *confortable*, occupèrent seuls les hommes. Ils n'eurent plus de désirs que pour la terre, et là se borna toute leur ambition...

Tels furent les tristes fruits de la prétendue religion de Henri VIII. Cet homme infâme qui osa dire en mourant *qu'il n'avait jamais refusé la vie d'un homme à sa haine, ni l'honneur d'une femme à ses désirs,* légua à l'*Ile des Saints* tous les genres de désordres, toutes les horreurs qui sont la conséquence d'une raison orgueilleuse et révoltée...

Les Anglais matérialisés par l'effet même du protestantisme, ne songent donc plus, comme nous l'avons dit, qu'à la vie présente. Ils emploient tout pour la rendre commode et agréable. Ils lui sacrifient leurs devoirs les plus sacrés, et ils veulent jouir d'elle à tout prix... Mais, malheureusement, il n'y a point de parfait bonheur sur la terre... L'homme n'y est qu'en passant, et c'est pour mériter une vie meilleure... Les peines, les afflictions, les ennuis arrivent. Les revers de fortune, les calamités domestiques se succèdent. Les passions ne peuvent plus être satisfaites. Alors ces hommes ne sont plus capables de supporter une existence qui leur est devenue à charge. Ils s'estiment les plus infortunés du monde ; le dégoût les obsède... et comme ils ne *craignent rien devant Dieu, ni devant les hommes,* ils s'écrient dans leur funeste aveuglement :

Malheureux sans remède, on doit savoir finir !

Vous êtes *malheureux sans remède*, dites-vous. Hélas! oui... Mais pourquoi avez-vous abandonné la foi de vos pères? Elle vous aurait offert un *remède* puissant... Si vous n'aviez pas marché sous la bannière de certains imposteurs; si vous n'aviez pas écouté cet antique orgueil qui tua le premier homme, si vous vous étiez réfugiés avec confiance et amour dans cette arche sainte qui préserve ses enfans du déluge des calamités; ah! vous eussiez eu pour *remède* l'espérance... Mais vous n'avez pas écouté votre mère : enfans ingrats vous avez déchiré son sein, et l'espérance a fui loin de vous... La terre ne vous a pas donné le bonheur que vous cherchiez; personne n'a satisfait à vos vains désirs... et il ne vous est plus *resté qu'une espérance à réaliser... l'espérance du néant!*

Certes, on ne pourra pas contester que ce ne soit là la principale cause du *suicide anglais*. Comment voudrait-on, en effet, que des gens qui n'ont plus ni foi, ni croyance, ni règles sûres, ni autorité stable pour les guider, pussent supporter les peines et les calamités de la vie? Lorsque ceux qui ont le bonheur de posséder la vérité, qui sont assis sans crainte dans le port, sont cependant sans cesse obligés de lutter contre les flots et les tempêtes, comment voudrait-on que ceux-là même qui n'ont plus de guide et de gouvernail pussent se conduire? Oh! cela est impossible!... Ces infortunés ont mis toute leur espérance sur la terre; ils ont placé toute leur félicité dans leurs richesses, ou dans les plaisirs, et quand ces biens périssables, quand ces vains plaisirs viennent à leur manquer,... alors il n'y a plus d'autre ressource pour eux que de se *tuer!*... Affreuse et cruelle conséquence de l'abandon des vrais principes, de la révolte contre la vérité, et néanmoins inévitable et impérieuse conséquence!...

Mais, dira quelqu'un : la France n'est pas sujette à cet *esprit de versatilité en fait de religion* dont vous parlez, le catholicisme est la croyance de la majorité, et cependant on se tue dans ce beau pays comme en Angleterre... Oui, sans doute, et cela est une bonne preuve que le *climat*, *ni le prétendu défaut de filtration du suc nerveux* de Montesquieu ne font rien dans cette affaire. Mais ensuite il faudrait savoir quels sont ceux qui se *suicident* en France. Or, il est certain que ce ne sont pas les vrais catholiques, c'est-à-dire, ceux qui ne sont pas seulement chrétiens de nom, mais qui aiment, qui pratiquent leur religion. Ce sont au contraire ces malheureux qui n'ont aucune croyance, qui protestent contre tout, et pour lesquels il ne reste plus aussi d'autre *espérance à réaliser que l'espérance du néant!*...

Ceci est incontestable : mais ce qui n'est pas moins certain, c'est que, malgré les tristes catastrophes qui nous effraient journellement en France, le nombre des *suicides* est beaucoup plus grand en Angleterre. Personne ne le niera, et on nous dispensera d'apporter ici des preuves de statistique.

Néanmoins nous ne pouvons guère ne pas confirmer ce que nous venons de dire par une autorité meilleure que la nôtre. « L'Angleterre, dit un philosophe chrétien, est de toute l'Europe la contrée où le suicide est le plus fréquent, la France vient après elle, et c'est en Italie ainsi qu'en Espagne où ce crime est moins connu. Pourquoi cela? C'est que l'Angleterre, ébranlée par le dissolvant de la réforme, est tombée généralement dans une mortelle indifférence à l'égard de la religion; c'est que la France, travaillée dans tous les sens par les sophismes de la philosophie moderne, sans être descendue aussi bas que sa rivale dans le chemin du doute et de l'erreur, a perdu néanmoins en grande partie la robuste foi de ses ancêtres; c'est que l'Italie, c'est que l'Espagne, malgré l'affaiblissement de la doctrine catholique, ont cependant conservé plus d'attachement aux véritables principes de la religion chrétienne (*Théophile* ou *la Philoso-*

phie du christianisme, par M. Rosset, page 90). » C'est une vérité qu'a prouvée encore dernièrement, jusqu'à la dernière évidence, M. Rubichon, écrivain aussi distingué par ses talens que par son généreux caractère, et si connu par son excellent ouvrage intitulé : *De l'Angleterre*, in-8°.

L'impiété, l'indifférence en matière de religion, voilà donc ce qui porte au *suicide* chez tous les peuples. Nous en sommes convaincus, et nous l'avons déjà remarqué dans notre *Introduction*. Mais ces causes existent encore davantage chez les Anglais *qui abondent dans le scepticisme*, comme le dit plus loin Buonafède, page 273. Le *libre examen*, et la constitution même du gouvernement de cette nation, devait surtout la porter plus que les autres vers cette désolante doctrine, vers cet acte honteux et féroce...

En effet, un peuple jaloux à l'excès de sa liberté, est sujet à en étendre trop la sphère. L'éducation chez lui tend toute à fortifier ce penchant sur lequel le gouvernement est calqué, comme elle. La facilité qu'on trouve de toutes parts à suivre son goût dominant, le rend bientôt habituel ; et l'habitude ne tarde pas à lui faire prendre sur celui qu'il possède, un empire qui change enfin sa liberté en esclavage ; car on n'est libre que par un exercice raisonnable de ses forces.

De plus, des hommes élevés sans gêne, accoutumés à n'éprouver que peu ou point de résistance en eux ni hors d'eux, à faire tout ce qu'ils veulent, à se procurer tout ce qu'ils désirent, à contenter toutes leurs fantaisies, à suivre tous leurs goûts, apprennent par là à être capricieux et volontaires, contractent une inflexibilité qui résiste à toute contrainte, une humeur facile à s'aigrir contre tout ce qui s'oppose à leurs vœux, et doivent trouver, plus que les autres, cruels et insupportables les revers de la fortune, ou les désastres de la vie qui leur surviennent.

Nourris dans l'amour d'une liberté excessive, elle leur est d'autant plus chère qu'elle favorise tous leurs penchans. Les richesses toujours plus communes dans de semblables États, leur fournissent les moyens de satisfaire ces penchans impérieux. Cette satisfaction tourne, par la coutume, en besoin. Sans cesse aiguillonnés par ce besoin qui les presse, ils se livrent à l'ardeur de leurs désirs ; ils s'épuisent pour les apaiser ; leur corps s'énerve, leurs sens s'émoussent à force d'être exercés ; ils se rassasient de plaisirs, ils en tarissent toutes les sources ; la satiété engendre le dégoût, le dégoût produit l'inquiétude, l'inquiétude l'agitation, et l'agitation plonge dans l'ennui tout esprit actif qui cherche des objets propres à le fixer et à le remplir, mais qui ne trouve que vide en soi et hors de soi (Dumas, *Traité du suicide*, chap. VII, pag. 434).

En est-ce assez ? Non : mécontent du monde et de soi-même, on se jette dans la retraite, on fuit les distractions et la société, on cherche du soulagement dans la lecture et la méditation... Mais l'esprit mal disposé pour l'étude, peu exercé à des réflexions creuses et suivies, ne voit que des difficultés et des ténèbres dans les sujets sur lesquels il médite. L'orgueil et la roideur du caractère font qu'on s'obstine à vouloir venir à bout d'éclaircir ces ténèbres et de résoudre ces difficultés. On s'enfonce pour cela dans des méditations longues et profondes qui fatiguent, qui échauffent et dans lesquelles on se perd. Le mauvais succès irrite ; et le désespoir de ne trouver de tous côtés rien qui satisfasse, augmente l'aversion qu'on avait déjà pris pour tout... Enfin un dernier dégoût arrive... et ce dégoût est celui de la vie !...

C'est ainsi que, quand on ne sait pas user sagement de la liberté, et qu'on se hâte trop de jouir de vivre, on parvient, au sein même de *l'aisance et des richesses*, à se rendre malheureuse et accablante une vie dont on aurait pu se faire, avec plus de prudence et de modération, un état délicieux de félicité!... Et c'est sans doute à cause de cela que Montesquieu a dit : *Que les Anglais se tuent dans le sein même du bonheur.* Triste bonheur qui conduit à un semblable résultat !

Ce sont donc les abus de la liberté, joints au fameux *jugement particulier* exercé sur la religion, et la manière de vivre déterminée par l'éducation, qui sont les seules vraies causes des *suicides en Angleterre.* Ces suicides ne doivent donc pas être regardés comme de purs effets de la machine et du climat. Ils conservent donc quelque chose de moral et de blâmable !...

NOTE R. (PAGE 228.)

Il est bien évident que Barbeyrac a faussé et dénaturé le sens des paroles de saint Justin. Nous avons sous les yeux les deux *Apologies* de cet illustre docteur de l'Église, et nous ne voyons rien là qui puisse autoriser l'interprétation de l'incrédule. En effet, saint Justin ne parle, et encore qu'en passant, que de certains chrétiens qui allaient courageusement à la mort plutôt que de renoncer à la religion de Jésus-Christ, et il ne les cite que pour montrer combien grande était leur foi, et combien elle est capable de donner des forces même aux plus faibles. Qui donc pourrait voir, dans les paroles du saint, qu'il désigne des chrétiens forcenés et aveugles qui couraient à la mort par le seul motif de mourir, plutôt que des hommes sages et réfléchis qui consentaient de bon gré à renoncer à la vie du temps pour gagner la vie éternelle?

D'ailleurs, le saint docteur fait voir clairement, dans un passage de sa deuxième *Apologie,* qu'il n'entendait parler que de ces chrétiens fidèles et vrais héros de la foi. Les païens

interpellaient souvent les fidèles en ces termes : « Vous autres
« chrétiens, si vous aspirez à mourir, que ne vous tuez-vous
« vous-mêmes? Vous jouirez plus tôt de votre Dieu, et vous
« nous causerez moins d'embarras. » Alors Justin, répondant
au nom des disciples de Jésus-Christ, dit ces nobles paroles :

« Nous ne nous tuons point nous-mêmes. Interrogés, nous
professons hardiment le nom chrétien. En voici la raison :
nous savons que c'est en vue de l'homme que Dieu a créé le
monde. Nous vous avons déjà dit que le moyen de lui plaire,
c'est de l'imiter; que se déclarer pour le mal, par sa conduite ou par son langage, c'est l'offenser. En nous donnant
la mort, nous empêcherions quelqu'un de recevoir la vie,
d'être instruit de la foi chrétienne; nous détruirions autant
qu'il est en nous le genre humain; nous contrarierions les
vues de la Providence. Interrogés, nous confessons sans hésiter, et pourquoi? C'est que nous n'avons à rougir d'aucun crime; c'est que nous savons que Dieu aime avant tout
la vérité, et que nous nous croirions des impies si nous la
dissimulions jamais; c'est que nous brûlons du désir de vous
la faire connaître, et de vous désabuser de vos erreurs et de
vos injustes préjugés (*Les Pères de l'Église*, traduits en français, ouvrage publié par M. de Genoude, tome 1er, p. 430). »

Nous avons cru devoir citer cet endroit de saint Justin pour
corroborer l'excellente réfutation que le P. Buonafède a faite
du passage de Barbeyrac. Ceci serait suffisant sans doute ;
mais nous ne voulons pas terminer cette *note* sans poser quelques principes généraux auxquels les lecteurs pourront se
reporter pour trouver une réponse aux autres objections qui
se présenteraient dans la suite de ce chapitre.

Comme le témoignage des *martyrs* est une preuve invincible de la vérité des faits sur lesquels notre religion est fondée, les incrédules ont fait tous leurs efforts pour l'affaiblir.
Ils ont soutenu que les martyrs étaient des entêtés, des fa-

natiques, des *suicides*; et, pour prouver ce dernier point, ils nous opposent l'exemple de plusieurs martyrs qui se sont présentés au fer des bourreaux, qui ont sauté dans les bûchers, qui se sont précipités dans les eaux pour échapper à la fureur des soldats (1).

Il y a, dit Bergier (*Traité de la vraie Religion*, chap. x, § xiii), il y a sur ces faits plusieurs observations à proposer.

1° La plupart de ces *martyrs* n'avaient point pour but de se détruire, mais de convaincre leurs persécuteurs de l'inutilité des supplices pour exterminer le christianisme, et d'arrêter ainsi les progrès de leur fureur. Ils envisageaient moins leur propre sort que celui de leurs frères; leur courage était l'effet d'une charité héroïque. Tertullien nous apprend que ce courage a souvent étonné et intimidé les magistrats et les empereurs.

2° Ceux qui ont cru échapper aux soldats, en sautant dans une rivière, cherchaient à éviter la mort, et non à la recevoir.

3° Plusieurs peuvent avoir péché par défaut de réflexion. L'Église n'a jamais approuvé le zèle inconsidéré. Il est blâmé dès le second siècle, au sujet d'un certain Quintas, dans la lettre de l'Église de Smyrne sur le martyre de saint Poly-

(1) Vous qui nous dites que les premiers chrétiens couraient au martyre en aveugles et comme des forcenés, vous ne savez donc pas ce qui s'est passé au deuxième siècle, sous la cruelle persécution de Marc-Aurèle? Quoi! vous qui vous piquez de tout savoir, même ce que vous n'avez pas appris, vous ne connaissez pas l'histoire des deux martyrs de l'Eglise de Lyon, Epipode et Alexandre? Vous ignorez que ces illustres confesseurs firent tout leur possible pour se cacher et pour fuir, suivant le précepte de l'Evangile? En vérité, vous devriez bien vous assurer des faits avant de les contester avec votre assurance ordinaire... Mais, nous le savons, ce n'est pas votre habitude : vous trouvez qu'il est plus facile de nier et de contredire!...

carpe, et saint Augustin l'a condamné de même au cinquième. Il en est du zèle de religion comme de l'amour de la patrie ; ceux qui en sont animés ne sont ni infaillibles, ni impeccables : on les admire lors même qu'ils se trompent, parce qu'ils croient bien faire, et que la crainte de déplaire à Dieu leur inspire un courage héroïque. — La note suivante complétera encore cette réflexion.

NOTE S. (PAGE 230.)

Les incrédules, qui voient plus clair que les autres, ont prétendu que les saints Pères avaient soufflé le *fanatisme* du martyre. C'est une calomnie.

Il n'appartient qu'à l'hérésie de favoriser et de souffler tous les genres d'erreurs. Montan en est une preuve. Parmi toutes les autres folies qu'il osa soutenir, il encourageait fortement au martyre sans aucun motif raisonnable, et cela pour le simple plaisir de se vanter, comme les marcionites, du grand nombre de ses martyrs. Tertullien nous apprend « qu'il « défendait de fuir dans la persécution, et qu'il voulait que « l'on se prêtât à la mort. »

L'Église catholique, au contraire, a de tout temps proscrit le zèle mal entendu. Notre-Seigneur Jésus-Christ avait dit à ses apôtres : « Lorsque vous serez persécutés dans une ville, fuyez dans une autre (S. Math., x, 23). » L'Eglise de Smyrne disait déjà au second siècle : « Nous n'approuvons pas ceux qui s'offrent d'eux-mêmes au martyre, parce que l'Évangile ne l'enseigne point ainsi (Epist. eccle. Smyr., 4). » Et le concile d'Elvire, tenu en 300, défendit de mettre au nombre des martyrs ceux qui auraient brisé les idoles des païens (Collect. du P. Labbe).

Qui oserait dire que les saints Pères n'ont pas suivi le commandement du Sauveur et la tradition? Les écrits de ces illustres docteurs ne respirent-ils pas à toutes les pages la céleste doctrine de Jésus-Christ? Ne lisons-nous pas qu'ils disent que ceux qui cherchent la mort ne connaissent pas Dieu, et n'ont rien de chrétien que le nom? Ne taxent-ils pas de témérité ceux qui s'exposent au danger sans nécessité, et n'insinuent-ils pas qu'ils se rendent coupables de meurtre et qu'ils contribuent autant qu'il est en eux à l'injustice des persécuteurs? Si Barbeyrac avait voulu être de bonne foi, il se serait facilement convaincu de ces vérités. Il aurait vu que l'Eglise et les saints Pères ont constamment condamné le zèle outré, et ceux qui se sont offerts au martyre sans des motifs puissans.

Mais nous allons le satisfaire encore mieux en lui citant textuellement des passages de deux Pères de l'Église, l'un du deuxième et l'autre du cinquième siècle, qui confirment d'une manière irréfragable ce que nous avançons ici.

Saint Clément d'Alexandrie, après avoir fait l'éloge du vrai martyre dans ses *Stromates*, liv. IV, chap. IV, fait cependant une restriction et s'exprime ainsi : « D'autres hérétiques, faute de bien comprendre le Seigneur, nourrissent une impie et lâche affection pour l'existence, et soutiennent que le véritable martyre n'est autre chose que la connaissance de Dieu. Sur ce point, nous sommes d'accord ; mais ils traitent d'assassin et d'homicide de lui-même le chrétien qui a confessé Dieu par son trépas. Ils mettent encore en circulation d'autres sophismes de même force que leur a suggérés la lâcheté... D'autres, et il en est quelques uns de ce nombre, mais qui ne sont pas chrétiens, puisqu'ils n'ont rien de commun avec nous que le nom, d'autres cherchent la mort à dessein, courent résolument au devant du bourreau, et manifestent, par haine contre le Créateur, les malheureux! une brutale impatience de mourir. Voilà, nous le proclamons, les homicides d'eux-mêmes : leur trépas n'est pas un martyre, quoique leur supplice soit ordonné par l'État. Ils ne possèdent point le sceau du martyre, selon la foi, puisque, ignorans du vrai Dieu, ils se livrent d'eux-mêmes à une mort stérile, pareils aux gymnosophistes indiens qui se précipitent follement dans les flammes...... »

Mais voici un autre passage du même Père qui est plus formel encore. Il dit au chapitre XIII : *Quand on vous persécutera dans une ville, fuyez dans une autre*. Le Seigneur ne nous conseille pas ici la fuite, parce qu'endurer la persécution serait un mal ; il ne veut pas non plus qu'en fuyant nous cédions à la crainte de la mort. Quel est donc son dessein ? Que nous ne soyons pour personne les auteurs ni les complices d'un mal, ni pour nous-mêmes, ni pour le persécuteur, ni pour le bourreau. Car il somme, pour ainsi dire, chacun de nous de veiller à sa conservation. Désobéir, c'est agir en téméraire, et se jeter imprudemment au milieu du péril. Si celui qui met à mort *la créature de Dieu* pêche envers Dieu, celui qui se livre volontairement aux juges est complice du meurtre. Tel est l'homme qui, au lieu d'éviter la persécution, court audacieusement au-devant de la persécution. Tel est l'homme qui seconde, autant qu'il est en lui, la méchanceté du persécuteur. A-t-il appelé sur lui son courroux ? il en est responsable ; il a provoqué la bête féroce. J'en dis autant, s'il fournit quelque matière à un combat, à un dommage, à un procès, ou bien à des inimitiés : il déchaîne la persécution. C'est dans ce but qu'il nous a été prescrit de ne rien retenir par devers nous des choses de ce monde, mais « d'abandonner notre tu-« nique à celui qui nous enlève notre manteau. » Le Seigneur n'a pas seulement voulu que nous demeurassions libres de tout attachement immodéré ; il a craint qu'en revendiquant ses biens terrestres nous n'exaspérassions contre nous ceux qui nous en disputent la possession, et que nos résistances ne les excitassent à blasphémer le nom chrétien. » (*Les Pères de l'Église*, tome v^e, pages 276 et 308.)

Nous avons promis de citer un Père du cinquième siècle : voici ce que dit saint Augustin dans son admirable ouvrage de *la Cité de Dieu*, livre 1er, chap. XXVI : « Ce que nous disons, ce que nous soutenons, ce que nous approuvons en toutes manières, c'est que personne ne doit se suicider, ni pour se délivrer des misères temporelles, de peur de tomber dans les misères éternelles ; ni pour les péchés d'autrui, de crainte que celui que le crime d'un autre ne souillait point ne commence de se souiller de son propre crime ; ni pour ses péchés passés, parce qu'au contraire il a besoin de vivre pour les effacer par la pénitence ; ni pour jouir d'une vie meilleure, parce qu'il n'y a point de meilleure vie après la mort pour ceux qui sont coupables de leur mort. » (Edit. de 1818, t. 1er, page 294.)

Donc, encore une fois, il n'est pas vrai que les saints Pères aient soufflé le fanatisme du martyre ; et si les incrédules avaient lu leurs écrits, ou, pour parler plus exactement, s'ils avaient voulu être sincères, ils n'auraient pas commis les erreurs qu'ils n'ont pas rougi ensuite de débiter.

NOTE T. (PAGE 232.)

Avec nos adversaires, il est bon de s'entendre. Souvent ils ne comprennent pas les termes, ou ils affectent d'en oublier le sens. Que signifie donc le nom de *martyr ?* Ce nom signifie témoin. Il désigne un homme qui a souffert des supplices, et même la mort, pour rendre témoignage de la vérité de la religion qu'il professe. On le donne par excellence à ceux qui ont sacrifié leur vie pour attester la vérité des faits sur lesquels le Christianisme est fondé. (Voy. Bergier, *Dict. théol.*, art. *Martyr*.)

En chargeant les apôtres de prêcher l'Évangile, Jésus-Christ leur dit : « Vous serez mes témoins à Jérusalem, dans toute « la Judée et la Samarie, jusqu'aux extrémités de la terre. » (*Act.*, chap. I, ỹ 8.)

Déjà il leur avait dit : « On vous tourmentera, et on vous « ôtera la vie, et vous serez odieux à toutes les nations, à « cause de mon nom. (*S. Matth.*, chap. XXIV, ỹ 9.) Ne craignez « point ceux qui peuvent tuer l'âme... Si quelqu'un me con-« fesse devant les hommes, je le confesserai devant mon « Père qui est au ciel; mais si quelqu'un me renie devant les « hommes, je le renierai devant mon Père. » (*Id.*, chap. X, ỹ 28 et 32.)

Voilà bien la vraie signification du mot *martyr* : c'est un témoin. Il atteste, il témoigne avoir vu Jésus, ou entendu parler des choses qu'il a faites. On voudrait le faire apostasier ; on le persécute, on le fait souffrir, et il endure plutôt la mort que de renoncer Jésus-Christ, que de rougir de Jésus-Christ. Sa mort est donc nécessaire à la vérité : il ne doit pas chercher à l'éviter. C'est là le *martyr* que les saints Pères préconisent. Il ne peut plus y avoir d'équivoque.

On peut encore consulter sur la véritable signification du mot *martyr*, et pour l'application des paroles de Notre-Seigneur Jésus-Christ que nous venons de citer, saint Clément d'Alexandrie. (*Les Stromates*, liv. IV, chap. IX, tom. V, pages 305 et suiv. de la traduction de M. de Genoude.)

NOTE U. (PAGE 237.)

C'est là, selon nous, la seule manière d'interpréter le passage de saint Jérôme. Ce saint docteur, qui reconnaît que la vie ne nous appartient point, n'a pu écrire qu'on peut se donner la mort *quand on court risque de perdre la chasteté*, qu'en supposant, comme l'a fait saint Jean Chrysostome, *que le martyr agit par une inspiration divine*. Dans ce cas, la mort n'est point un suicide ; *car Dieu n'inspire point une action mauvaise par elle-même et contraire à la loi naturelle.*

L'évêque d'Hippone confirme excellemment ce que nous disons ici, dans sa *Cité de Dieu*, liv. I, chap. XXVI. Après avoir parlé de saintes femmes (sainte Pélagie, sainte Sophronie, etc.), qui se tuèrent pour *sauver leur chasteté*, le docteur ajoute : « Que dirons-nous si elles ont été poussées à cette action par l'esprit de Dieu, comme nous devons absolument le croire de Samson (1) ? Or, lorsque Dieu commande une chose, et qu'il fait connaître clairement sa volonté, qui peut faire un crime de l'obéissance ?... Que celui donc qui sait qu'il n'est pas permis de se tuer soi-même, se tue, si c'est pour obéir à celui dont il n'est pas permis aussi de mépriser les ordres ; *qu'il prenne garde seulement que l'ordre ne soit point douteux...* »

Il est bien évident par ce passage, que l'interprétation que fait le P. Buonafède de l'endroit de saint Jérôme attaqué par Barbeyrac, est la meilleure et la plus vraie.

Nous invitons nos lecteurs à rapprocher de la présente note, la note O, pag. 393, où nous faisons quelques remarques qui se rattachent à ce sujet, mais qu'il serait superflu de répéter ici.

---

(1) Qui s'enveloppa lui-même dans les ruines d'une maison qu'il fit tomber. Voyez *Cité de Dieu*, liv. I, ch. XXI.

NOTE V. (PAGE 241.)

A dire vrai, nous ne voyons pas trop pourquoi notre auteur rapporte ici ces absurdités. Que font-elles à son sujet, puisqu'elles sont ridicules? Mais il a sans doute voulu ne rien omettre de tout ce qu'on a dit et écrit touchant le *suicide*. Cependant, il nous semble qu'il aurait dû user, en cet endroit, d'une plus grande sévérité dans le choix de ses citations.

Au reste, il ne faut pas être étonné de ces aberrations. On sait qu'il y eut une époque de relâchement, où plusieurs casuistes élargirent les voies du salut. Ces hommes se sont trop confiés en leur science; ils n'ont pas dit humblement et prudemment avec le prophète: *Delicta quis intelligit?* Ils ont été trop précipités à déterminer l'espèce et l'énormité des prévarications humaines; et c'est pourquoi ils se sont fourvoyés lamentablement! Nous blâmons leur témérité, et nous déplorons leurs écarts...

Tout le monde connaît les disputes qu'occasionnèrent les ouvrages d'Escobar, de Caramuel, de Busembaum, et de tant d'autres. Ces casuistes excitèrent la bile satirique de l'auteur des *Lettres Provinciales,* et de plusieurs membres de la solitude de Port-Royal-des-Champs. Heureusement que toutes ces disputes sont loin de nous; mais il faut avouer qu'elles ont fait beaucoup de mal. Il était inutile de réfuter toutes ces misères qui seraient restées inconnues, et qu'on a fait précisément connaître par ce moyen.

« Faut-il approuver, disent les encyclopédistes, la chaleur avec laquelle Pascal et d'autres ont poursuivi, vers le milieu du siècle dernier, la morale relâchée de quelques casuistes obscurs? Ils devaient prévoir que les principes de ces auteurs, recueillis en un corps et exposés en langue vulgaire, ne manqueraient pas d'enhardir les passions toujours disposées à s'appuyer de l'autorité la plus fragile. Le scandale que la délation de ces maximes occasionna dans l'Église, fut peut-être un plus grand mal que celui qu'auraient jamais fait des volumes poudreux, relégués dans les ténèbres de quelques bibliothèques monastiques. » (*Encyclop. méthod.*, art. *Casuistes.*)

C'est pourquoi nous aurions voulu que le P. Buonafède ne rapportât pas ces scandales, et qu'il passât sous silence des choses qu'il n'est pas trop important de connaître.

Il ne faut pas croire cependant que les ouvrages des casuistes relâchés, quoique certainement répréhensibles, aient fait autant de mal que quelques zélateurs l'ont prétendu. Nous voulons être justes. Ce ne sont que les savans ou les gens consciencieux qui les lisent ; les hommes dissipés ou libertins ne s'en occupent point. « Je n'ai connu aucun homme de « mauvaise vie, dit un auteur judicieux, qui eût beaucoup lu « les casuistes ; et je n'ai connu ni grand casuiste, ni grand « liseur de casuistes qui ait été homme de mauvaise vie. » Un jour qu'un certain réformateur déclamait contre les casuistes relâchés, en présence d'un ecclésiastique respectable, et lui demandait quel auteur il fallait lire pour la morale : *Lisez*, lui dit celui-ci, *Caramuel et Escobar, ils sont encore trop sévères pour vous.* (*Dict. historique*, art. *Escobar.*)

« Vainement, disent encore les encyclopédistes, les prédicateurs de l'irréligion voudraient-ils s'autoriser des ces réflexions pour innocenter leurs propres égaremens, pour rendre odieux les théologiens qui les font remarquer et les réfutent. Leurs erreurs, qu'ils publient eux-mêmes, sont d'une toute autre conséquence que celles des casuistes ; on ne peut excuser les premiers par aucun motif louable ; les ouvrages des incrédules ont fait plus de mal en dix ans, que tous les casuistes de l'univers n'en ont fait dans un siècle. » (*Encyclopédie méth.*, art. *Casuistes*). On aime au moins à entendre ainsi parler les philosophes !...

NOTE X. (PAGE 242.)

Les lecteurs se rappellent sans doute que nous avons déjà montré, dans une note, page 27, du *texte* de cet ouvrage, que Saül, Abimélech, Achitophel, et Zambri, ne pouvaient guère être considérés comme des *suicides*, et que, si du moins on voulait les prendre pour tels, ils avaient été blâmés par l'Esprit-Saint. Nous prétendons de même qu'il n'est pas non plus convenable d'appeler *meurtriers d'eux-mêmes*, Samson, Éléazar et Razias.

Nos impies, qui ont fouillé dans les livres inspirés pour s'amuser ensuite à contredire, ont cru, ou ont feint de croire, comme les rabbins ignorans dont parle notre auteur, que *Samson*, *Razias* et *Saül* étaient des exemples de *suicides* dans l'Histoire sainte, et qu'ils n'avaient été ni blâmés, ni condamnés. De là triomphe! Mais il nous suffira d'exposer simplement les faits pour faire voir leur ignorance ou leur mauvaise foi.

Samson, comme Éléazar, dit Bergier, ne furent point *suicides*. En se livrant à une mort certaine, leur principal dessein n'était pas de se détruire, mais de venger leur nation de ses ennemis. Le premier prie Dieu de lui rendre la force pour tirer vengeance des outrages des Philistins. (*Judic.*, chap. XVI, ŷ 28.) Il est dit d'Eléazar qu'il se livra à la mort afin de délivrer son peuple. (*I. Machab.*, chap. VI, ŷ 44.) Or, on n'a jamais regardé comme des suicides les dévouemens si célèbres dans l'histoire, ni le courage des guerriers qui se sont exposés à une mort certaine en se jetant au milieu des bataillons ennemis, afin d'inspirer la même intrépidité aux soldats.

A la vérité, la première pensée qui se présente à l'esprit,

lorsque l'on considère l'action de Samson, lui est défavorable. On voit en lui un homme qui, s'étant vu outragé cruellement par ses ennemis, désire de s'en venger. Et cette vengeance ne regardant que sa personne particulière, ne pourrait être envisagée que comme un péché. Mais toutes les circonstances de cette action, et l'autorité de saint Paul expliquée par les saints Pères, nous oblige d'en juger tout autrement.

L'outrage fait à Samson ne doit pas être considéré comme dirigé contre sa personne. Il était juge d'Israël, et l'injure qu'il avait reçue retombait nécessairement sur tout le peuple. De plus, le mépris et toutes les railleries qu'on lui faisait endurer, attaquaient et déshonoraient Dieu lui-même, puisque c'était afin d'insulter au Dieu d'Israël et de Samson, que les Philistins rendaient alors à leurs dieux de solennelles actions de grâces dans leur temple. « Lors donc que, pour se venger de la cruauté des Philistins, il n'entreprend pas seulement de faire mourir tous les principaux d'entre eux, mais qu'il veut bien être accablé sous les mêmes ruines, il ne nous est pas permis, dit saint Augustin, de croire qu'il ait agi en cela étant trompé par l'esprit humain, mais nous devons être persuadés qu'il a obéi à l'ordre secret de l'esprit de Dieu, qui avait produit jusqu'alors de si grands prodiges par son ministère. » (*Contr. Gaudent.*, lib. I, cap. XXXI.)

Ce qui a porté saint Augustin et les autres interprètes à juger ainsi de cette action extraordinaire de Samson, c'est sans doute la manière dont il invoqua le Seigneur, et le pria de se souvenir de lui, dans l'instant même qu'il voulut détruire cette maison, et faire périr, en mourant lui-même, tous les principaux des Philistins : *O Seigneur, mon Dieu, dit-il, souvenez-vous de moi ; rendez-moi ma première force afin que je me venge de mes ennemis...* (Jug., chap. XVI, pag. 28.) Mais ce qui a surtout obligé l'évêque d'Hippone à témoigner, *qu'il n'est pas permis de ne pas le croire*, c'est évidemment l'autorité de saint Paul, dont nous venons de parler ; car ce grand apôtre met Samson au nombre des saints de l'Ancien-Testament qui, comme Samuel et David, *ont accompli par la foi les devoirs de la justice et de la vertu, et qui ont reçu l'effet des promesses du Seigneur.* (*Heb.*, chap. xı, ỹ 33.)

Ainsi, puisque le Saint-Esprit, parlant par la bouche de l'apôtre des nations, a canonisé ce grand homme, il serait contre la foi de porter un jugement opposé touchant sa mort, et de regarder cette dernière action de sa vie d'une autre manière que comme un effet de l'inspiration de Dieu même. (Voy. *la sainte Bible*, traduite par Sacy avec une *Explication du sens littéral et spirituel*, tirée des saints Pères et des auteurs ecclésiastiques. (*Livre des Juges*, Comment. sur le chap. xvı.)

Nous ne justifierons pas autrement Éléazar. Il est digne aussi de louange pour avoir sacrifié sa vie, principalement *afin de délivrer son peuple* ; car tel fut le motif de son action. Ce que nous avons dit de Samson peut donc s'appliquer à Éléazar.

Cependant on lui reproche d'avoir eu pour but, dans cette action, d'acquérir un *nom éternel*, comme il est dit au texte sacré. Mais il est facile de répondre à cette objection. On peut bien entendre par l'expression *acquérir un nom éternel*, ce qu'entendait Judas Machabée lui-même, lorsqu'il disait : *N'imprimons point cette tache à notre gloire, de fuir devant nos ennemis, et mourons courageusement pour nos frères.* (*I. Machab.*, chap. ıx, ỹ 10.) Ainsi, on peut dire que ces grands hommes, se regardant comme les défenseurs de la gloire de Dieu, ne séparaient point la sienne d'avec la leur. Suivant ce principe, ce *nom éternel*, qu'Éléazar voulait acquérir, était évidemment l'honneur de tout Israël, et du Dieu même d'Israël pour lequel il combattait. C'était un honneur, non pas seulement périssable et passager, mais un honneur qui devait être *éternel*, puisqu'il regardait la majesté, la grandeur et la divinité de celui que les infidèles attaquaient,

et dont ils voulaient ruiner le temple et exterminer le peuple.
(Voyez *la Bible* précitée, *Livre des Machab.*, chap. VI.)

Enfin, saint Paulin donne à Samson le nom de *héros de Dieu*; saint Ambroise et saint Grégoire-le-Grand louent hautement l'action d'Eléazar : cela suffit, ce nous semble, pour les justifier pleinement.

Les éloges qui sont donnés à Razias dans le *second Livre des Machabées*, chap. XIV, ŷ 40 et suiv., font une plus grande difficulté. Ce Juif se tua pour éviter de tomber entre les mains des satellites qui le poursuivaient, et pour se soustraire aux tourmens qu'on lui préparait dans le dessein de lui faire changer de religion. On peut l'excuser par l'intention et par le défaut de réflexion dans une détresse aussi cruelle. Sa conduite est louée comme un trait de courage, et non comme l'effet d'un zèle éclairé. Ainsi en a jugé saint Augustin (lib. II, *contra Epist. Gaudent.*, cap. XXIII). Ce n'est point ici un hypocondre qui se tue de sang-froid pour se délivrer du fardeau de la vie; c'est un homme troublé à la vue du péril, et qui de deux maux inévitables choisit celui qui lui paraît le moindre.

Il en a été de même de plusieurs martyrs qui ont été audevant de leurs bourreaux, et dont quelques critiques ont objecté l'exemple : ce qu'ils n'eussent pas fait cependant s'ils avaient été tant soit peu instruits des règles suivies par l'Église, qui condamne toujours le zèle inconsidéré, comme nous l'avons fait remarquer. Saint Cyprien blâme aussi ces martyrs qui, du temps des persécutions, prévenaient l'arrêt des persécuteurs, et se jetaient dans les flammes sans avoir été condamnés. Il dit qu'ils n'agissaient pas ainsi par un conseil de sagesse, mais par une folie pleine de fureur : *Non est hoc consilium, sed furor : non est sapientia, sed amentia.* (Voy. les notes R et S.)

Nous espérons que ce que nous venons de dire suffira pour dissiper les difficultés proposées, et pour tranquilliser nos incrédules...

NOTE Y. (PAGE 242.)

On ne conçoit guère comment Barbieri n'a pas craint de demander où Grotius avait appris qu'il *s'était trouvé quelques Juifs qui avaient regardé l'homicide de soi-même comme une sortie raisonnable de la vie*. Quoi! Barbieri ignorait le beau *discours* que Flavius Josèphe adressa, lors de la guerre des Juifs contre les Romains, à ses compagnons d'armes, qui voulaient se donner la mort? Quoi! il ne connaissait pas non plus le passage, si formel, qui se trouve dans la harangue que Philon adressa à Caïus, lorsqu'il fut envoyé en ambassade vers cet empereur? En vérité, cela n'est pas pardonnable dans un homme qui cherchait tant à faire parade d'érudition! Mais il voulait sans doute s'amuser à contredire.

Il lui aurait suffi d'ouvrir le livre des *Antiquités judaïques* pour se convaincre de la vérité de l'assertion de Grotius. Il aurait vu d'abord, liv. XVII, chap. IX, des détails sur la mort du malheureux Hérode, qui se tua lui-même. Puis, consultant le livre de la *Guerre des Juifs contre les Romains*, liv. Ier, chap. XI, il aurait trouvé l'exemple de Phazaël, qui *se donna la mort en se cassant la tête contre une pierre*. Mais il est une preuve qui eût achevé de le persuader, c'est le fait arrivé à Flavius Josèphe lui-même.

On sait que ce célèbre historien eut le commandement des troupes juives, et qu'il se signala au siége de Josaphat, qu'il soutint pendant sept semaines contre Vespasien et Titus. On sait également que ce succès ne dura pas et qu'il fut bientôt pris par les ennemis.

Enfermé dans une caverne profonde avec quarante des plus braves de sa nation, Flavius se trouve réduit à la dernière extrémité. Vespasien en est informé, et il lui fait proposer de se rendre ; mais il en est empêché par ses compagnons, qui menacent de le tuer s'il y consent. Ces malheureux, craignant de tomber entre les mains de leurs ennemis, proposent de se tuer. Josèphe, accablé de maux, ne peut plus tenir ; il va se rendre... Ses compagnons, furieux, l'environnent de tous côtés, et ils s'écrient : « Qu'est devenu l'amour de nos lois, et où sont ces âmes généreuses et ces véritables Juifs à qui Dieu, en les créant, a inspiré un si grand mépris de la mort ? Quoi ! Josèphe, avez-vous tant de passion pour la vie que de vous résoudre pour la conserver à vous rendre esclave ? Oserez-vous encore voir le jour après avoir perdu la liberté ?..... Nous conservons toujours le même amour pour nos saintes lois et pour la gloire de notre patrie, et nous vous offrons pour les maintenir et nos bras et nos épées. Si vous êtes assez généreux pour vous donner la mort à vous-même, vous conserverez en mourant la qualité de chef des Juifs. Sinon, vous ne laisserez pas de mourir, puisque vous recevrez la mort par nos mains : mais vous mourrez comme un lâche et comme un traître. » Et, après avoir prononcé ces mots avec une grande exaltation, ils tirent leurs épées et se disposent à se tuer.....

Cependant Josèphe ne se laisse point ébranler. Il résiste avec courage, et il adresse ces belles paroles à cette bande mutinée contre lui :

« D'où vient, dit-il, cette passion qui vous porte à vous donner la mort à vous-mêmes, et à vouloir, en séparant le corps d'avec l'âme, diviser ce que la nature a si fortement uni ?

« Que si quelqu'un s'imagine que j'ai changé de sentiment, les Romains savent s'il est vrai. J'avoue que rien n'est plus glorieux que de mourir dans la guerre ; mais par les lois de la guerre, et par les mains des victorieux. Je demeure d'accord que je ne devrais non plus faire difficulté de me tuer que de prier les Romains de le faire ; mais si, encore que nous soyons leurs ennemis, ils veulent nous sauver la vie, à combien plus forte raison devons-nous nous porter à la conserver ? Et n'y aurait-il pas de la folie à nous traiter nous-mêmes plus cruellement que nous ne voulons qu'ils nous traitent ? C'est une belle chose, sans doute, que de mourir pour la liberté, pourvu que ce soit en combattant pour la défendre, et en tombant sous les armes de ceux qui nous la ravissent. Mais ces circonstances cessent maintenant, puisque les combats sont cessés, et que les Romains ne veulent point nous ôter la vie.

« Quand rien n'oblige à rechercher la mort, il n'y a pas moins de lâcheté à se la donner, qu'à l'appréhender et à la fuir lorsque l'honneur et le devoir engagent à s'y exposer. Qui nous empêche de nous rendre aux Romains, sinon la crainte de la mort ? et quelle apparence y a-t-il donc d'en choisir une certaine pour se garantir d'une qui est incertaine ? Si l'on dit que c'est pour éviter la servitude, je demande si l'état où nous nous trouvons réduits peut passer pour être une liberté ? Et si l'on ajoute que c'est une action de courage de se tuer soi-même, je soutiens, au contraire, que c'en est une de lâcheté ; que c'est imiter un pilote timide qui, par l'appréhension qu'il aurait de la tempête, submergerait lui-même son vaisseau avant qu'il courût fortune de périr ; et enfin, que c'est combattre le sentiment de tous les animaux, et, par une impiété sacrilége, offenser Dieu même, qui, en les créant, leur a donné à tous un instinct contraire. Car en voit-on qui se fassent mourir eux-mêmes volontairement ; et la nature ne leur inspire-t-elle pas, comme une loi inviolable, le désir de vivre ?

« Cette raison ne fait-elle pas aussi que nous considérons comme nos ennemis, et punissons comme tels, ceux qui entreprennent sur notre vie ? Comme nous la tenons de Dieu, pouvons-nous croire qu'il souffre, sans s'en offenser, que les hommes osent mépriser le don qu'il leur en fait ? Et puisque c'est de lui que nous avons reçu l'être, oserions-nous vouloir cesser d'être que selon qu'il lui plaît et qu'il l'ordonne ? Il est vrai que nos corps sont mortels, parce qu'ils sont formés d'une matière fragile et corruptible ; mais nos âmes sont immortelles et participent en quelque sorte de la nature de Dieu. Ainsi l'on ne peut sans impiété entreprendre de ravir aux hommes cette grâce qu'ils tiennent de lui comme un dépôt qu'il lui a plu de leur confier !

« Que si quelqu'un entreprend donc de se la ravir, se flattera-t-il de la créance de pouvoir cacher aux yeux de Dieu l'offense qu'il lui aura faite ? Il n'y a personne qui ne demeure d'accord qu'il est juste de punir un esclave qui s'enfuit d'avec son maître, quoique ce maître soit un méchant ; et nous nous imaginerons de pouvoir sans crime abandonner Dieu, qui n'est pas seulement notre maître, mais un maître souverainement bon ? Ignorez-vous qu'il répand ses bénédictions sur la postérité de ceux qui, lorsqu'il lui plaît de les retirer à lui, remettent entre ses mains, selon les lois de la nature, la vie qu'il leur a donnée, et que leurs âmes s'envolent pures dans le ciel pour y vivre bienheureuses, et revenir dans la suite des siècles animer des corps qui soient purs comme elles (1) ; mais qu'au contraire les âmes de ces impies, qui, par une manie criminelle, se donnent la mort de leurs propres mains, sont précipitées dans les ténèbres de l'enfer ; et que Dieu, qui est le père de tous les hommes, venge les offenses des pères sur les enfans ?

« *C'est pourquoi notre très sage législateur, sachant l'horreur qu'il a d'un tel crime, a ordonné que les corps de ceux qui se donnent volontairement la mort demeurent sans sépulture jusques après le coucher du soleil, quoiqu'il soit permis d'enterrer auparavant*

---

(1) Il paraît par cet endroit que Flavius Josèphe croyait à la métempsychose.

ceux qui ont été tués dans la guerre; et il y a même des nations qui coupent les mains parricides de ceux dont la fureur les a armées contre eux-mêmes, parce qu'ils croient juste de les séparer de leurs corps comme ils ont séparé leurs corps de leurs âmes.

« Laissons-nous donc persuader à la raison. Quelque grands que soient nos malheurs, tous les hommes y sont sujets; mais n'y ajoutons pas celui d'offenser notre Créateur par une action qui attirerait sur nous son indignation et sa colère. Si nous nous résolvons à vivre, n'appréhendons point de ne le pouvoir avec honneur, après avoir, par tant de grandes actions, témoigné notre valeur et notre vertu.

« Et si nous nous opiniâtrons à vouloir mourir, mourons glorieusement en recevant la mort par les mains de ceux de qui nous sommes prisonniers de guerre. Mais je ne veux pas devenir moi-même mon ennemi, en manquant par une trahison inexcusable à la fidélité que je me dois, ni être plus imprudent que ceux qui se rendent volontairement aux ennemis, en faisant pour perdre ma vie ce qu'ils font pour sauver la leur. Je souhaite néanmoins que les Romains me manquent de foi : et je ne mourrai pas seulement avec courage, mais avec plaisir, si, après m'avoir donné leur parole, ils m'ôtent la vie, parce que rien ne me saurait tant consoler de nos pertes, que de voir que par une si honteuse perfidie ils ternissent l'éclat de leur victoire. » (*Guerre des Juifs contre les Romains*, liv. IIIe, chap. XXVe, traduction d'Arnauld d'Andilly, édit. de 1719.)

Nous n'avons pu résister au plaisir de citer ce morceau, malgré sa longueur : nous espérons qu'on partagera notre satisfaction. Au moins on verra que, si Barbieri s'était donné la peine de chercher, il aurait trouvé, dans l'*Histoire du peuple juif*, des faits qui eussent justifié Grotius à ses yeux.

Quant au passage si formel de Philon, nous nous dispensons

de le rapporter, puisque Buonafède l'a cité textuellement, page 243.

Et maintenant, qu'on ne soit pas étonné de trouver une citation qui peut paraître défavorable au peuple hébreu. Il faut y voir une preuve de l'impartialité de Buonafède. Il ne veut rien taire... L'histoire doit être mise à nu. Nous devions aussi défendre Grotius contre Barbieri, car la justice doit être rendue à qui elle appartient.

Au surplus, nous avons compris, avec notre auteur, que cette citation ne pourrait pas nuire au peuple de Dieu, et que ce ne serait pas fournir une arme contre la vérité.

Les incrédules pourraient-ils, en effet, se prévaloir de ce qu'il se serait rencontré, par hasard, quelques *suicides* parmi le peuple hébreu, ou des principes de certains rabbins ignorans et exaltés, pour s'écrier que cette nation était, comme les autres, favorable au meurtre de soi-même, et de là tirer des conclusions à leur manière et favorables à leurs principes ? Ce serait du délire !... Oui vraiment, ce serait comme si on reprochait à toute une société les crimes d'un de ses membres ; et on ferait preuve de la plus grande ignorance, ou de la plus insigne mauvaise foi... Non, non le *peuple de Dieu* ne peut être accusé d'un si grand égarement. S'il s'est rencontré, et encore de loin en loin (1), au milieu de lui, quelques hommes assez malheureux pour se donner la mort, les autres Israélites se sont certainement empressés de les désavouer. Ils ont repoussé ce crime avec horreur. « Nos mains n'ont point répandu ce sang, ont-ils dit sans doute, et nos yeux ne l'ont point vu verser... Seigneur, soyez favorable à votre peuple, et ne lui imputez point le for-

(1) C'est au point, a dit Buonafède, page 27, qu'après les plus minutieuses investigations dans l'histoire de la Judée, nous n'en trouverions que huit ou dix, et cela dans l'espace de quatre mille ans !...

fait dont on vient de se rendre coupable au milieu de lui.
(Don Calmet, supp. à la Bible.)

NOTE Z. (PAGE 256.)

Il paraît que les faits rapportés par Bayle sur Paul Sarpi ont été l'objet de quelques critiques. Cela ne nous étonnerait pas, car nous savons que Bayle ne se pique pas d'exactitude, et que son fameux *Dictionnaire* fourmille d'erreurs, de faits controuvés, d'anecdotes inventées à plaisir ; et le tout pour inculquer certaines opinions philosophiques, et certains paradoxes dont Bayle aimait à se parer.

Néanmoins, nous devons le dire, ce philosophe ne ment pas toujours. Il paraît que dans cette circonstance il n'a pas eu recours à ses moyens ordinaires. Le P. Buonafède le défend, dans une note, du reproche qu'on lui adressa d'avoir puisé à une source mauvaise les détails qu'il donne sur Sapi. Voici cette note.

« Nous venons de lire, dit Buonafède, dans un livre imprimé à Venise, avec la fausse indication de Lausanne, et qui a pour titre : *Mémoires anecdotiques concernant Fra-Paolo,* par un nommé F. Griselini, que Bayle est *ridicule* d'avoir emprunté les détails qu'il rapporte sur Sarpi à l'auteur de la *vie* dont nous avons parlé. — Griselini se fonde sur une lettre de Sarpi dont l'esprit lui semble bien contradictoire avec le récit de son biographe.

« Mais Griselini n'a donc pas vu que c'est dans cette lettre-là même que l'on rencontre, entre autres phrases, celles-ci: *Il faut se mettre au-dessus des trames de ses ennemis... Celui qui attache trop de prix à la vie ne sait pas vivre... Peu importe qu'on meure de telle ou telle manière, dans tel ou tel endroit, etc?..* Ces phrases ne signifient-elles pas clairement qu'on doit regarder la vie et la mort avec la même indifférence, et que l'on peut, ainsi que les stoïciens l'enseignaient, mourir comme l'on veut ?

« Mais admettons, pour un instant, qu'il y a contradiction : est-ce que Griselini ne sait pas que l'on confie souvent, à l'oreille d'un ami, des choses que l'on n'ose pas écrire ? — Cette partie de ses *Mémoires*, comme tout le reste du livre, manque donc de logique et de discernement, et Bayle qui possède à fond l'une et l'autre (que n'en faisait-il toujours usage?) pourrait à bon droit renvoyer cette épithète de *ridicule* qu'on lui a donnée.

« Par le même motif MM. Burnet, Bedell, Walton, Rapin, Jouvenci ; les cardinaux du Perron, Bellarmin, Baronius, Pallavicini, et surtout les pères jésuites, repousseront les dénominations injurieuses dont Griselini osa les gratifier.

« Nous avons rencontré un manuscrit intitulé : *De l'Impudence littéraire*. Cet ouvrage est écrit avec beaucoup d'énergie et est plein d'esprit. Nous avons aimé y rencontrer une dissertation dans laquelle on démontre d'abord que les *Mémoires* de Griselini ne sont point anecdotiques, comme il le prétend, mais vulgaires et puérils ; et ensuite que cet écrivain qui parle sur toutes choses, n'en connaît aucune. On le cite ainsi comme l'un des plus grands exemples de ce dévergondage qui infecte depuis long-temps la république des lettres.

« Quelques écrivains louent ce livre, et disent qu'il est bien écrit ; mais nous nous étonnons que son auteur soit descendu jusqu'à disputer avec Griselini.

« Maintenant si on trouve que nous avons été trop sévère dans cette note, nous prierons qu'on veuille bien, avant de nous faire ce reproche, consulter les *Mémoires* eux-mêmes, et nous sommes persuadés qu'on nous trouvera alors trop indulgent. »

Notre auteur a été, en effet, trop indulgent. Ce Paul Sarpi mérite la censure et le blâme de tous les honnêtes gens. Nous allons d'ailleurs confirmer, par de bonnes autorités, les observations de Buonafède, et nous espérons qu'on ne sera pas fâché que nous fassions connaître davantage ce moine apostat, et Griselini, son coupable apologiste.

« Il a paru, dit l'*Ami de la Religion* (tome cvi, p. 521), il y a peu d'années à Capolago, dans le canton du Tessin, un recueil de Lettres choisies inédites de Fra Paolo Sarpi, 1833, in-8°... Sous prétexte de faire l'éloge de Fra Paolo, l'éditeur, dans sa préface, épanche sa bile contre les papes, les cardinaux, les jésuites, sans épargner d'autres honnêtes gens qui ont pris la liberté de critiquer le Servite ou qui ne l'ont pas exalté. Il traite Léon X d'athée, et en veut plus ou moins à d'autres papes et cardinaux. Laissons de côté ce qu'il dit des Dominicains et de l'Inquisition. Ce que nous voulons ici, c'est de montrer par les lettres inédites quels étaient les véritables sentimens du fameux Sarpi.

« Dans une lettre du 14 septembre 1610, parlant d'un gouverneur qui devait venir d'Espagne à Milan, il dit : *Le bruit court qu'on destine à cette place le connétable de Castille, qui, par parenthèse, me plaît comme étant ennemi des prêtres.* Ainsi Fra Paolo n'en voulait pas seulement aux jésuites, comme on l'a dit ; il honorait les prêtres de sa haine. L'éditeur lui-même remarque que le Servite manifeste à toutes les pages de ses lettres le désir *que la cause des protestans prospère pour voir l'Évangile se répandre en Italie.* Voilà les missionnaires qu'il souhaitait pour régénérer son pays ! Et dans sa xxive lettre, il montre encore l'intérêt qu'il porte aux protestans : *Il faudra,* dit-il, *que les Huguenots soient respectés, et ils feront bien de ne pas pardonner... Surtout que tout ce qui sera en leur faveur sera pour le service de Dieu et l'utilité du Roi.* L'histoire fait assez connaître le genre de service que les protestans ont rendu à l'Église et aux princes. L'éditeur avait sur le cœur le mot de Bossuet qui appelait Fra Paolo un calviniste en habit de moine. (Voyez *Hist. des Variat.*, liv. VII, § CIX et § CX.) Il s'en venge en disant que ce prélat était plus *savant que bon*. Ainsi, pour excuser un mauvais religieux, il aime mieux attaquer le caractère d'un si illustre évêque.

« Nous empruntons ces extraits des *Lettres choisies* de Fra Paolo à un supplément au n° 1175 de la *Voix de la Vérité de Modène*, 9 février 1839. L'article est signé N. N., et daté du 31 décembre précédent. Il nous a paru curieux en ce qu'il montre de plus en plus les véritables sentimens d'un homme dont le nom est cher aux protestans. D'ailleurs il y a long-temps que Fra Paolo est démasqué, et le jugement de Bossuet sur lui a été adopté par les hommes les plus impartiaux et les plus éclairés. »

La *Biographie universelle* de Michaud, qu'on n'accusera pas d'exagération, a donné sur le moine Servite un article étendu et fort bien fait. On y juge Fra Paolo d'après des faits et des témoignages nombreux et irrécusables. Nous aimerions citer en entier cet article qui est un modèle de critique sage et de biographie impartiale; mais craignant de dépasser les bornes d'une note, nous nous bornerons à rapporter ce qui est relatif aux ouvrages de Sarpi.

« Son *Opinion sur le gouvernement de Venise*, traduite en français par l'abbé de Marsy sous ce titre : *Le Prince de Fra Paolo*, 1751, in-12, fut écrite en 1615 par les inquisiteurs d'État. M. Daru en cite quelques maximes : « Dans les que-
« relles entre les nobles, châtier le moins puissant ; entre un
« noble et un sujet, donner toujours raison au noble... Trai-
« ter les Grecs comme des animaux féroces ; du pain et le bâ-
« ton, voilà ce qu'il leur faut... Il faut exterminer sous un
« prétexte quelconque les chefs de parti : que le poison fasse
« l'office du bourreau... » Les recherches faites par M. Daru

aux archives de Venise prouvent que cet ouvrage est de Sarpi, quoi qu'en disent Griselini et ses copistes. M. Daru n'avait aucun intérêt de censurer ou de justifier le théologien de Venise, dont il parle toujours avec la plus sévère impartialité.

« L'*Histoire du Concile de Trente* est le plus connu des ouvrages de Sarpi. Il en avait donné le manuscrit à M. A. de Dominis, lorsque celui-ci alla apostasier à Londres. La première édition publiée à Londres en 1619 sous le nom de *Pietro Soave Polano*, anagramme de *Paolo Sarpi Veneto*, fut reçue avec applaudissement dans tous les pays protestans, et il en a été fait nombre d'éditions et de traductions. Les traductions françaises sont de Diodati, d'Amelot de La Houssaye, et de Le Courayer (1). Bossuet a dit avec raison que Fra Paolo *n'est pas tant l'historien que l'ennemi déclaré du Concile de Trente*. On convient que le livre est écrit avec beaucoup d'éclat. L'auteur, en ayant l'air d'éviter de dire son sentiment, se borne le plus souvent à citer les paroles de ceux qui ont combattu les décrets dont il est mécontent; mais il s'y prend de manière que les protestans ont toujours raison et les papes toujours tort. Cette malignité va au point que des Calvinistes eux-mêmes, entre autres fidèles, en ont été indignés.

« Aussi le livre excita une réclamation générale parmi les

(1) La version d'Amelot fut improuvée par les honnêtes gens. On trouva mauvais qu'il se fût avisé de traduire l'ouvrage d'un moine factieux, et on eut bien raison. Quant à la traduction de Le Courayer, elle ne surprit point. Devait-on s'étonner, en effet, qu'un apostat cherchât à faire connaître l'ouvrage d'un de ses frères dans la révolte? Plusieurs savans, indignés des procédés de Le Courayer, prirent la plume pour le combattre. Le P. Buonafède ne fut point le dernier; on a de lui un ouvrage intitulé : *De la Mauvaise Foi dans l'Histoire*, *discours contre Le Courayer*. C'est une solide réfutation des principes erronés et dangereux de cet ennemi de l'Eglise catholique.

catholiques. Mis à *l'index* avec les qualifications les plus fortes, il fut réfuté à Venise même par Philippe Quarli dans un in-4° publié en 1655, mais mieux encore par l'histoire authentique du concile publiée en 1656 sur les pièces originales, par Pallavicini. On y trouve à la fin l'énumération de 361 points de fait, sur lesquels Sarpi est convaincu d'avoir altéré ou déguisé la vérité, indépendamment d'une multitude d'autres erreurs qui ne sont pas susceptibles d'être articulées en peu de lignes, mais qui résultent de l'ensemble de son discours. Il suffit de lire cette longue liste, à chaque article de laquelle on indique les preuves justificatives, pour s'assurer qu'il n'est point vrai que ces erreurs ne portent que sur des objets de peu d'importance, comme affectent de le dire les apologistes de Fra Paolo.

« Sa correspondance surtout avec les protestans était fort étendue. Il y a plusieurs éditions de ses lettres. Il y a peu de grandes bibliothèques où on n'en conserve quelques unes en manuscrit. Les autographes de celles qu'il avait écrites à Jacques Gillot, à Leschassier et à Duplessis-Mornay, se gardent encore à Venise, ainsi que beaucoup d'ouvrages inédits et de papiers écrits ou dictés par lui.

« Sa vie, qui a été traduite en français, a été attribuée au frère Fulgence Micanzio, son ami. Mais Foscarini et Griselini prétendent qu'elle ne peut être de lui, parce qu'elle renferme beaucoup d'erreurs de fait. L'*Histoire secrète de Fra Paolo*, ouvrage posthume de Justes Fontanier, n'a paru qu'en 1805. *Les Mémoires et anecdotes sur sa vie*, par Griselini, Lausanne, 1760, in-8°, sont pleins de recherches, mais offrent un panégyrique presque continuel. »

Voilà ce que dit la *Biographie universelle* de Michaud. Mais cet ouvrage se trompe certainement en cet endroit. On ajoute, à ce que nous venons de citer, que *Griselini a été vivement réfuté par le Père Buonafède dans son opuscule italien*: DE L'IM-

PUDENCE *littéraire.* Or ceci est une erreur. Le Père Buonafède n'est point auteur de ce livre. Le comte Mazzuchelli, qui nous donne exactement la liste de tous ses ouvrages, ne parle pas de celui-ci. Au reste, la *note* que nous avons rapportée ci-dessus et qui est de notre auteur, tranche la question. Voici ce qu'il dit : « Nous avons rencontré un manuscrit intitulé : « *De l'Impudence littéraire.* Cet ouvrage est écrit avec beau- « coup d'énergie et est plein d'esprit, etc... » Buonafède parlerait-il ainsi d'un livre qu'il aurait fait ? Il est évident que non. Il n'en est pas moins certain toutefois que notre auteur a réfuté Sarpi. Mais c'est dans ses *Portraits poétiques, historiques et critiques de plusieurs littérateurs* qu'il faut chercher une appréciation exacte de ce fanatique.

La Justification de Fra Paolo, ou Lettres d'un prêtre italien (Degola) *à un magistrat français* (feu le président Agier), Paris, 1811, in 8°, n'est qu'un extrait de Griselini, plus emphatique et plus exalté encore que l'original.

Nous pourrions encore citer sur Fra Paolo un très bon article qui a paru dans les *Annales des sciences religieuses* de M. de Luca sur une *Biographie de F. P. Sarpi,* par Bianchi-Giovini, imprimée à Zurich en 1836, 2 vol. in-8°. L'article est de M. l'abbé Palma, et se trouve dans le n° XXV des *Annales,* juillet et août 1839.

Enfin il résulte de tout cela pour les gens de bonne foi que Fra Paolo était réellement protestant de cœur, et qu'il ne mérite d'estime et de confiance ni comme prêtre, ni comme écrivain politique, ni comme historien.

NOTE AA. (PAGE 257.)

Voici le *paragraphe* de Grotius, extrait de son ouvrage *du Droit de la Guerre et de la Paix*, liv. IIe, chap. XIX. Nous donnons la traduction de Puffendorf, mais on nous permettra d'omettre ses *commentaires*.

« ... Il y a une chose à remarquer, dit Grotius, c'est que les juifs même, comme nous l'apprenons de Josèphe et d'Hégésippe, exceptaient de la règle générale touchant la sépulture des morts ceux qui s'étaient fait mourir eux-mêmes. Et il ne faut pas s'en étonner, puisqu'on ne saurait punir d'une autre manière ceux pour qui la mort n'est pas un supplice. C'est par la crainte d'une telle punition après la mort que l'on fit perdre autrefois aux filles de Milet (Plutarque (1), *de Mulier. virtut.*) l'envie de se tuer elles-mêmes, et on en usa de même à l'égard de la populace romaine, ce que Pline désapprouva (*Hist. nat.*, liv. XXXVI, cap. XV). Cléomène s'étant tué, le roi Ptolémée fit pendre son corps. En un mot, c'était un usage commun, comme le remarque Aristote, de flétrir en quelque manière ceux qui s'étaient donné la mort eux-mêmes; ce qu'un commentateur de ce philosophe explique d'une privation de sépulture. Démonasse, reine de Chypre, l'avait ainsi ordonné; et c'est un réglement que Dion de Pruse loue fort.

« En vain objecterait-on, contre cette coutume, ce qu'Homère, Eschyle, Sophocle, Moschion, et d'autres disent : *Que les morts n'ont aucun sentiment, et qu'ainsi on ne saurait leur faire du mal, ni leur causer aucune honte.* » Car il suffit que, pendant qu'on est en vie, on craigne d'être traité, après sa

---

(1) Voyez notre citation d'Aullu-Gelle, dans la note FF.

mort, d'une certaine manière, et que l'on soit détourné du mal par cette seule considération.

« *Je soutiens qu'il y a du mal à se faire mourir soi-même;* car, quoi qu'en disent les stoïciens et autres, qui ont cru qu'on pouvait légitimement abréger ses jours pour éviter l'esclavage, ou pour se délivrer de quelques maladies, ou même pour acquérir de la gloire; les platoniciens avaient raison de donner pour maxime *que l'on ne doit pas déloger de cette vie sans l'ordre de celui qui a mis notre âme dans notre corps, comme dans un poste* (1). C'est pourquoi les Juifs exprimaient la mort par un mot qui donne l'idée d'un *congé* (2), expression qui était aussi en usage parmi les Grecs, et dont on trouve des exemples dans Thémistius et dans Plutarque... »

Tel est le seul passage sur le *suicide* que l'on trouve dans le savant livre du *Droit de la Guerre et de la Paix* de Grotius. Peut-on, après cela, le mettre au rang des *apologistes* du meurtre de soi-même, comme on a semblé vouloir l'insinuer (Voy. pag. 257)?

Nous avons cru devoir nous dispenser de citer la fin du paragraphe de Grotius, où il est question de *quelques Juifs qui exceptaient un cas, dans lequel ils regardaient le suicide comme une sortie raisonnable de la vie*, parce que notre auteur l'a rapporté, au moins en substance, vers la fin VIIe chapitre.

---

(1) C'est là certainement une belle maxime; c'est bien dommage que le chef des *platoniciens* l'ait tant contredite! (Voyez la note E, p. 559.)

(2) Voyez *Saint Luc*, XI, 29; et dans la version des Septante, *Genèse*, XV, 2; *Nombre*, XX, 29.

NOTE BB. (PAGE 272.)

Les paroles de Barbieri contiennent évidemment, malgré l'espèce de nuage dont il les enveloppe, une approbation formelle de la désolante doctrine du suicide.

Elles peuvent en effet se réduire, comme le dit Buonafède, à trois axiomes, et quels axiomes!

1° C'est une faute de perdre la chasteté involontairement; 2° on peut se tuer pour éviter un malheur rapproché ou même éloigné; 3° recevoir ou se donner la mort, c'est absolument la même chose. »

Nous remarquons que notre auteur a peu, ou, pour mieux dire, n'a pas répondu à ces trois points. Il a sans doute pensé qu'il était inutile de réfuter de semblables erreurs, et que leur absurdité suffirait pour les faire tomber d'elles-mêmes.

Pour nous, nous ne sommes pas de cet avis. Nous croyons qu'on ne doit laisser passer inaperçue aucune des aberrations de nos profonds dogmatiseurs, afin que ceux qui les écoutent comme des oracles ne puissent point se prévaloir du silence que l'on aurait gardé sur leur compte.

Nous tenons donc à réfuter Barbieri, et cela ne nous sera pas difficile, car il nous suffira de copier ici un chapitre de *la Cité de Dieu de saint Augustin,* dont le titre seul fournit déjà une réponse à notre philosophe : *On ne doit point éviter un péché par un autre.*

Ce chapitre sera donc une réfutation victorieuse des maximes de Barbieri, et nous prions nos lecteurs de le lire attentivement. Voici les paroles du grand évêque d'Hippone :

« *Il est à craindre, dit-on, que le corps soumis à la brutalité de l'ennemi ne force, par les attraits de la volupté, l'esprit à y consentir, de sorte que l'on doit se tuer, non pour éviter le péché d'autrui, mais pour prévenir le sien propre.*

« Je réponds qu'il n'arrivera jamais qu'un esprit, qui est plutôt assujetti à Dieu et à sa sagesse qu'à la concupiscence charnelle, consente aux mouvemens impudiques qu'un autre excite en sa chair; mais si c'est un crime détestable et digne de la damnation que de se tuer soi-même, comme cela est très évident, y a-t-il quelqu'un d'assez extravagant pour dire : Péchons maintenant, de crainte que peut-être nous ne péchions ensuite; commettons maintenant un homicide, de peur que nous ne tombions tantôt dans un adultère? Si l'iniquité est montée à un si haut point que nous ne soyons plus en peine de choisir entre le crime et l'innocence, mais seulement entre un moindre crime et un plus grand, ne vaut-il pas mieux préférer un adultère incertain et à venir à un homicide présent et certain? Ne vaut-il pas mieux commettre un péché qui peut être expié par la pénitence, que d'en commettre un qui nous mette hors d'état de faire pénitence?

« Je dis cela, continue saint Augustin, pour les personnes qui croient devoir se donner la mort afin d'éviter le consentement qu'elles pourraient donner à un plaisir déshonnête qui serait ému en elles par autrui. Au reste, à Dieu ne plaise qu'une âme véritablement chrétienne, qui se confie en son Créateur, qui met son espérance en lui, et se fonde sur son existence, cède jamais aux voluptés de la chair et consente à l'impureté. Que si cette concupiscence rebelle, qui réside encore dans nos membres mortels, se meut pendant la nuit sans le concours de notre volonté, mais par un mouvement qui lui est propre, sans que pour cela nous soyons coupables, à plus forte raison le sommes-nous moins quand elle se meut, non seulement sans notre consentement, mais même malgré notre résistance. » (*Cité de Dieu*, livre 1er, chap. xxv. On peut encore consulter les chap. xvi, xvii, xviii et xix.)

On a vu que Barbieri a couronné son raisonnement par cette maxime : *Recevoir ou se donner la mort, est la même chose.* Nous déclarons, pour le coup, que nous ne saurions répondre sérieusement à une semblable absurdité !

Il reste bien prouvé que ce philosophe était partisan du suicide. D'ailleurs ses tergiversations continuelles, ses attaques, etc., nous avaient déjà fait pressentir qu'il n'était pas effrayé de professer une aussi affreuse doctrine !

NOTE CC. (PAGE 281.)

On lit dans un excellent ouvrage intitulé : *Étude du Cœur humain*, un chapitre très remarquable sur les animaux, et qui, en établissant la différence infinie qui se trouve entre leur instinct et la raison humaine, prouve qu'ils ont été créés pour l'homme, et qu'ils sont faits pour lui obéir. Nous ne pouvons résister au plaisir de citer un extrait de ce *chapitre*, qui confirmera ce que nous avons dit plus haut.

« Tous les animaux furent créés pour obéir unanimement et sans résistance à l'homme, et l'on voit encore beaucoup de traces de cet empire souverain. Les animaux sont des esclaves révoltés ; mais on trouve toujours en eux un instinct et des facultés qui attestent leur servitude primitive. En vain les tyrans les plus impitoyables voudraient assujettir l'homme à certains travaux serviles, notre nature même s'y oppose. L'homme n'est pas conformé pour pouvoir suppléer le cheval ; il n'est pas assez fort pour remplacer le bœuf, le chameau, le dromadaire, l'éléphant ; ainsi l'homme, dans aucune supposition, n'est fait pour être esclave. Les animaux doivent avoir les facultés qui les rendent susceptibles d'obéir à l'homme, et ils les ont en effet. Ils sont tous capables d'être façonnés, apprivoisés par l'homme, et de ployer sous son joug. La vue de l'avenir est inutile à des êtres dont la destination est bornée ; les animaux ne l'ont point, mais ils possèdent la mémoire, parce que cette faculté est nécessaire à des esclaves et même à des serviteurs ; car sans le souvenir de la récompense et du châtiment, il n'y aurait point de soumission. L'homme est toujours un être imposant pour les animaux, même les plus redoutables; et les plus féroces prennent, du premier mouvement, la fuite à son aspect. Cette crainte, naturelle dans les bêtes farouches, est si forte, qu'au rapport de tous les voyageurs, les seules émanations de l'homme suffisent pour les éloigner. Ces mêmes émanations, qui causent de l'effroi aux animaux carnassiers et féroces, inspirent un attachement prodigieux aux animaux pacifiques, tels, par exemple, que le chien. Ainsi l'homme peut dompter les animaux les plus redoutables; il peut les apprivoiser tous, et il possède une vertu physique et mystérieuse qui épouvante les plus sanguinaires, et qui attache puissamment ceux qu'il destine à vivre sous son toit, et qu'il charge du soin de le défendre..... »

Ces réflexions sont très justes, et nous aimerions à les continuer si nous ne craignions pas de sortir de notre sujet.

Nous avons pensé qu'il serait bon de rapprocher ce morceau de ce que nous avons dit, page 280, touchant le pouvoir qu'ont reçu les hommes de détruire les animaux qui leur seraient utiles ou nuisibles.

Mais voici encore une autorité bien plus puissante : c'est celle du *Catéchisme du Concile de Trente.* « Quant à la partie du précepte qui défend le meurtre, dit ce saint livre, il faut *faire attention* qu'il y a des meurtres qui ne sont point compris dans cette défense. Ainsi, il n'est pas défendu de tuer les bêtes. Si Dieu nous a permis d'en faire notre nourriture, c'est une conséquence nécessaire qu'il nous ait permis de les tuer. » (*Catéch. du Conc. de Trente*, chap. XXXIII, § I.) Saint Augustin dit encore, en parlant de cette matière : « Lorsque Dieu nous donne ce précepte : *Vous ne tuerez point*, il ne peut s'entendre des arbres, puisqu'ils n'ont aucun sentiment; ni des animaux, puisqu'ils n'ont avec nous aucun rapport de société proprement dite. » (*Cité de Dieu*, liv. 1er, chap. XXVIII; — des *Manich.*, liv. II, chap. XIII, XIV, XV.)

NOTE DD. (PAGE 281 et 291.)

En quelles rencontres l'Écriture nous indique-t-elle que l'on peut tuer un homme sans être coupable d'homicide? saint Augustin et le *Catéchisme du Concile de Trente* vont répondre à cette importante question.

« L'autorité divine, dit saint Augustin, a excepté certains cas où il est permis de faire mourir un homme lorsqu'elle le commande, ou par une loi générale, ou par un ordre particulier. Ce n'est pas celui qui tue qui doit son ministère à celui qui le lui commande, « et qu'il ne faut regarder en ce cas que comme une « épée entre les mains de celui qui s'en sert. » C'est pourquoi ceux qui ont fait la guerre par l'ordre de Dieu même, ou qui, dans l'exercice de leurs charges, ont puni de mort les méchans suivant ses lois, c'est-à-dire suivant les règles d'une raison très juste, n'ont point contrevenu au précepte qui défend de tuer.

« Ainsi, tant s'en faut qu'Abraham ait été blâmé de cruauté d'avoir voulu tuer son fils pour obéir à Dieu (*Genèse*, XXII), qu'il en a au contraire été loué comme d'une action de piété signalée; et l'on a raison de demander si c'est en effet par un commandement de Dieu que Jephté tua sa fille, pour accomplir le vœu qu'il avait fait de lui immoler la première chose qui se présenterait à lui au retour de sa victoire (*Juges*, II). On n'excuse point d'une autre manière Samson, de s'être écrasé lui-même avec ses ennemis sous les ruines d'une maison (*Juges*, 16), qu'en disant que l'Esprit qui faisait des miracles par lui le lui avait commandé intérieurement.

« Excepté donc ceux qu'une loi générale qui est juste, ou que Dieu même, qui est la source de la justice, commande de tuer, quiconque tue un homme, soi-même ou un autre, est coupable d'homicide. » (*Cité de Dieu*, liv. 1ᵉʳ, chap. xxi.)

« Il est une espèce de meurtre qui est permise, dit maintenant le *Catéchisme du Concile de Trente*. Les magistrats ont le droit de faire mourir quelqu'un, de punir selon la loi les coupables, et de protéger les innocens. Quand donc ils s'acquittent avec justice de leurs fonctions, non seulement ils ne commettent pas un homicide, mais par cela même ils obéissent au commandement qui défend l'homicide. En effet, la fin de ce commandement étant de conserver la vie des hommes, les magistrats, qui sont les vengeurs légitimes du crime, ne tendent, par les diverses peines qu'ils infligent aux criminels, qu'à réprimer l'audace et l'injustice, et qu'à assurer par là la vie des autres. C'est ce qui faisait dire à David : « *Dès le matin je songeais à exterminer les pêcheurs, et je ne pouvais souffrir dans la ville du Seigneur ceux qui commettent l'injustice.* » (Ps. 100, v. 8.)

« Par la même raison, ceux qui tuent leurs ennemis dans une guerre juste, ne sont point coupables d'homicide, pourvu qu'ils n'agissent en cela que pour le bien de la patrie et non pour satisfaire leur cruauté ou leur cupidité. Les meurtres qui se font par la volonté expresse de Dieu ne sont point non plus contre ce précepte. Les lévites qui en un jour firent mourir tant de milliers d'hommes ne se rendirent point coupables d'homicides ; car Moïse leur dit, après qu'ils eurent achevé ce grand carnage : *Vous avez aujourd'hui consacré vos mains au Seigneur* (*Exod.* 32, 39).

« Celui qui donne la mort à quelqu'un par accident et contre sa volonté, n'est point coupable non plus. Voici ce qui est dit dans le *Deutéronome* à ce sujet : *Celui qui, sans y penser, aura frappé un autre avec lequel il n'aura point eu de dispute les deux jours auparavant, et qui étant allé avec lui dans une forêt simplement pour y couper du bois, lui aura donné un coup et l'aura tué avec sa cognée qui lui aura échappé des mains ou qui a quitté son manche ne sera point coupable de la mort de cet homme* (*Deut.*, chap. xix, v. 4 et suiv.). Ces meurtres n'étant pas volontaires et commis à dessein, ils ne sauraient être regardés comme des péchés. C'est ce que saint Augustin confirme par ces paroles : *Si, contre notre volonté, il arrive du mal des actions que nous faisons licitement et pour le bien, le mal ne doit point nous être imputé* (*saint Augustin, épît.* 154)...

« Enfin il est évident que celui qui, en défendant sa propre vie, tue son semblable, malgré les précautions qu'il prend pour éviter ce malheur, n'est point coupable d'homicide. La défense renfermée dans ce commandement : *Vous ne tuerez point*, ne porte donc pas sur toutes les espèces de meurtres dont nous venons de parler. Mais ceux-ci exceptés, tous les autres sont absolument défendus, soit qu'on les regarde du côté de celui qui tue ou du côté de celui qui est tué, ou par rapport aux différentes manières dont le crime peut être commis (*Catéchisme du Concile de Trente*, chap. xxxiii, § 1er). »

Ces deux morceaux, l'un tiré de l'immortel ouvrage de l'évêque d'Hippone et l'autre du *Catéchisme du Concile de Trente*, suffisent pour faire voir *qu'à la vérité des exceptions en faveur du meurtre d'autrui sont indiquées par l'Écriture-Sainte elle-même.*

Mais, de ce que nous avons le pouvoir de détruire les animaux qui nous seraient nécessaires ou nuisibles, comme nous nous en sommes convaincus dans la *note* précédente, et de ce qu'il y a des cas où l'homme peut tuer ses semblables, cela ne l'autorise point à se tuer lui-même. La grande loi de l'Éternel est toujours là : *Vous ne tuerez point*; c'est-à-dire, vous ne tuerez point un autre sans des raisons puissantes et légitimes, parce que *celui qui se tue ne tue autre chose qu'un homme.* Il faut avoir une furieuse manie de tout contredire pour ne pas convenir d'une distinction que le bon sens seul nous indique.

NOTE EE. (PAGE 292.)

L'Écriture-Sainte ne nous dit pas que nous avons la liberté de nous dérober aux calamités en nous donnant la mort : au contraire, elle nous exhorte à la patience, à la fermeté et au courage.

Pour se convaincre de la vérité de cette parole de notre auteur, il suffit d'ouvrir le livre par excellence, le livre de vie, et nous trouverons à chaque page avec quelle sollicitude l'Esprit saint s'efforce de relever le courage de l'homme et de le soutenir dans le chemin de la vie, qui est parsemée de tant de douleurs !

Citons quelques exemples.... Ici le divin livre révèle à l'homme qu'il est né pour la douleur et les souffrances, mais en même temps il le ranime par les plus douces consolations.

Écoutez d'abord l'homme de douleur, celui qui résume en lui toutes les souffrances de l'humanité. « L'homme naît pour la douleur, dit Job, comme l'aigle pour voler au haut des cieux (chap. v, v. 7). — La vie de l'homme sur la terre n'est-elle pas un combat? et ses jours ne sont-ils pas semblables aux jours du mercenaire? Comme l'esclave soupire après l'ombre, comme le mercenaire attend impatiemment le prix de son labeur, ainsi j'ai obtenu des mois de douleurs; des nuits d'insomnie ont été mon partage (chap. vii, v. 1, 2 et 3). — Ah! périsse le jour qui m'a vu naître, et la nuit dans laquelle il a été dit : Un homme est conçu! que ce jour soit chargé de ténèbres! que Dieu le plonge dans l'oubli! que la lumière ne l'éclaire jamais! que les ténèbres et l'ombre de la mort l'enveloppent!

que les nuées l'environnent! qu'il soit consumé d'amertume! que cette nuit soit couverte d'un nuage sombre! qu'elle ne soit pas comptée dans les jours de l'année, et qu'elle n'entre pas dans le cercle des mois! Oh! que cette nuit soit solitaire, et que, pendant son silence, on n'entende jamais l'hymne de la joie! Infortuné! plus de paix, plus de repos! je suis tourmenté sans relâche!... (chap. III, v. 3, 4, 5, 6, 7, 26). »

Voilà bien notre état à nous tous pauvres voyageurs ici-bas qui portons si péniblement notre fardeau! Job s'est fait notre interprète ; nous n'aurions pas d'autres chants de douleurs à faire entendre : ses plaintes sont les nôtres. Hélas! oui, « l'homme né de la femme vit l'espace d'un jour; rassasié de misères. Il est retranché comme la fleur qui vient de naître; il passe comme l'ombre : il n'est déjà plus! (chap. XIV, v. 1 et 2.) » Mais faut-il nous décourager, puisque si triste est le partage de l'homme? A Dieu ne plaise. Voici venir la sainte espérance et les célestes consolations; écoutons :

« Heureux ceux qui pleurent, s'écrie Jésus-Christ, parce qu'ils seront consolés! Heureux ceux qui souffrent, parce que le royaume des cieux est à eux! (S. Matth., v, 5, 10.) » — « Ceux qui sèment avec larmes, dit le roi-prophète, moissonneront avec joie. Ils marchaient dans la tristesse, jetant leur semence sans certitude de la récolte, mais ils reviendront transportés de joie, chargés des gerbes de leur moisson (Ps. 125, v. 6, 7, et 8). » — « Mes frères, dit saint Jacques, regardez comme une très grande joie les diverses afflictions qui vous arrivent, sachant que l'épreuve de votre foi produit la patience. Or la patience produit une œuvre parfaite, afin que vous soyez vous-mêmes parfaits et accomplis, en sorte qu'il ne vous manque rien (S. Jacq., chap. I, v. 2, 3 et 4). — Heureux, dit encore le même apôtre, celui qui souffre patiemment les afflictions, parce qu'après avoir été éprouvé, il recevra la couronne de vie que Dieu a promise à ceux qui l'aiment (*idem*, verset 12). » — « C'est ce qui doit vous transporter de joie, ajoute saint Pierre, lors même que Dieu permet que pendant cette vie, qui est si courte, vous soyez affligés de plusieurs maux; afin que votre foi ainsi affermie, et beaucoup plus précieuse que l'or qui est éprouvé par le feu, se trouve digne de louanges, d'honneur et de gloire, lorsque Jésus-Christ viendra à paraître (S. Pierre, chap. I, v. 6 et 7). — Car les afflictions si courtes et si légères de la vie présente produiront pour nous le poids éternel d'une sublime et incomparable gloire, » dit le grand Apôtre (2 Cor., chap. IV, v. 17). Oui, ajoute-t-il encore : « Les souffrances de la vie présente n'ont aucune proportion avec cette gloire qui doit un jour éclater en nous (Rom., ch. VIII, v. 15). » Et continuant toujours, il nous dit : « Souffrons avec Jésus-Christ, pour que nous soyons glorifiés avec lui (Rom., ch. VIII, v. 17). » Enfin, soyons-en bien convaincus : « Ce n'est que par beaucoup d'afflictions que nous devons entrer dans le royaume de Dieu (Act., chap. XIV. v. 21). »

On le voit, la sainte Écriture nous fait entrevoir partout le bonheur de la vie à venir, comme étant le prix des vertus que les épreuves nous servent à acquérir ou à exercer; et elle nous montre en même temps ces vertus comme la condition indispensable, comme l'unique mesure de ce bonheur suprême.

Ayons donc bon courage dans les peines de cette vie. « Venez à moi, vous tous qui êtes fatigués, et qui êtes chargés, et je vous soulagerai, » nous dit Notre-Seigneur. « Venez.... prenez mon joug sur vous... et vous trouverez le repos de vos âmes; car mon joug est doux et mon fardeau léger (S. Matth., chap. XI, v. 28, 29 et 30). » — « Relevez donc vos mains languissantes, nous prêche saint Paul, et fortifiez vos genoux affaiblis. Marchez d'un pas ferme dans la voie droite, et, si quelqu'un vient à chanceler, qu'il prenne garde à ne point s'égarer du chemin, mais plutôt qu'il se redresse (Héb., chap. XII, v. 12 et 13). »

En faut-il davantage pour nous exciter à la résignation et à la douceur dans les afflictions et les souffrances? C'en serait assez sans doute.... mais nous ne pouvons résister au bonheur d'indiquer encore à nos frères quelques préceptes du texte sacré qui nous invitent à pratiquer cette admirable vertu qui répand tant de charme dans la vie, qui nous rend les peines si légères : la patience!

« Vivez en paix, si cela se peut, et autant qu'il est en vous, avec toutes sortes de personnes... Ne vous laissez pas vaincre par le mal, mais travaillez à vaincre le mal par le bien (Rom., chap. XII, v. 18, 21). — Prenez garde que personne ne rende à un autre le mal pour le mal : mais soyez toujours prêts à faire du bien, et à vos frères et à tout le monde. Soyez toujours dans la joie (1. Thess., chap. v, v. 15 et 16). — Et qui sera capable de vous nuire, si vous ne songez qu'à faire du bien? Que si, néanmoins, vous souffrez pour la justice, vous serez heureux (S. Pierre, chap. III, v. 13 et 14). — Nous nous glorifions dans l'espérance de la gloire des enfans de Dieu, et non seulement dans cette espérance; mais nous nous glorifions encore dans nos afflictions, sachant que l'affliction produit la patience; la patience, l'épreuve, et l'épreuve, l'espérance (Rom., chap. v, v. 2, 3 et 4). — Que l'espérance vous tienne dans la joie. Soyez patiens dans les maux, persévérans dans la prière (Idem., chap. XII, v. 12). — Montrons-nous tels que nous devons être envers Dieu, par une grande patience dans les maux, dans les nécessités pressantes, dans les extrêmes afflictions (2. Cor., chap. VI, v. 4). — Pratiquez en toute chose l'humilité, la douceur et la patience, vous supportant les uns les autres avec charité (Eph., chap. IV, v. 2). — Car la patience vous est nécessaire, afin que, faisant la volonté de Dieu, vous obteniez l'effet de ses promesses (Héb., chap. X, v. 36). — Gravons ces saintes paroles dans nos cœurs, « car tout ce qui est écrit a été écrit pour notre instruction, afin que nous concevions une ferme espérance par la patience, et par la consolation que les Écritures nous donnent (Rom., chap. xv, v. 4). »

Oui, ce sont là les consolations et les sublimes espérances que nous donnent les Écritures divinement inspirées. Est-il un seul livre des philosophes qui puisse nous offrir de si hautes et salutaires leçons? Hélas! qu'il faudrait chercher longtemps dans leurs fastueuses et vaines sentences avant de trouver quelque chose qui pût seulement toucher une âme affligée, guérir un cœur ulcéré !... La Bible, au contraire, satisfait à tous les besoins de notre nature. C'est un médecin qui est là toujours à notre disposition ; nous pouvons l'appeler : il est toujours prêt à nous guérir. Combien donc ce code sacré doit nous être précieux! que nous devons l'aimer, et que nous devons surtout bénir le Seigneur de nous avoir donné sa divine parole pour nous soutenir et nous encourager sur la terre !... Ah! nourrissons-nous de cette sainte parole : soyons pleins de respect pour elle; qu'elle fasse toujours nos plus chères délices, et alors nous serons véritablement heureux !...

NOTE FF. (PAGE 305.)

La justice humaine poursuivait autrefois de toutes ses rigueurs ceux qui se donnaient la mort... Les anciens recueils d'arrêts et de jurisprudence contiennent des faits qui nous apprennent toute la sévérité des lois, et nous montrent combien la société avait à cœur de venger l'outrage qu'on lui faisait.

Elle avait raison : on ne saurait en effet contester à la société, ou à ceux qu'elle a mis à sa tête et revêtus de ses pouvoirs pour la gouverner, le droit de sévir contre un crime qui n'irait à rien moins qu'à la détruire, ou à la remplir de ravages et de désolations, en faisant périr une multitude de ses membres et en la privant de ses appuis.

A la vérité, il faut le dire, la société d'alors se vengeait cruellement : mais, on le comprend, c'était justice.

Nous allons le prouver après avoir montré comment elle agissait envers les *suicidés*.

Dès qu'un homme était trouvé mort, aussitôt on procédait au choix d'un curateur au corps du défunt; on faisait enquête et on dressait procès-verbal. On citait le curateur à la barre de l'échevinage pour répondre, devant le grand bailli, aux réquisitions de la partie publique... Puis on procédait à des informations; on nommait un chirurgien examinateur; on écoutait ses déclarations; et enfin le mort étant reconnu pour s'être suicidé, les commis aux fonctions de procureur du roi entendus, les maires et échevins, de l'avis et conseil du grand bailli, rendaient un arrêt à peu près conçu en ces termes :

Un tel... atteint et convaincu de s'être défait et tué soi-même... pour réparation de quoi ordonnent que sa mémoire demeurera condamnée, éteinte et supprimée à perpétuité, et sera son cadavre attaché par l'exécuteur de la haute justice au derrière d'une charrette, et traîné sur une claie, la tête en bas et la face contre terre, par les rues de la ville jusqu'au lieu patibulaire où il sera pendu par les pieds à une potence qui, pour cet effet, sera plantée audit lieu ; et ensuite son corps sera jeté à la voirie, d'où il restera en proie aux animaux du ciel, sans pouvoir jamais être inhumé; déclarons tous et chacun de ses biens confisqués au profit de sa majesté, et sur iceux seront préalablement pris les frais et mises de justice (*Recueil d'arrêts*, etc. Loi de 1670).

Nous en convenons, les lois sur le *suicide* offraient des *spectacles effrayans*. Le cœur est saisi à la lecture des *annales de cette justice humaine;* il se serre, il frémit d'horreur. On serait vraiment tenté de pardonner à Montesquieu de s'être plaint, avec amertume, de lois si épouvantables... Mais non...

pour peu qu'on réfléchisse, on s'aperçoit bientôt que ses plaintes sont mal fondées, et aussi vaines que les raisons qu'il nous a données du suicide anglais.

Comment donc un si grand légiste n'a-t-il pas senti toute l'utilité de ces lois ? Est-ce qu'il n'avait pas compris qu'elles n'offraient des spectacles effrayans que pour prévenir des délits plus atroces ? Est-ce qu'il ne voyait pas qu'elles *n'oubliaient en quelque sorte l'humanité*, comme le dit avec justesse notre auteur, *que pour inspirer* une crainte salutaire à ceux qui pèchent contre toute l'humanité ? Non, l'auteur de l'*Esprit des lois* ne devait pas ignorer tous ces avantages... Mais ne voulait-il donc que faire parade d'une sensibilité puérile ; ou bien n'aurait-il voulu que contredire ? Triste mission que celle là ! surtout de la part d'un homme supérieur, et dans une circonstance aussi sérieuse et aussi grave... On ne peut donc pardonner à Montesquieu l'erreur dans laquelle il est tombé à ce sujet, et on doit chercher à le réfuter (1).

Ce que nous allons dire servira aussi de réfutation à Robeck, qui, comme nous l'avons vu à la page 292, s'est élevé contre les lois sur le suicide, et ne l'a pas fait avec plus de raison et de solidité que Montesquieu.

Sans doute les lois sur le *suicide* étaient épouvantables : nous ne l'avons pas nié ; mais enfin elles étaient *utiles*, voilà la meilleure réponse que l'on puisse faire aux objections de nos trop sensibles philosophes... Mais entrons dans plus de détails.

Que ferait le suicide s'il était permis, ou seulement toléré ?... Si ce noir fléau était permis, il étoufferait la pitié dans le cœur des hommes ; il les rendrait plus durs et plus inhumains ; il leur ouvrirait une nouvelle source de disgrâces

(1) Pecquet, qui a donné une *Analyse raisonnée de l'Esprit des Lois*, blâme aussi Montesquieu à propos de la question qui nous occupe. On peut consulter cette *Analyse*, § VIII, p. 103.

et de périls ; il répandrait avec le deuil, dans les familles, la misère et la désolation ; il priverait la SOCIÉTÉ d'un grand nombre de ses sujets utiles, que la patience et le temps auraient pu mettre en état de la servir ; en un mot, cette lèpre hideuse multiplierait les malheureux, en multipliant les assassins et les morts.

C'est donc avec raison que les sociétés les plus sages ont établi des lois pour défendre le *meurtre volontaire*, et prononcé des peines infamantes contre le cadavre et l'honneur du *suicidé* (1). Pourquoi voudrait-on qu'elles n'aient pas employé le seul moyen qui leur restait pour empêcher cet excès de fureur, et pour retenir le bras de ces hommes assez insensés pour mépriser tous les devoirs ?...

Ces lois étaient bien en effet propres à empêcher un si grand mal : on le comprendra facilement.

Ceux qui méprisent le plus les biens de la terre et leur propre vie, ne sont pas toujours indifférens à leur propre ré-

(1) On connaît l'événement qui arriva à *Milet*, une des plus consirables villes de l'Ionie, dont Eusèbe nous peint la grandeur. « Les « filles de cette ville, dit un historien, conçurent tout d'un coup une « aversion si extraordinaire pour le mariage, qu'elles choisirent plutôt « la mort que l'amour ; et pour se soustraire à l'importunité de leurs « parens, qui les sollicitaient incessamment de se marier, elles aimè- « rent mieux se pendre toutes que d'y consentir. » (Aulu-Gelle, liv. xv, chap. x.) Alors le conseil de la cité, effrayé pour l'avenir de la population, songea aux moyens d'arrêter ce désastre. Après plusieurs projets, il n'en eut pas de meilleur et de plus infaillible que celui *de rendre une loi qui condamnait toutes les filles qui suivraient ce mauvais exemple à être, après leur mort, traînées nues dans les rues de la ville par l'exécuteur de la justice.* « Et cet edit, faict et ratifié par le con- « seil, ne reprima pas seulement pour un peu, mais arresta du tout « la fureur de ces filles qui avaient envie de mourir, » dit Plutarque, qui cite aussi ce fait dans les *vertueux faits des femmes*. (Voir Œuvres morales de Plutarque, trad. par Amyot, p. 767, édit. de 1607.)

putation, ni de ce qu'on pensera d'eux après leur mort, ni à l'honneur de leur postérité, de leurs proches et de leurs amis. Dans le temps qu'ils foulent aux pieds tous leurs autres intérêts, ils respectent souvent ceux-ci, et ils y trouvent des motifs de conserver leur vie, supérieurs aux passions qui leur suggèrent le dessein de se détruire. Moins sensibles au malheur de vivre dans la misère et dans la souffrance, qu'à la honte de laisser après soi un souvenir flétri par l'infamie; plus jaloux de leur honneur que de leurs autres avantages, ils préfèrent ordinairement les peines de la vie la plus dure, à une mort infâme qui les en délivrerait, afin de vivre sans tache dans la mémoire des hommes. Si ce sentiment n'est pas également puissant chez tous, il l'est assez chez le plus grand nombre pour pouvoir s'en servir avec succès.

Grotius confirme ce raisonnement dans le passage que nous avons cité dans la note AA, et il approuve les *Lois contre les Suicidistes*. « Il ne faut pas s'en étonner, dit-il, puisqu'on
« ne saurait punir d'une autre manière ceux pour qui la mort
« n'est point un supplice... En vain objecterait-on, ajoute-t-il,
« *que les morts n'ont aucun sentiment et qu'ainsi on ne saurait*
« *leur faire du mal, ni leur causer aucune honte;* car il suffit
« que pendant qu'on est en vie, on craigne d'être traité,
« après sa mort, d'une certaine manière, pour que l'on
« soit détourné du mal par cette seule considération. »

La société qui connaissait tout l'empire de ce sentiment a donc eu raison, pour détourner ses membres du suicide, d'imprimer une *flétrissure*, propre à redoubler l'horreur naturelle des malheureux pour cette action destructive, et à leur faire choisir de supporter leurs maux avec patience, plutôt que de mourir avec déshonneur.

Si maintenant on examine ces lois en elles-mêmes, on en sentira de plus en plus l'utilité.

Les lois qui défendaient le *meurtre volontaire* produisaient nécessairement les effets les plus salutaires. Elles réveillaient d'abord dans l'homme cette horreur naturelle qu'il a pour sa propre destruction ; elles excitaient en lui celle qu'il a ordinairement pour l'infamie. Ensuite elles l'accoutumaient à lier dans son esprit les idées de suicide, de délit et d'opprobre ; en sorte que ces idées lui faisaient insensiblement envisager le suicide comme un crime, et l'infamie comme une peine ou une suite nécessaire de ce crime.

De plus, l'opinion générale, entretenue par la religion et les lois, que le suicide est *un crime contre Dieu et contre la société;* et la considération du déshonneur que tout crime répand sur celui qui le commet, au jugement même du vulgaire, cette opinion, disons-nous, disposait les esprits à être frappés des exécutions diffamatoires qui se faisaient contre les homicides d'eux-mêmes, et à avoir une grande horreur de ce crime.

Enfin, le spectacle d'un cadavre que la justice faisait traîner ignominieusement dans les rues, en signe de mépris et de punition, n'était-il pas, de sa nature, propre à faire de fortes impressions sur les spectateurs ? Chacun ne se sentait-il pas une répugnance naturelle pour un traitement semblable ? Ces lois étaient donc comme des institutions de prévoyance, qui servaient à détourner d'un exemple dangereux, qui le serait devenu encore plus s'il était resté impuni.

Mais c'est précisément ce spectacle horrible dont nous avons peint quelques traits plus haut, qui fait que l'on s'élève si fort contre ces lois. On les appelle barbares, féroces, furieuses. On s'écrie que c'est une cruauté sans exemple d'exercer une telle vengeance sur un cadavre, etc...; et c'est ainsi que l'irréflexion fait tomber dans les plus étranges erreurs.

Pour ceci, nous ne ferons que répéter ce qu'a si judicieusement observé notre auteur : « Tout le monde sait, dit-il, et comprend bien que ce n'est pas pour punir et *châtier des corps inanimés*, mais pour épouvanter les vivans, que ces lois infligent de tels supplices. Plusieurs peuples les ont appliquées avec succès et en furent loués ; pourquoi en serait-il autrement des Européens ? »

Tout ce que nous venons de dire montre assez l'importance et l'utilité des lois *contre le suicide*. Il en résulte aussi que la société a non seulement le droit de flétrir ce crime, mais qu'elle agit encore avec sagesse en le faisant. Comme cet acte désespéré prend souvent son origine dans l'orgueil et la vaine gloire (nous l'avons vu dans tout le cours de cet ouvrage), il est évident que la flétrissure publique peut être à cet égard un excellent préservatif. C'est, en effet, couper le mal par sa racine.

Nous confirmerons nos raisons par deux suffrages incontestables.

Le premier est celui de Montesquieu lui-même, que nous avons déjà cité en note, page 306 du texte de cet ouvrage. « Il est clair, dit-il, que les lois civiles de quelques pays peuvent avoir eu des raisons pour flétrir l'homicide de soi-même. » Oui, ceci est clair ; et c'est ainsi que M. le Président nous donne un nouvel exemple de contradiction !

L'autre suffrage est celui du célèbre Hutcheson, philosophe chrétien, qui joignait à un génie plein de sagacité les vues que la religion inspire. « La société humaine, dit-il dans son *Système de philosophie morale*, ouvrage plein de vues neuves, justes et profondes, la société humaine a droit d'employer la force pour empêcher le suicide auquel certaines gens se portent par chagrin, par mélancolie et par désespoir ; et ces droits, qui appartiennent à tout le monde, chacun a le pouvoir de les faire valoir par les moyens qu'il juge à propos d'employer. L'humanité seule donne droit à tout homme d'interposer son autorité dans pareils cas. Si on lâchait la bride à ces sortes de passions ; si les hommes étaient une fois persuadés que le suicide est le moyen le plus propre pour se délivrer des maux de la vie, et se soustraire aux chagrins que nous causent les contre-temps et les revers de fortune, quantité de gens, dans l'excès du désespoir et par une fausse bravoure, renonceraient à une vie qu'ils auraient pu rendre agréable pour eux et utile à la société. Celle-ci est donc en droit de s'opposer à de pareilles résolutions. » (*Système de philosophie morale*, tome IIe, par Hutcheson, traduit de l'anglais par Eidous.)

On a vu que les sociétés sages et jalouses de leur conservation avaient le droit de défendre le *meurtre de soi-même*; et on a dû comprendre que les lois qu'elles avaient établies étaient de la plus grande utilité, et qu'elles pouvaient arrêter les progrès d'un si grand mal. Montesquieu et Robeck nous paraissent donc suffisamment réfutés.

Nous avons donc eu raison aussi d'insister, dans l'*Introduction* de cet ouvrage, pour que ceux qui ont mission de travailler au bien-être social nous donnent de ces lois répressives du plus grand des désordres... Nous ne demandons pas sans doute qu'on nous rende la claie et qu'on redresse les potences; mais nous désirons qu'on réprime au plus tôt, par des moyens appropriés à nos mœurs et à nos institutions, un crime aussi affreux qu'est le *suicide*. Nous avons indiqué quelques moyens d'y parvenir. Mais, nous le répétons, il est un remède puissant qui ne doit point être oublié, un remède qui guérira infailliblement cette société du mal affreux qui la ronge au cœur; ce grand remède, sans lequel les autres ne pourraient rien : c'est la MORALE UNIE A LA RELIGION.

FIN DES NOTES.

TABLE DES MATIÈRES.

Introduction. I
Préface de l'auteur. LV
Chap. I. Du Suicide chez les Orientaux, les Africains et les Celtes. 1
Chap. II. Du Suicide chez les Grecs et les Romains. . 37
Chap. III. Du Suicide d'après les Pythagoriciens, les Platoniciens et les Académiciens. . . . 55
Chap. IV. Du Suicide d'après les Cyniques et les Stoïciens. 79
Chap. V. Du Suicide d'après les Cyréniens et les Epicuriens 115
Chap. VI. De quelques systèmes politiques et moraux qui ont inspiré le Suicide. — Morts célèbres qui en ont été la suite.—Essai d'une histoire spéciale du Suicide. 129
  § I. De ceux qui se sont tués par dévouement à la patrie et à la société. 132

§ II. De ceux qui se donnèrent la mort pour des raisons d'amitié. 145
§ III. De ceux qui se tuèrent par amour conjugal, paternel ou filial. 154
§ IV. De ceux qui se tuèrent par des principes d'honneur et de gloire. 167
§ V. De ceux qui se tuèrent à cause de susceptibilités ridicules. 192
§ VI. De ceux qui se tuèrent par chasteté . . 201
§ VII. De ceux qui se donnèrent la mort pour des causes physiques. — Histoire de plusieurs suicides anglais. 207
Chap. VII. Des principes de quelques Pères de l'Église, et de quelques casuistes rabbins et hérétiques concernant le suicide 225
Chap. VIII. De quelques modernes apologistes du Suicide. 247
Chap. IX. Exposé des argumens contraires au Suicide, et examen des sophismes favorables à cette erreur 275
Chap. X. Récapitulation et conclusion des traducteurs. 315
Notes des traducteurs 335

FIN DE LA TABLE.

www.ingramcontent.com/pod-product-compliance
Lightning Source LLC
Chambersburg PA
CBHW071403230426
43669CB00010B/1433